CS 比 较 译 丛 33

比 较 出 思 想

比较

Comparative Studies

THE POWER OF CREATIVE DESTRUCTION

ECONOMIC UPHEAVAL AND THE WEALTH OF NATIONS

创造性破坏的力量

经济剧变与国民财富

菲利普·阿吉翁（Philippe Aghion）
[法] 赛利娜·安托南（Céline Antonin） 著
西蒙·比内尔（Simon Bunel）

余江 赵建航 译

中信出版集团 | 北京

图书在版编目（CIP）数据

创造性破坏的力量 /（法）菲利普 · 阿吉翁，（法）
赛利娜 · 安托南，（法）西蒙 · 比内尔著；余江，赵建航
译 . —北京：中信出版社，2021.11（2026.1重印）
ISBN 978-7-5217-3551-2

I. ①创…　II. ①菲… ②赛… ③西… ④余… ⑤赵
…　III. ①世界经济 – 研究　IV . ① F11

中国版本图书馆 CIP 数据核字（2021）第 181622 号

创造性破坏的力量
著者：　[法] 菲利普 · 阿吉翁　[法] 赛利娜 · 安托南　[法] 西蒙 · 比内尔
译者：　余江　赵建航
出版发行：中信出版集团股份有限公司
（北京市朝阳区东三环北路 27 号嘉铭中心　邮编 100020）
承印者：　嘉业印刷（天津）有限公司

开本：787mm×1092mm　1/16　　印张：24.25　　字数：346 千字
版次：2021 年 11 月第 1 版　　印次：2026 年 1 月第 6 次印刷
京权图字：01–2021–5429　　书号：ISBN 978–7–5217–3551–2
定价：88.00 元

服务热线：400–600–8099
投稿邮箱：author@citicpub.com

目 录

“比较译丛”序

2002年，我为中信出版社刚刚成立的《比较》编辑室推荐了当时在国际经济学界产生了广泛影响的几本著作，其中包括《枪炮、病菌与钢铁》《从资本家手中拯救资本主义》《再造市场》（中译本后来的书名为《市场演进的故事》）。其时，通过20世纪90年代的改革，中国经济的改革开放取得阶段性成果，突出标志是初步建立了市场经济体制的基本框架和加入世贸组织。当时我推荐这些著作的一个目的是，通过比较分析世界上不同国家的经济体制转型和经济发展经验，启发我们在新的阶段，多角度、更全面地思考中国的体制转型和经济发展的机制。由此便开启了“比较译丛”的翻译和出版。从那时起至今的十多年间，“比较译丛”引介了数十种译著，内容涵盖经济学前沿理论、转轨经济、比较制度分析、经济史、经济增长和发展等诸多方面。

时至2015年，中国已经成为全球第二大经济体，跻身中等收入国家的行列，并开始向高收入国家转型。中国经济的增速虽有所放缓，但依然保持在中高速的水平上。与此同时，曾经引领世界经济发展的欧美等发达经济体，却陷入了由次贷危机引爆的全球金融危机，至今仍未走出衰退的阴影。这种对比自然地引发出有关制度比较和发展模式比较的讨论。在这种形势下，我认为更有必要以开放的心态，更多、更深入地学习各国的发展经验和教训，从中汲取智慧，这对思考中国的深层次问题极具价值。正如美国著名政治学家和社会学家李普塞特（Seymour Martin Lipset）说过的一句名言：“只懂得一个国家的人，他实际上什么国家都不懂”（Those who only know one country know no country）。这是因为只有越过自己的国家，才能知道什么是真正的共同规律，什么是真正的特殊情况。如果没有比较分析的视野，既不利于深刻地认识中国，也不利于明智地认识世界。

相比于人们眼中的既得利益，人的思想观念更应受到重视。就像技术创新可以放宽资源约束一样，思想观念的创新可以放宽政策选择面临的政治约束。无论是我们国家在二十世纪八九十年代的改革，还是过去和当下世界其他国家的一些重大变革，都表明“重要的改变并不是权力和利益结构的变化，而是当权者将新的思想观念付诸实施。改革不是发生在既得利益者受挫的时候，而是发生在他们运用不同策略追求利益的时候，或者他们的利益被重新界定的时候”。* 可以说，利益和思想观念是改革的一体两面。囿于利益而不敢在思想观念上有所突破，改革就不可能破冰前行。正是在这个意义上，当今中国仍然是一个需要思想创新、观念突破的时代。而比较分析可以激发好奇心、开拓新视野，启发独立思考、加深对世界的理解，因此是催生思想观念创新的重要机制。衷心希望“比较译丛”能够成为这个过程中的一部分。

钱颖一

2015 年 7 月 5 日

* Dani Rodrik, “When Ideas Trump Interests: Preferences, Worldviews, and Policy Innovations,” NBER Working Paper 19631, 2003.

中文版序

本书总结了我在法兰西学院历时5年的授课内容，以及我对创新和增长长达33年的研究，这一研究发轫于我和彼得·豪伊特（Peter Howitt）在1987年秋创建的熊彼特增长范式。该范式运用了熊彼特的创造性破坏这一概念，所谓创造性破坏是指新的创新淘汰现有技术的过程。自我们的那篇论文《通过创造性破坏实现增长的模型》（A Model of Growth through Creative Destruction）开始，该范式已衍生出众多基于创造性破坏的模型，这些模型从竞争、不平等、企业动态变化、劳动力市场、环境、发展趋同等方面重新诠释增长和发展，并采用大量新的微观数据检验模型的预测结果，从而使熊彼特增长范式有别于增长和发展的其他理论。

我与赛利娜·安托南（Céline Antonin）、西蒙·比内尔（Simon Bunel）从2019年11月着手本书的写作。4个月后，一场前所未有的全球性疫情危机袭来，激发人们进一步探讨危机后我们的社会将如何演变，以及我们想要如何重塑社会。我们发现，创造性破坏是这场讨论的核心：新冠疫情摧毁了大量就业岗位，导致众多企业破产，与此同时，危机又给新的创新活动开拓了空间。

创造性破坏与熊彼特增长范式围绕如下矛盾展开：一方面，创新带来的经济租金和保护这些租金的专利制度对促进创新至关重要；另一方面，过去的创新者往往利用这些租金阻碍后起的创新，成为创造性破坏的消极面。对资本主义的规制就是为了处理这一矛盾，将创造性破坏的力量导向可持续和包容性的繁荣。

熊彼特本人对资本主义的未来感到悲观，他预言，前一波创新者将变成因循守旧的大企业集团，排挤新兴的小创新企业，不可避免地导致企业家的消失、既得利益集团的胜利。而我们在本书中倡导“乐观意志”或者说“斗争的乐观主义”，是基于马克思的名言：“哲学家们只是用不同的方式解释世界，而问题在于改变世界。”我们还将指出，通过企业、政府与民间社会构成的神奇三角，如何避免熊彼特预言的悲观结局，实现可持续增长。

借助创造性破坏的视角，本书瞄准三个主要目标：

(1) 洞悉世界经济增长史上的某些重大谜题，例如：为什么工业起飞在1820年左右首先发生在欧洲；为什么尽管有信息技术和人工智能革命，美国经济却从21世纪初开始陷入长期停滞；为什么某些国家遭遇中等收入陷阱，在高速增长之后放缓步伐，甚至陷入停顿。

(2) 质疑某些有缺陷的习惯思维（common wisdoms）和政策建议，例如：通过对机器人征税解决失业问题；借助保护主义措施应对外国竞争、保护价值链；为应对气候变化倡导零增长甚至负增长。

(3) 重新思考资本主义的未来，尤其是，能否把美国模式的优点（创新生态系统）同丹麦模式的优点（更多的保障和更大的包容性）结合起来。

对上述三大目标，我们都能以不同方式从中国或近或远的历史和经验中获得宝贵借鉴。例如，中国在过去多个世纪产生过众多世界级发明，却为何没有爆发工业革命？中国走向前沿创新国家、建设既包容又有保障的社会将面临各种挑战，它会如何应对？

我们相信，中国将找到自己的路径和方案，实现共享的绿色繁荣，正如它在短短 40 年里成功带领民众走出贫困，并跻身世界创新前沿。如果本书能对中国思考并讨论如何以自己的方式前进有所助益，我们自当欣喜不已。

菲利普·阿吉翁

原版序

我们于2019年11月开始本书的写作。4个月之后，一场前所未有的疫情危机席卷了全球。疫情危机刺激了事关重大的讨论：疫情过后，人类社会将变成怎样以及我们想要如何改变它。我们发现，创造性破坏居于讨论的核心。的确，新冠疫情摧毁了大量就业岗位，令许多企业走向破产。但与此同时，危机也为新的创新活动创造了空间。

巴里·艾肯格林在《展望》杂志发表了一篇题目颇引人深思的文章《熊彼特的病毒：创造性破坏如何拯救新冠经济》*。其中指出，零售业将比过去更多地利用人工智能与自动化，因为顾客不会放弃在社交隔离期间养成的在线购物习惯。同样，隔离还展示了远距离办公和视频会议的优点，人们对利用电话或视频接受医疗咨询也更习以为常。

然而，创造性破坏可以作为新冠疫情暴发后的增长杠杆，这一认识对政策制定者而言仍构成挑战。一方面，他们必须提供保护，扶持有活力的企业，挽救工作岗位及企业中积累的人力资本。另一

---

* Barry Eichengreen, "Schumpeter's Virus: How 'Creative Destruction' Could Save the Coronavirus Economy", *Prospect*, 2020年5月26日。

方面，他们必须做好再配置，鼓励更有效率、更能响应消费者新需求的新企业和新活动的进入。换言之，他们必须顺应而非阻碍创造性破坏的进程。

更重要的一点是，新冠疫情危机敲响了警钟，警示困扰世界各国不同资本主义模式的更深层问题：美国的社会福利与医疗体系失效，欧洲的创新体系活力不足，其他一些国家缺乏透明度或过分集权等。

更一般地看，由于过去数十年来的不平等加剧、租金收入集中化、就业越发缺乏保障以及健康和环境问题恶化，我们听到越来越多激进变革的呼声，乃至要求推翻资本主义。但在本书中，我们认为对这些问题的解决方案并非完全废除资本主义，而是发明一种更好的资本主义，能够驾驭创造性破坏的威力：创新固然会制造破坏和混乱，但在过去 200 年中也给人类社会带来了史无前例的繁荣。

因此，我们面临的挑战是深入理解创造性破坏的基础，将其威力引导至我们预想的方向。我们如何让创造性破坏走向更绿色和更平等的增长路径？如何防止过去的创新者利用其租金收入妨碍新的创新？如何尽量减少创造性破坏对就业、健康与幸福的潜在负面影响？在引导创造性破坏的正确走向时，我们需要哪些力量的支持：企业、政府、宪法、民间社会……这些将是后续各章试图探讨的议题。

本书的原始素材来自几位作者在法兰西学院历时 5 年的授课内容，背后则包含三十多年对创新与增长的经济学研究。这些素材的充实和重组均围绕如下主题：创造性破坏为何拥有巨大威力，资本主义能够如何加以改造，以利用这一威力实现更可持续、更包容的繁荣。

第 1 章　新的范式

本书邀请读者参与一场旅程：一场穿越经济史的旅行，更确切地说，从创造性破坏的视角探究经济增长之谜的旅程。

创造性破坏是这样一个过程：新的创新涌现，让现有技术变得过时；新的企业加入，与现有企业展开竞争；新的工作岗位与生产活动出现，取代现有的岗位与活动。创造性破坏是资本主义的驱动力，保证其不息的更新和繁衍，但同时也带来了必须妥善调节规制的风险与动荡。

我们希望本书能够做到：

1. 洞悉与世界经济增长过程有关的某些重大历史谜题，如工业起飞、重大技术浪潮、长期停滞、不平等的演化、各国发展的趋同与分化、中等收入陷阱以及经济结构变化等。

2. 再探与发达国家的创新和增长有关的某些伟大争论：对于推动创新和创造性破坏，以及保护环境与缓解不平等，我们能否和谐兼顾？创造性破坏对就业、健康和福利的危害能否避免？对数字技术与人工智能革命，我们是否不得不感到恐惧？

3. 重新思考政府与民间社会的作用：在促进创新和创造性破坏，从而增进各国的财富方面，它们各自能扮演何种角色？我们如何保护公民与经济免受过度资本主义之害？

约瑟夫·熊彼特虽然热情赞美创造性破坏作为增长驱动力的意义，却对资本主义的未来感到悲观，尤其是，他预见大型企业集团将排挤中小型企业，不可逆转地导致企业家精神的消失，以及官僚机构和既得利益集团的胜利。[1]本书的最后章节（第14章和第15章以及结语）将探讨政府以及对资本主义的规制，并以乐观的论调来结束我们的旅程。当然，这是一种斗争的乐观主义，借用马克思的名言来讲："哲学家们只是用不同的方式解释世界，而问题在于改变世界。"[2]

1. 测算各国的财富

人们喜欢用人均GDP（国内生产总值）测算各国的财富。为什么我们要关注这个枯燥的统计数字，而非更为实在的指标，如福利、消费或幸福感？理由之一是，亿万人类的物质福利水平与自己所在国家的人均GDP密切相关。例如19世纪初期的工业革命，就对应着人均GDP在长期停滞之后的起飞（详见本书第2章）。

发达国家人均GDP的增长，使其中很大部分人口实现了19世纪之初仅有少数特权群体能享受的生活水平。与之相比，贫困国家的人均GDP增长不充分，则意味着数亿人口至今依然生活在非常艰难而危险的环境里。可见，要理解为什么某些国家繁荣，某些国家凋敝，为什么各国之间的财富分配如此不平等，弄清楚人均 GDP 增长的决定因素至关重要。此外，人均 GDP 还便于做跨国比较，不仅是给定时点的比较，还可以做跨时期的比较。

本书关注“效用”的增长，效用意指在一个国家里有用的或者说能带来福利的东西。许多效用在产品或服务市场上交易，由此被纳入了 GDP 的核算，但还有些效用不属于此类。例如，相比在火车站或旅行社排队购票，通过互联网预订车票节约的时间，就没有计入 GDP。又如，我们通过智能手机拍照不需要付出成本，因此也不计入 GDP。而在数码照相出现之前，我们必须购买胶卷，并且付费冲印照片，所有这些开支都纳入了 GDP。还有些技术进步，例如让我们获得牙医服务比 40 年前变得轻松了许多。此类进步同样没有反映在 GDP 里，那我们能否用某些方法对其加以测算？

方法之一是利用调查评估个人的生活满意度。例如，丹尼尔·卡尼曼与安格斯·迪顿的研究曾强调，国际比较显示人均 GDP 与生活满意度之间存在正相关（Kahneman and Deaton，2013）。[3]本书第 11 章将详细探讨创造性破坏与生活满意度之间的关系。方法之二是测算创新直接带来的经济发展，如新产品和新活动的数量，以及创新的类型等。第 9 章将关注绿色创新，并探讨测算与促进它的方式。最后，还有些指标可以衡量一国经济增长的包容性和平等程度等，其中最常用的基尼系数，它反映一国收入分配距离完全平等状态有多远。我们还可以利用社会流动性指标更为动态地测算不平等状况。有关不平等与社会流动性的议题，将在第 5 章和第 10 章做深入讨论。[4]

2. 为什么需要新的范式来解释各国的财富？

答案很直观：事实证明现有范式不足以解释重大趋势，破解各国的增长和财富之谜。出于理论和实证两方面的理由，我们急需引入新的研究范式。

理论上的理由

直至20世纪80年代后期，占主导地位的经济增长理论，即所谓新古典模型，描述的仍然是以资本积累为基础的增长过程。新古典增长模型的最精炼版本由罗伯特·索洛于1956年提出，他于1987年荣膺诺贝尔经济学奖。[5]

索洛模型的简洁与优美使它成为所有经济增长课程的必然出发点。简言之，它描述了这样一个经济体：生产需要资本投入，GDP增长来自资本存量增加。那么，资本存量的增加来自何处？答案是居民的储蓄，该模型假设储蓄等于产出（也就是GDP）的某个固定比例。

这样的经济体看起来会一切运转良好：储蓄资金会带来更多的资本，促使GDP增长，然后导致更多的储蓄和更多的资本，使GDP进一步增长，如此循环。或者说，即使在没有技术进步的情况下，仅仅依靠资本积累，该经济体也能实现持续增长。

这一模型的问题在于，仅依靠资本投入的生产会面临收益递减现象。机器数量越多，每增加一台机器带来的GDP增幅就越少。到某个节点后，经济体就将失去动力，停止增长。索洛对此给出过非常清晰的说明：实现持续增长必须依靠技术进步，使机器的质量或者说其生产率得到改进。然而索洛没有阐述是哪些因素在决定技术进步，尤其是刺激或抑制创新的因素。

实证上的理由

如上所述，新古典理论没有解释长期增长的决定因素，更无法帮助我们解答与增长有关的一系列谜团，例如为什么某些国家的增长快于其他国家，为什么某些国家的人均 GDP 水平向发达经济体收敛，而其他一些国家依然远远落后，或者在追赶途中陷入停滞。

因此，理论与实证两方面的考虑都要求引入一套全新的理论架构。

3. 创造性破坏的研究范式[6]

通过创造性破坏实现增长的模型又称为熊彼特范式（Schumpeterian paradigm)，它源自奥地利经济学家约瑟夫·熊彼特提出的三个理念，此前却未做形式化，也未得到检验。[7]

第一个理念是，创新与知识传播是增长过程的核心。长期增长是累积式创新的结果，每个创新者都站在“巨人的肩膀上”。该理念对应着索洛的结论，即技术进步是长期持续增长的必要条件。而只有通过知识的传播与整理，创新才能实现累积，否则我们将不得不重新发明轮子，好比西西弗斯那般在反复攀爬同一座山头。

第二个理念是，创新依赖激励和财产权利保护。创新来自受潜在回报（创新租金）激励的企业家的投资决策，尤其是对研究开发的投资。保障此类租金的任何措施，尤其是知识产权保护，都将鼓励企业家更多地投入创新。相反，危害创新租金的任何措施，如对模仿抄袭不加限制或者对创新收入执行罚没性税收，则会打击创新投资。更一般地说，创新会对制度和公共政策的正面与负面激励做出反应，是一种社会作用过程。

第三个理念是创造性破坏：新的创新让以往的创新变得过时。也就是说，创造性破坏带来的增长是新旧势力之间永恒争斗的舞台，上演的剧情关系到所有在位企业、所有大型联合集团，它们总在设法阻挠或推迟新的竞争者闯入自己的地盘。

于是，创造性破坏给增长过程的核心带来了一个两难或者说矛盾。一方面，必须有租金来奖赏创新，鼓励创新者；另一方面，过去的创新者不能利用租金来妨碍新的创新。如上文所述，熊彼特对此矛盾的回答是，资本主义注定失败，因为不可能防止在位企业阻碍新的创新。但我们的回复是，有可能克服这一矛盾，或者说可以做到对资本主义的规制，借用拉古拉迈·拉詹与路易吉·津加莱斯于2004年出版的专著的书名来说，就是“从资本家手中拯救资本主义”。[8]

4. 创造性破坏：现实

创造性破坏不仅是一个概念，而且是有形且可测量的现实。我们能从新产品和新技术的出现中感受到它，如用一个国家或地区每年申请的专利数量来测算。[9]图1.1显示的是1900—2000年美国各州人均GDP年增长率与这些州每年登记的专利数量的对应变化。[10]从中可以看到创新密度与生产率增速之间呈现清晰的正相关，创新更多的州增长速度更快。[11]

另一个测算创造性破坏的方法是深入观察新企业的生命周期，从进入、成长到退出市场。美国普查局的长期商业数据库（Longitudinal Business Database）收集的综合数据为此提供了很好的研究出发点，让我们可以找到不同年限和规模的企业每年创造的就业数量。从表1.1可以看到，在2005年，新创企业，即成立不足一年的企业，创造的净新增就业占全美国的142%。[12]

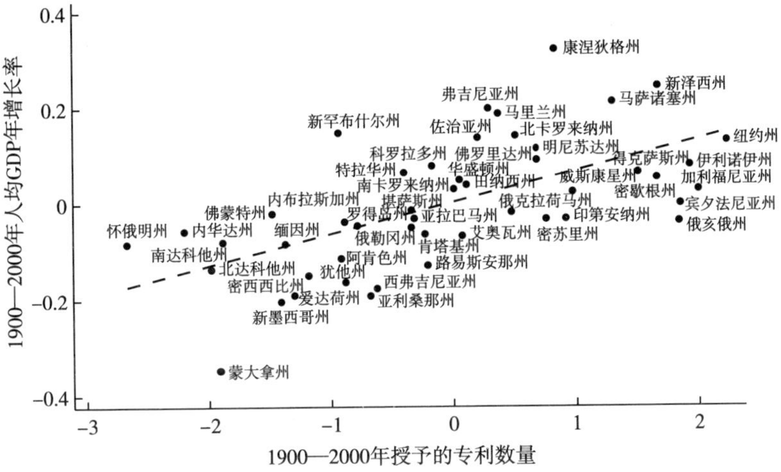

图 1.1　人均 GDP 增长与专利数量之间的正相关关系

注：横轴与纵轴的刻度代表相对于 1900 年 GDP 对数值的余值。

资料来源：转引自 U. Akcigit, J. Grigsby and T. Nicholas, "The Rise of American Ingenuity: Innovation and Inventors ofthe Golden Age" (NBER Working Paper No. 23047, National Bureau of Economic Research, Cambridge, MA, January 2017)，图 6。

表 1.1　2005 年美国私人部门不同年限企业创造的新就业数量

企业年限（年）	创造的净就业数量（千）	在净就业创造中的占比（%）
0	3 518	142
1	-189	-8
2	-178	-7
3	-151	-6
4	-74	-3
5	-103	-4
6～10	-339	-14
11～15	-161	-6
16～20	-154	-6
21～25	-141	-6
26+	417	17
总计	2 481	100

资料来源：J. Haltiwanger, R. S. Jarmin and J. Miranda, "Who Creates Jobs? Small versus Large versus Young," *Review of Economics and Statistics* 95, no. 2 (2013): 347-361.

图 1.2a 显示的是就业增长率与企业年限之间的关系：最年轻的企业在净就业增长方面强于成立已久的企业。图 1.2b 显示的是不同年限企业的退出率，较年轻的企业的退出率远高于成立已久的企业，这就是人们所说的“不进则退”现象：每一代新创企业都会创造大量新就业岗位；由于其中许多企业会在成立不久后消失，很

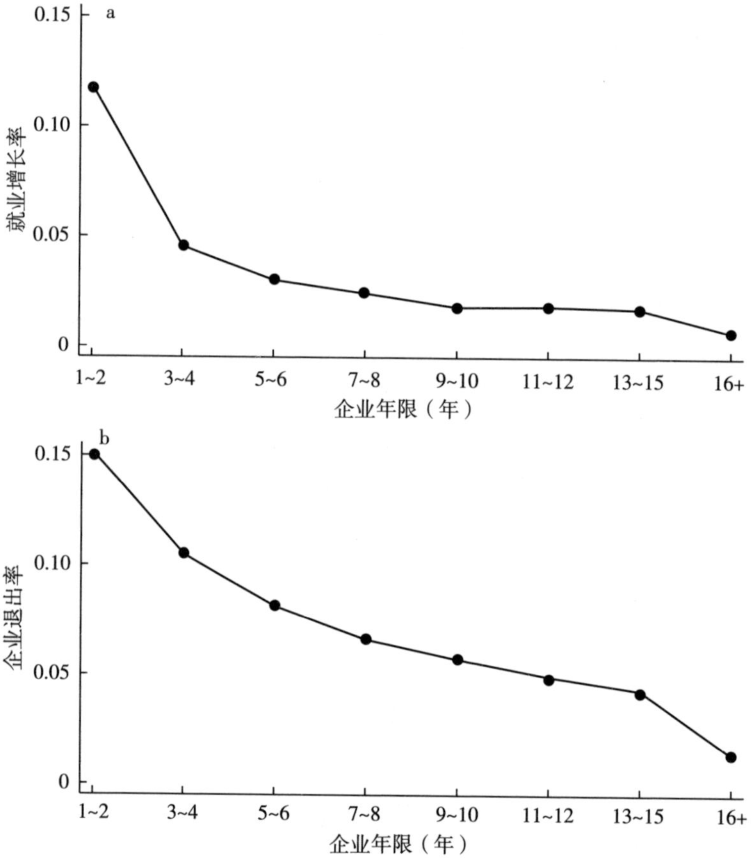

图 1.2　不同年限的企业的净就业增长与退出率

资料来源：转引自 J. Haltiwanger, R. S. Jarmin and J. Miranda, “Who Creates Jobs? Small versus Large versus Young,” *Review of Economics and Statistics* 95, no. 2 (2013): 347 – 361，图 4B 和图 5。

多岗位也随之被摧毁；但在这一达尔文式演化淘汰过程中幸存的企业则会继续创造就业并发展壮大。我们由此可以勾画出熊彼特式企业家的形象，他们有很大的失败概率，但如果存活则将迎来显著增长。

最后，我们可以用企业创造率与企业破坏率之间的平均值来测算创造性破坏。这是研究企业与就业动态变化的文献最常采用的指标。[13]该指标与人均 GDP 增长又该如何联系起来呢？图 1.3 包含了 17 个欧洲国家的 587 个地区 2012—2016 年的数据，表明在这一时期，创造性破坏平均水平更高的地区，其人均 GDP 的年均增长率也更高。

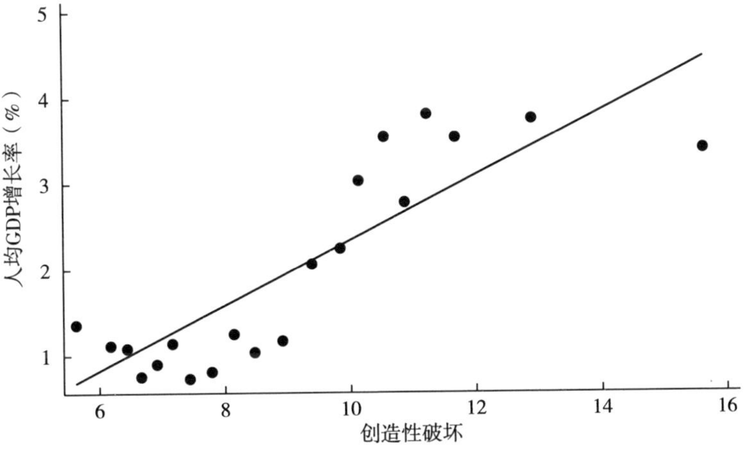

图 1.3　人均 GDP 增长与创造性破坏率之间的正相关关系

注：图中数据包含的国家有奥地利、保加利亚、捷克共和国、克罗地亚、丹麦、爱沙尼亚、芬兰、法国、匈牙利、意大利、拉脱维亚、立陶宛、波兰、葡萄牙、罗马尼亚、斯洛伐克和西班牙。

资料来源：Eurostat。

一边是用就业或企业的创造与摧毁来测算创造性破坏，另一边是用新专利数量来测算创造性破坏，二者之间有怎样的关系？我们发现两个指标间存在正相关：在美国，1985—2010 年就业创造与摧毁率最高的各县，也是产生新专利数量最多的地区。该数据覆盖了1 100多个县，相关系数为0.456。这一相关关系主要源于最具创新力的企业是年轻的小企业，它们也是创造和摧毁就业岗位最多的企业。事实上，从图1.4可以清晰地看出，（以单位员工专利数量测算的）创新密度随着（以员工数量测算的）企业规模的扩大而递减。企业规模越扩张，创新概率就越低。此外，与较大的企业相比，小企业推出的创新还更为激进，影响更深远。[14]

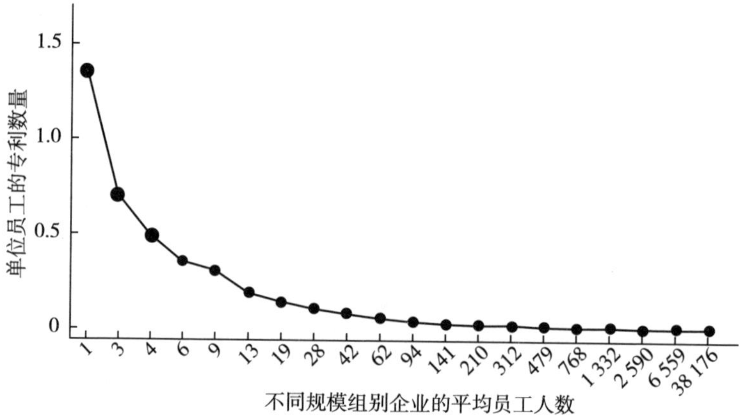

图1.4　美国不同规模企业的创新密度

资料来源：转引自U. Akcigit and W. R. Kerr, "Growth through Heterogeneous Innovations," *Journal of Political Economy* 126, no.4 (2018)，图2。

在总结这段对创造性破坏现实的介绍时，我们还想与读者分享两颗思想的"种子"。图1.5展示了美国、墨西哥和印度的工厂规模（以员工数量测算）随工厂年限的变化。[15]从中可以看到，相比墨西哥和印度，美国的工厂规模随工厂年限增长的变化更为迅速，这反映了两个彼此密切相关的事实：其一是美国企业更容易找到支持增长必需的融资；其二是美国金融体系会选择业绩最好的企业，或者说最具增长潜力的企业。

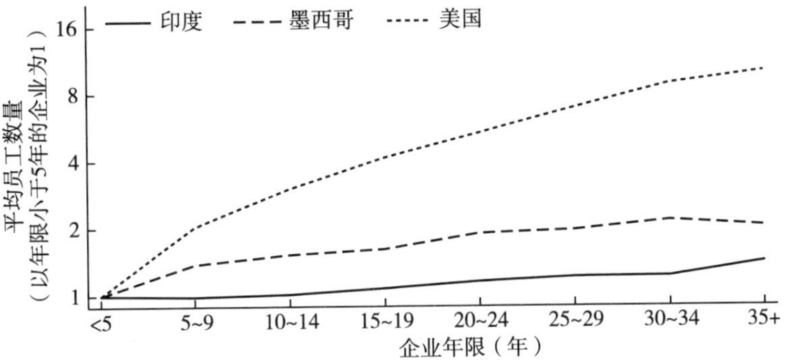

图 1.5　工厂规模与工厂年限的关系

资料来源：转引自 C. T. Hsieh and P. J. Klenow, "The Life Cycle of Plants in India and Mexico," *Quarterly Journal of Economics* 129, no. 3 (2014): 1035 - 1084, 图Ⅳ。

图 1.6 对美国和法国做了类似的比较，即就业在不同年限的企业间的分布，它反映的事实是，相比法国同行，美国老牌企业的经营业绩更好，也更容易获得支持增长所需的融资。[16]因此不出意料，从最古老的企业在全体就业中所占的份额看，美国远远高于法国。

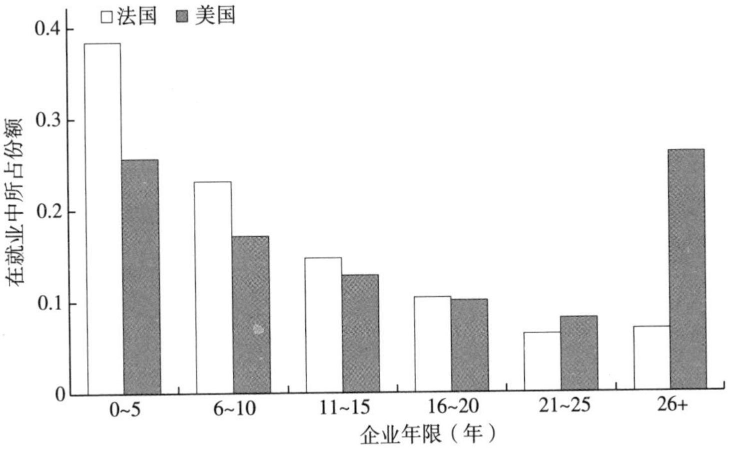

图 1.6　不同年限的企业在就业中所占的份额

资料来源：转引自 P. Aghion, A. Bergeaud, T. Boppart and S. Bunel, "Firm Dynamics and Growth Measurement in France," *Journal of the European Economic Association* 16, no. 4 (2018): 933 - 956, 图 6。

5. 有关增长的几个谜题

我们对经济学模型和范式的评判标准是，它们能否解释某些现象，帮助我们理解现实。创造性破坏的研究范式可以帮助洞悉与增长有关的几个谜题，我们在这里仅介绍其中的五个。

从停滞到增长的转型

本书第2章将详细阐述，增长是近期才发生的现象。根据经济学家安格斯·麦迪森于2001年的估计，公元1000年时的全球人均GDP同公元元年相近，[17]1820年的全球人均GDP仅比1000年高出53%，相当于在820年里保持年均0.05%的极低增速。经济起飞发生在1820年，首先是英国，法国紧随其后。这两个国家的起飞力度非常显著，使年均增长率从1820年之前的0.05%跃升至1820—1870年的0.5%。此后，全球增长持续加速，在1950—1973年间达到近3%。

我们该如何解释经济增长在近代的这一突然腾飞？为什么它是发生在欧洲，而非从中世纪以来曾做出过许多重要发现的中国？更一般地说，其他经济转型现象又如何解释，例如从制造业转向服务业，从追赶经济转向创新经济？

新古典模型没有回答这些问题，尤其是没有解释增长率随时间的变化。与事实相反，在新古典研究范式中，一个国家的增长率通常会随时间下降，因为积累的资本越来越多，而资本回报率会递减。我们将在本书第2章及第7～8章看到，熊彼特范式则可以对这些问题提供启示。

竞争与增长

有人或许认为，很多因素可能导致利润减少，如产品市场竞争加剧，它们会自动削弱创新激励，因此竞争加剧意味着创新减少、增长失速。然而，英国经济学家对企业数据的实证研究表明，一个产业的竞争与创新之间，以及该产业的竞争与生产率增长之间存在正相关关系。[18]这一似是而非的结果该如何解释?

新古典理论对此谜题并无说法，因为它以完全竞争为前提假设。熊彼特范式能对这一表面上的矛盾有更多启示吗？我们如何把增长和竞争的理论与实证发现协调起来？我们是否必须抛弃包括熊彼特模型在内的所有现成理论，从头开始思考？或者走向另一个极端，我们是否应该忽略实证挑战，继续研究模型，对矛盾现象视若无睹？本书第4章将探讨，创造性破坏的范式如何解答这一谜题。

中等收入陷阱

1890年，阿根廷的人均GDP达到美国的40%左右，跻身中等收入国家行列。阿根廷在此位置上维持到20世纪30年代，差距并未缩小。但自那之后，阿根廷的生产率相对于美国开始下跌。为什么阿根廷的生活水平向美国的趋同会陷入停滞，而且走向倒退？还有些更发达的经济体也出现过增长中断现象，日本就是个特别有意思的案例。从二战结束到1985年，日本的人均GDP和技术水平经历了辉煌的增长，然后又进入漫长的停滞期。

新古典理论不能解释经济发展趋势中的这种中断现象。在该模型中，增长率随着资本积累逐渐下降，但趋势不会中断。熊彼特增长理论提供的解释则是，阿根廷这样的国家采纳的制度或政策有利于通过资本积累特别是进口替代政策，实现增长和经济追赶，但它们没能为转向创新经济而相应调整制度。这一论题将在本书第7章探讨。

长期停滞

在1938年的美国经济学会主席演讲中，经济学家阿尔文·汉森（Alvin Hansen）曾指出，他认为美国注定陷入长时间的弱势增长，并将其命名为“长期停滞”(secular stagnation)。[19]当时的美国刚刚走出大萧条。从更近期看，2008 年金融危机让劳伦斯·萨默斯（2013）和其他经济学家重新启用了长期停滞的说法，以描述他们眼中同汉森在 1938 年看到的类似景象。[20]

为什么尽管有信息技术和人工智能领域的革命，美国的增长率自 2005 年后仍显著下跌？新古典模型不能解释长期停滞的谜题，因为该理论推测增长率将因为资本积累的收益递减而持续下降。那么创造性破坏范式能做得更好吗？

创造性破坏范式认为，至少出于两方面的原因，未来的情况会比萨默斯或罗伯特·戈登（2016）的看法更乐观。[21]首先，信息技术革命从根本上和永远地改进了新思想的生产技术。[22]其次，与信息技术浪潮同时发生的全球化过程极大地提升了创新的潜在回报（规模效应）以及不创新的潜在成本（竞争效应）。相应地，最近数十年来的创新在数量和质量上都出现加速。至于这一加速为什么没有体现在我们观察到的生产率增长上，本书第 6 章将予以回答。

不平等与创新

最近数十年来，发达国家的收入不平等程度快速扩大，尤其是在收入阶梯最顶端的部分。“顶层 1%”群体在总收入中所占的份额急速攀升。[23]我们该如何解释这一变化？

一种办法是以新古典模型为基础，把资本积累视为发财致富的唯一源泉。另一种办法则是基于创造性破坏范式（在本书第 5 章和第 10 章展开），把创新及其产生的租金视为致富和顶层收入不平等扩大的又一重要根源。[24]

有哪些不同方法可以测算不平等？创新会如何影响这些不同测算？顶层 1% 群体的收入份额扩大有一部分来自创新，而不仅是房地产租金和投机所得，弄清楚这点为什么至关重要？

在第5章的详细阐述之前，这里可以简单介绍一下，相比导致顶层收入不平等的其他原因，创新有着特别的优点。创新是发达经济体的增长发动机。创新在短期内的确会让其发明者和实践者受益，但从长期看，创新租金却会因为模仿和创造性破坏而消散。或者说，创新造成的不平等是暂时现象。最后，创新能带来社会流动性，让新的人才进入市场，并全部或部分地取代在位企业。

创新同顶层收入不平等的其他来源之间的差异，还启发我们思考设计这样一种税收政策：既具有再分配性质，又能促进创新和增长，并区别处理创新和其他不平等来源。相反，打击创新的税收政策不仅会妨碍经济增长，还将因为不鼓励创造性破坏而影响社会流动性。

6. 公共政策、政府与民间社会

我们对经济研究范式的评判，还要考虑它们对经济政策制定的指导力。

没有范式指导的经济增长政策

不依靠任何范式的增长政策的一个典型案例，是我们的经济学家同行约翰·威廉姆森命名的“华盛顿共识”。[25]他采用的“共识”一词是指代如下事实：世界银行、国际货币基金组织与美国财政部都支持正在开展改革的拉丁美洲、亚洲和前苏联阵营的国家采纳同一套增长政策。该共识包含三条关键的准则：经济稳定化，市场自由化，企业私有化。这些政策建议并非没有任何理论基础，但它们不是来自某个既定理论架构的系统论证。

“华盛顿共识”遇到了若干批评。尤其是，我们的同行豪斯曼等人（Hausman、Rodrik and Velasco，2008）明智地指出，中国和韩国等国家在没有严格遵照此类建议的情况下经历了高速增长，中国从未对大型国有企业实施私有化，韩国则没有完全开放对外贸易。[26]相反，遵循“华盛顿共识”的某些拉丁美洲国家却没有显著提高增长率。豪斯曼等三位经济学家建议以“增长诊断”的观念为基础，采用另外一套务实的做法。他们的想法是找到各个国家分别面临的主要增长障碍，如教育体系缺乏效率、信贷约束或者基础设施匮乏等。

增长政策与新古典范式

第二种方法是借助新古典范式来设计增长政策。该模型认为，对实物资本装备的累积投资将促进人均 GDP 增长，但由于资本收益递减，这存在某个上限。该模型还认为，对人力资本的投资会促进增长，尤其是对教育和知识的投资。可是新古典理论的启示到此便止步了，它并未涉及保护知识产权的政策、竞争政策、劳动力市场结构改革的作用，以及如何把教育政策同研究和创新投资结合起来等内容。

增长政策与创造性破坏范式

读者们应该记得，创造性破坏范式的第一个关键思想是，持续的创新是增长的最主要源泉。但由于人们不会把自己的创新给全社会带来的集体知识进步效应以及未来创新者能够利用这些进步的效应内部化，每个人的创新投入都将不足。于是政府需要扮演创新投资人的角色。针对这一课题，我们将在本书第 10 章探讨教育和科学对创新过程的作用，在第 12 章探讨创新融资，然后在第 14 章分析政府作为投资人的作用。

创造性破坏范式的第二个关键思想是，创新激励来自通过垄断租金获得回报的前景预期。该原则意味着，政府的第二个角色是充当创新的产权保护者。对此，我们将在第 4 章探讨知识产权保护与竞争的互补性质，在第 5 章分析税收政策与创新之间的关系。

创造性破坏范式的第三个关键思想是创造过程中的破坏，每个新的创新都会摧毁之前创新产生的租金。创造性破坏意味着，任何新的创新都将遇到在位企业的抵制，因为它们愿意不惜代价捍卫自己的租金。拉詹和津加莱斯对此给出过非常清晰的诠释：这些企业还能获得雇员的支持，因为他们担心现有经济活动的破坏将使自己失去工作。[27]

面对这一反对创新的联盟，政府需要扮演双重角色。首先，政府应该在产品和服务市场上保证竞争与新创新者的自由进入，这是竞争政策、规制游说活动和打击腐败等政策的关键所在。我们将在本书第 4 章、第 6 章和第 15 章详细讨论。其次，政府必须保护雇员们免受工作岗位消失的潜在危害。本书第 11 章将结合创造性破坏与健康和幸福度的关系探讨此课题，第 14 章将分析保障型政府的兴起。

创造性破坏范式的另外两个启示

创造性破坏范式提供的视角还能帮助我们思考各国财富增进过程的另外两个基本方面。

模仿与前沿创新。[28] 推动生产率增长和技术进步有两种方式，一种是通过技术模仿借鉴每个产业领域的先进经验，或者说模仿现有的技术前沿实践。另一种是在前沿上搞创新，让已经处于技术前沿的企业突破自身，因为它们没有可以模仿的对象。

我们将在第 7 章深入解释，某些国家因为采纳有利于资本积累式增长和经济追赶阶段的制度与政策，在初期实现了强劲增长，可是它们没有为转向创新经济而调整制度与政策。然而，一个国家越是走向发达，距离技术前沿就越近，就越需要用前沿创新来取代技术追赶、充当增长发动机。[29]于是，有些国家未能维持强势增长，在人均 GDP 水平上没有向最发达国家完全趋同。

环境问题与创新方向。在位企业的问题不仅在于它们试图阻止新的创新企业进入市场，还关系到看待创新和技术进步的保守态度。本书第 9 章将对此做详细阐述，过去在内燃机领域有创新成果的汽车生产商，通常会在未来继续致力于该领域的开发，因为这是其优势所在，它们不会自发地选择转向电动汽车领域的创新。这一现象被称作“路径依赖”。为推动企业转向绿色技术领域的创新，有必要依靠政府利用多种工具加以干预。

如何让政府妥善履行职责?

为什么政府会如我们期望的那样，发挥促进创新和创造性破坏的作用？为什么政府负责人愿意鼓励新创新者的进入，抵制在位企业的腐蚀拉拢？为什么政府负责人愿意建立保障和制衡制度，以防止权力滥用？

我们将在本书第 14 章和第 15 章尝试回答此类问题。在有关政府议题的这些章节，我们把国际竞争与民间社会（马克思所说的生产力）视为迫使政府追求公共利益的两个杠杆。考虑到这些因素之后，我们对资本主义未来的展望将不像熊彼特那般悲观。这些力量迫使市场经济持续改善自身及其规制，并给我们带来实现更环保、更包容的繁荣发展的希望。

7. 本书大纲与读者手册

本书第 2 章将探讨增长起飞的谜题：如何解释世界 GDP 在 19

世纪初期之前的长期停滞，以及随后在英国乃至法国出现的工业起飞？这一章将展示，创造性破坏范式如何为理解起飞现象提供有用的视角。

第 3 章将介绍重大技术革新浪潮：为什么技术进步以浪潮形式出现，为什么过去的技术革命与自动化创造的就业岗位多于摧毁的岗位？

第 4 章将分析产品和服务市场上的创新与竞争的关系：竞争为什么以及在何种情况下会促进创新与增长；我们该如何协调竞争同知识产权保护的关系；为什么竞争与产业政策并不矛盾？

第 5 章将分析创新与不平等的关系：如何测算不平等程度；为什么作为“顶层不平等”来源之一的创新同其他不平等来源有所不同；创新如何以及为什么会带来社会流动性；游说活动如何影响增长与不平等？此外还涉及，为什么对资本征税并非使增长变得更加平等的唯一工具？

第 6 章将探讨长期停滞的谜题，尤其是试图解释美国的生产率增速自 2005 年以来的下滑：为什么生产率增速的测算不正确；为什么商业活力下降伴随着租金上升与超级明星企业的出现；以及为什么长期停滞并非不可避免？

第 7 章将探究中等收入陷阱的谜题，也被称为“阿根廷悖论”：为什么某些国家最初能快速增长，然后停滞在中游；为什么促进技术前沿创新型增长的制度不同于鼓励追赶型增长的制度；为什么自由对技术前沿的创新和增长尤其重要；危机如何帮助某些国家避免了中等收入陷阱？

第 8 章将考察去工业化与向服务经济转型的原因：哪些因素导致了这一转型？工业化是不是发展过程的必要步骤，还是说不需要大规模工业化就能实现从农业经济向服务经济的直接转型？

第 9 章将探讨绿色创新：为什么自由放任式经济不会自发转向

绿色创新；政府为什么需要以及应该如何干预，以引导绿色技术的创新；为什么碳税并非实现更绿色增长的唯一工具？

第 10 章将深入探究创新议题：哪些人是创新者？我们对他们的社会背景有哪些了解？为什么教育政策和研发政策在促进创新引领的增长方面有互补作用，为什么创新不能离开基础研究，为什么基础研究依赖于学术自由和开放？

第 11 章将分析创造性破坏同失业、健康和幸福感之间的关系：为什么创造性破坏会导致失业？失业对个人有哪些情感影响，对人们的健康有何危害？为什么辅以恰当的公共政策，创造性破坏可以不妨碍人们的健康与幸福感？

第 12 章将聚焦于对创新的融资：为什么股权和风险资本融资非常适合支持前沿创新；为什么机构投资者与慈善家也在鼓励承担风险方面发挥了不可或缺的作用；为什么政府可能过分专注对大企业的研发补贴，结果伤害了更具创新力的中小企业？

第 13 章将聚焦于创新同全球化之间的关系，不仅是产品的全球化，也包括人的全球化：来自中国的进口增加如何影响发达国家的就业与创新；为什么出口市场的扩张会刺激创新，为什么投资与创新是比保护主义更有效的维持价值链控制的方式；为什么技术移民对迁入国的创新做出了巨大贡献？

第 14 章将从历史角度分析，能够同时投资创新并管理相应风险的政府是如何建立起来的：战争风险与国际竞争如何促进了致力于教育、研究和产业政策的国家逐渐兴起；战争与重大经济危机如何推动各国政府采纳相应政策，以保护个人免受创造性破坏的内在风险，或保护企业免受经济周期波动的风险。

第 15 章将分析，对行政机构的制衡如何制止妨碍新创新活动进入的滥权和腐败。我们将介绍几种可以监督行政权力使用的宪法工具。但在许多情形下，如果没有民间社会的干预，这些工具仍不能发挥实际效用：民间社会为什么以及如何充当权力分立与行政权力监督的最终保障；为什么“市场—政府—民间社会”这个三角结构对创新经济的正常运转不可或缺？

最后，基于之前各章的分析与讨论，本书结语部分将邀请读者一起思考资本主义的未来：为什么我们不能抛弃资本主义，而应该对其进行改革，以实现可持续和更公平的繁荣？

在结束这一引言部分的时候，我们再做三点补充。第一，我们将以特定的熊彼特研究范式或者说创造性破坏范式，来探讨与增长过程有关的谜团和问题。如前文所述，其他研究方法也曾被用来考察经济增长过程。但归根到底，正是经济思想史中的创造性破坏过程筛选出了最能经受时间考验的模型与范式。第二，在分析和推理的表述中，我们将依据：（1）启发性的经验证据，意指解释变量与被解释变量之间的简单相关性；（2）更靠近因果解释的经验证据，包括利用控制变量和工具变量，借助自然实验或随机实验等方法。在任何场合，我们都将尽可能明确地告知读者，有关的经验事实只是启示性的，还是有更直接的因果关系。第三，我们选择用众多图表来描述某些论证，目的是让某些不那么直观的内容变得更加清晰、友好和有趣。

第 2 章　起飞之谜

18 世纪末兴起的持续且无间断的增长，毫无疑问是经济发展史上第一个标志性事件。在一个增长几近停滞的世界中，突然出现了前所未见的累积式扩张过程，带来人均生活水平的指数式提高。人类在 18 世纪的生活状况，尤其是住房、营养和公共卫生等方面，是我们今天难以想象的。在当前的发达国家，饥饿或寒冷导致的死亡已几乎绝迹，而 19 世纪末时仍极为普遍。在 17 世纪，25%～30% 的新生儿会在 1 岁前夭折，50% 活不到 20 岁。今天欧盟国家的婴儿死亡率则仅有 4‰。

如何解释全球 GDP 与人口在 1820 年之前的停滞？为什么欧洲自中世纪以来就是许多重大发现的诞生之地，却直到 1820 年才启动持续的增长？为什么第一次工业革命发生在欧洲，而非其他地方，特别是曾发明轮子与算盘的中国？起飞的发动机是什么，技术进步还是制度进步？我们将尝试在本章解答上述问题，用历史事实和数据来印证不同的增长理论。

1. 长期序列数据的启示：安格斯·麦迪森[1]

收入与人口的持续增长是近期才发生的现象

在公元1000—2000年间，全球GDP增长了300倍，人口增幅则为23倍，或者说这期间的人均收入提高至原来的13倍。作为鲜明对比，在之前的1 000年中，人口仅增长了1/6，人均收入水平基本维持不变。增长史的真正突破发生在1820年前后，距今不过200年时光。所以，我们今天感觉自然而然的人均GDP增长，从人类历史的大尺度来看却是非常晚近才出现的现象（图2.1）。在1000—1820年间，全球人均GDP的平均增速非常低，每年不到0.05%。而在1820—1870年，这个增速提升至0.5%，在1950—1973年更是达到3%~4%。

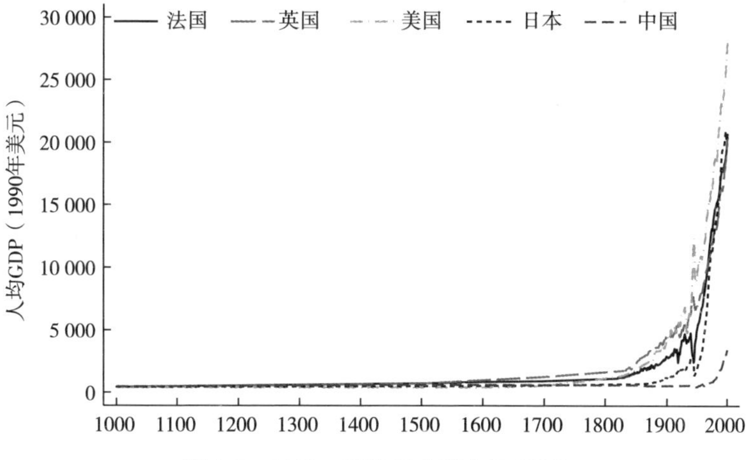

图2.1　1000—2008年全球人均GDP

资料来源：Maddison Historical Studies Project（2010），Groningen Growth and Development Centre，University of Groningen。

增长伴随着人类预期寿命的延长。在公元1000年时，新生儿的预期寿命仅为24岁，其中1/3会在1岁前夭折。转折点同样出现在1820年。这之前的预期寿命增长非常有限，全世界新生儿的平均预期寿命在1820年仅为26岁，但此后进入了指数式增长，1999年达到66岁。

人口状况呈现与GDP极为类似的变化轨迹。在相当长的时期里，虽然出生率很高，接近40‰，但死亡率也一直很高，接近38‰，因此人口增长缓慢。世界人口从公元元年到1000年仅增长了18%，而在1000—2000年却增长了23倍。作为首先经历起飞的地区，欧洲各国也最早出现人口的显著增长。事实上，法国的人口从1750年起便明显增加（图2.2）。除法国等少数国家外，生育率直至1880年才开始下降。法国、德国与荷兰等国几乎同时出现了婴儿死亡率和生育率下降现象，而在瑞典、比利时与丹麦等国，婴儿死亡率下降明显早于生育率下降。经济起飞和与之相伴的人口爆发式增长令人好奇：这两个现象是各自维持的吗？还是说GDP增长导致了人口爆炸？点燃爆发式增长的火花是什么？

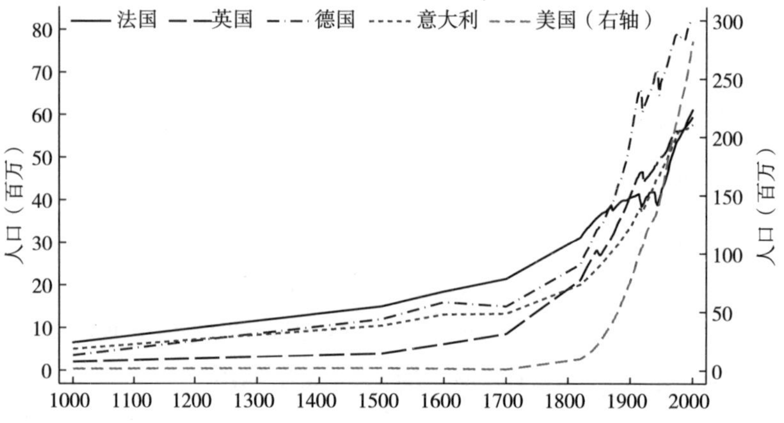

图2.2　主要欧洲国家和美国的人口变化

资料来源：Maddison Historical Studies Project（2010），Groningen Growth and Development Centre，University of Groningen。

除人口变化外，人口的地理分布也在19—20世纪发生了深刻的变化。从19世纪初期开始，农村人口大量迁出。在前工业时代的欧洲，大多数人口住在农村，城市化率很低，城市化水平最高的地区是意大利北部与荷兰。当时荷兰的城市化率达到37%，为整个欧洲之最，紧随其后的英国和比利时约为20%。意大利、西班牙、丹麦与葡萄牙等另外几个欧洲国家，由于之前几个世纪的商业发展，城市化率也突破了15%。[2]不过直至19世纪初，农村人口占欧洲全部人口的比重依然接近90%（图2.3）。[3]该比率自1800年开始下降，到1975年降至36%。[4]在1800—1980年间，居民超过10万人的欧洲城市的数量增长了42倍。

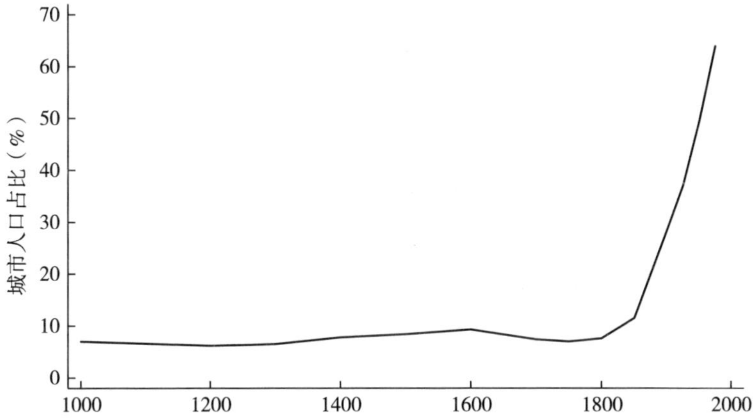

图2.3　1000—1975年城市人口占整个欧洲人口的百分比变化

注：城市人口的定义是居住在超过5 000人规模以上城市的居民。

资料来源：J. V. Grauman（1976），"Orders of Magnitude of the World's Urban Population in History," *Population Bulletin of the United Nations* 8（1976）：16－33。

多年来，对经济史的量化研究几乎都集中在起飞发生以及之后的时期，也就是19—20世纪。只有安格斯·麦迪森对起飞出现之前的长期增长做了量化分析。麦迪森是重建长期国民核算工作的先驱。他的著作《世界经济千年史》对公元元年以来的收入水平和世界人口提供了极为详细的分析。追溯到那么久远的时代，由于数据零碎不全，当时也完全没有国民核算的概念，必须依靠各种线索和推测来计算（见专栏 2.1）。

专栏 2.1　国民账户的发明

国民账户的数据维护直至 20 世纪中期才出现，但人口普查作为统治者了解其治下人口和产品资源的一种工具由来已久。实际上，政治统治者总在设法测算其管辖疆域中的财富创造情况。在封建时代，国民经济基本上限于农业，农业也就成为税收测算的基础。在 1690 年的英格兰，威廉·配第（William Petty，1623—1687）发明了政治算术的概念，这是国民账户的前身。增加税收的愿望促使配第与后来的格雷戈里·金（Gregory King）尝试测算国民总收入：要么是各种生产要素产生的收入之和，要么是各种支出之和。[5]在法国，皮埃尔·布阿吉尔贝尔（Pierre de Boisguillebert）与马雷查尔·沃邦（Marechal Vauban）也采用类似的方法测算国民收入。法国重农学派的创始人和领袖弗朗索瓦·魁奈（François Quesnay，1694—1774）发明了第一个从宏观经济角度包含完整国民核算体系的动态理论模型，当然，这一重农学派模型描述的经济是完全以农业为基础的。[6]

直至古典经济学理论出现后，产出才成为核心概念，它是反映新创造价值的流量，而非累积财富的存量。另外，直到 19 世纪末，才出现在价值测算中除了产品还必须加入服务的观念。1929 年的大萧条在确立国民核算的重要性方面发挥了关键作用。当时的各国政府在制定应对危机的政策时只有很不完善的信息可供参考，如市场指数、运输货物的数量以及制造业生产的不完整指数等。

在美国，商务部要求国民经济研究局（NBER）的库兹涅茨（Kuznets）开发一套国民核算指标。为此，库兹涅茨发明了GDP（国内生产总值）的概念，在1934年提交给参议院的一份报告中对GDP做了估计。[7]二战推动了投入产出表的创建，基于瓦西里·列昂惕夫（Wassily Leontief）的研究，投入产出表被并入了国民核算中。[8]同时受英国政府的委托，理查德·斯通（Richard Stone）与詹姆斯·米德（James Meade）在约翰·凯恩斯的鼓励和建议下，也准备了一套估测国民收入和支出的办法。[9]

法国方面的先驱人物则是弗朗索瓦·佩鲁（François Perroux），他于1955年在应用经济学研究院（Institut de Science economique appliquée）首先开展相关的量化分析。[10]但在二战后的30年里，关于法国经济增长真正有参考意义的研究是卡雷等人的成果（Jean-Jacques Carré, Paul Dubois and Edmond Malinvaud, 1972）。[11]他们的目标是基于国民核算已经取得的进展，识别和评估GDP增长的决定因素。这项研究在几个国家并行开展，推动了战后的"国民账户核算体系"（systems of national accounts, SNA）的创建。在联合国、经合组织、欧盟统计局、国际货币基金组织与世界银行等机构的跨国专家工作组的支持下，国民账户核算体系逐渐得到改进和完善。

麦迪森与历史数据重建

麦迪森收集了大部分国家自1950年以来的国民账户数据，但重建更早期的GDP和人口数据，则需要适用于各个时期的方法。

对1820—1950年，麦迪森采用的是登记机构和行政机构在历史上收集的收入与人口数据。他首先以不同国家的历史学家和经济学家的成果为基础，完成数据收集工作；然后以各国采用的技术水平的差异为函数，对估计数据进行适度修正，以实现跨国估计的一致性。例如对法国，麦迪森重点参考了杜丹的研究成果（Jean-Claude Toutain，1987）。[12]为测算GDP，他重点考察主要经济部门的产出。他根据法国的农产品（如谷物、葡萄酒、木材和肉类）与产品价格的档案，估算农业产出。针对制造业，则包含23个分支，共113个序列数据，覆盖1789—1938年的所有工业门类，例如开采加工、冶金、食品、纺织、化学和建筑业等。接下来，麦迪森把测算结果同其他人的估算（Lévy-Leboyer and Bourguignon，1985）做交叉比对。[13]然后针对19世纪的国境范围做出调整，最终得出了法国自1820年以来的人均GDP数据变化（表2.1）。

表2.1　1820—1913年对法国人均GDP的估算结果　（单位：千，1990年国际元）

	1820	1870	1913
麦迪森	1.218	1.858	3.452
杜丹（1987）	0.983	1.858	3.452
莱维－勒博耶（1985）	1.123	1.836	3.452

资料来源：A. Maddison, *The World Economy*, Development Centre Studies（Paris: OECD, 2001）。

对1500—1820年，麦迪森利用近似法测算GDP。他采用的是登记机构留下的人口数据，这在欧洲国家尤其具有可靠性。结合某些历史事件（如战争和疾病）的影响，他对数据做了修订。至于GDP的测算则包含三种可能的情景：某些国家有部门产出数据，特别是比利时；其他一些国家没有留下此类数据，但经济状况与邻国非常相似，于是麦迪森假设法国的人均GDP增长与比利时相同；对本国和邻国都缺乏数据的最后一种情景，麦迪森只能凭经验推测，例如假设俄罗斯的人均GDP以每年0.1%的速率增长。尽管这些推测在某种程度上带有主观性，但工业革命之前的人均GDP及其增长速度都很低，各国之间可能的差异从很长时间跨度来看会被抚平。

在公元元年到1500年间，对人均收入变化的测算要粗糙得多，因为麦迪森唯一能参考的只有人口数据。他知道欧洲和亚洲在公元1000年的城市化率（居住在10万人以上规模城市的人口比率），继而假设，某个国家的城市化率提高意味着有过剩农业产出，经济中非农活动的比重因之上升。在公元元年到1000年间，欧洲的城市化率近乎为零，因此麦迪森推断，人均GDP接近生存水平，约为今天的每人每年400美元。中国的城市化率略高，约为3%，麦迪森推测其人均GDP达到了450美元。

麦迪森最重要的贡献之一，是让我们能够修订对西欧国家长期经济增长的认识。在他于2010年去世后，格罗宁根大学发起“麦迪森项目”（Maddison Project）以延续其研究，目标是继续收集关于GDP、人均GDP和劳动生产率的历史数据。对1820年之后的时期，麦迪森的估计结果没有被大幅修正。对1300—1820年，麦迪森项目开展了重大的历史计量学研究。[14]但从长期看，与1820年之后的起飞相比，此前的增长依然小得可以忽略不计。

前工业化时代的欧洲：地球还在转

尽管历史长河中的增长远远比不上1820年后的起飞，但此前的经济并非处于没有任何增长的永恒停滞状态。[15]凯恩斯就在《我们后代的经济可能性》一文中表述了某种微妙的看法。他认为尽管生活水平没有陡然变化，却有上下起伏，某些时候甚至可能在几十年里让人均财富翻番。[16]富凯（Roger Fouquet）与布劳德伯利（Stephen Broadberry）更近期的研究则指出，若关注1300—1820年这个时间段，会看到人均 GDP 或上升或下降的显著运动（图 2.4）。

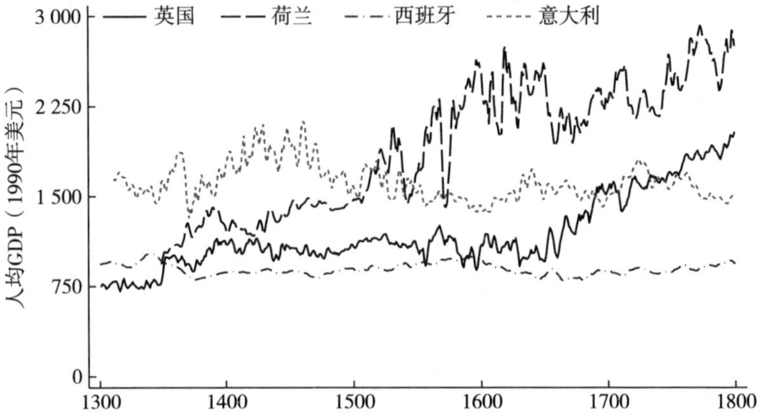

图 2.4　1300—1800 年部分经济体的人均 GDP 变化

资料来源：转引自 R. Fouquet and S. Broadberry, "Seven Centuries of European Economic Growth and Decline," *Journal of Economic Perspectives* 29, no. 4 (2015): 227－244, 图 1。

有两个国家因持续的长期增长而显得出类拔萃。[17] 在 1350—1420 年间，即文艺复兴初兴之际，意大利的人均 GDP 增长了 40%，相当于 70 年间的年均增速为 0.8%。这一现象的成因是大瘟疫造成人口急剧下降，使人均土地面积和资本增加，加上意大利各城市在海运贸易中的关键地位。

威尼斯共和国在欧洲内部（弗兰德斯、法国、德国与巴尔干地区）、西方国家与东地中海以及西方国家与远东的贸易发展中扮演了尤其关键的角色。威尼斯不只负责促进产品贸易的繁荣，如香料和丝绸等，也加强了来自亚洲、埃及和拜占庭的技术引进，如纺织品生产、玻璃吹制、水稻和甘蔗种植等。威尼斯还处于制度创新的最前沿，特别是引入了新的合同类型来组织 12 世纪的贸易与投资。具体而言，与君士坦丁堡之间的贸易必须有不菲的投资并承担巨大风险，如遭遇海盗、海难或延误等，但可以用极低的概率获得极丰富的财务回报。为实现可接受的风险分摊，威尼斯人发明了一种名为“联合会”(colleganza）的合同，属于最早的股份公司之一。这种制度是投资人与商人双方达成的协定，投资人为商人提供商品，商人负责运输并出售，合同提前约定好潜在利润的分配办法。此类合同让很大一部分人口能够参与国际贸易，正是在这个时期，威尼斯达到了繁荣与权势的巅峰。

进入 17 世纪，轮到英格兰经历快速增长，其人均 GDP 在这个世纪中实现了翻番。1642—1660 年的内战是标志王室权力转型的关键一步，在短暂的共和国体制后，决定性地迈向了君主立宪制的道路，并在 1688 年光荣革命后得以明确。在君主立宪制下，议会居于国王之上，使知识产权能得到更好的保护。[18]这一前所未闻的政治形态给创新带来了有利的环境，进而为工业革命创造了条件。

1300—1800 年这一时段也出现了下降期。例如，意大利的人均 GDP 增长有过三个下降期：1450—1600 年、1650—1700 年以及 1750—1800 年。这些下滑部分源于人口增长的反弹、若干敌对城邦（如佛罗伦萨和威尼斯）对市场的分割，以及欧洲人在 15 世纪末抵达美洲之后，贸易重心由地中海转向大西洋。

欧洲各经济体在 1820 年之前经历过一系列增长期和下滑期，远非停滞不变。由此带来的一个问题是：1820 年之前的时期与第一次工业革命带来的起飞究竟有何区别？针对这个疑问，富凯与布劳德伯利（2015）的研究分析了每个国家出现较长持续增长期的概率，其定义是在至少连续 4 年里维持 1.5% 以上的增长率（表 2.2）。他们的假设是，连续 4 年超过 1.5% 的增长率对应着起飞的到来。[19]在 5 个世纪（1300—1799 年）中，该研究考察的 6 个国家（英格兰/大不列颠、意大利、荷兰、瑞典、西班牙和葡萄牙）出现较长持续增长期的概率都非常低，仅 1%~2%。在 19 世纪，此概率提高到 5%，到 20 世纪则升至 40%。于是，富凯与布劳德伯利证实了如下假说：持续经济增长是近期才发生的现象。

表 2.2 1300—2000 年 6 个国家的持续经济增长或下降时期（所占比例）

	连续 4 年增长率≥1.5%的年份所占比例	连续 3 年增长率≤－1.5%的年份所占比例
14 世纪	1.1	1.6
15 世纪	1.0	8.0
16 世纪	2.3	8.7
17 世纪	1.3	4.3
18 世纪	1.3	5.8
19 世纪	5.3	2.0
20 世纪	40.0	3.2

注：数据包含的国家为英格兰/大不列颠、意大利、荷兰、瑞典、西班牙和葡萄牙。

资料来源：R. Fouquet and S. Broadberry, "Seven Centuries of European Economic Growth and Decline," *Journal of Economic Perspectives* 29, no. 4 (2015): 227－244。

2. 对起飞的技术因素解释

为什么增长起飞直到 19 世纪初才发生？为什么工业革命之前的发明创造，例如轮子、印刷术或指南针没有带来累积式增长？为什么这一切变化是从英国这个欧洲小国开始，而非中国那样的大国？

起飞之前：马尔萨斯陷阱

托马斯·马尔萨斯（1766—1834）对世界经济在 1820 年之前未能起飞给出了极具说服力的解释。他的理论说明了两个现象的并存：在 19 世纪之前，人均 GDP 的停滞与人口数量的停滞。在《人口论》这部名著中，马尔萨斯阐述的前提是农业产出来自劳动与土地的结合。[20]由于土地是固定的生产要素，人口的任何增长都将自动导致人均 GDP 下降，因为有更多的人在同样数量的土地上劳作。

与此同时，人均 GDP（即平均生活水平）的任何提升，例如由新发明或扩大贸易开放所致，都会带来人口的增加，因为生活水平提高会鼓励家庭养育更多子女（比如《格林童话》里的汉塞尔与格莱特、大拇指汤姆的故事），或者会暂时降低死亡率。这两个因素的结合，则会造成我们所说的"马尔萨斯陷阱"：技术进步永远不能给一个经济体的人均 GDP 带来可持续增长，因为人均 GDP 的任何提升都会导致人口增加，然后把人均 GDP 拖回维持生存的水平。

在马尔萨斯的世界里，只有因为节欲或限制生育等导致的人口下降可以使人均 GDP 提高。生产率的任何提升都会导致人口增加，马尔萨斯的这一思想似乎给前工业化时代提供了可信解释。然而 1820 年之后同时出现的经济增长与大幅人口扩张，则暴露马尔萨斯学说的局限性。人类是如何以及为什么最终逃脱马尔萨斯陷阱的？

技术因素解释

纯技术的观点能解释逃离马尔萨斯陷阱吗？一种经常被引用的说法是，从农业向制造业转型使人类可以摆脱土地这一固定生产要素，用资本予以替代。与土地不同，资本随时间而增加。所以用资本替代土地，就能消除马尔萨斯理论范式中人口增长对人均 GDP 的负面影响。但假设事实如此，那为什么人类会长期从事农业生产，而没有很快用资本替代土地呢？这里我们再次用纯技术观点来解释，它认为制造技术的引入需要付出较高成本，在人口充分增长、人均农业产出被充分压低之前，做这样的投资并不合算。对于从农业生产转向制造业的一种类似解释是，当人口达到某个关键临界点时，就会出现农村人口大批脱离，把劳动力解放到制造业里去。还有学者强调需求效应的重要性，认为只有当需求超越某个关键的临界点后，各种产业同时采用新的生产技术才有利可图。[21] 总之，从农业向制造业转型依赖于一种临界点效应：人口临界点、需求临界点、投资临界点。可是为什么起飞会在1820年发生，又为什么没有发生在中国那样兼具创新力和稠密人口的国家？

规模效应与人口转型

第二种解释则基于两种效应的结合：人口对创新的规模效应，以及人口转型效应。该理论模型由克雷默提出（Kremer，1993），后来被盖勒与韦尔发展完善（Galor and Weil，2020）。[22]

我们可以把规模效应概括如下，人口密度或数量增加会使所有新产品的市场规模扩大，从而提升创新租金，所以人口对创新和增长具有正面效应。[23]此外，人口密度增加会促进人们之间的思想交流，从而加快创新生产乃至增长。[24]那么由规模效应带来的技术进步加速是否足以让一个经济体摆脱马尔萨斯陷阱？答案是否定的：在马尔萨斯设想的世界中，技术进步的任何加速都会带来人口增长加速，也就是会导致人口爆炸，最终妨碍人均GDP的起飞。

因此，为逃离马尔萨斯陷阱，我们还必须有一个杠杆，即人口转型的杠杆。简单地说，随着技术进步加速，人们必须通过更多的学习来掌握最新的技术。所以一个国家的技术越是先进，父母对子女教育的投入就必须越多，以便让他们适应新的技术。[25]接下来，教育投资的必要性将影响父母在子女数量和子女教育水平之间的选择，促使他们倾向于养育数量更少、教育程度更高的后代。[26]

这样的人口转型杠杆将缓和人均GDP增长对人口的马尔萨斯效应，从而防止人口规模效应带来的生产率提升自动导致人口加速增长。相反，在人均GDP超出一定水平后，父母会选择更小的家庭规模，以便对子女教育做更多投资，并更多享受技术进步的收益。[27]因此，人口转型与规模效应的结合可以使一个经济体摆脱马尔萨斯陷阱。

乍看之下，历史数据似乎符合基于人口转型的这一观点：直至1870年，人均GDP的加速增长依然伴随着人口增长的加速；然而到1870年之后，人均GDP的增长却与人口增长率下降同步发生。事实上，最发达的国家恰恰成了人口增长率最低的国家。

转向制度因素解释

起飞来自规模效应与人口转型相结合的观点遇到了经济史学家提出的若干实证挑战（Mokyr and Voth，2010）。[28]首先，这批学者指出，英格兰的人口在工业革命前的1700—1750年处于停滞状态，所以并不存在能够带来规模效应的人口爆炸。另外，中国的人口数量在1650—1750年间增长了3.2倍，创新水平也不亚于欧洲，却没有出现增长起飞。最后，规模最大的国家并没有出现比其他国家更强劲的增长。这些思考促使我们为起飞寻找纯技术之外的解释，即把技术因素与制度因素结合起来的解释。

3. 技术与制度的结合：乔尔·莫克尔[29]

本节探讨的制度研究方法经常会提及本书第1章介绍的创造性破坏范式。它的三个基本理念是：（1）增长来自知识的逐渐累积，每个创新都要利用之前创新包含的知识，每个创新者都站在“巨人的肩膀上”；（2）创新需要友好的制度环境，首先是对财产权利的有力保护；（3）创新将摧毁现有租金，因此需要保证新的创新企业能持续进入的竞争性环境。

科学与技术的共同演化

在工业革命之前，人类的历史不时出现技术创新。但与工业时代不同，这些创新是孤立、异质性的，没有带来持久的创新与增长时期。在《雅典娜的礼物》（2002）一书中，莫克尔通过理论知识与实践知识相结合的方式来解释起飞现象。他首先命名并区分了命题性知识（propositional knowledge，理论知识）与规范性知识（prescriptive knowledge，实践知识）。命题性知识意指科学知识，目的是理解自然现象。规范性知识意指技术知识，目的是促进生产。命题性知识的进步是发现，规范性知识的进步则是创新。前工业化时代的增长是基于规范性知识的进步，此时的实用技术积累并不需要使用者弄清楚背后的科学原理。然而从19世纪开始，工业社会开始努力理解使技术变得更有效的基本原理，也就是采用科学的研究方法。人们从关心“这如何起作用”转向“这为什么起作用”。科学思考的出现带来了认知突破，为命题性知识的总结及应用于新的领域铺好了道路。

如我们的同行大卫·恩考瓦（David Encaoua）在2011年所述，“这个时代搭建了从技艺（technique）主导的知识王国向应用技术（technology）主导的知识王国的通道，也就是说，走向了科学与技术的结合”。[30]例如在化学领域，人们了解各种化合物的配方已有数百年之久，但只有当我们把化学合成的理论提炼总结出来后，才能制造出新的化合物。与之类似，显微镜的发明则给微生物学的发展提供了可能。

数学在科学与技术的这场对话中扮演了特殊角色。例如，数学为牛顿力学定律的概括提供了工具，后者又用来解释抛物运动，促进了弹道学的发展与新的科学发现。科学与技术的共同演化是工业革命的决定性特征。但这一共同演化因何实现？莫克尔提到了三个要素，同创造性破坏范式的三条原则恰好匹配：知识和信息的传播让累积式创新成为可能；国家之间的竞争让创造性破坏成为可能；保护创新者的财产权利的制度得以出现。

知识和信息的传播

知识和信息的传播在18世纪发挥了关键作用，这要感谢平价邮政服务的兴起和印刷成本的下降。当时报纸的印数激增（表2.3），并出现了多种百科全书。[31]例如，约翰·哈里斯（John Harris）于1704年在伦敦出版了《技术词典》（Lexicon Technicum），被视为首部现代英语百科全书，并为伊弗雷姆·钱伯斯（Ephraim Chambers）于1728年出版的《百科全书或艺术与科学通用词典》（Cyclopaedia or an Universal Dictionary of Arts and Sciences）打下基础。实际上，狄德罗（Diderot）与阿兰贝特（Alambert）最初的计划正是把这部全书翻译为法文，但后来转向了更志向远大的项目。他们的《百科全书或科学、艺术与手工艺大词典》（Encyclopédie ou Dictionnaire raisonné des sciences，简称《百科全书》）希望把当时所知的全部知识与技巧都编纂进来，邀请各个学科领域的专家撰稿，首卷于1751年出版。[32]这些著作的传播让技术和科学知识广为人知，极大地推动了知识积累过程。

表2.3　1790—1840年美国邮政局递送的信件与报纸数量

年份	信件数量（百万）	人均信件数	报纸数量（百万）	人均报纸数
1790	0.3	0.1	0.5	0.2
1800	2.0	0.5	1.9	0.4
1810	3.9	0.7	—	—
1820	8.9	1.1	6.0	0.7
1830	13.8	1.3	16.0	1.5
1840	40.9	2.9	39.0	2.7

资料来源：R. R. John, *Spreading the News: The American Postal System from Franklin to Morse*（Cambridge, MA: Harvard University Press, 1995）。

接下来，鼓励知识分享和增进的社团与俱乐部开始兴起，这推动了思想的交流。当时的情形与 15 世纪有了很大不同。在过去，知识被行会与同业公会等严密控制。而到了 18—19 世纪，真正的信息分享文化开始兴起。结果使发明家不再需要每项发明都从头起步，他们得以继承过去一切发明包含的知识财富，真正站到“巨人的肩膀”之上。

开放性，即发明家之间与各国之间的自由思想交流，对累积创新过程及后来的起飞也发挥了关键作用。莫克尔坚持认为，跨越国境的“文学界”(Republic of Letters）社群以拉丁语作为通用语言，在联合全欧洲的人文主义者、学者和文人方面产生了卓越影响。从文艺复兴时代开始，这一文学界社群把创新者推上全欧洲的跨国舞台，给他们提供了比本国同胞更大的受众群体。在本书第 10 章，我们还将探讨开放性对创新过程尤其是基础研究的重要意义。

竞争的重要性

起飞出现在欧洲的第二个制度动力是各国之间的竞争。这种竞争使得即便有各国既得利益集团的抵制或反对，创新与创造性破坏仍可以发生。在政治上碎片化的欧洲，各国需要争夺最聪明的大脑。因此，尽管每个国家都有抵制创新的势力，被其他国家支配的恐惧却会帮助打消其他一切顾虑。

与之相比，在缺乏竞争压力的中国，经济和政治上的老旧势力掌握着控制权。因此在 1661 年，康熙皇帝命令东南沿海的所有居民向内陆迁移 30 公里。在 1663 年之前，整个沿海都禁止通航。该禁令到 18 世纪还被时常恢复，拖延了海外贸易的兴起。中国统治者的行动是出于对创造性破坏的担忧，他们认为这会威胁政治稳定。只有被皇帝首肯的创新才允许在中国出现。与欧洲不同，发明未被选中的中国创新者没有什么机会迁居他国。这种绝对控制的后果是，当其他国家在推进工业化时，中国经济却在整个 19 世纪到

20 世纪陷入停滞。

竞争的缺乏还导致了威尼斯的没落。[33] 1297 年，由于担心地位受到冲击，威尼斯最富裕和最有权势的几个家族通过了一系列名为“封闭”(Serrata）的法律，使加入市政理事会（Maggior Consiglio）成为少数贵族家庭成员的世袭权利。自此以后，政治权力的通路受到限制，财富日益集中到少数家族手里，威尼斯城邦开始丧失海洋与经济强者的地位。本书第 15 章还会详细讨论威尼斯的案例。

财产权利

建立保护知识产权的制度是实现增长起飞的一个关键因素，有助于解释为什么起飞首先发生在英格兰，之后才扩展至法国。技术因素对此无法提供全部解释，因为在 18 世纪末，英法两国达到的科学与技术水平大体相当。要知道，法国正是狄德罗用《百科全书》开创性地编纂知识体系的地方。然而，英格兰在保护财产权利方面远远领先于法国。英国议会在光荣革命中取得了超越国王的地位，首次确保了财产权利不受政治干预，从而为创新注入了激励。[34] 光荣革命发生在法国大革命一个世纪之前，后者只是为建立对创业和创新更友好的制度创造了初始条件，真正的起步是《拿破仑法典》，直到朱尔·费里（Jules Ferry）在第三共和国时期的深刻教育改革。

因此，英格兰在保障发明家的产权方面走到了前面，并启发欧洲其他国家朝这一方向跟进。早在 1624 年，英格兰《垄断法案》(Statute of Monopolies）就禁止君主在商业事务中授予排他性特权。除非是“真正的首创发明人”，才可以获得为期 14 年的垄断发明使用权。这个措施标志着专利特许体系的制度化，后来启发了美国的创建者与法国的革命家们：美国于 1790 年颁布了涉及专利事务的第一部法律，法国则是在 1791 年。

在此之前，各行业都由行会保护，它们对自己的累积技术知识严格保密。这些行会极力在相应的城市建立垄断，把附近城市排斥出自己的市场，例如布鲁日与根特或者热那亚与威尼斯之间就有此类激烈角逐。只有值得信任的学徒才能获得机会，完全掌握所在行业采用的技术。而任何泄露行会秘密的人则会遭到厄运！乔治·雷纳德（Georges Renard）这样介绍 1454 年的威尼斯法律：“如果一名工人把技术或工艺带到其他国家，给共和国造成危害，他将被勒令返回；若不从命，他的近亲将被监禁，以利用家庭亲情劝告他返回；如果坚持不从命，则会采取秘密措施取其性命，无论他身处何地”。[35]哈尔·范里安（2004）称 15 世纪的威尼斯在两个技术领域处于领先地位：水晶玻璃与造船。水晶玻璃（又称穆拉诺玻璃）的制造工艺受到严格控制，要求生于穆拉诺岛（Murano）的任何人都永远不得离开，以防止泄密风险。类似地，也不允许任何外国人观察威尼斯军械厂的船只建造过程。[36]

专利制度的出现对创新和技术进步有两方面的效应。首先，专利让发明家至少暂时获得了发明应用的垄断权，保护了创新租金，提供了创新动力。其次，专利又迫使发明家分享其发明所依赖的知识，让其他人能利用专利中包含的知识，开展后续创新。[37]

金融的发展

金融的发展，如商业银行与投资银行的创建，股权融资和股票交易所的兴起，有限责任公司的出现等，对推动欧洲 19 世纪的创新和工业起飞也发挥了核心作用。这些金融创新激活了实体创新和风险承担，使 1820 年之前人类从未见过的持续稳健增长变为可能。拉詹与津加莱斯在《从资本家手中拯救资本主义》一书的引言中对此有过精彩诠释：金融市场让人们可以动员资源和资本去尝试大胆的创新理念，以此持续支撑创造性破坏的过程，并带来经济繁荣。[38]具体而言，他们展示了发达国家的人均 GDP 增长如何伴随着若干金融发展指标的提升，如银行存款与 GDP 的比率、股票总市值与 GDP 的比率，以及股权融资与固定资本投资的比率等。当然，拉詹与津加莱斯并未忽略金融的黑暗面，即无监管的金融活动的过度膨胀和危险。在他们的专著中，一个焦点议题就是，如何识别这些危险以及如何采取防止或者至少是约束它们的手段。在本书第 12 章，我们还将就创新融资的议题展开深入讨论。

大卫·赛夏与发明家的苦难

很少有小说家像巴尔扎克在《幻灭》中那样，讲述 19 世纪的发明家在面临知识产权保护不足、缺乏融资机会时遭遇的磨难。该书的第三部名为《发明家的苦难》，描述了大卫·赛夏遭遇的痛苦。

赛夏是一位印刷商的儿子，发明了利用植物纤维造纸的工艺。这套工艺使他的生产成本低于竞争对手。然而，他最直接的竞争者库安泰兄弟通过不道德却并不违法的手段获得了这套工艺的所有权，他们通过伪造签名，要求赛夏偿还其朋友吕西安（即该书的主人翁）欠下的债务，从而迫使赛夏及其印刷厂破产。库安泰兄弟掌控了局面，着手向赛夏施压，以免除债务为条件，要求把他的发明无偿且永久授予他们。虽然发明带来的收入贴现值远远超过债务额，赛夏却因为没有其他选择，不得不接受了极端不利的协定。

与赛夏所在的 19 世纪上半叶相比，这种不幸在今天的法国更不容易发生，至少有两方面的原因。其一与专利申请的成本有关，如今这一费用约为 600 欧元，而在巴尔扎克写小说时，相当于赛夏的印刷厂市值的 10%。其二是，赛夏这样的发明家在今天找融资（如通过银行、风险资本家、机构投资者等）要容易得多，因为有形的知识产权市场已经相当发达，可以对专利做价值评估，以之作为筹资或借款的抵押品。

如果大卫·赛夏穿越到今天，他就能给自己的发明申请专利，然后从银行或风险资本家那里获得融资，以实现技术应用。银行或风险资本家将代他偿还对库安泰兄弟的欠款。或者赛夏可以选择出售自己的专利，利用这一收入来还债，同时仍能够保留富余的款项。

所以，巴尔扎克的小说揭示了更发达的资本主义体系的好处，与19世纪的情形相比，发明的知识产权更容易获得专利制度的保护。还有，更发达的金融体系能保护发明家免受某些债权人的挟持（特别是同时作为竞争对手的债权人）。

伊莱·惠特尼与他的轧棉机

1793年，美国人伊莱·惠特尼发明了轧棉机，一种把棉籽同棉花分离的机器。该发明于1794年3月获得了专利。然而在当时的制度下，专利的知识产权保护并不能真正得到有效执行。惠特尼为保护其发明免遭仿冒，耗尽了自己从发明中获得的全部利润，最终让他的企业在1797年破产。这位发明家决定再也不申请专利，并留下了如下名言："一项发明可以如此值钱，以至于让发明人一无所获。"如今，伊莱·惠特尼毫无疑问能成功保护他的发明，并获得让公司继续运转的融资。[39]

4. 结论

起飞的奇迹与多种因素有关，它们的结合造就了自19世纪以来前所未有的财富积累。不过，技术因素与制度因素的桥接能够最好地解释：为什么起飞发生在19世纪初，而非更早时期；为什么发生在欧洲——从英格兰起步，再到法国——而非世界的其他地方。印刷与邮政服务等技术进步极大地促进了知识的生产和传播，同时新兴制度给创新者带来了保障，鼓励了对创新的投资。

总之，工业革命可以作为创造性破坏范式的三个基本原则的绝好展示：累积式创新成为增长的驱动力；制度的关键作用，尤其是保护创新租金乃至普遍促进创新的财产权利；必须存在竞争，以克服在位企业和政府为防止新进入者挑战自己的租金或权力而设置壁垒阻碍创造性破坏的过程。这一范式将贯穿全书，指引后续分析，但同时我们也将在之后的章节里不断用实证数据对其反复检验。

第 3 章　我们该惧怕技术革命吗？

对技术革命，我们应该担忧还是期盼？一方面我们或许感到害怕，因为技术革命会加快工作的自动化，用机器取代人力来完成任务。另一方面我们则会持欢迎态度，因为它们会催生一系列次级创新，影响经济中的所有部门，促进增长。

毫无疑问，这方面最广为人知的案例是詹姆斯·瓦特于 18 世纪 70 年代发明了触发第一次工业革命的蒸汽机，也就是第 2 章提及的第一次重大技术革新浪潮。这场革命始于英格兰与法国，然后扩展至其他西方国家，特别是美国。电力的发明则启动了第二次工业革命，其黄金时代在 20 世纪上半叶。第二次革命始于托马斯·爱迪生于 1879 年发明灯泡以及维尔纳·冯·西门子于 1866 年发明发电机。罗伯特·戈登（1999）把这次技术浪潮称作“一波巨浪”，它从相反方向跨越大西洋，最早于 20 世纪 30 年代兴起于美国，到二战后扩展至其他工业化国家（见图 3.1）。[1]这次浪潮之盛大，在欧洲和日本尤胜美国，因为它们既需要战后重建，又得在技术上追赶美国。最后则是第三次工业革命——信息技术革命——始于英特尔公司的工程师费德里克·法金（Federico Faggin）、马西安·霍夫（Marcian Hoff）与斯坦·马泽尔（Stan Mazor）在1969年发明的微处理器。

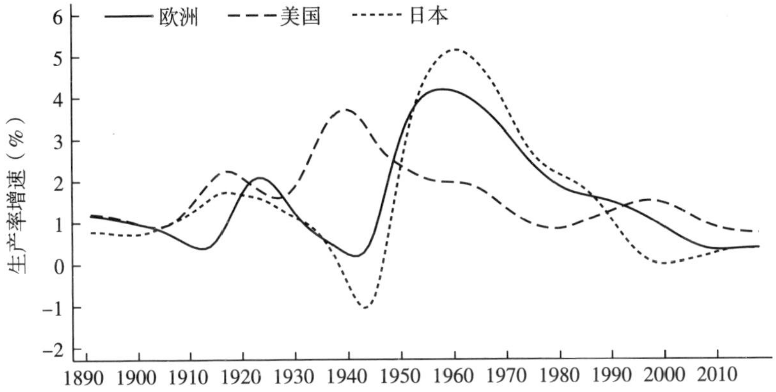

图3.1　全要素生产率的年增长率

资料来源：A. Bergeaud, G. Cette and R. Lecat, "Productivity Trends in Advanced Countries between 1890 and 2012," *Review of Income and Wealth* 62, no. 3（2016）：420－444。

不过，在启动浪潮的技术发明与实现浪潮的增长起飞之间有显著迟滞。市场上最早出现蒸汽机是在1712年，但直至1830年，我们才观察到英国的人均GDP增长加速。[2]与之类似，尽管灯泡在1879年已经发明，又过了50多年后，美国的生产率增长才出现加速。此外，自21世纪初以来，我们看到美国与欧元区的生产率增速其实有所下滑。[3]

从通用发明出现到后续增长加速之间的迟滞因何出现？为什么此前的技术革命都没有如19世纪的英国工人内德·卢德和1930年的凯恩斯担心的那样带来大规模失业？[4]人工智能革命的前景如何：是创造就业还是摧毁就业？这些正是本章将探讨的谜题。

1. 浪潮的扩散为何存在迟滞?

罗伯特·索洛在 1987 年谈道,“你可以看到计算机时代已无处不在,只有生产率统计数据例外”。[5]他率先提出了如今人们所说的“索洛悖论”:在微处理器发明 18 年之后,美国的生产率增长依旧疲软。又过了几年,与信息技术有关的增长浪潮才于 20 世纪 90 年代中期在美国起势,并延续到 21 世纪第一个 10 年中期。

为理解信息技术扩散中的这一迟滞现象,我们需要更深入地了解技术革命的某些特征。技术革命源于能产生某种“通用技术”的根本性创新,这种技术将改变整个经济的面貌。[6]通用技术有三个基本特征:第一,它们会催生大量的次级创新浪潮,分别对应上述通用技术在经济生活中特定部门的应用;第二,这些技术会逐渐得到改进,使用户成本随时间下降;第三,这些技术将无处不在,扩散到经济生活中的所有部门。[7]

下面我们来分析以上几个特征如何帮助解释通用技术背后的创新发生时间与经济增长显著加速时间之间的延迟现象。

次级创新的重要性

通用技术并非“即插即用”属性,将它应用于经济中的不同部门必须依靠次级工艺创新。每个次级创新都是让通用技术适应特定部门的需要。例如,生产装配线就是电力革命应用于汽车制造业的一种次级创新,在线购物则是信息技术革命应用于商业服务业的一种次级创新。此类次级创新改进了企业生产工艺,提高了它们的生产率,因而成为长期增长的源泉。

不过,次级创新需要时间,这个因素能帮助解释增长的迟滞。另外开展次级创新需要从生产中转移部分资源,也会导致 GDP 增长率在短期内下降，或者至少推迟人们期望的通用技术激发的增长提速。[8]

新通用技术带来的每个次级创新浪潮都对应着创新成果的激增，表现为特定时期的人均专利数量显著提高（图3.2）。

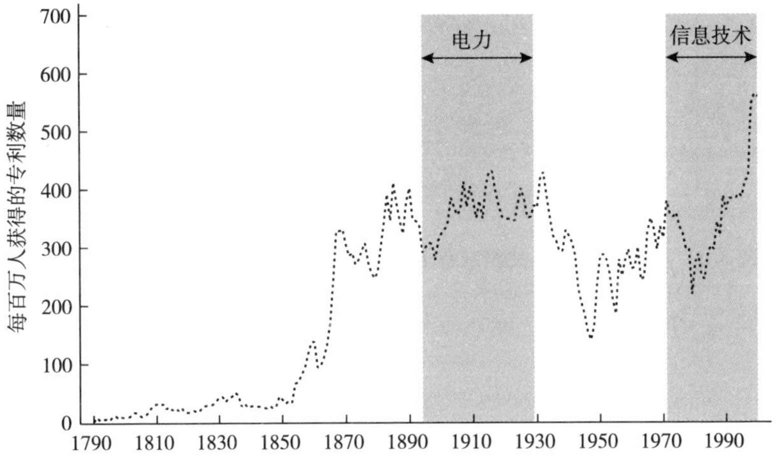

图3.2　1790—2002年美国每百万人获得的发明专利数量

资料来源：转引自 B. Jovanovic and P. L. Rousseau, "General Purpose Technologies," in *Handbook of Economic Growth*, ed. P. Aghion and S. Durlauf (Amsterdam: Elsevier, 2005), vol. 1, 1181-1224, 图12。

每个部门都需要专门的次级创新，完成这些次级创新的发明在不同部门所需的时间各不相同。由此可以解释，为什么对整个经济而言，新通用技术对旧通用技术的取代只能逐渐推进。

例如在1869—1900年，制造业逐渐减少了对水轮和水力涡轮机的使用，同时蒸汽发动机和涡轮机相应增加（图3.3）。然后从20世纪开始，蒸汽动力机器让位于电力机器，起初较为缓慢，然后加速推进。最终，新通用技术的推广表现为S形曲线，类似于新冠疫情的发展：初期缓慢推进，然后快速扩散，最终达到平台期。

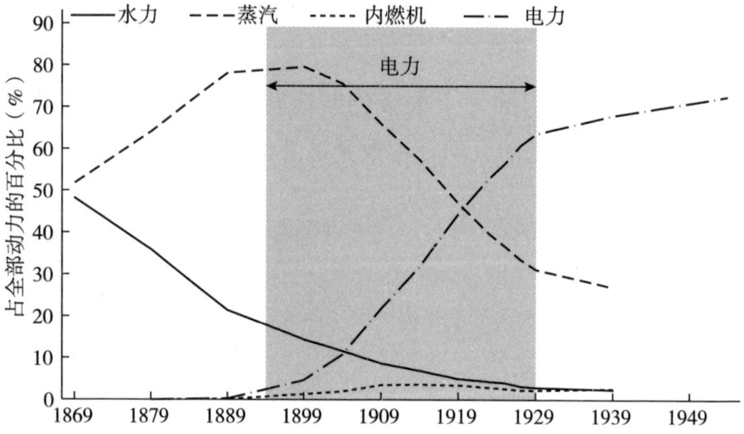

图 3.3　1869—1954 年美国制造业采用的主要能源类型占全部动力的比例

资料来源：转引自 B. Jovanovic and P. L. Rousseau,"General Purpose Technologies," in *Handbook of Economic Growth*, ed. P. Aghion and S. Durlauf (Amsterdam: Elsevier, 2005), vol. 1, 1181－1224，图 2。

企业内部技术推广的迟滞：发电机与计算机

经济学家保罗·大卫（Paul David）对电力和计算机在企业内部获得应用的历史做了对比，极好地诠释了新通用技术的推广过程。[9]尽管工程师们早就看到电力的巨大革新潜力，但美国的企业直至 1899 年仍很少采用。事实上，工厂的内部组织方式自采用水轮动力的时代以来并未改变，依然围绕动力轴布局：通过水力驱动厂房天花板上安装的动力轴转动，每台机器都直接通过一套传送带与这根动力轴连接。

随着第一次工业革命的推进，蒸汽开始逐渐取代水力作为工厂的主要动力源，可是生产布局体系并未改变。然后迎来了第二次工业革命，某些工厂选择继续沿用蒸汽动力，其他一些转向电力，但起初生产组织结构仍没有改变，也就是说动力轴体系并未受到质疑。

然而，动力轴体系的某些重大缺陷限制了其效力。例如，类似的机器必须一台接一台地放置，以便于输送来自传动轴的动力。这种布局并不理想，因为从产品制造所需的第一步到最后一步，必须有很长的物理距离。

这里成为次级创新登场的地方。20 世纪 10 年代早期，亨利·福特意识到电力可以做到蒸汽动力无法实现的两样事情：利用电缆传输能源，以及使发动机小型化。这些次级创新改变了世界。自此之后，直接由电缆提供动力的机器在布局上可以完全彼此独立。于是，福特得以取消动力轴，根据各种机器在生产过程中的任务顺序安排其位置：装配线由此诞生，并极大地提升了生产率。

保罗·大卫发现，电力在 19 世纪末的低效应用与计算机技术在 20 世纪末的情形大致相似。虽然计算机一经出现，便可以并且应该带来各种数据处理任务的电子化，但事实上传统的纸质工作流程仍在沿用，任务存在重复，到 20 世纪 80 年代末几乎未带来生产率的进步。在某些情形下，社会甚至永远不会转型采用新技术的最优利用方式，因为没有出现次级创新，或者人们并不普遍接受。这方面颇具说服力的一个案例就是传统键盘的绝对支配地位，我们无视次级创新，放弃了生产率提高的机会（见专栏 3.1）。

专栏 3.1　传统键盘：路径依赖的案例

传统键盘（QWERTY）被所有英语系国家采用，但该键盘的布局设计远远说不上最优，其他一些键盘能实现快得多的打字速度。那我们为什么会持续采用这种键盘呢？键盘的发展史能提供答案。故事从 1873 年说起，雷明顿（Remington）开发出了第一台获得商业成功的打字机，采用“QWERTY”开头的布局，这种设计的目的是让字键的金属杆不容易被卡住。

1936 年，奥古斯特·德沃夏克（August Dvorak）申请了新键盘布局的专利，名为德沃夏克简化键盘。这一布局有着比传统键盘更先进的人体工程学设计，能实现创纪录的英语打字速度。美国海军于1940年开展的测试表明，只需10天时间，使用德沃夏克键盘带来的效率改进就可以弥补打字员重新培训花费的成本。可是，德沃夏克键盘并未取代品质更差的传统键盘，原因何在？

保罗·大卫认为有两方面原因。[10]第一是协同问题的影响：雇主愿意购买传统键盘打字机，因为他判断打字员应该受过这种键盘的训练；打字员听到的建议也是学习传统键盘，因为人们以为大多数企业会采用这种打字机。技术上的这类相互依赖有利于更早出现的技术，也就是传统键盘。第二是采用新标准涉及的规模经济问题，随着整个产业趋于采用单一标准，采用该标准的平均成本会下降，某家企业转而采用其他键盘的成本则会高得多。

德沃夏克键盘代表的次级创新来得太晚了，也可以说，没有人足够快地抓住这次机遇，以推动打字操作的激进变革。于是，企业和用户依然在使用非最优的传统标准。

最后，我们注意到从旧通用技术向新通用技术转型会强化创造性破坏过程。这是因为与在位企业不同，新企业拥有不需要承担新旧技术转型成本的优势。与之对应，新通用技术的出现将伴随着企业的进入和退出。如果用纽约股票交易所、美国股票交易所或纳斯达克交易所的新上市企业的市值与股市总市值的百分比来衡量企业进入状况，我们的确会看到：在电力与信息技术的推广期，企业进入和退出的流量都出现了上涨，或者说创造性破坏趋于加速。

通用技术使用的改进

新通用技术不是立刻见效的，人们需要时间来了解如何高效地使用它。边干边学的过程表现在包含新通用技术的资本价格的时间变化上：随着新机器采纳通用技术的效率提高，采用同样技术的早期版本的现有机器的价格将下跌。例如在法国，运行时速达 320 公里的第二代高速列车的出现，就使最高时速为 260 公里的第一代高速列车降价。从 20 世纪初到 20 世纪 60 年代，电力的价格下降到原来的百分之一。在 25 年的时间里，同等品质的计算机的价格更是下降到万分之一。

居民家庭对新通用技术的采用

与企业对新通用技术的采用从迟滞到加速相似，居民家庭对待新技术也有类似的现象，主要是源于价格的下跌。例如，便携式计算机的价格在 20 世纪 90 年代快速下降就导致家庭对信息技术产品的使用加速（图 3. 4）。有意思的一点是，使用电力的家庭占比与使用信息技术产品的家庭占比表现出了类似的演化趋势。在两个案例中，推动家庭采用的通用技术品质改进都与网络效应有关：随着电网的地理延伸和品质改善，其使用也日渐增加。与之类似，信息技术的采用也取决于建立足够快的互联网接入设施。

地方基础设施与制度的缺陷

如图 3. 1 所示，与电力革命有关的技术浪潮用了近 20 年才从美国扩展到其他发达国家，特别是西欧与日本。有学者认为（Bergeaud、Cette and Lecat，2018），这一延迟是由于那些国家因二战导致制造设备破旧、生产组织失序和人力资本损失，它们必须建设适合采用电力的新型工厂，并改变管理方式。[11]而在战争结束、国际贸易重启之前，这些都无法做到。必须在完成结构变革后，电力革命浪潮才能抵达欧洲。

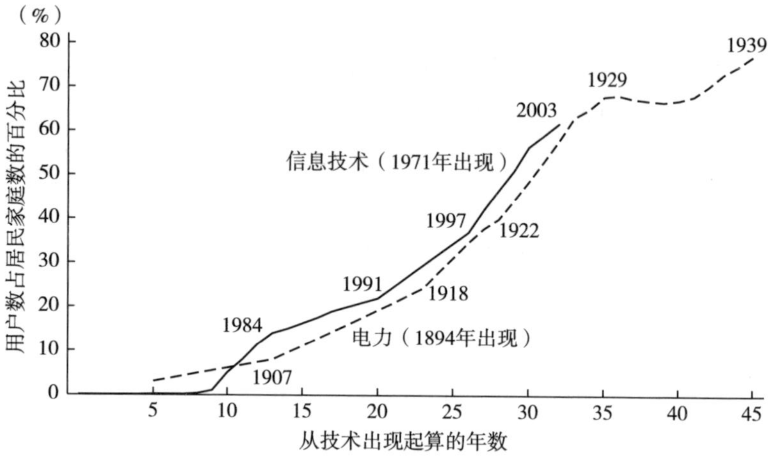

图 3.4　在两次通用技术推广时代，使用电力服务与个人计算机的居民家庭占比

资料来源：转引自 B. Jovanovic and P. L. Rousseau，"General Purpose Technologies，" in *Handbook of Economic Growth*，ed. P. Aghion and S. Durlauf（Amsterdam：Elsevier，2005），vol. 1，1181 – 1224，图 8。

与此相似，图 3.1 还表明发端于美国并在 2000 年达到浪潮顶点的信息技术革命迄今尚未在日本与欧元区形成类似的波峰。对此，这些学者认为信息技术推广的延迟源于不容易制定合适的经济政策与制度，尤其是开放劳动力市场及产品和服务市场，还有投资于高等教育和研究等领域。我们再次看到，结构调整成为技术浪潮推广的前提条件。关于什么是合适的增长政策，我们将在第 7 章再做详细探讨。

生产率测算的困难：以信息技术革命为例

新通用技术带来的生产率进步有时很难测算，尤其是在通用技术引入之后的短时期内。让我们回到本章开篇时提到的索洛悖论问题。无可否认，信息技术促进了生产率提升，不只是产品和服务的生产，还包括思想观念的生产。如借助 Skype 和 Zoom 等软件，来自不同大学与不同国家的学者能够比过去远为便利地交流，更好地在研究项目上开展合作。但与产品和服务的生产相比，信息技术给思想生产带来的生产率收益可能更难测算。[12]

还有，信息技术的成果集中在服务业，而服务业生产率比制造业更不易测算。有研究指出（Brynjolsson and Yang，1996），“品种的增加、送货的及时性提高、客户服务的个性化，这些服务改善在生产率统计中都没有得到很好的反映”。[13]我们将在第 6 章深入讨论此类测算问题。

人工智能：未来的新增长浪潮?

我们是否处于人工智能（AI）驱动的新增长浪潮的门槛上？人工智能可以让过去认为无法自动化的任务实现自动化，例如汽车驾驶或心电图分析。这种大规模自动化可以用能无限积累的资本替代供给有限的劳动力，不仅适用于产品和服务的生产，还包括创意和创新的生产，从而给增长助力。[14]

自动化与人工智能正在影响越来越多的生产活动，但为什么我们还没有看到发达国家的增长率出现飙升？一个可能的解释是，生产和研究的某些关键投入仍不能实现自动化。[15]由此导致尽管其他许多任务已实现自动化，劳动在生产过程中依然不可或缺。于是劳动力变成了一种稀缺要素，使其价格即工资逐渐提高。与此同时，由于不可或缺且供给有限，劳动力制约了人工智能带来加速增长的潜力。本书第 8 章将对此展开更详细的分析。

第二种解释（将在第 6 章展开）认为如果没有合适的制度，技术革命可能反而会成为增长的障碍而非催化剂。具体来说，我们将看到，为什么在缺乏有效竞争政策的情形下，信息技术革命实际上可能会打击创新。

2. 工业革命与就业：不可调和的对立？

来自历史视角的考察

人们对机器会摧毁人类工作岗位的担心由来已久。早在1589年，当威廉·李（William Lee）发明织袜机以后，劳工阶级对其后果就异常害怕，致使李四处碰壁并遭到威胁。李于是把发明敬献给女王伊丽莎白一世，希望获得专利，但女王以如下宣言表示拒绝："至于你的发明可能给我可怜的臣民带来的影响，肯定会剥夺其工作岗位，使之沦为乞丐，毁掉他们。"[16]随时间推移，竭力保护特定行业免受技术进步侵害的职业行会逐渐丧失了影响力。1769年的一部法律规定要保护机器免受破坏，但随着织布机的普及，破坏行动事实上有所加剧，在1811—1812年的卢德暴动中达到高潮。这一暴动是由内德·卢德领导的手工纺织业者对抗用机器生产棉毛纺织品的制造商。1812年，议会通过法律，把破坏机器定为死罪。官方对技术进步的这一态度转变因何而来？最主要是来自从制造品出口中获利的资本所有者，他们大力宣扬技术进步给生产、出口和就业带来的正面效应。这些"资本家"在英国议会中获得了越来越多的代表，而议会的势力又逐渐超越了王权。[17]

自20世纪30年代以来，经济学家开始关注技术性失业，这一术语是由凯恩斯引入的。他在1930年写道："我们正在感染一种新的疾病，某些读者或许还不知晓这种疾病之名，但今后数年将频繁听到，那就是技术性失业。"[18]约20年后，列昂惕夫于1952年指出："劳动将变得越来越无关紧要……更多的工人将被机器取代，我认为这些新产业不可能聘用所有希望得到工作的人。"[19]

什么样的工作最为脆弱？在19世纪，由于资本对技能劳动力的取代，手工业者面临被机器替代的最大风险。这一模式在 20 世纪有所改变，实物资本与教育构成了互补性的投入，于是非技能工人成为自动化的受害者，之后的信息技术革命强化了这一趋势。因此在 20 世纪 90 年代，出现了大量有关“技能偏向性技术变革”的研究文献，其含义是，技术进步增加了对技能劳动力相对于非技能劳动力的需求，导致低技能劳动力的失业增加，与技能劳动力的工资差距拉大。[20]

总量层面的自动化与就业

我们如何测算自动化对就业的总体效应？要找到一个自动化衡量指标来考察与就业的相关关系，是艰巨的挑战。我们首先会遇到商业机密问题，但最困难的地方是对自动化本身的测算：是否只需要看机器的数量？假定如此，是哪些类型的机器？如何把各种机器“累加”起来？是否要考虑它们的功效？

国际机器人联盟（IFR）跟踪了若干国家的不同部门自 20 世纪 90 年代早期以来使用的工业机器人的数量，为自动化提供了第一个可用的衡量指标。[21]阿西莫格鲁与雷斯特雷波的开创性研究利用国际机器人联盟关于各部门采用的机器人总数，估计了 1993—2007 年机器人对美国就业状况的影响（Acemoglu and Restrepo，2020）。[22]为此，他们对比了 722 个通勤区的就业与当地自动化水平的关系。但问题在于，目前的机器人数据只收集到国别层面，没有按通勤区划分。于是他们又构建了一个通勤区层面的自动化指数，该指数是以全国层面每个产业的机器人数量变化，结合各产业在每个通勤区总就业中的相对权重计算得出。

利用这个地区自动化水平指标，这两位学者发现自动化对就业和工资增长具有负面效应：通勤区每增加 1 个机器人，会导致 6 个工作岗位损失，以及小时工资率下跌。我们利用法国的数据重复这一分析，发现了类似量级的效应，似乎还更为严重：通勤区每增加1个机器人，会导致11个工作岗位损失。此外，机器人普及看起来对受教育程度低的劳动力的就业威胁更大。

这一分析毕竟存在某些缺陷。首先是测算方法：为什么只看机器人？机器人和其他机器真的不同吗？机器人的自动化程度确实较高，但就完成的任务而言它们同其他机器未必有本质的差异。国际机器人联盟对机器人的定义其实非常狭窄，主要对应汽车制造业采用的机器人。与测算有关的另一个问题是缺乏地方层面的数据，导致我们必须基于如下假设来构建数据：某个产业的所有工厂拥有相同数量的机器人，意味着采用同等水平的技术。但我们可以合理地推测，恰恰是因为工厂之间采用的技术有所不同，才造成了工作岗位的创造与破坏。

企业层面的自动化与就业

对企业或工厂层面的自动化水平做测算面临若干困难，上文已做过介绍。在近期同加拉威尔（Xavier Jaravel）合作的一项研究中，我们试图引入一套测算工厂微观层面的自动化水平的指标，以克服上述困难。[23]我们把自动化技术定义为："在预先编制好指令或设定好程序后，即能相对自主地实现运转的电动机械设备。"[24]在该定义的基础上，我们把生产过程中直接使用的发动机的年度电力消耗量作为工厂层面的自动化指标。

接下来，我们试图在个体工厂层面测算给定时间的自动化程度提高对当时就业的影响，以及对2年、4年和10年后就业的影响。

我们的测算结果显示，自动化对就业其实有正面促进作用，而且随时间加强。一家工厂的自动化程度在当前提升1个百分点，会使2年后的就业提高0.25%，使10年后的就业提高0.4%（图3.5）。特别需要指出，这个效应对非技能制造业工人依然为正。或者说，与人们的预想相反，自动化给工厂创造的就业岗位多于摧毁的就业岗位。

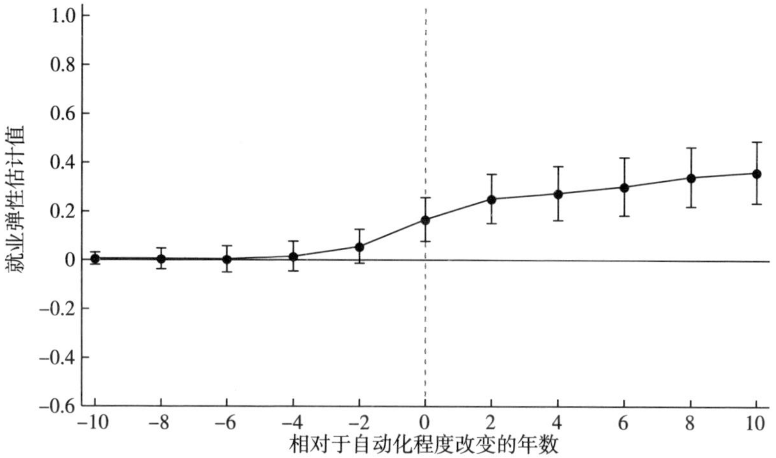

图 3. 5　工厂层面的自动化程度对就业数量的影响

资料来源：转引自 P. Aghion，C. Antonin，S. Bunel and X. Jaravel，"What Are the Labor and Product Market Effects of Automation? New Evidence from France，" CEPR Discussion Paper no. DP14443，Centre for Economic Policy Research，March 2020，图 3B。

应该看到，自动化带来的积极效应不止于就业方面。我们还发现，自动化会导致销售额增加，消费价格下降。因此，它促进的生产率收益被员工、消费者和企业等各方分享。

那么，如何解释自动化水平与就业在企业层面的这种正向关系？我们很快能想到的一种解释是，自动化水平较高的企业有更高的生产率，使它们的产品能比竞争对手给消费者带来更大价值，从而扩大市场占有份额。反过来，市场份额的提升促使积极推进自动化的企业扩大生产规模，从而雇用更多的员工。

如果从个体企业提升到产业层面，乃至整个经济层面，结果又会怎样？自动化程度较高的产业的就业会增加，还是减少？在这里，我们再度发现自动化与就业之间存在正向关联：自动化程度最高的产业，恰恰是就业增加最多的产业。总体而言，更多的自动化伴随着更多的就业。所以，试图减缓国内企业开展自动化的任何措施，例如对机器人征税，最终结果可能都不利于生产。

自动化本身不是就业的敌人。自动化使生产过程变得现代化，让企业更具竞争力，从而赢得新市场，雇用更多员工。这就是我们所说的生产率效应。由蒸汽机和电力推动的前两次工业革命同样出现过这种生产率效应，也同样可以由此解释为什么当时都没有造成某些人预言的大规模失业。

前文提到过更为悲观的发现，即自动化对通勤区的就业产生了负面效应。我们该如何调和上述乐观结论与悲观发现？一种思路是，之前已经提到，对通勤区的自动化或机器人利用水平做测算存在困难。第二种可能的思路是，推进自动化不力的企业会减少员工规模，把生产外包，或者关门破产。这反映了自动化对就业的挤出效应。如图 3. 6 所示，对新工业设备大量投资的企业与投资不足的企业相比，在今后 10 年歇业的概率会大大下降。

因此，工作岗位减少并不是由推进制造过程自动化的企业造成的，而应该归咎于那些错失自动化的关键节点而被迫缩减生产规模乃至退出市场的企业。也可以认为，自动化是通过创造性破坏的过程导致工作岗位的减少。

3. 结论

本章挑战了有关技术革命的两个普遍的先入之见。第一是技术革命必然导致增长加速，第二是技术革命必然不利于就业。然而现实完全相反。虽然增长的确会加速，但在大多数情况下需要一定时滞才会发生。特别是，不合时宜的制度可能阻碍新技术革命带来的增长潜力。另外，过去的技术革命历程表明，它们都没有造成许多

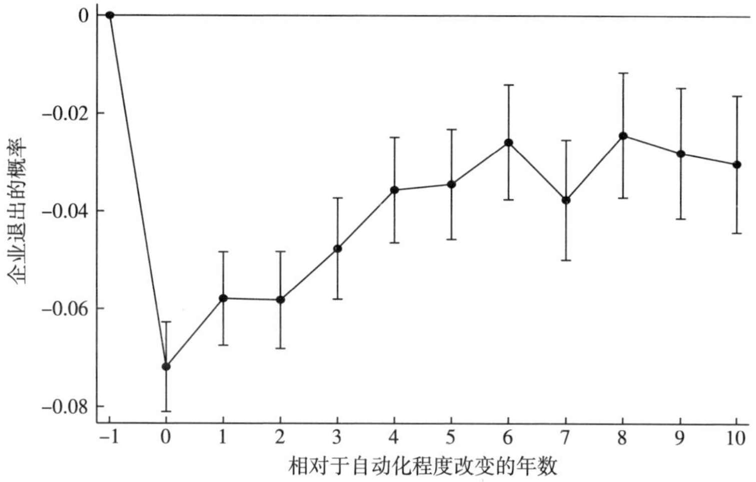

图 3.6　工业设备投资对市场退出概率的影响

注：对工业设备的投资多于中位数水平的企业，在之后数年的退出概率较低（相对于投资少于中位数水平的企业）。

资料来源：P. Aghion，C. Antonin，S. Bunel and X. Jaravel，"What Are the Labor and Product Market Effects of Automation? New Evidence from France，" CEPR Discussion Paper no. DP14443，Centre for Economic Policy Research，March 2020。

人预想的大规模失业。事实上如我们所见，致力于生产活动自动化的企业或工厂会成为就业的净创造者；开展自动化不力的企业才会破坏就业，因为自动化推进不成功会导致它们走下坡路，甚至退出市场。我们在本章的分析带来的一个有意思的启发是，对机器人征税可能造成反生产的效果，因为这种税收不利于自动化，将束缚企业开展创新、拓宽市场和创造新就业的潜力。

第 4 章　竞争的得失

竞争似乎有截然不同的两幅面孔。某些人认为竞争是模仿、复制的过程，或者是更广义的侵蚀创新租金、打击创新的力量。另一些人则把竞争看作永不停歇的驱动力，为保持领先而必须持续改进发明。从现实看，这两种相反的作用力何种占据主导？更一般地讲，对于竞争与创新、竞争与增长之间的关系，我们该如何反思？美国的竞争是否有所退化，是否导致了美国增长率下跌？竞争政策与知识产权保护制度的关系该如何协调？这两类政策是彼此抵触，还是有互补的作用？我们能否协调竞争政策与产业政策，尤其是，能否设计出促进竞争、鼓励而非妨碍新企业进入的产业政策？

解答上述问题的前提是弄清楚如何测算竞争程度。

1. 对竞争的测算

经济学专业的学生首先要了解的一个知识是，如果某家企业是特定产品市场上的唯一供应方，它将居于垄断地位；如果有其他各家企业在市场上生产同类产品或很好的替代品，或有能力从事此类生产，则企业处于完全竞争状态。

不过在大多数时候，企业所处的环境介于垄断与完全竞争之间。为评估这种中间状态，实证研究者喜欢采用的竞争程度测算指标是勒纳指数（Lerner index）。在企业层面，勒纳指数的定义是：用1减去某企业的净利润与附加值之比。该指数越接近1，企业的垄断租金就越少，表明市场上有现实或潜在的竞争对手。一个产业的竞争程度则对应该产业所有企业的勒纳指数的加权和。若干开创性研究都是采用勒纳指数来衡量竞争水平（例如Blundell、Griffith、Nickell和Van Reenen等学者的成果）。[1]

竞争程度的第二种测算指标是新企业进入率或创造性破坏率，具体定义为企业或就业岗位的进入率和退出率的平均数。该指标便于我们用来检验熊彼特范式，它预测增长与创造性破坏率之间有正向关联。从本书第1章（图1.3）我们已经知道，在年度平均创造性破坏率较高的欧洲地区，人均GDP年均增长率也更高。

因此，当我们用创造性破坏率测算竞争程度时，对竞争与增长之间关系的实证分析结果符合熊彼特理论。但下文会介绍，如果用租金和勒纳指数测算竞争程度，理论与实证分析似乎存在矛盾：理论预测竞争与增长之间存在负向关联，实证结果却相反。我们该如何解开这个谜题呢?

第三种测算产业竞争程度的指标是产业生产的集中度。集中度由产业中最大几家企业（以销售额或就业人数排序）在全部销售额或就业人数中所占份额代表，该份额提高时，集中度随之上升。当某家企业完全垄断所在产业的生产时，就实现了最大的集中度。图4.1显示了美国服务业在过去20年的集中度提高趋势。[2]图中的黑色圆圈组成的曲线表明，在1982—2012年，销售额前4位的企业在该产业全部销售额中所占份额快速攀升（灰色圆圈组成的曲线则代表销售额前20位的企业所占份额）。黑色三角形组成的曲线表明，就业人数前4位的企业同期在该产业全部就业人数中所占份额增加，灰色三角形组成的曲线说明就业人数前20位的企业所占份额同样如此。

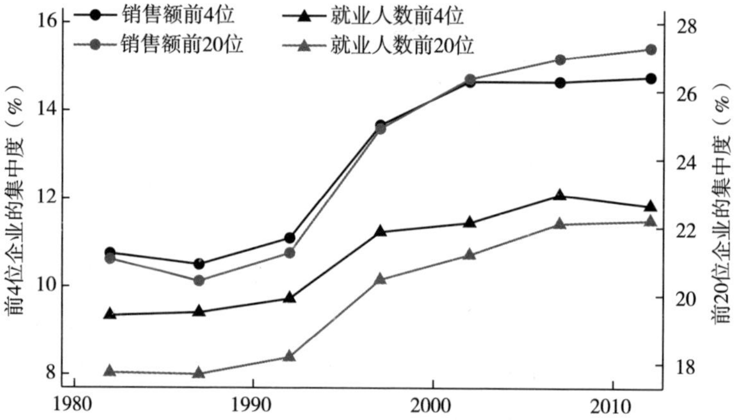

图4.1 服务业的产业集中度

注：分别代表前4（20）位的企业在就业人数（销售额）中所占的比重。

资料来源：转引自D. Autor，D. Dorn，L. F. Katz，C. Patterson and J. Van Reenen，"The Fall of the Labor Share and the Rise of Superstar Firms," *Quarterly Journal of Economics* 135，no. 2（2020）：645－709，图ⅣD。

利用集中度指标测算竞争程度需要谨慎，因为在某些情况下可能造成误解。有些产业部门只有一家企业经营，但用勒纳指数测算仍极具竞争性。此类产业部门被称为"可竞争市场"，意指新企业可以自由进出，进入成本不高，因此在位企业的任何涨价行动都将很快引来生产相似产品的其他企业进入。可竞争市场的概念是由经济学家威廉·鲍莫尔提出的。[3]由此涉及第四种测算竞争程度的指标，即市场的"可竞争性"。可竞争性的计算方法是：当某个市场的在位企业把价格提高到"限定价格"之上时，引发新企业进入的概率。[4]

2. 竞争与增长之间关系的谜题

我们知道，创造性破坏范式的三个核心理念之一是：创新来自企业家的投资，特别是研发投资，而这些投资的激励来自创新可能带来的垄断租金。所以，我们似乎可以合乎逻辑地认为，对创新租金的任何打击，尤其是产品市场的竞争加剧，都将削弱创新激励。于是，竞争的加剧就会制约创新乃至经济增长。最早期的熊彼特增长模型的确也预测，竞争对创新和增长会有负面影响。[5]

然而，布伦德尔等人（Blundell、Griffith and Van Reenen）与尼克尔（Nickell）在20世纪90年代利用企业层面的数据开展的实证研究显示，以勒纳指数测算的产业竞争程度与该产业的生产率增速之间存在正向关联。[6]也就是说，竞争加剧似乎伴随着更频繁的创新和更高的生产率。

我们该如何解决这一谜题，实现理论同实证分析的统一？我们是否应该完全抛弃熊彼特模型，从头开始，哪怕它的其他理论预测得到了实证研究的佐证？还是说，我们不用在意实证提出的挑战？

我们选择的道路是重新思考基本的熊彼特模型，找出导致竞争与增长的负向关系结果的限制性假设。[7]我们最终发现了问题的源头：初始的熊彼特模型假设，只有新进入的企业开展创新，而在位企业完全不创新。对开展创新的企业而言，会从创新前的零利润变成创新后的正利润。而竞争加剧将降低创新后的利润，所以会削弱创新激励。

可是在现实经济中有两种类型的企业，它们对竞争有不同的反应。一类是靠近所在产业技术前沿的企业，它们的生产率接近该产业的最高水平。[8]另一类是远离技术前沿的企业，它们的生产率远低于所在产业的最高水平。靠近前沿——理查德·纳尔逊与埃德蒙·菲尔普斯称之为“最佳实践”——的企业在创新前就充满活力，利润丰厚。[9]而远离前沿、活力不佳的企业利润较低，甚至为零，它们会通过创新追赶技术前沿。

为理解这两类企业为什么对竞争有不同反应，我们可以用一个班级的学生来做个比喻。某些学生在班里成绩很好（学生的成绩相当于企业的利润），其他学生成绩较差。假设有一天班里来了一位很出色的新同学，使学习竞争加剧了，学生们会有何种反应呢？新学生的出现会激励成绩原本很好的优秀学生，使他们为了留在前列而加倍努力。但成绩较差的学生可能受到打击，因为追赶的难度变得更大了。

惊人的是，实证研究发现企业的行为与学生们相似。靠近技术前沿的企业为了超越竞争而更多地创新，远离前沿的企业则会受到竞争的打击，后者与只有外来者开展创新的基本熊彼特模型的设想一致。第一项对此预测做检验的研究是依据英国的企业数据。[10]在该研究中，特定产业的竞争程度通过外国企业的进入率（外国企业在该产业的就业中所占比例）测算，创新水平则以企业层面的专利数量测算（图4.2）。图4.2中靠上的曲线代表靠近技术前沿的企业，靠下的曲线代表远离前沿的企业。研究结果证实，随着竞争程度加剧，靠近前沿的企业创新增加，而远离前沿的企业创新减少。

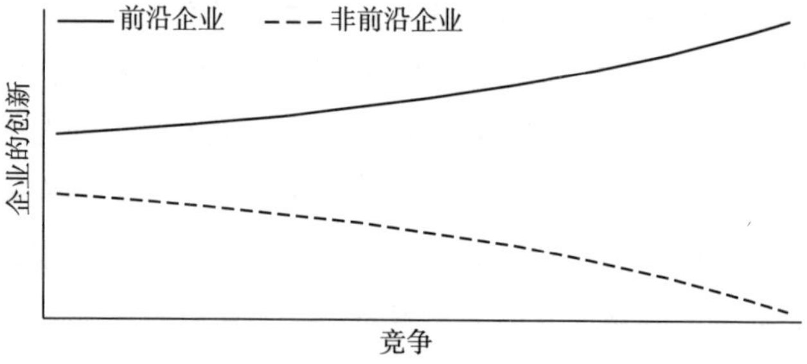

图4.2　竞争程度与创新密度、离技术前沿远近的关系

注：靠上的曲线代表比中位数企业更靠近技术前沿的企业的均值，靠下的曲线代表比中位数企业更远离技术前沿的企业的均值。

资料来源：转引自 P. Aghion, *Repenser la croissance économique*（Paris：Fayard，2016），图3。

3. 三个推测

允许在位企业开展创新，并区分前沿企业与非前沿企业，以此拓展熊彼特模型不仅能帮助我们理解竞争与增长之间的正向联系，还能产生新的推测结论，并同样可以用微观经济数据做实证检验。

与前沿的距离以及竞争对创新的影响

如上文所述，第一个推测是竞争对靠近技术前沿的企业创新有正面影响，对远离技术前沿的企业创新有负面影响。

这个结论的后果之一关系到国际贸易对创新和增长的影响。例如与远离技术前沿的法国企业相比，出口市场扩大对初期靠近技术前沿的法国企业的创新有更显著的促进作用。[11]背后的解释是，新市场的出现会鼓励其他国家的新企业也进入这些市场，使竞争加剧，从而刺激了最先进的法国企业的创新（尽管它们能通过扩张获得更大的市场规模）。类似的是，对进口开放国内市场会给远离技术前沿的法国企业的创新带来更大的负面冲击，而靠近技术前沿的法国企业受到的影响较小。对这些内容，我们将在第 13 章再来讨论。

另一个后果涉及增长与发展之间的关系，与增长政策的设计有关。某个国家越靠近技术前沿，或者说整体生产率越接近全球最先进的国家（目前是美国），竞争对该国的创新和增长的促进作用就越显著。事实上，一国越靠近世界技术前沿，该国内部靠近前沿的企业与远离前沿的企业之比例就越高。靠近技术前沿的企业所占的比例越高，在该国平均来说，"超越竞争"的创新效应就越能压倒打击创新的效应。

所以，一国越靠近技术前沿，竞争加剧对其增长的促进作用越大。也可以认为，各国的发达程度越高，越应该采纳促进竞争的政策。但在实践中，情况并非如此。本书第 7 章将指出，某些发展中国家之所以未能缩小同发达国家的收入差距，部分原因就在于它们的大型在位企业的反竞争态度。在位企业不仅阻碍新竞争者的进入，还反对采纳意图强化竞争的公共政策。但随着一国在技术上更趋发达，恰恰更需要强化竞争的政策来促进创新和增长最大化。

竞争与增长之间的倒 U 形关系

竞争对创新和增长的总体影响表现为倒 U 形曲线（图 4.3）。这一曲线是综合效应的结果，既包含竞争对靠近领先位置的“前沿”企业创新的正面效应，也包含对远离前沿的“落后”企业的负面效应。[12]在几乎所有能收集到竞争和创新数据的国家，倒 U 形关系都得到了证实。从直觉上看，该现象可以做如下理解。

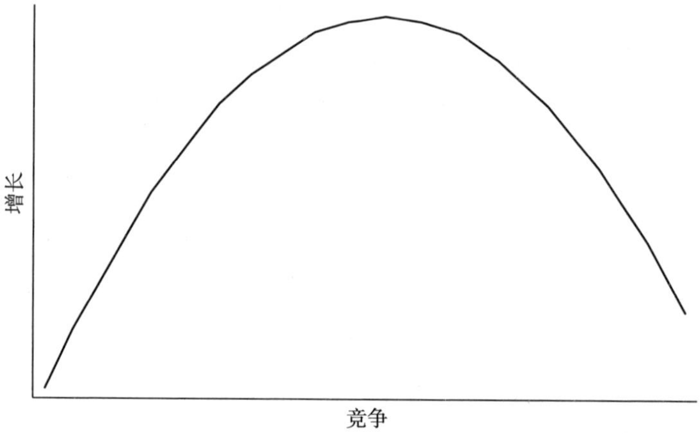

图 4.3　竞争对创新和增长的影响

资料来源：P. Aghion，N. Bloom，R. Blundell，R. Griffith and P. Howitt，“Competition and Innovation：An Inverted-U Relationship，” *Quarterly Journal of Economics* 120，no. 2 (2005)：701－728。

当初期竞争力度较弱时，我们位居图 4.3 中的左侧。在此情形下，位居前沿之下的企业有较强的动力追赶前沿，因为如果赶上，它们的利润将显著增加。于是，初期远离前沿的大多数企业将很快变成前沿企业。由此导致，当我们在某个时点观察整体经济的时候，会发现大多数企业属于前沿企业。但前文已提到，前沿企业的创新对竞争加剧有积极反应。如果我们的出发点是较低程度的竞争，那么随着竞争加剧，会给整个经济的创新带来正面促进，因为“超越竞争”效应平均来说将占据主导地位。

当初期竞争程度较强时，我们位居图 4.3 的右侧。高度的竞争将刺激前沿企业创新，以压倒竞争对手（超越竞争）。于是技术前沿将迅速推进，把大多数企业甩到前沿后面。因此当我们观察整体经济的时候，会发现大多数企业远远落后于前沿。但我们知道，远离前沿的企业的创新对竞争加剧有消极反应（打击效应）。所以当出发点的竞争较强时，加剧竞争会给整个经济的创新带来负面影响，原因是打击效应平均来说将占据主导地位。

竞争与知识产权保护之间的互补关系

某种流于表面却广为传播的观点认为，反垄断政策与专利制度（或者说更广泛的知识产权保护制度）之间存在冲突。

一方是知识产权保护的坚定拥护者。这个派别认为，知识产权至关重要，因为它保护创新租金，使创新者免遭潜在对手的抄袭模仿。作为推论，他们呼吁限制竞争，以维护创新租金，鼓励企业创新。这种极端立场背后的世界观认为，只有新的市场进入者才开展创新，老企业永远不会。在那样的世界中，创新使企业的利润从零提升到某个正值，于是加强知识产权保护将提升利润水平，而强化竞争则会降低利润水平。[13]

另一方则站着鼓励竞争、反专利制度的人士，尤其是米歇尔·博俊（Michele Boldrin）与大卫·莱文（David Levine）。[14]这些学者把竞争和新市场进入者视作创新驱动型增长的主要源泉。在他们的世界观中，限制竞争和市场进入的任何事物，特别是专利制度，都对创新驱动型增长有害。

除了赞成或反对专利制度的分歧，以上两个派别却都认同竞争与知识产权保护之间彼此冲突的观点：如果其中之一能促进创新，另一个必然妨碍创新。

我们之前描述的更复杂的模型允许在位企业开展创新，并区分靠近技术前沿的企业与远离技术前沿的企业，这可以开辟一个全新的视角。该模型表明，竞争实际上可以与知识产权形成互补关系。设想有家前沿企业同其他前沿企业在“班级顶部”展开激烈竞争，并驾齐驱。此时，如果该企业不推进创新，则竞争加剧会蚕食其租金 P_0。如果该企业推进创新，则强化知识产权保护会增加其租金 P_1。因此两种政策都会增加该企业创新的净收益，即 $P_1 - P_0$。这是个胡萝卜加大棒的故事。保护知识产权让胡萝卜变大，加强竞争则让大棒变得更厉害。相应来说，同时采纳这两种政策非常重要：一方面保护创新成果的知识产权，另一方面维持竞争态势。由此涉及本书的中心思想之一：资本主义必须有所规制。资本主义需要奖励创新，同时也必须加以规制，以防止创新租金窒息竞争、妨碍未来的创新。

竞争与专利之间的互补性得到了实践检验，鼓励竞争的欧洲单一市场的实施，在知识产权保护更得力的欧盟国家对创新发挥了更大的刺激作用。[15]

理论学者与实证学者之间富有成果的对话

总体而言，理论与实证分析的对话有相互促进的效果。研究增长的理论学者认识到，为什么以及该如何修订模型。他们学会了考虑竞争对增长的两种（而非一种）基本效应，并能识别出在何种条件下，某种效应会占据主导，然后推论出倒 U 形曲线。实证学者同样发现，竞争与增长的关系比他们从之前研究中看到的结果更为复杂。

4. 美国的竞争与增长

托马斯·菲利蓬（Thomas Philippon）在《大逆转：美国是如何放弃自由市场的》一书中指出，美国的竞争与反垄断政策遭到削弱，并认为这与21世纪初以来的生产率增速下滑有关。[16]

竞争的削弱?

多种指标显示，美国的反垄断政策在过去数十年来有所削弱。菲利蓬在书中展示了若干与之密切相关的案例研究。他从自身经历谈起，20世纪90年代后期首次来到美国时，他发现订购品质相同的互联网和电话服务乃至国内航班的费用均远远低于欧洲。但20年后，情况完全逆转。欧洲消费者在这些产品上获得的性价比高得多。菲利蓬把这一变化归因于美国与欧盟采纳的竞争政策存在差异。为进一步说明这一点，他援引了几个案例研究。首先他提到金融部门，认为技术进步并未降低客户的成本。菲利蓬将其归咎于缺乏竞争：新的进入者太少，创造性破坏率非常低，主要原因是在位企业通过密集的游说活动限制了新牌照的发放。

第二个案例是医疗体系。菲利蓬注意到，美国人的预期寿命自21世纪初以来持续提高后，在2014—2016年下降了，但美国家庭的医疗支出却居高不下。他的解释是，美国医疗产业的集中度自2000年以来提高，医院的市场支配力不断加强。例如，自2010年以来每年的医院合并超过70起。医院集中度提高与保险产业的集中度加强有关。面对已成为准垄断机构的保险商，为维持谈判能力，医院也不得不合并。

第三个案例是互联网巨头，如 GAFAM（Google、Amazon、Facebook、Apple 和 Microsoft），乃至更普遍的“超级明星”企业，但菲利蓬淡化了它们对美国增长率下降的影响。

除托马斯·菲利蓬的著作外，还有某些迹象表明美国的市场竞争状况在最近数十年止步不前。尤其值得关注的是邦巴迪尼（Matilde Bombardini）与特雷比（Francesco Trebbi）关于美国游说活动加剧的研究，我们将在第 5 章对此做深入介绍。[17]

其他指标同样显示，美国在过去 20 年的竞争出现衰退。尤其是，以最大企业在销售额或就业人数中占比测算的集中度在美国经济的所有部门均大幅提升。[18]例如在服务业（图 4.1），零售贸易、金融服务、交通运输业均显示出类似情况，批发业和制造业也存在程度略轻的相似趋势。此外，图 4.4 表明，美国企业在过去 20 年的利润增加。图 4.5 则反映，同期劳动收入在总收入中的占比显著下滑。

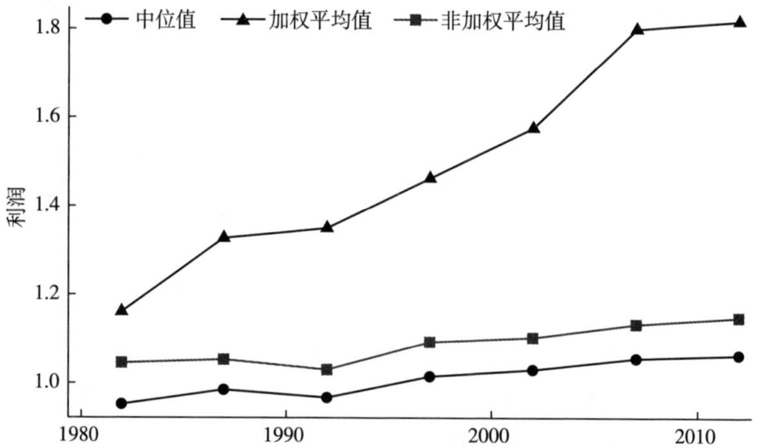

图 4.4　美国企业的利润变化

资料来源：转引自 D. Autor, D. Dorn, L. F. Katz, C. Patterson and J. Van Reenen, “The Fall of the Labor Share and the Rise of Superstar Firms,” *Quarterly Journal of Economics* 135, no. 2（2020）: 645 – 709，图 XB。

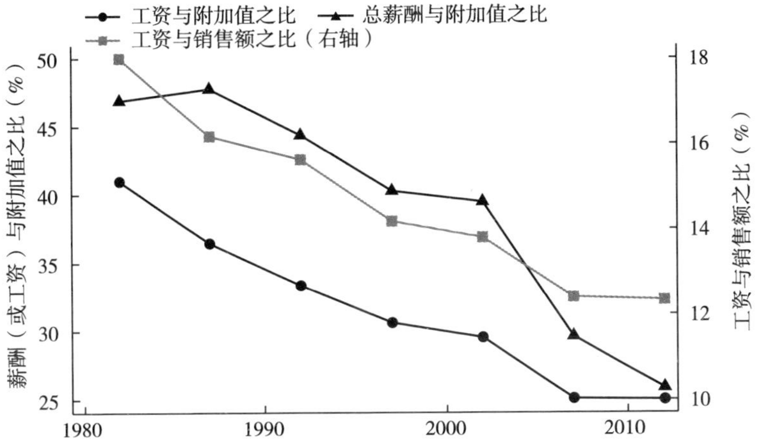

图 4.5　劳动收入在制造业收入中的占比变化

资料来源：转引自 D. Autor，D. Dorn，L. F. Katz，C. Patterson and J. Van Reenen，"The Fall of the Labor Share and the Rise of Superstar Firms，" *Quarterly Journal of Economics* 135，no. 2（2020）：645 – 709，图Ⅱ。

对此有两点提示。首先，集中度的提高并不必然代表竞争程度削弱。我们已经看到，某些表面上垄断的市场实际上属于可竞争市场，即新企业进入的威胁迫使在位企业维持低价销售。更重要的是，当企业通过创新获得更大市场份额时，集中度也会提升。这样的创新让企业能以比对手低廉的成本生产相同产品，或者生产质量更好的产品。

其次，与前一点直接相关，整体经济的平均利润增加可能代表企业的利润普遍增加，也可能代表某种综合效应。后者意味着，高利润企业逐渐在经济中占据越来越大的份额。

总体来看，仅根据平均利润或集中度的增加，我们还不能确定美国经济在过去 20 年的竞争程度削弱。

美国增长率的下滑

虽然要明确美国的竞争在过去20年有所削弱比较困难，但其生产率增速自2005年以来下跌则毫无疑问。有三个实际情况提醒我们对此做深入考察。[19]首先，生产率增速从2005年起下跌之前有过10年特别高速的增长期（1996—2005年），年增速接近3%（图4.6）。其次，生产率增速从提升到下跌在生产或利用信息技术的部门表现得尤其突出。再次，高速增长期与产业集中度提升最快的时期（即1995—2000年）存在部分重合。换句话说，在这一时期，集中度的快速提高并未伴随着创新与增长的减速。

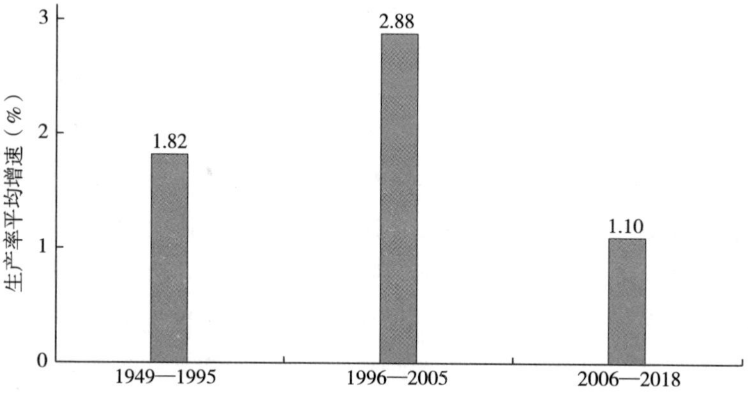

图4.6　1949—2018年美国的生产率增速

资料来源：转引自 P. Aghion，A. Bergeaud，T. Boppart，P. J. Klenow and H. Li，"A Theory of Falling Growth and Rising Rents"（NBER Working Paper No. 26448，National Bureau of Economic Research，Cambridge，MA，November 2019），图1。

有理论认为，1990年之后竞争被削弱，这是自2005年后增长放缓的主要原因。但上述三个现实情况对此提出了质疑。我们将在第5章再来讨论美国增速下滑的根源。

5. 竞争与产业政策

在二战后的多年里，各国的产业冠军企业是许多发达国家产业政策的关注焦点。例如在法国，这种扶持冠军企业的政策成为经济重建与战后30年增长的支柱。在美国，类似政策在国防、航空和航天产业尤其发挥了决定性作用，以争取压倒苏联。与此同时，在罗伯特·麦克纳马拉（Robert McNamara）指挥下的世界银行支持发展中国家采取贸易保护和进口替代政策，以扶持本国的幼稚产业。

幼稚产业学说由亚历山大·汉密尔顿首创，后来为弗雷德里希·李斯特所发展，其大意可归纳如下。[20]设想某个发展中国家有两个经济部门，一个较大的农业部门，一个新生的制造业部门。该国希望发展制造业，因为这能给整个经济带来积极的技术外部效应。然而，制造业需要很高的初始固定成本，这种成本随着经验积累、边干边学的过程会逐渐下降。如果立刻全面开放国际贸易，则该国会从发达国家大量进口制造品，因为发达国家的生产成本更低。由此将导致本地的制造业活动衰退，边干边学的机会减少，技术进步和国内增长都将随之放缓。为避免此恶果，幼稚产业学说的拥趸建议采取临时性的保护主义政策，例如暂时性关税壁垒，以便让本国的幼稚产业得到成长，并追赶技术前沿。

随着时间流逝，产业政策不再受到青睐。经济学家逐渐认识到产业政策在现实中造成的若干问题。第一，产业政策有利于现有国内大企业或国家冠军企业，因而会限制或扭曲竞争。但我们需要产品市场的竞争来推动企业为超越对手而寻求突破，以促进创新和生产率增长。第二，各国政府并不擅长挑选赢家，也就是说，不擅长选择最适合用补贴或关税来支持的企业，因为政府并不掌握所有的相关信息。还有，政府容易受到在位大企业的游说活动的影响。这些企业掌控的资源越多，对公共政策的影响力就越强。安妮·克鲁格就是对产业政策有效性发起挑战的经济学家之一。[21]

这一挑战促成了采用现在所说的用“横向”政策刺激创新和增长的倾向，所谓横向政策意指对经济中所有部门普遍适用的政策。[22]主要的横向政策包括：（1）投资知识经济，尤其是高等教育和研究；（2）通过恰当的竞争政策、失业保险和职业培训等，改革劳动力市场与产品市场，使它们更具活力；（3）发展风险资本和私募股权投资，为创新提供融资。

这些横向政策足以达成目标吗？政府是否仍需要在产业发展中扮演角色，如果需要，是什么样的角色？对于20世纪50—80年代的产业政策的异议很难反驳，特别是后来的研究成果，例如拉丰与梯若尔发现了政府干预缺乏效果的几个原因，包括信息不对称、某些私人行动者与政府之间形成串谋的可能性等。[23]不过，仅此尚不足以否定政府干预，因为也有几方面的支持理由。首先是存在正向的知识外部性（如专利）。个人决策不会考虑这个因素，个人在决定是否投资教育或研发时，并不关心其行为对合作者乃至整个经济的正外部性。因此，个人对教育和研发往往会投资不足。另外，信贷约束会加剧这一倾向。当然，这些理由并不支持非横向性质的政府干预。

支持非横向产业政策的第一个理由是所谓的路径依赖现象。本书第3章通过传统键盘的例子介绍过路径依赖的概念，它显示习惯的力量与变革的高成本如何妨碍了新技术的采用，哪怕新技术的效率更高。绿色创新也是一个典型案例。近期有项研究指出，在过去获得过内燃机技术创新成果的汽车制造商，未来会因为路径依赖而倾向于继续推进内燃机创新。[24]此时，征收碳税或者为绿色创新提供补贴可以降低采纳新技术的成本，把汽车制造商的创新方向转向电力发动机。这个例子表明需要政府发挥作用，不仅是普遍地促进创新，而且可以通过精准干预引导创新走向。我们将在第9章继续这一讨论。

另一个支持理由与协同问题有关。博尔顿与法雷尔以及罗伯的研究都指出，政府行动可以帮助解决协同问题，从而使初始固定进入成本极高的战略产业可以有新企业进入，或者加速其进入。[25]设想有一个新的潜在市场，进入成本颇高，未来的利润回报不确定，且取决于市场活跃之前不可能知道的某些信息（如消费者的需求水平）。此时，没有哪家企业愿意第一个付出固定进入成本。每家企业都希望其他企业首先承担固定成本，让自己了解相关信息，而无须承担获取信息的风险与成本。或者说，缺乏政府干预会导致"搭便车"现象，造成市场的创建被拖延甚至陷于僵局。为解决此类问题，政府可以给第一家进入的企业提供补贴，鼓励其他企业效仿。

这个理由可以解释政府干预在航空产业（波音、空中客车公司等）取得的成功，其固定成本极高，需求不确定。还可以解释美国国防部高等研究计划局（DARPA）的案例，该机构于 1958 年设立，目的是促进突破性创新（所谓的硬技术）从基础研究到应用研究与推广的转化，这一转化过程需要巨大的固定成本以及各类经济行为人的协同努力。[26]美国国防部高等研究计划局帮助美国把人类送到了太空和月球，并最终催生了互联网和 GPS（全球定位系统）等重大创新。

在认识到产业政策可以带来帮助后，我们该如何判断哪些产业部门需要政府干预？政策制定者应该首先考虑经济和社会优先议题，如防止气候变化、开发可再生能源、医疗与国防等。在这些之后，他们应关注利用高技能劳动力或存在高度竞争的产业部门。有研究通过对国际微观经济数据的分析发现，面向技能密集型产业的公共投资在促进生产率增长方面更为高效。[27]类似的是，基于中国数据的一项研究发现，面向竞争程度更高的产业的公共投资更有助于生产率增长。[28]

然后我们会遇到政府产业扶持的治理问题。产业扶持如果不是集中在一家企业或少数几家企业，对生产率增长的促进效果会更好。也就是说，扶持措施应维持或强化该产业的竞争。此外，政府的产业扶持应该做定期评估，以避免没有成果的项目持续下去。政府与私人投资者提供联合融资（如通过各家开发银行），能帮助建立有效的退出机制。最后一点是，给在位企业提供补贴可能妨碍更有创新力的新企业进入，形成再配置效应：补贴会让在位企业拉高技能劳动力和其他生产要素的成本（这点将在下文详细阐述）。所以，政府实施的产业扶持不能妨碍潜在的新进入企业，并应该尽量实现产业政策与竞争政策的协调。

简而言之，产业政策的问题不在于“要不要”，而在于我们需要重新设计产业政策的治理体系，使之与竞争以及更普遍的创新引领式增长更加兼容。

6. 企业活力与补贴在位企业的成本

企业从市场进入到成长、再到退出市场的生命周期与增长过程有何相互作用？对在位企业的补贴会如何影响创新型新企业的进入与成长？新冠疫情危机已证明这类问题有多么重要：一方面，各国政府必须帮助现有企业，尽量减少破产，维持就业水平和人力资本积累；另一方面，政府不能妨碍潜在的新企业进入市场。也就是说，我们必须找到办法，既为现有企业提供必要的政府支持，又不阻挠创造性破坏过程，不影响新的创新活动的进入与成长。

本书第 1 章介绍过，熊彼特模型推测创造性破坏与生产率增长之间有正向联系。至于企业活力与增长的关系，我们还可以做些补充。[29]通过比较美国与法国的就业岗位在不同年限企业间的分布，我们发现，从最老的那部分企业（成立时间超过 26 年）在就业中的占比看，美国明显高于法国（图4.7）。这表明与法国企业相比，美国企业在市场上生存和发展的能力更强。此外，创造性破坏现象在法国比在美国更剧烈。图4.8比较了法国与美国的企业退出率。无论哪个年限的企业，法国的退出率均更高，尤其是比较年轻的企业。

图4.7和图4.8描绘了同一件事的两个侧面。在法国，即使最具生产性和创新性的企业的成长也难以超越某个规模，这让效率较低的企业依然占据市场份额，得以生存下去。从长期看，这影响了法国经济的整体增长率。

哪些因素在妨碍法国企业的成长？其中之一是创新企业缺乏融资渠道。[30]风险资本、私募股权和机构投资者都在创新融资中扮演重要角色，它们在法国的发达程度远远落后于美国。我们将在第12章回来讨论这一点。第二个因素是规制的影响，尤其是劳动领域的规制，当企业雇员人数达到某个临界点后就会适用。这些规制会打击靠近临界点的企业的创新。[31]那么，政府是否应该通过补贴在位企业的研发来缓解此类束缚的影响？

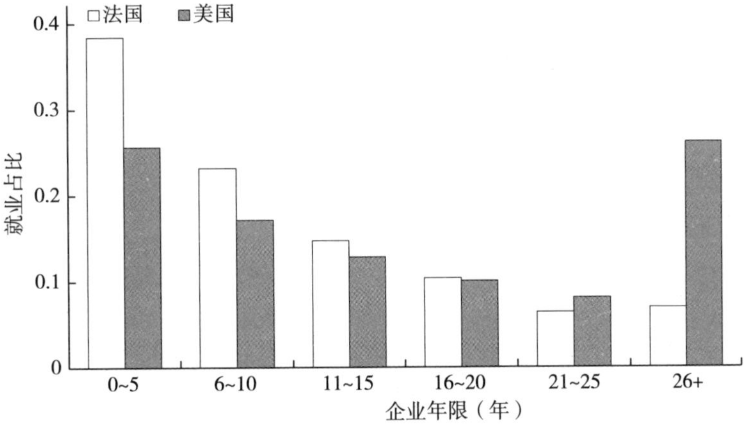

图4.7 不同年限企业在就业中的占比

资料来源：转引自 P. Aghion, A. Bergeaud, T. Boppart and S. Bunel, "Firm Dynamics and Growth Measurement in France," *Journal of the European Economic Association* 16, no. 4 (2018): 933 -956，图6。

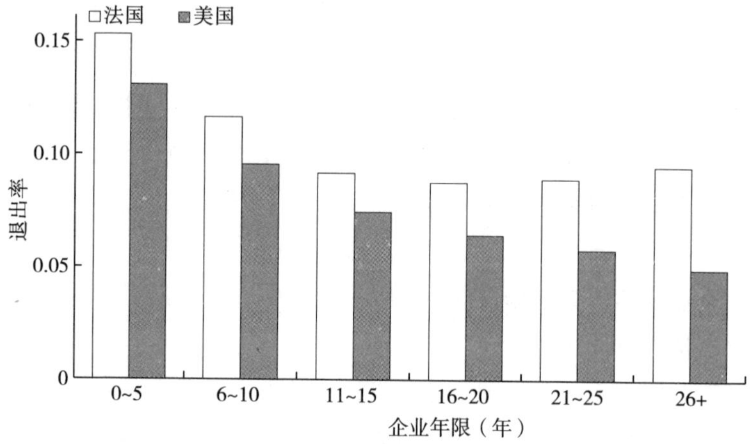

图 4.8 不同年限企业的退出率

资料来源：转引自 P. Aghion，A. Bergeaud，T. Boppart and S. Bunel，"Firm Dynamics and Growth Measurement in France，" *Journal of the European Economic Association* 16，no. 4（2018）：933－956，图 8。

近期有项研究告诫我们，此类补贴有负面效应，可能挫伤效率较高的新企业的进入。[32]对现有企业提供补贴会增加对技能劳动力的需求，提高其成本，而成本攀升会削弱潜在进入者的预期利润，打击它们进入市场的决心。

这一再配置效应得到了更近期一项研究的印证，该研究分析了欧洲中央银行于 2012 年 2 月实施的欧元体系附加信贷申请计划（Eurosystem's Additional Credit Claims，ACC）如何影响法国企业的活力。[33]时任欧洲央行行长马里奥·德拉吉创立该计划的目的是防止 2008—2009 年金融危机后的欧元区衰退，其基本设想如下：在欧元区，各银行可以用高质量的企业贷款作为抵押，从欧洲央行获得再融资；这些贷款将使银行获得更多的流动性；偿还贷款可能性最大的企业获得的评级为 1，之后随着偿还贷款概率逐渐降低，评级依次降为 2～5，接近破产的企业则评级为 P；在 2012 年 2 月前，各商业银行只能以评级为 4 以上的企业贷款作为向欧洲央行再融资的抵押品；后来，该计划又把范围延伸到了评级为 4 的企业。

上述计划实施后的情形如何？第一个后果是，评级为 4 的企业获得的贷款，相对于评级更差的企业（特别是评级在 5 以下的企业）有所增加。第二个后果是，评级为 4 的企业的生产率增速提升，或者说，放松这些企业的贷款约束让它们得以扩大投资，特别是用于创新的投资。然而这一正面效应被再配置效应抵消了：附加信贷申请计划的实施导致评级为 4 的企业退出市场的比例减少，而且受影响最显著的是之前生产率最低的企业。或者说，该计划妨碍了评级为 4 的企业中经营最差的企业被更高效率的新企业替代。

上述研究证实的再配置效应表明，任何补贴企业的公共政策都不能只考虑对现有企业的影响，还要顾及目标产业的潜在进入者。

7. 结论

本章考察了竞争与创新的关系。我们看到，总体而言，竞争会促进创新与增长，竞争对接近技术前沿的企业的创新与增长有正面作用，对远离技术前沿的企业则有负面作用。我们分析了美国的竞争程度削弱与增长率下降之间的联系，然后指出竞争与知识产权保护具有互补性，并捍卫了竞争与设计得当的产业政策可以兼容的观点。[34]在后续章节，我们还将回到其中某些议题，在第 6 章探讨美国增长率下降现象，第 7 章分析中等收入陷阱问题，第 13 章讨论全球化。

第5章　创新、不平等与税收

作为反复出现的公共讨论议题，自安东尼·阿特金森、托马斯·皮凯蒂与伊曼纽尔·赛斯的研究发表后，收入不平等激发了尤为热烈的反响。[1]这几位学者极力呼吁，应关注20世纪80年代以来收入分配最顶层群体获得的收入份额激增现象，即所谓的顶层收入不平等。图5.1显示了美国的情形：收入最高的1%群体在全部收入中所占份额的历史变化。[2]

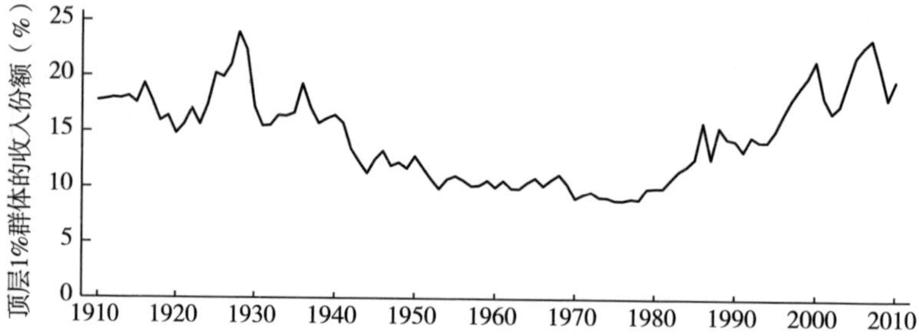

图5.1　美国顶层1%群体的收入份额变化

资料来源：转引自T. Piketty, *Capital in the Twenty-First Century*（Cambridge, MA: Harvard University Press, 2014），图8.6。Copyright © 2014 by the President and Fellows of Harvard College。

该图提出了一系列问题。第一，我们是否应该主要以顶层1%群体的收入作为不平等的测算指标，是否还有其他同样适用的指标？第二个很快能想到的问题是不平等的来源，尤其是富人的致富途径？创新驱动型增长是否会造成不平等，以及会造成何种类型的不平等？创新与导致不平等的其他来源有何区别？我们是否应该主要依靠税收来增强社会流动性？我们如何能够既加强增长的包容性，又不至于窒息增长？

这些是本章将探讨的话题。

1. 如何测算不平等？

在提及不平等时，需要关心的第一个问题是："我们究竟是在谈论何种类型的不平等？"收入不平等有多种测算方法，它们的含义大不相同。首先，有测算不平等的广义指标，反映一国整体上距离"完全平等"的状态（所有人的收入均相同）有多远。其中最普遍采用的测算总体收入不平等的指标是基尼系数（见专栏5.1），一国距离完全平等状态越近，基尼系数就越接近0；反之，收入越是集中到少数人手中，基尼系数就越接近1。

专栏5.1　基尼系数与洛伦兹曲线

图5A中的黑色点状线名为洛伦兹曲线，代表按收入水平递增排序的百分位人口数及其在总收入中所占的份额。其构造如下：点A表示总收入中归属收入最低的20%人口（即十分位的前两位）的份额，如图所示，前两个十分位人口在总收入中仅占3.4%；点B表示总收入中归属前四个十分位人口群体

的份额，即12%；如此类推，直至最后一个十分位群体。

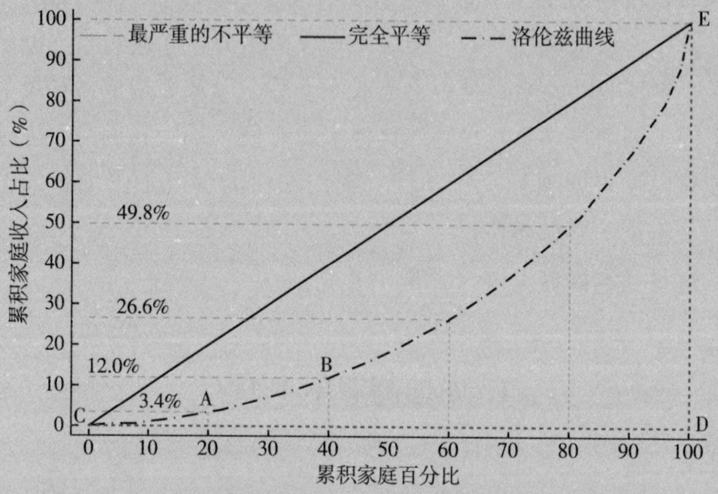

图5A　美国2009年的洛伦兹曲线

资料来源：C. DeNavas-Walt, B. D. Proctor and J. Smith, "Income, Poverty and Health Insurance Coverage in the United States: 2009," Current Population Reports P60-238, U. S. Census Bureau, September 2010。

如果收入分配完全平等，该点线将与45度斜率的实线重合：第一个十分位群体获得总收入中的10%，前两个十分位群体获得总收入中的20%，以此类推。与之相反，如果全部收入只归属一个人，其他所有人都没有收入，则洛伦兹曲线将变得高度凸性，初期与横轴完全重合，直至100%位置时突然跃升到1。99.9999%的人口的收入都为0，而0.0001%的人口占据收入份额的100%。这种情形对应图中的灰色虚线。

测算总体不平等水平的基尼系数其实就等于45度斜率线与点状曲线之间的面积S除以三角形CDE的面积T。在完全平等的情形下，点状曲线与斜线重合，$S=0$，基尼系数也为零；在最严重不平等的情形下，$S=T$，基尼系数则为1。

第二种测算不平等的办法是关注收入分配顶层的不平等程度。最普遍采用的顶层不平等指标是观察收入最高的1%群体在总收入中的份额；图5.1显示的就是美国顶层1%群体的收入份额在最近数十年的变化。该指标的计算方式很简单，我们从某个国家收入最高的人开始，接下来加上收入第二高的人，然后是第三高的人，直至纳入全部人口中最富有的1%群体。我们把这个群组中所有人的收入累加起来，计算其总和与该国全部劳动人口的收入总和之比率。这一比率即代表总收入中归属顶层1%群体的份额。图5.1表明，美国顶层1%群体的收入份额呈现U形曲线的轨迹，在1980年之前下降，自那之后便迅速提升。

第三种测算收入不平等的办法具有动态性质，它反映社会流动性的大小，即子女拥有与父母类似的收入水平的概率。子女收入水平与父母的关联度越高，一国的社会流动性就越小。图5.2显示了经合组织各国的情况，包括以基尼系数测算的总体收入不平等（横轴）与以父母和子女收入关联度测算的动态不平等（纵轴）。不出意料，北欧诸国（丹麦、挪威、瑞典和芬兰）在这两项指标上都处于最低水平，也就是说，它们的总体收入不平等最低，而社会流动性最高。反过来，盎格鲁-撒克逊国家（英国和美国）在两项指标上都处于最高水平，总体收入不平等最严重，而社会流动性最低。最重要的一点是，以基尼系数测算的总体不平等同动态不平等之间存在正向关联："最小平方线"——代表各点与趋势线之间距离的平方和的最小值——明显向上倾斜。这个趋势告诉我们，一国的社会流动性越高，其收入不平等会越小。[3]经济学家们借用菲茨格拉德小说中的经典人物，一位在20世纪20年代实现美国梦然后走向幻灭的百万富翁，将其称为"了不起的盖茨比曲线"(Great Gatsby Curve)。

更近期以来，几位经济学家在非常精细的地理尺度上（通勤区）测算了社会流动性水平（Chetty、Hendren、Kline and Saez，2014）。[4]

图 5. 3 显示了他们得到的各通勤区的“了不起的盖茨比曲线”对比：在社会流动性较高的区域，收入不平等程度较低。

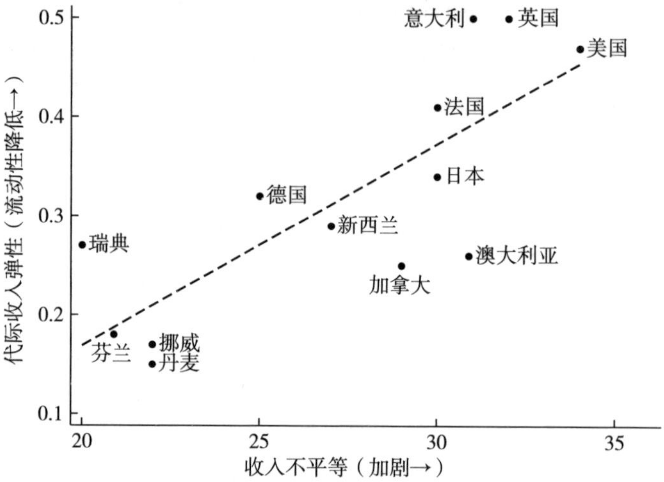

图 5. 2　了不起的盖茨比曲线：各国的比较

资料来源：转引自 Miles Corak, "Income Inequality, Equality of Opportunity and Intergenerational Mobility," *Journal of Economic Perspectives* 27, no. 3 (2013): 79 - 102, 图 1。

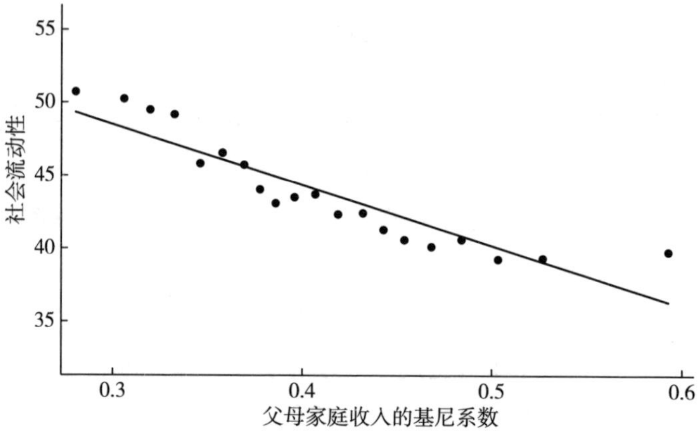

图 5. 3　了不起的盖茨比曲线：美国

资料来源：R. Chetty, N. Hendren, P. Kline and E. Saez, "Where Is the Land of Opportunity? The Geography of Intergenerational Mobility in the United States," *Quarterly Journal of Economics* 129, no. 4 (2014): 1553 - 1623。

那么，动态不平等（即社会流动性）与顶层1%群体的收入份额之间是否有类似的关系？根据图5.4，回答是肯定的。在美国各通勤区中，我们发现社会流动性越高，顶层1%群体的收入份额越低。不过，这两个变量之间的关系并不很确定：社会流动性与总体不平等之间的相关系数在图5.4中仅为-0.190，远低于图5.3中的-0.578。顶层1%群体的收入份额最高的通勤区大多位于加利福尼亚、康涅狄格和马萨诸塞等创新力极强的州。这个现象很自然让我们想到，创新或许是不平等和社会流动性的决定因素之一。

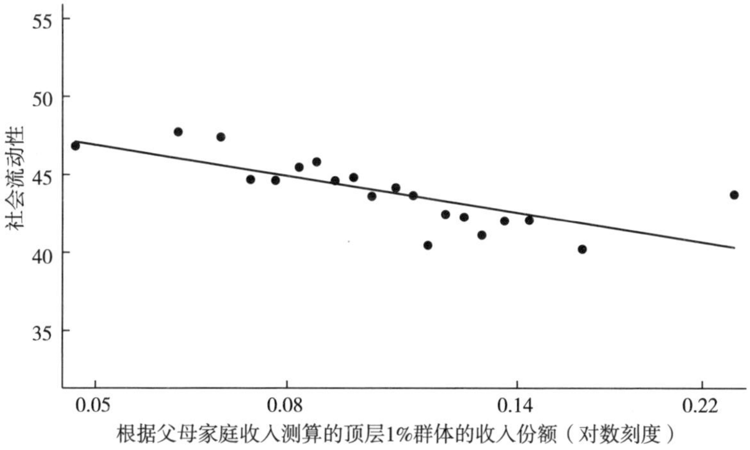

图5.4　社会流动性与顶层1%群体的收入份额

资料来源：R. Chetty, N. Hendren, P. Kline and E. Saez, "Where Is the Land of Opportunity? The Geography of Intergenerational Mobility in the United States," *Quarterly Journal of Economics* 129, no. 4 (2014): 1553-1623。

2. 创新与不同类型的不平等

根据创造性破坏范式，创新驱动型增长理论的两个基本观念都对增长和不平等的关系有所启示。

第一个观念认为，创新来自企业家的开创性活动，其动力是获取创新租金。租金大小取决于制度环境，尤其是知识产权保护水平。莫克尔（2005）曾引用亚伯拉罕·林肯的话，“专利制度给天才之火添加利益之油”。[5]创新租金让发明家们有机会在收入阶梯上攀登，加入顶层1%群体。例如史蒂夫·乔布斯创立苹果公司，比尔·盖茨创立微软公司而致富，而作为Skype软件的创始人之一，尼克拉斯·詹斯特罗姆（Niklas Zennström）也得以跻身瑞典最富有人群的行列。

更一般地说，每项创新都使创新企业提升其产品品质，超越现有或潜在的竞争对手，从而让创新者扩大市场和增加利润。创新还能使创新企业降低成本，特别是单位劳动成本。这将进一步增加创新者的利润（相对于工资）及其收入。[6]因此创造性破坏范式推测，创新会导致顶层收入不平等加剧。一个国家或地区的创新越活跃，顶层1%群体在当地收入中的份额就越高。

熊彼特增长理论背后的第二个基本理念是创造性破坏过程：新的创新会替代旧的技术，摧毁原先的创新者的租金。新的创新同新的市场进入者密切相关，新创新者的租金增加，同时在位企业的租金减少。Skype软件的发明家在20年前并不属于豪富阶层，创建苹果公司时的乔布斯也是后起之秀。所以，熊彼特范式的第二个推测是，创新是社会流动性的一个源泉，特别是市场新人带来的创新。

创新既会提升顶层1%群体的收入份额（顶层收入不平等），又会推高社会流动性，这看似有些矛盾。不过对美国各州的比较可以发现，事实的确如此。例如，加利福尼亚州是美国目前创新力最强的之一，而亚拉巴马州是最弱的之一，我们从顶层1%群体所占的收入份额看，加利福尼亚州明显高于亚拉巴马州。与此同时，就社会流动性而言，加利福尼亚州也明显高于亚拉巴马州。

创新既会扩大顶层不平等，也会提升社会流动性，这个事实意味着我们难以仅凭逻辑去推断创新会如何影响基尼系数等更广义的不平等指标。因此，熊彼特范式的第三个推测是，创新与广义的收入不平等指标之间的关系并不明确。

那么，对于创新与各种收入不平等指标的关系，数据能有何启示？若干学者通过分析美国各州1975—2010年的产出数据、专利质量和收入分配状况，发现创新确实是解释顶层收入不平等的关键因素之一（Aghion、Akcigit、Bergeaud、Blundell and Hémous，2019）。[7]

图5.5和图5.6对此有清晰展示。图5.5表明，创新对顶层1%群体的收入份额存在显著的正向因果效应（实线），另外创新与基尼系数测算的总体不平等状况之间（虚线）并无相关性。图5.6则描述了从通勤区获得的创新与社会流动性之间的关系，这里对社会流动性的定义是：来自较底层背景的人（其父母在1996—2000

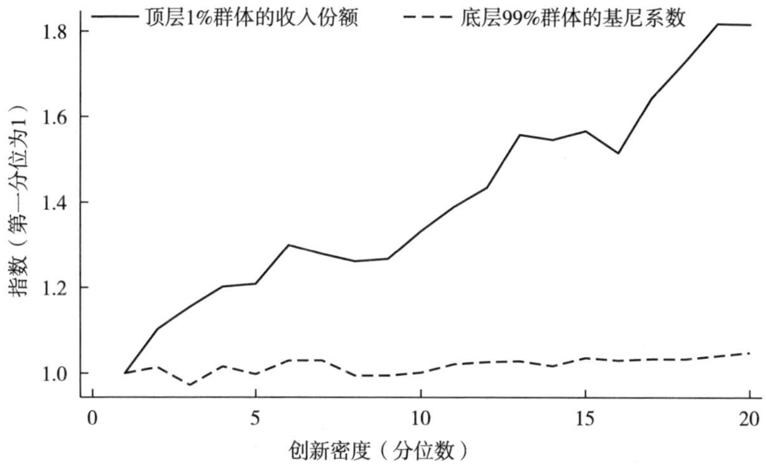

图5.5 创新、顶层1%群体的收入份额与基尼系数

注：基尼系数是截止到第99百分位的基尼系数，计算时排除了顶层1%的群体。

资料来源：转引自 P. Aghion, U. Akcigit, A. Bergeaud, R. Blundell and D. Hémous, "Innovation and Top Income Inequality," *Review of Economic Studies* 86, no. 1 (2019): 1-45, 图2。

年属于收入分配底层20%群体）在成年后的2010年进入收入分配顶层20%群体的概率。创新密度的测算方式是：各通勤区单位居民向美国专利商标局申请的专利数量。该图表明，创新与社会流动性之间存在正向关联。

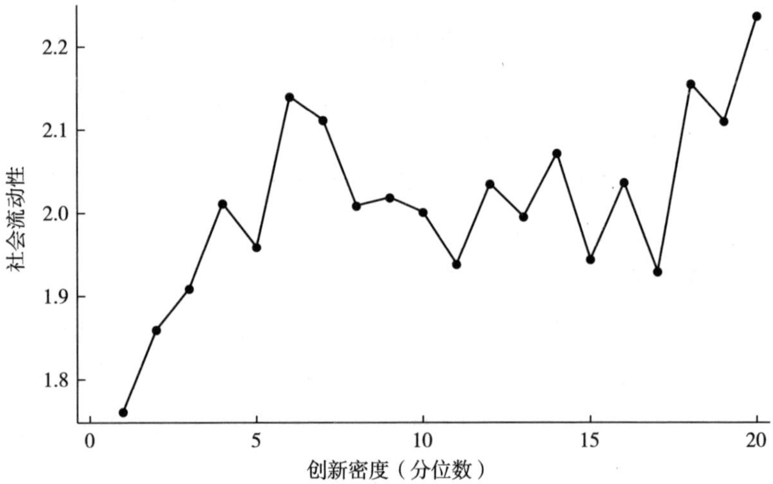

图5.6　创新与社会流动性

资料来源：P. Aghion，U. Akcigit，A. Bergeaud，R. Blundell and D. Hémous，"Innovation and Top Income Inequality，" *Review of Economic Studies* 86，no. 1（2019）：1–45，图3。

2019年这项研究还指出，新进入者的创新与社会流动性有正向关联。该发现符合如下理念：创造性破坏是一种通过创新带来社会流动性的机制。

总之，创新确实会使顶层收入不平等加剧，但也伴随着三方面的好处：不会使总体不平等程度恶化，会提升社会流动性（尤其是当新创新者进入市场时），并且会促进生产率增长。[8]

3. 创新企业成为促进社会流动性的杠杆

创新与社会流动性之间的正向关联不只源于新创新者对老创新者的取代。创新企业本身就是社会流动性的潜在杠杆，因为它会培训和提升员工，特别是最缺乏技能的员工。针对 2004—2015 年英国数据开展的一项近期研究发现，创新企业给员工提供了重要的社会进步阶梯，包括低技能与中等技能员工：如仓储员工、秘书、保安、特种蓝领员工、运输业员工和销售员等。[9]

图 5.7 描述了低技能员工的小时工资率随年龄的变化，包含被创新企业雇用（实线）和被非创新企业雇用（点线）两类。只要有至少 1 欧元的研究投入，就符合创新企业的定义。我们首先观察到在所有年龄段，低技能员工的工资在创新企业都显著高于非创新企业。第二个不那么惊人的现象是，无论被哪种企业雇用，员工的

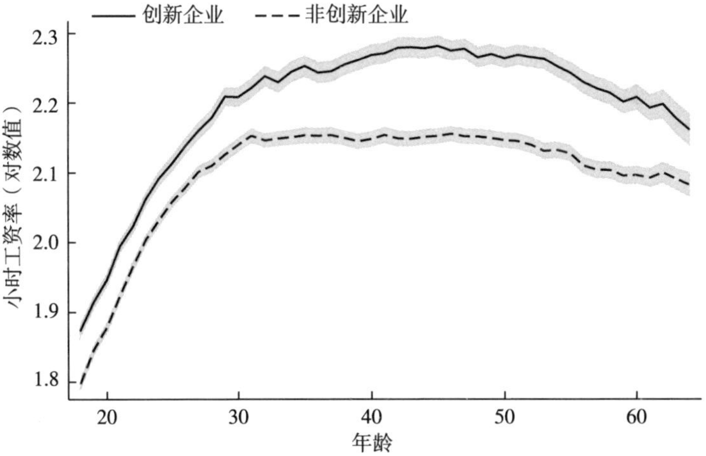

图 5.7　低技能员工的平均工资

资料来源：转引自 P. Aghion，A. Bergeaud，R. Blundell and R. Griffith，"The Innovation Premium to Soft Skills in Low-Skilled Occupations，" unpublished manuscript，2019，图 1。

工资都随年龄增加，反映了他们在企业内部获得的经验带来的收益。不过，创新企业的工资随年龄提升的幅度高于非创新企业。换言之，创新企业确实给最缺乏技能的员工提供了上升的社会阶梯，因为它们给员工做了长期投资。

高技能员工（例如经理、工程师与科研人员）的情况又如何？图 5.8 显示，他们也获得了随时间逐渐增加的经验溢价的好处。然而，无论他们是被创新企业还是非创新企业雇用，这种经验收益的增长趋势相同，即高技能员工在创新企业工作并没有额外的收益溢价。

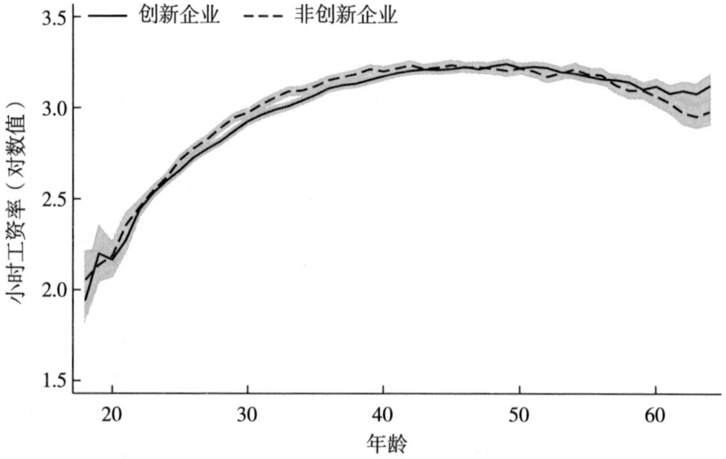

图 5.8　高技能员工的平均工资

资料来源：转引自 P. Aghion，A. Bergeaud，R. Blundell and R. Griffith，"The Innovation Premium to Soft Skills in Low-Skilled Occupations，" unpublished manuscript，2019，图 3a。

最后，图 5.9 显示的是高技能、中等技能、低技能员工的小时工资率同企业创新密度之间的关系，后者由企业的研发投资水平测算。我们再次看到，最高技能员工的工资没有随就职企业的创新密度发生太大变化（点状曲线几乎保持水平），而最低技能员工的工资随企业创新密度大幅提升。

我们应该如何解释这些差异？该研究给出的理由是，最高技能

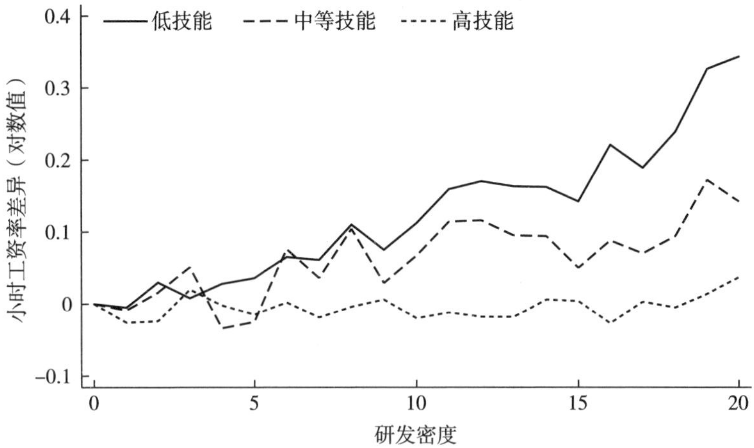

图 5.9　不同职业类别的工资水平与企业创新密度的关系

资料来源：转引自 P. Aghion，A. Bergeaud，R. Blundell and R. Griffith，"The Innovation Premium to Soft Skills in Low-Skilled Occupations，" unpublished manuscript，2019。

员工主要是靠他们的毕业文凭和简历中展示的硬性技能来评价，而最低技能员工主要根据他们在企业中逐渐掌握的软性技能来计酬，这使后者的利益与企业的成功更加密不可分。一家企业的创新力越强，就越需要低技能员工掌握好软性技能，尤其是被视为高度可靠的员工。如果这些员工不能很好地履行其职责，则企业将遭受很大损失。这是因为企业的创新力越强，员工个人与企业其他资产之间形成的互补作用也会越强。由此可以解释，为什么与非创新企业相比，创新企业的低技能员工有较高的工资溢价。还可以解释，为什么创新企业的管理者有强烈的激励提升底层员工的技能，特别是通过培训等方式。

总之，创新与社会流动性之间的关系以非常具体的方式体现在创新企业的低技能和中等技能员工的工资变化轨迹上。而且政府也有现成的工具帮助创新企业发挥社会上升阶梯的作用，这一工具就是给职业培训提供补贴。

4. 进入壁垒是顶层收入不平等的另一种来源

史蒂夫·乔布斯还是卡洛斯·斯利姆

如果顶层1%群体的收入份额增加并非来自创新，而是来自在位企业设置的产业进入壁垒，则未必会带来上述正面促进效应。进入壁垒会阻挡新创新者加入，干扰创造性破坏过程，由此可能降低社会流动性。此外，鉴于进入壁垒既会增加顶层1%群体的收入份额，又会导致社会流动性减弱，所以很可能还会造成整体不平等状况恶化。

我们可以做个对比，一方是苹果公司创始人史蒂夫·乔布斯，通过创新致富的典范；另一方是墨西哥商人卡洛斯·斯利姆（Carlos Slim），与政界关系密切的富豪。斯利姆在20世纪90年代早期参与国有电信运营商墨西哥电信公司（Telmex）的私有化，将其改造为私人垄断企业，从中大发横财。他获利的关键是：墨西哥电信业受到的政府规制很少，尤其是不受该国联邦经济竞争委员会的监管。

游说对增长与不平等的影响

在位企业高度依赖游说活动来限制新企业的进入，保护自身租金。最开始，"游说"（lobby）一词是指英国下议院的前厅或会客室，19世纪时，各种利益团体的代表来此与议员们磋商。如今，根据2017年的盖洛普年度调查，58%的美国人把游说业者的道德水平评为"低"或"极低"，远远不及银行家（给相同评分的比例为21%）。[10]

哪些人在从事游说，游说活动有多广泛？在美国，游说活动每年的花费近30亿美元，而欧洲各国的游说支出则为每年约11.4亿欧元。正如康斯坦丁诺斯·德利斯（Konstantinos Dellis）与大卫·

桑德曼（David Sondermann）所述，以销售额计算的最大型企业发起的游说活动最为密集。此外，游说支出较多的企业的生产率较低，但利润率高于其他企业。最后，高竞争产业中的企业相比低竞争产业中的企业，游说支出更多。[11]

有项研究从意大利的数据中同样发现了企业与政客之间的联系（Akcigit、Baslandze and Lotti，2018）。[12]如图 5.10 所示，企业的市场份额越高，在图中居于越靠左的位置，其雇员在基层、地区和国家层面兼任政治职位的比例越高。

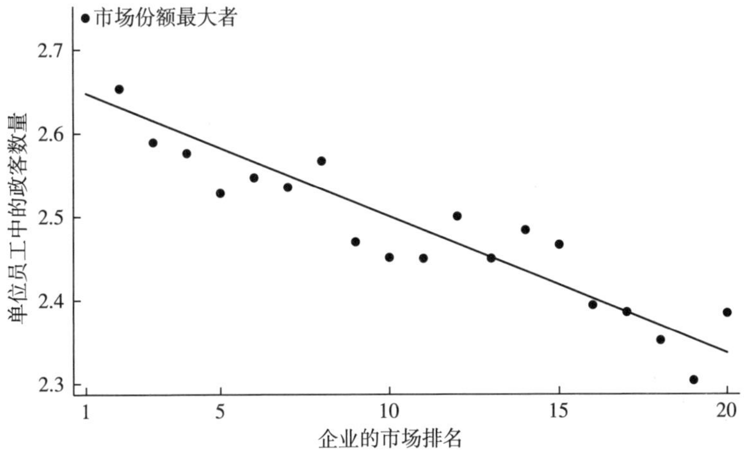

图 5.10　市场份额与政治联系

资料来源：转引自 U. Akcigit，S. Baslandze and F. Lotti，"Connecting to Power：Political Connections，Innovation and Firm Dynamics"（NBER Working Paper No. 25136，National Bureau of Economic Research，Cambridge，MA，October 2018），图 5。

接下来我们自然会想到：游说是给政策制定者提供了丰富有用的专业参考意见，还是只为阻止新竞争者加入市场而施加压力？利用美国参议院和联邦选举委员会的公开档案，有研究分析了美国 1999—2008 年活跃的游说团体及其向竞选活动的捐助金额（Bertrand、Bombardini and Trebbi，2014）。[13]该研究尤为关注游说者的个人背景，以判断他们是属于“专业型”还是“关系型”。对此的定义是，专业型游说者的任务集中在少数领域，由此可以推断他们在这些领域确有真才实学。关系型游说者的特点则是与某位政策制定者有特殊通道，要么源于他们属于同一党派，要么因为游说者资助过该政客的一次或多次竞选活动。

该研究发现，关系型游说者的比例在1998—2008年有所提升。此外在2008年，超过3/4的游说者并非专业型，近54%明显属于关系型，没有特殊关系的纯专业型游说者的占比不到1/7。最后，这几位学者还指出，在共和党控制白宫和参议院的2002—2007年，与共和党政客有联系的游说者的收入平均来说比其他同行高出25%。总体上该研究认为，虽然某些游说者确实属于专业型，并为社会贡献了可能有价值的信息，可是大多数游说群体属于政治关系型，不具有专业素养。另外，即使游说者能因为专业素养而获得收入溢价，这一溢价也小于政治关系带来的好处。

既然游说活动大多与政治联系有关，它对不平等又有何影响？图5.11描述了1998—2008年美国各州顶层1%群体的收入份额与游说活动密度的关系。我们可以看到，当游说变得足够密集时，顶层1%群体的收入份额急剧上升。这一结果证明，游说活动的确是顶层收入不平等除创新之外的另一个来源。

游说活动导致顶层1%群体的收入份额增加，这根本不令人奇怪。关系型游说者能帮助在位企业维持市场支配力，继续占有租金。具体来说，游说活动不仅通过设立关税保护在位企业所在的产业免受竞争，还能支持它们拿下采购合同、轻松获取银行贷款、减轻税收负担以及获得更多公共补贴等。

游说活动对公司税收的影响尤其值得关注。我们可以证明，积极开展游说的企业纳税更少（尤其是债务水平最高的企业），资本密集度较高，申报的研发支出较多。游说活动使这些企业在研发支

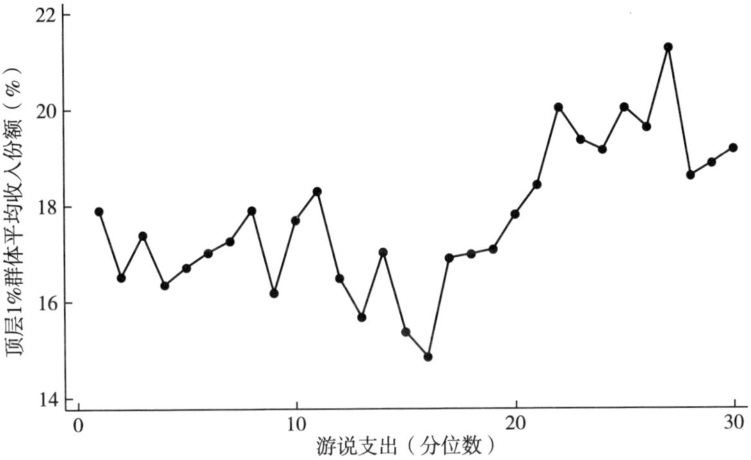

图 5.11　1998—2008 年游说支出与顶层 1% 群体的收入份额

注：x 轴的每个点对应游说支出的特定水平，在不同年份，同一个州可能出现左右移动。

资料来源：P. Aghion，U. Akcigit，A. Bergeaud，R. Blundell and D. Hémous，"Innovation and Top Income Inequality，" *Review of Economic Studies* 86，no. 1（2019）：1－45。

出上能获得税收抵免，并在某些类型的设备上取得更有利的纳税折旧方案。[14]

图 5.12 来自同一数据，显示美国某个州以基尼系数测算的总体收入不平等如何随该州的游说密集度而变化。[15]当游说活动变得足够密集时，总体不平等水平显著提升。这一情形与创新对总体不平等的效应（或者说无效应，图 5.5）形成了鲜明对比，也是我们应该预期到的结果：鉴于游说主要属于拉关系性质，它会阻挠新企业进入市场，从而削弱社会流动性，同时加剧顶层收入不平等。与之相反，创新会促进社会流动性，因此对总体不平等程度没有显著影响。

下面我们来探讨游说活动对创新与增长的影响。图 5.13 是对图 5.10 的补充，用一条曲线显示企业的创新密度同其销售额之间的关系。企业的销售额越高，创新密度就越低。这张图有力地说

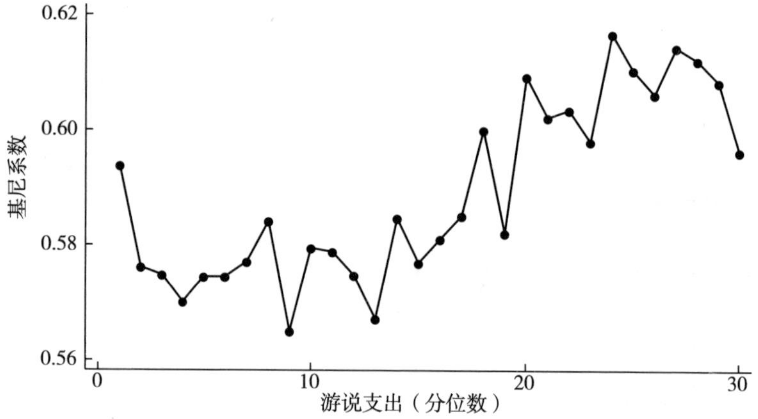

图 5.12 游说支出与基尼系数

资料来源：P. Aghion，U. Akcigit，A. Bergeaud，R. Blundell and D. Hémous，"Innovation and Top Income Inequality，" *Review of Economic Studies* 86，no. 1（2019）：1－45。

明，随着企业获得更大的市场支配力，走向市场统治地位，它用于创新的资源变得越来越少，用于培养政治关系与游说活动的资源却越来越多。

同一项研究还表明，意大利企业的生产率增长与它们对政治关系的投资负相关。与之相反，企业的就业增长则与其政治投资正相关。对此的解释是政治关系能帮助企业克服政府的官僚主义束缚，但要牺牲对创新的支出，而后者是生产率增长的主要源泉。

总体而言，游说活动的投资对增长有害是由于两方面原因：其一，随着在位企业的成长，它们对游说的投资越来越多，以牺牲创新作为代价；其二，企业与政客之间通过串谋抬高了市场进入的成本，打击了创造性破坏。一个产业中政治关联型企业占比越高，产业的活力越小：进入市场的企业减少，现有企业的退出减弱，企业的平均年龄变得更长。

到目前为止，我们的分析有哪些主要结论？首先，尽管创新可

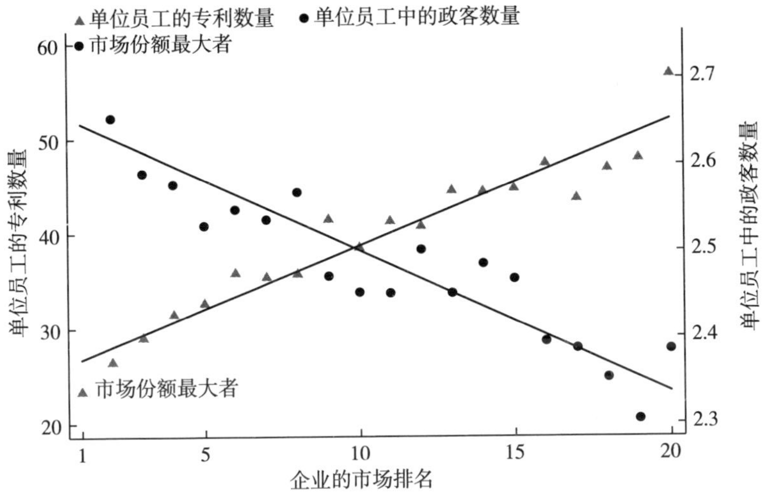

图 5.13　市场份额、创新与政治关系

资料来源：转引自 U. Akcigit，S. Baslandze and F. Lotti，"Connecting to Power：Political Connections，Innovation and Firm Dynamics"（NBER Working Paper No. 25136，National Bureau of Economic Research，Cambridge，MA，October 2018），图 5。

能是顶层收入不平等的来源之一，它却具有某些独特优点，不同于游说和产业进入壁垒等其他不平等来源。创新毕竟是生产率和企业活力的基础，政治关系则不然。其次，创新与社会流动性具有正向关联，尤其是新进入企业的创新，而游说会削弱产业进入乃至社会流动性。最后，创新似乎与总体不平等程度并无关联，而游说活动会加剧总体不平等。所以，假如我们的目标是降低顶层收入不平等，那么对它的各种来源绝不能等同视之。特别是，我们不能把创新者等同于有政治关系的在位企业或个人。如果用打击创新的方式来解决顶层收入不平等问题，那将削弱社会流动性，可能在损害增长的同时导致总体不平等恶化，最后自食恶果。

第二个结论是，我们依然要关注富人群体，包括那些通过创新致富的人，因为昨天的创新者往往成为今天的保守在位者。在成长的过程中，他们会把越来越多的资源投入游说活动与政治关系，减少创新支出。我们如何能既奖励创新，又防止过去的创新者利用其租金阻碍竞争对手进入？我们如何能够鼓励新的史蒂夫·乔布斯的出现，同时尽可能防止他们在日后变成卡洛斯·斯利姆？依靠税收工具，对资本征收更高的税收，这样做是否足够？还是有必要寻找其他征税方式和采用其他政策工具？

5. 如何利用税收工具

瑞典的案例

1991 年，瑞典对税收体制做了激进改革，创立了针对资本收入与劳动收入的二元税制。[16]改革的两个支柱是：把最高边际税率大幅削减，从 88% 降至 55%；引入针对资本收入的 30% 的单一税率。而在 1991 年之前，对资本收入累进征税，最高边际税率超过 72%，平均税率为 54%。这一税收改革伴随着瑞典人均 GDP 在 1993 年之后的显著起飞：1994—2007 年，瑞典的人均财富增速达到年均 3.4%，而欧元区国家和欧盟国家分别为 2.4% 和 2.7%。此外，图 5.14 显示，瑞典的创新活动也同时起飞，1991 年后的专利数量呈现爆炸式增长。[17]

这些现实结果具有启发性，但不能证明税收改革对增长与创新有何因果效应。尤其是，1991 年税收改革伴随着货币贬值以及政府体制改革，赋予了行政机构与市政当局更大的自主权，并对公共支出建立了更严格的控制。因此，我们难以把税收改革的特定效应分离出来。但无论如何，在改革生效前后，创新与生产率的变化趋势确实出现了明显的突变。

1991 年的瑞典税收改革对不平等有影响吗？图 5.15 显示顶层

1%群体的收入份额略有增加，[18]图 5. 16 则显示总体收入不平等稍有增加，但增幅不大。瑞典依旧比其他欧洲国家（如德国、法国、意大利、英国和葡萄牙等）更平等。

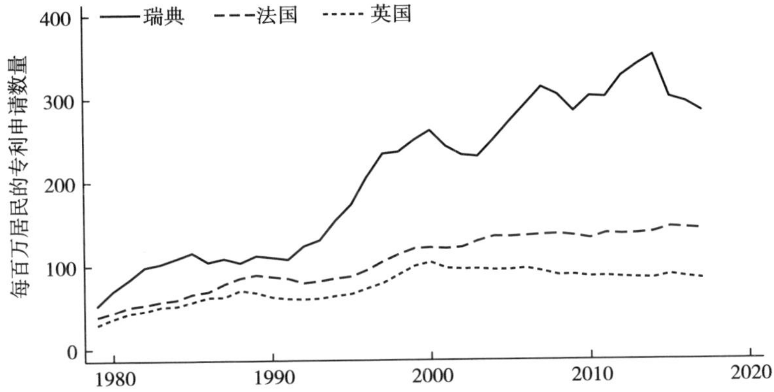

图 5. 14 单位居民的专利申请数量变化

资料来源：Eurostat。

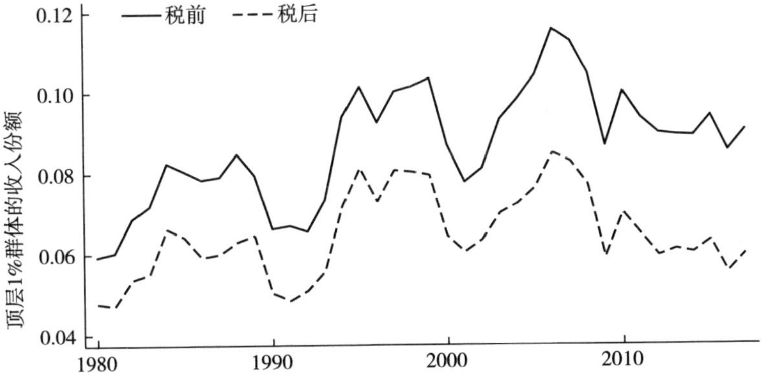

图 5. 15 瑞典顶层 1%群体的收入份额变化

资料来源：T. Blanchet，L. Chancel，A. Gethin，“Why Is Europe Less Unequal Than the United States?” unpublished manuscript，2020。

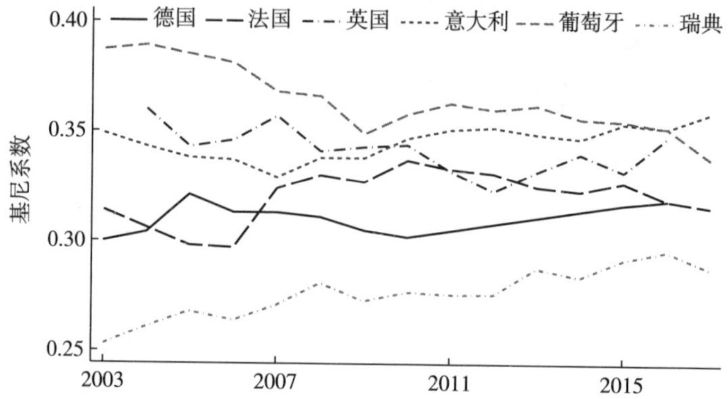

图 5.16 欧洲各国的基尼系数变化

资料来源：WorldBank。

总之，瑞典在 1991 年的税制改革伴随着增长与创新的加速，而没有使不平等显著扩大。事实上，瑞典的改革目标是为了适应全球化经济而刺激创新，同时保留以平等收入分配和强势公共投资（尤其对教育和医疗领域）为特色的社会模式。通过这条路径，瑞典试图走向能更好地满足公平和效率双重要求的制度体系。[19]

专栏 5.2 法国的资本所得税与收入流动性

我们之前提到，创新和创新企业可以成为社会流动性的杠杆，政府则可以用恰当的政策措施激活这些杠杆。然而，从业已较高的初始水平上再提高资本收入税率，至少从短期看并非促进社会流动性的有效措施。测算两个日期之间收入流动性变化的一种方法，是比较个人的“排名”变化，即人们在收入等级上所处的位置。利用个人在日期 1 和日期 2 的排名之间的相关性，计算一国所有人的相关性的平均值，就可以得到全国层面的收入流动性的逆指标。该相关性越强（其值越接近于 1），这个国家的收入流动性越弱。近期一项研究显示，法国在2006—2017年的平均收入流动性较弱，个人在2017年的收入排名与2006年的排名的相关系数达到0.69。更令人惊讶的是，收入流动性在2006—2011年以及2012—2017年这两个时段几乎相同：个人在2011年和2006年的收入排名相关度为0.78，在2017年和2012年的收入排名相关度则为0.80。[20]

不过，法国在2011—2013年推行了若干税收改革，尤其是在2013年统一了资本所得税与工资所得税，在2012年修订了财富税纳税等级，对所得税引入45%的新税档等。这些改革激起了大量讨论，但截至目前我们尚未掌握不同收入税档的个人纳税者的申报收入变化的数据。[21]

有人或许认为，在资本所得税与劳动所得税统一之后，2013—2017年这个时期过于短暂，不足以评估税收改革的效果。然而，2006—2017年整个时期中收入流动性几乎保持不变，以及在2012—2013年改革前后没有出现任何间断，让我们怀疑对资本收入加重征税能否成为短期内促进社会流动性的有效手段。

研究税收与创新关系带来的启发

近期的几项研究证实了税收对创新的因果效应。首先，税收对发明家的地理流动性产生了影响。有几位学者分析了税收与人才外流之间的关系（Akcigit、Baslandze and Stantcheva，2016）。[22]尤其是，他们考察了这一现象在多大程度上更适用于“超级明星”发明家，即根据专利影响指数排名位居顶层1%群体的人。该指数的构建方法是：发明家申请的专利数量，并将每项专利在未来创新中的引用次数作为权重。此方法给受到频繁引用的专利赋予更大的权重，因为它们对未来的专利有更大的贡献。该研究采用了国际专利数据，即1977—2003年间向美国专利商标局及欧洲专利局申请的专利。学者们首先考察了最高收入等级的边际税率同留在母国的发明家占比之间的相关性，对超级明星发明家来说，该相关性呈强烈的负值，但对其他发明家来说基本为零（图5.17）。这些普通发明家构成了一个有效的反事实例证，因为他们不太可能获得极高收入，也就不容易适用于最高等级的边际税率。

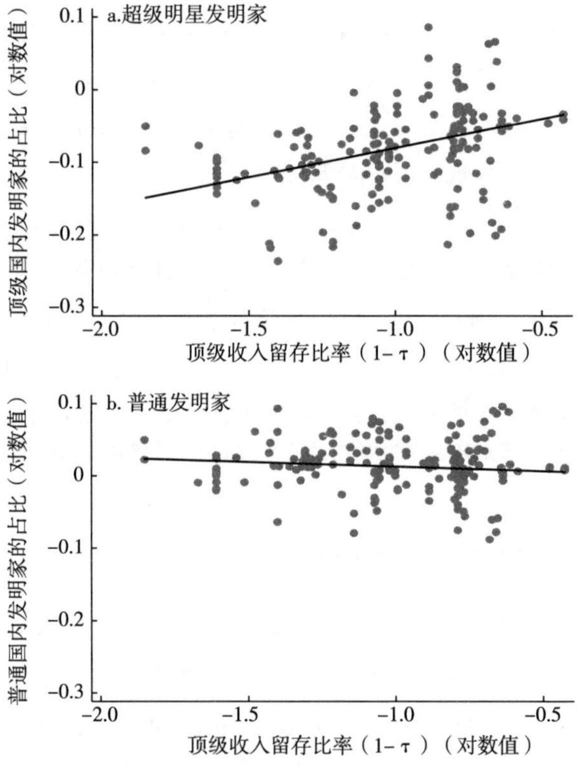

图5.17　顶级税率与留在国内的发明家占比

注：x轴表示以最高边际税率纳税时的留存收入占比（百分比对数值）。如果最高边际税率为40%，则收入留存比率为60%。越靠近右侧，表示最高边际税率越低。

资料来源：转引自U. Akcigit，S. Baslandze and S. Stantcheva，"Taxation and the International Mobility of Inventors," *American Economic Review* 106，no.10（2016）：2930－2981，图4A和图4B。

这几位学者还利用了两个自然实验。第一个是苏联解体使其科学家具有了国际流动性。图 5.18 显示，在苏联解体之前，其发明家的移民与税收方面的动机无关，因为政府禁止他们外迁。相反在苏联

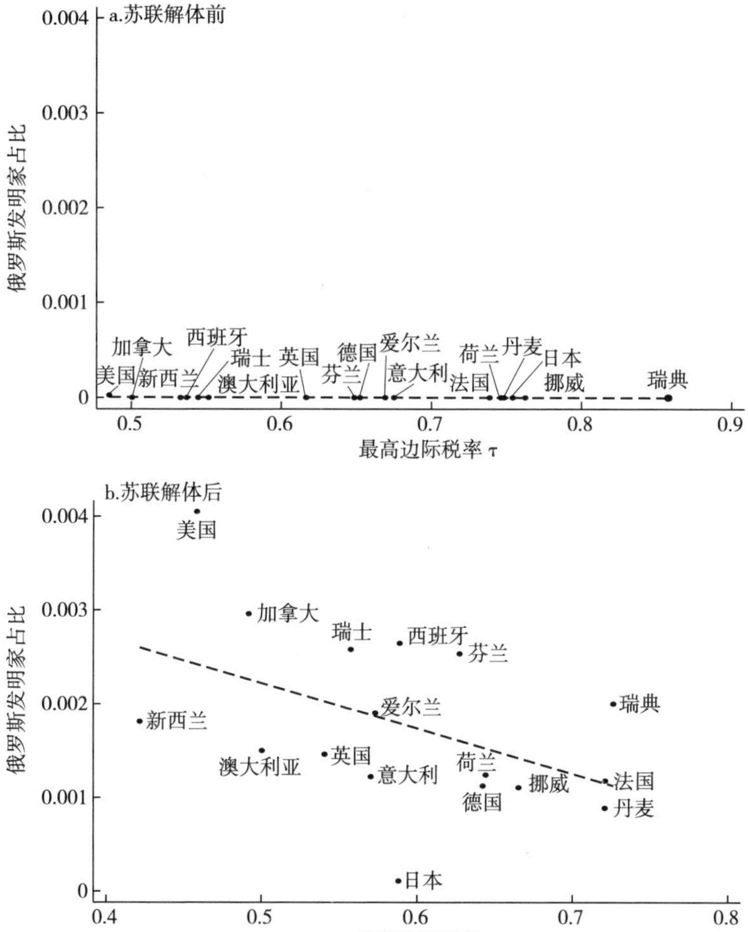

图 5.18　最高税率与俄罗斯发明家的百分比

资料来源：转引自 U. Akcigit，S. Baslandze and S. Stantcheva，"Taxation and the International Mobility of Inventors，" *American Economic Review* 106，no. 10（2016）：2930 – 2981，图 6A 和图 6B。

解体之后，一个国家的最高边际税率与迁入该国的俄罗斯发明家占比之间有强烈的负相关性。俄罗斯科学家主要向税率最低的国家移民。

第二个自然实验是利用美国总统里根在1986年的减税。里根把最高边际税率从50%下调至28%，在图5.19中表现为带黑点曲线的变化。这一改革对科学家迁入美国的移民行为有何影响？结果表明，外国的超级明星科学家迁入美国的数量出现显著增加（实线）。作为对比，我们利用其他发达国家的信息构建了一个反事实场景，反映美国不实施1986年减税的结果。可以看到，若没有减税，迁入美国的发明家的数量将不会有显著变化（虚线）。

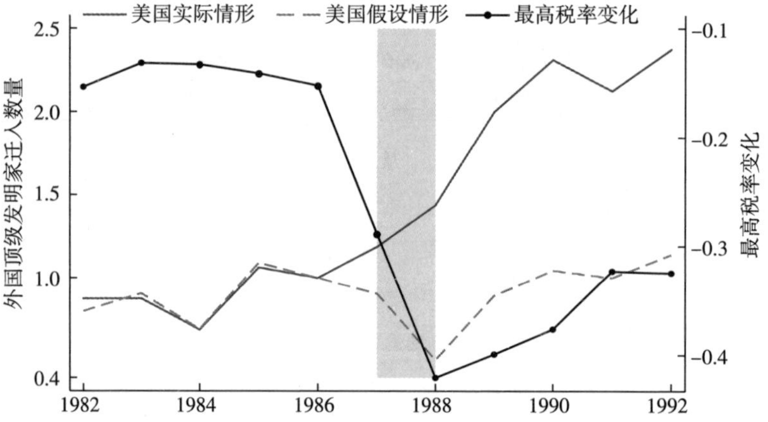

图5.19 1986年税收改革与迁入美国的外国发明家的数量

注：1986年税收改革措施在图中灰色区域的年份推出。超级明星发明家的标准是专利影响指数位居顶层1%的群体。

资料来源：转引自U. Akcigit，S. Baslandze and S. Stantcheva，"Taxation and the International Mobility of Inventors，" *American Economic Review* 106，no. 10（2016）：2930–2981，图8A。

在考察税收对发明家流动性的影响之后，接下来我们探讨税收对创新有何种效应。阿克西吉特及其合作者（2018）建立了一个新的数据库，包括自1920年以来申请过专利的美国发明家的详细名单、申请的专利内容，以及他们缴纳的公司所得税与个人所得税等信息。[23]

这些学者使用两种估计方法证明了税收与创新之间的因果关系。第一种方法是利用美国各州之间的税率差，分析州税收如何影响发明家的行为。第二种方法是比较联邦税率变化对分别位于州界两侧的两个相邻县的效应。

两种方法得出了类似的结果，表明税收与创新有因果联系。具体而言，个人所得税最高边际税率每提高 1 个百分点，会导致专利申请数量、发明人数量与专利引用数量下降 4 个百分点。公司税最高边际税率每提高 1 个百分点，会导致专利申请数量减少 6%~6.3%，发明人数量减少 4.6%~5%，专利引用数量减少 5.5%~6%。

现在来看看州层面的税收与创新的时间变化。图 5.20 显示了密歇根州在 1967 年实施 2.6% 的州所得税，以及在 1968 年将税率提高至 5.6%，引起创新率（专利数量的对数值）的相应变化。我们发现创新有严重下滑。图中的虚线代表密歇根州的反事实情形，基于美国其他州的数据重建，反映密歇根州如果不改变税制的可能结果。在这一反事实场景中，我们发现创新率没有下降。如果分析发明人的数量而非专利的数量变化，也会得到类似的结果。

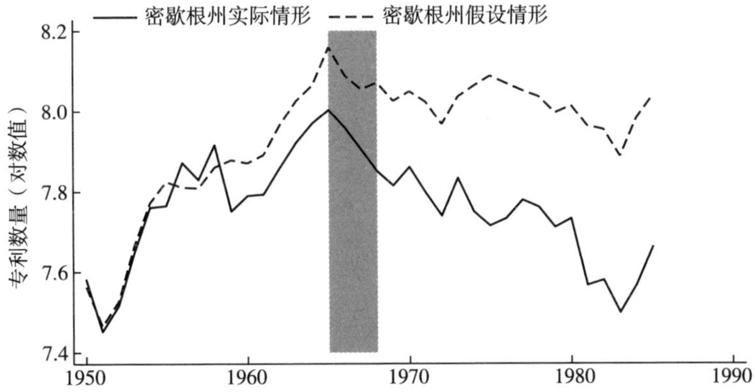

图 5.20　1967—1968 年对密歇根州税收改革的案例研究

资料来源：转引自 U. Akcigit，J. Grigsby，T. Nicholas and S. Stantcheva，"Taxation and Innovation in the 20th Century"（NBER Working Paper No. 24982 National Bureau of Economic Research，Cambridge，MA，September 2018），图 A10。

这些研究证明税收对创新有负面影响。当然我们需要记住，这些分析的一个假设是公共支出（也就是公共投资）保持不变。但本书第 11 章和第 12 章将会指出，公共支出可以通过给研究和教育体系提供资金，对医疗和基础设施投资，以及对劳动力市场的积极政策而促进创新。考虑到税收是支持此类公共投资的必要手段，我们有必要核实，政府确实把税收收入用在了支持经济增长的投资上，如教育、医疗、弹性保障和产业政策等领域，而不是拿去满足政客及与之联系密切的利益集团的需要。

近期的另一项研究考察了税收、创新驱动型增长与政府腐败程度的关系（Aghion、Akcigit、Cagé and Kerr，2016）。[24]该研究利用公司税最高边际税率来测算税收负担，借助国际国家风险指南（International Country Risk Guide）来测算腐败程度。他们把各国分为两种类型：腐败指数高于中位数的“腐败国家”和腐败指数低于中位数的“民主国家”。在腐败国家中，税负与增长表现为负向关联，而在民主国家中表现为显著的正向关联。

为了更加严格地证明因果关系，这几位学者重点分析美国，比较了美国不同州的时间变化，以及州内不同县的变化。他们用被定罪的公务员或州政府雇员的数量来测算各州的腐败程度，用所得税收入来测算税负水平。[25]由此得出的第一个发现是拉弗曲线，即税负与增长之间的倒 U 形关系（图 5.21）。在某个水平的税负之前，提高税收会加快增长，但越过临界点之后，增税的效果会适得其反。这一倒 U 形关系是前文论述的税收对增长的两种相反效应共同作用的结果：税收一方面让政府有财力进行公共投资，提升企业和员工的生产率，因而促进增长；另一方面，税收要为筹集公共资金而拿走创新产生的部分净利润，由此打击创新。在某个税率之下，税收的正面效应超出负面效应。超出该税率后，负面效应将占据主导地位。所以，以刺激增长为由不计成本地减税并不是好的政策，过度增税同样如此。

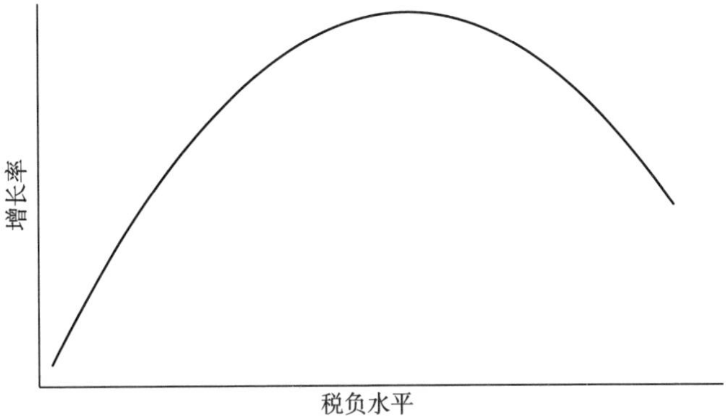

图 5.21　税收与增长之间的倒 U 形曲线

资料来源：转引自 P. Aghion，U. Akcigit，J. Cagé and W. R. Kerr，"Taxation，Corruption and Growth，" *European Economic Review* 86（2016）：24 - 51，图 1。

不过最有意思的发现是关于腐败与上述结果有何相互作用，会使倒 U 形曲线有何变化。对美国的州和县层面的分析显示，政府越腐败，税收对增长产生负面影响的税率门槛值越低。

6. 结论

在本章，我们分析了创新、不平等与税收政策之间的联系，并得出了几个结论。首先，有多种测算不平等的方法：收入分配中的顶层群体（如顶层 1%）所占的收入份额；衡量总体收入不平等程度的基尼系数，即一个国家的现实状况同人人收入相同的理想状况的对比；父母收入同子女收入之间的关联度，则是反映社会流动性水平的动态不平等指标。

其次，创新会扩大顶层收入不平等，其他一些因素也会造成类似结果，尤其是产业进入壁垒与游说活动。创新具有不可否认的正面效应，如促进增长，与社会流动性呈正相关，且对基尼系数并无显著影响。游说活动则恰恰相反，既会打击创新与增长，又使总体不平等恶化。

我们探讨了创新企业起到的社会阶梯的作用，特别是对低技能员工。因此，政府可以鼓励企业创造优质的工作岗位，对员工做有益的职业培训，特别是针对最欠缺技能的员工，以提高社会流动性。

税收是促进增长及其包容性不可或缺的工具，这既是因为它让政府有财力投资于教育、医疗、研究和基础设施等增长杠杆，也源于政府可通过税收实施财富再分配，并保护人们免受失业、疾病和技能淘汰等异质性风险，以及战争、金融危机和大流行病等宏观经济风险。[26]当然，这一工具必须谨慎使用，除专栏 5.2 中介绍的税收对社会流动性的短期效应尚未被证实外，过高的税收还可能打击创新，妨碍经济增长。[27]

最后要提示的一点是，本章没有涉及参与创新活动的不平等问题，尤其是一个人成为创新者的概率在多大程度上取决于其出身，以及父母的收入、教育和职业类型？我们将在第 10 章回到这个问题，并讨论教育政策与创新政策在发挥增长和社会流动性杠杆作用上的互补性。

第 6 章　长期停滞之争

在《好的经济学》一书中，阿比吉特·班纳吉与埃斯特·迪弗洛对比了乔尔·莫克尔关于创新和长期增长的乐观展望同罗伯特·戈登的悲观看法。[1]在戈登眼中，伟大创新（如蒸汽机、电力和内燃机等）的时代已成为历史，如今进入了创新收益急剧下降的阶段，其必然结果是增长率的持续下跌。[2]莫克尔则认为，信息技术革命加上贸易全球化为创新与增长的繁荣创造了前所未有的条件。

我们将在本章尝试解释，为什么美国这样的创新经济体在过去 20 年的生产率增速会下降，并调和戈登与莫克尔的观点。

我们将给读者介绍几种不同的解释，其中最具说服力的一种是：已成为领先者或超级明星的企业会打击其他企业的创新。

1. 关于长期停滞的争论

1938 年，经济学家阿尔文·汉森在美国经济学会主席演讲中谈到，他相信美国注定会陷入疲弱增长状态，并将此命名为“长期停滞”。[3]当时整个国家刚走出大萧条，汉森也没有预见到随着二战的到来，公共支出以及总需求会再度反弹。

此后，我们又经历了一次重大金融危机（2007—2008 年危机），这让萨默斯与其他经济学家重新启用长期停滞的说法来描述与汉森在 1938 年看到的类似景象。[4]萨默斯论述说，投资需求极为疲弱，只有负利率能让我们恢复到充分就业。

然而在罗伯特·戈登看来，长期停滞的风险反映的是“供给侧”而非“需求侧”的问题。借用果树作为比喻，戈登认为伟大的创新已经过去，最甜最可口的果实都位于低垂的枝头，在将其轻松收获之后，我们必须爬到更高的地方去寻找品质更差一些的果实。例如，波音 707 飞机于 1958 年投入运行时，让人们的旅行时间出现了指数级下降；但自那以后，旅行时间并未继续减少，反而为了节省燃油而回升。[5]

相比萨默斯和戈登，莫克尔与熊彼特学派的经济学家对未来的看法更为乐观，至少出于如下两方面原因。首先，信息技术革命不仅改善了产品和服务的生产过程，还持久并显著地提高了思想创意的生产技术。[6]其次，与信息技术浪潮相伴的全球化通过市场规模效应极大地提升了创新的潜在收益，同时通过竞争效应加重了不创新的潜在损失。

最近数十年来，我们的确看到创新的数量与质量在加速提高，这反映在专利的数量与影响上。但为什么创新的加速没有体现在生产率增速的变化上？

本书第 3 章提出的一种解释是，在许多国家，技术浪潮收益的实现有迟滞和不完全的现象，主要源于僵化的经济结构或不合时宜的经济政策。瑞典与日本的例子可作为参考：自 20 世纪 80 年代早期以来，瑞典的生产率增长加速，而日本减速。瑞典从 90 年代早期开始实施了有力的改革（见第4章），而日本的强劲增长在80年代末结束后，进入疲软增长期，原因是人口老龄化，加上大型产业金融联合集团（经连会）占据了统治地位，束缚经济和创新，阻碍新企业进入。[7]经合组织测算的整体生产率年增速显示，从1985—1993年到1994—2007年，瑞典提高了1.5个百分点，而日本下降了1.1个百分点。日本的制度改革被拖延，使其未能充分享受新技术浪潮的收益。这可以部分解释日本及其他部分发达国家增长疲软的结果，但不足以说明美国自21世纪初以来的增长放缓。

第二种解释强调信贷条件自20世纪90年代开始逐渐放松，并因为应对2008年金融危机的高度宽松货币政策而加剧。图6.1追踪了长期利率的持续走低趋势。根据这种说法，信贷条件放松使低效率企业在市场上苟活，因而妨碍了新进入企业的创新与生产率提高。例如，自2008年以来“僵尸企业”（指成立年限在10年以上，但盈利状况极差，已连续3年收入无法偿还利息成本）的数量大幅增加。国际清算银行于2018年发布的一项研究指出，14个经合组织国家的僵尸企业占比从1990年的1%提高至2015年的12%。[8]本书第4章提到，利用马里奥·德拉吉在2012年实施的附加信贷申请计划开展的自然实验，人们发现放松在位企业的信贷约束会给整体生产率的增速带来不利影响。因为在位企业的信贷约束放松让那些生产率最低的企业也能留滞在市场上，不利于生产率更高的新企业进入。

那么信贷条件真的有所放松吗？请注意，企业为获得融资，必须负担资本的加权平均成本。企业的资本由贷款人（主要是银行）持有的债权与股东持有的股权共同组成。因此，资本的成本取决于两个参数：借款成本与股权成本。前者比较容易确定，后者主要来自投资者的投资回报预期。如果经营风险较高，投资者就要求较高的风险溢价和较高的回报率；如果经营风险较低，要求的风险溢价也较低。于是，我们对股权成本的测算方法是：无风险成本——通常为10年期主权债务的利率——加上风险溢价。图 6.1 表明，自 20 世纪 80 年代以来，银行贷款成本与无风险利率成本都无可争议地下跌，自 2008 年金融危机以来更甚。然而，风险溢价却在上升。[9]结果导致，企业必须负担的总资本成本在过去 20 ~ 30 年里并无实质性的改变。

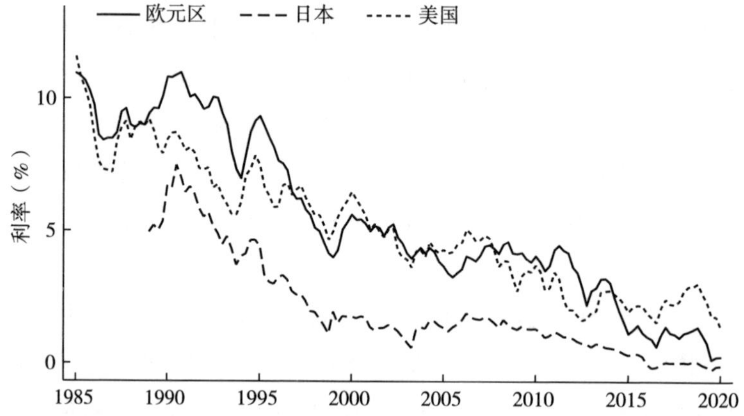

图 6.1　长期利率变化

资料来源：OECD。

本章以下部分将考察另外三种解释。第一种解释与罗伯特·戈登的观点类似，认为新思想的发现将变得愈发困难。第二种解释认为，我们不能准确测算增长率，而且这些测算并未反映创新的真实贡献。第三种解释强调，这轮新技术浪潮（信息与数字技术）催生的超级明星企业如今正在妨碍后起的创新企业进入。

2. 新思想的发现愈发困难

在 2020 年发表的一篇文章中，尼古拉斯·布鲁姆（Nicholas Bloom）及其合作者试图捍卫研发活动的生产率长期下降的观点：

要达到一定水平的生产率增长或一定的创新数量，必须投入的研究人员变得越来越多。[10]查尔斯·琼斯（Charles Jones）过去的一项先驱研究已指出，自1953年以来，研发部门雇用的研究员与工程师的人数持续增加，却没有带来生产率增长的显著起飞。[11]

图6.2凸显了这一现象在1930—2000年的情形。图中的实线代表生产率增速，虚线代表研究人员的数量。我们可以看到，研究人员的数量随时间快速增加，而生产率在此期间没有起飞。因此上述学者认为，从整体经济层面看，研究给生产率增速带来的回报似乎呈逐渐下降的趋势。

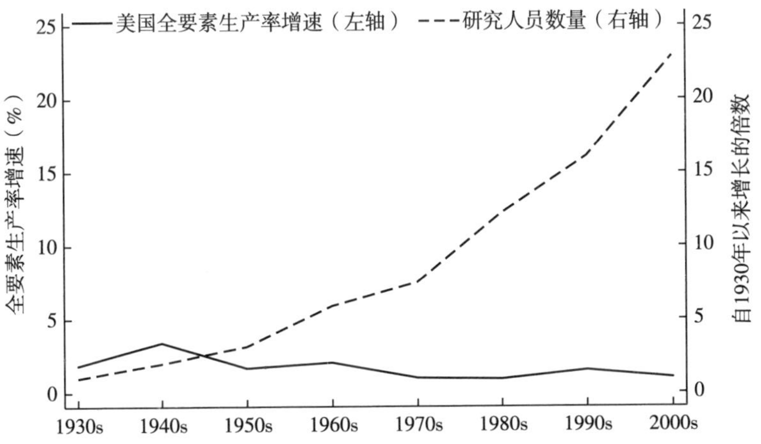

图6.2　美国的研究人员数量与生产率增速

注：数值代表10年期平均值。例如，1950s的点位对应20世纪50年代的平均值。

资料来源：转引自N. Bloom，C. I. Jones，J. Van Reenen and M. Webb，"Are Ideas Getting Harder to Find?" *American Economic Review* 110，no. 4（2020）：1104－1144，图1。

布鲁姆及其合作者不只停留在整体经济层面，还进一步分析了研究与增长在特定经济部门的关系，尤其是半导体、农业和医疗等产业。

以半导体产业为例，摩尔定律预测，计算机芯片上包含的晶体管数量每两年左右就会翻番，对应的年增长率约为 35%（图 6.3）。摩尔定律并非来自科学的论证推导，而是从半导体产业的观察数据中推测得出，自 1970 年来始终保持这一相当稳健的发展态势。每个芯片上包含的晶体管数量持续增加，使芯片性能得以稳定改进，其指标是每秒钟能完成的操作任务的次数。由于芯片是计算机、机器人和智能手机的核心，它们的性能改进也就意味着这些产品的品质提升。

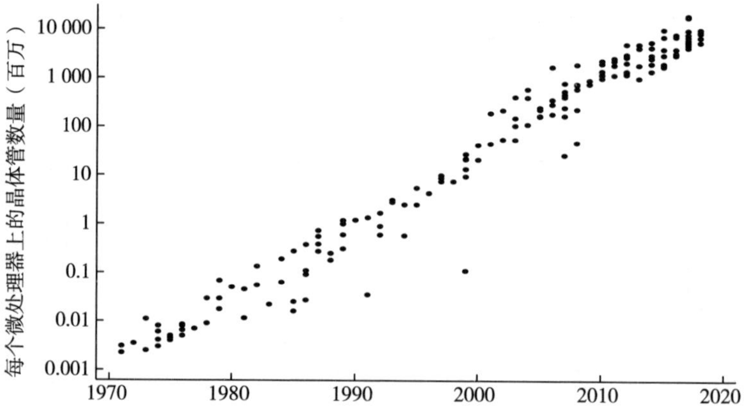

图 6.3　摩尔定律

资料来源：Wikipedia。

了解这些背景后，我们再统计大型半导体企业（如英特尔、仙童、美国国家半导体、得克萨斯仪器、摩托罗拉等公司）的研究人员数量，看看为实现摩尔定律的预测，研究人员增加了多少。结论很清楚：为使芯片上的晶体管数量翻番，如今需要的研究人员数量是 20 世纪 70 年代初期的 18 倍。之所以有这个现象，或许是因为半导体技术前沿的推进变得越来越困难。

与之类似，如果考察制药产业的进步，我们看到美国食品药品管理局（FDA）批准的新药数量的增长率在下降，而各制药企业雇用的研究人员的数量则在持续增加，如图 6.4 所示。

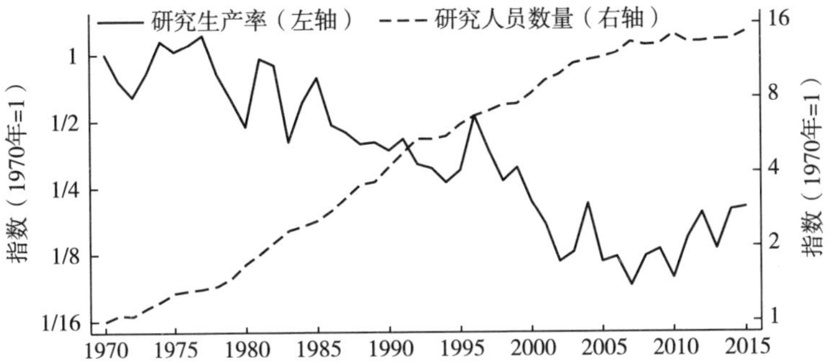

图 6.4　制药业的研究生产率与研究人员数量的变化

资料来源：N. Bloom，C. I. Jones，J. Van Reenen and M. Webb，"Are Ideas Getting Harder to Find?" *American Economic Review* 110，no. 4（2020）：1104 – 1144。

这些现象令人震撼，论点似乎很有说服力，但也带有若干疑问。第一，我们应该用某种具体技术还是能实现特定用途的一组技术来代表整个产业？摄影就是个鲜明的案例，随着数字相机与智能手机取代胶卷相机，柯达公司的盈利状况受到沉重打击。这里的每项发明都对应一次重大技术革新浪潮，并引领了一系列累积式次级创新，如图 6.5 所示。[12]

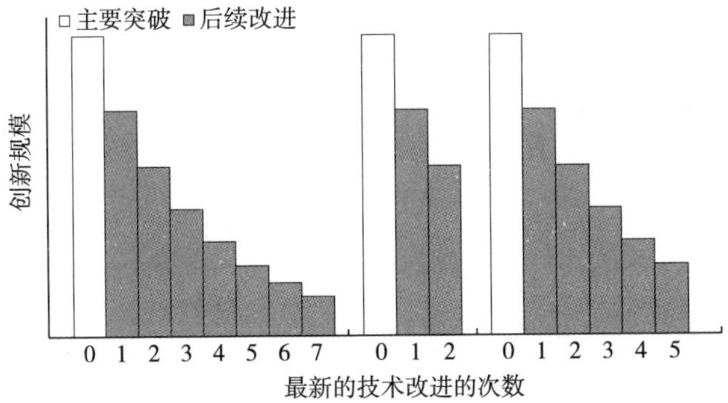

图 6.5　主要创新与次级创新

资料来源：U. Akcigit and W. R. Kerr，"Growth through Heterogeneous Innovations，" *Journal of Political Economy* 126，no. 4（2018）：1374 – 1443，图 6。

第二，半导体生产商的业务远不只制造计算机芯片。例如，英特尔公司的业务包括开发软件、生产计算机并建设数据中心等。2010 年，该公司仅有 8% 的专利属于半导体方面的发明，而 1971 年是 75%，说明其经营领域有了巨大拓展。因此，在分析英特尔公司作为半导体制造商的生产率时，泛泛地计算其研究人员的总数可能带来误导。在该公司中，越来越多的研究人员是从事半导体之外的工作。

即使在半导体领域的研究人员内部，也并非所有人都在忙于增加单位芯片上的晶体管数量。除晶体管密度增大之外，新的芯片还比老的芯片更加便宜，能完成更多任务。这可能是由于芯片上的晶体管布局更为高效，能通过更快的散热来改进性能。[13]所以即使在半导体这一狭窄领域中，所包含的产品和服务种类也可以随时间持续扩充。如果希望用生产率增速与研究人员数量之间的比例测算该部门研发活动的生产率，我们必须考虑计算机芯片提供的服务类型的增多，把研究人员的数量除以一个相应的系数。这样的话，我们或许会发现研发的回报并不像第一眼看上去那样逐渐下降。

第三，某些研发支出看似很大，是因为有若干竞争企业为争夺某种产品类型的领先地位而重复投入，例如电动汽车的电池等。

最后，某些研发支出其实是在位企业为维持市场份额而付出的防御性投资。经济学家约翰·萨顿（John Sutton）在《垄断的秘密：沉没成本与市场结构》一书中对此有过解释：某些看似用于研究和创新的支出其实是为了防止新企业进入。[14]积累防御性专利已成为在位企业保护其租金的主要防卫策略之一。

总之，生产新思想的难度加大导致生产率下降的观点可能受到质疑，尽管创新确实是以一次次浪潮的方式推进，每次浪潮的收益会递减。

3. 生产率增速的测算不准确

在过去 40 年里，以专利数量测算的美国创新步伐有所加快（图 6.6）。那为什么生产率增速没有充分反映创新的加速呢？一种很自然的说法是，创新率与生产率增速之间的分化说明存在测算问题，而且这一问题在最近几十年来，尤其是 21 世纪之后变得更为严重。

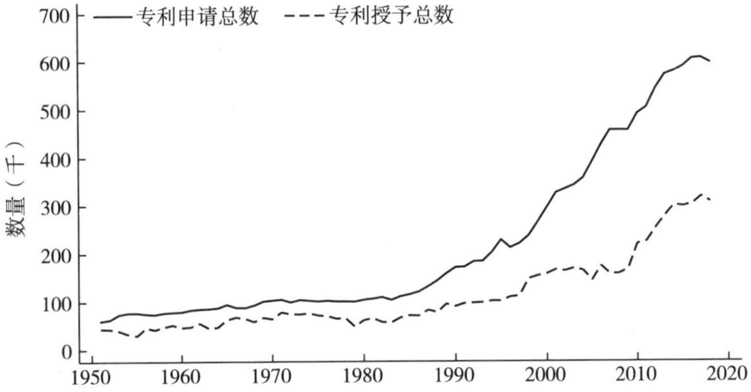

图 6.6　美国的专利申请与授予数量

资料来源：世界知识产权组织。

数字化与信息技术的作用

首先，GDP 计算方法本身就存在测算问题。它的定义是某个国家在给定时期内生产的产品与服务的价值之和，因此 GDP 基本上是对生产的测算，它比较适用于实物产品生产占据主导的经济体，却不能很好地反映服务在数字经济中的重要性和品种与日俱增的现实。

尤其是，传统上定义的 GDP 没有考虑产品和服务使用方式的改变。如谷歌公司的首席经济学家哈尔·范里安所述，摄影市场对此同样提供了绝好的案例。[15]2000 年，全球共拍摄了约 800 亿张照片。但智能手机的引入改变了整个版图：2015 年，拍照的数量增长了 20 倍，达到约 1.6 万亿张。而与此同时，拍摄一幅照片的边际成本从大约 50 美分下降到近乎为零。胶卷与相机的销量大跌，相片冲洗业务也大受影响，因为今天人们拍的照片通常用于分享，而非出售，在本质上变成了非市场产品。摄影活动并没有消失。事实上，如今的相机性能比过去任何时候都更好。但由于人们主要是自己给自己生产照片，摄影就不再是生产性经济的组成部分，也就不体现在 GDP 和生产率的指标中。

更一般地讲，数字技术刺激了众多非市场产品和服务的兴起。如维基百科之类的免费网站与开源软件提供免费的内容接入，没有纳入 GDP 测算，但它们往往取代了传统百科全书或商业软件等需要付费的产品与服务。

GDP 测算还难以反映质量的改善。范里安提到智能手机的例子，手机不仅部分取代了相机，还可以用作 GPS 定位仪、录像机、电子图书、音频阅读机、闹钟、互联网浏览器、计算器和录音机等。把所有这些功能集成到智能手机上可能使相关产品的销售减少，从而使 GDP 的测算值减少，同时又没有反映手机本身的质量进步。

为什么测算智能手机等新产品对 GDP 增长的贡献如此困难呢？一个值得注意的因素是价值链的国际化。例如，智能手机的组装主要在海外完成。苹果手机的设计、研发和市场营销在美国加州开展，而实物组装发生在中国的深圳，其部件则来自 28 个不同国家。还有，许多数字服务的无形性质使我们难以把特定活动与固定地域联系起来。这种情形有利于该产业的大型企业（包括脸书、亚马逊、微软、苹果、网飞、谷歌等公司）的税收最优化。此类税收最优化操作对 GDP 测算有直接影响，例如在真实发生交易的国家不发生支付，或者操纵集团内部的定价、使高税收管辖地的分支机构发生财务亏损等。

测算近期创新对增长的影响面临困难，尤其是在信息和数字技术领域，这是否足以解释美国增长率的下滑？对此问题，若干学者着手观察美国生产率（以单位工时 GDP 计算）增速在 1978—2014 年的变化（Byrne、Fernald and Reinsdorf，2016），结果见图 6.7。[16]对于图中的 3 个子时期，即 1978—1995 年，1995—2004 年，2004—2014 年，柱体的高度分别对应每个时期的单位工时 GDP 年均增长率。该图表明，1995—2004 年出现了显著增长，2004—2014 年则明显下滑。

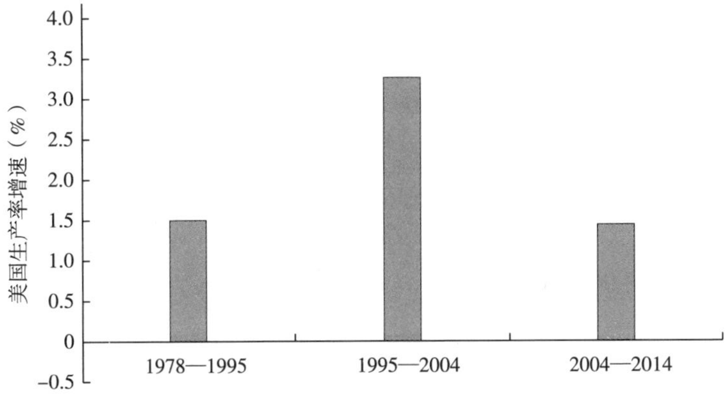

图 6.7　美国生产率增速的变化

资料来源：D. M. Byrne，J. G. Fernald and M. B. Reinsdorf，"Does the United States Have a Productivity Slowdown or a Measurement Problem?" *Brookings Papers on Economic Activity* 1（2016）：109 - 182。

接下来，这几位学者试图修订对增长率的测算，以考虑测算方面的遗漏，如计算机质量的改进、软件质量的改进、无形投资以及互联网接入和电子商务的发展等（图 6.8）。

总体而言，尽管所有这些因素都导致最近数年的生产率增速被低估，它们的整体影响依然较小。因此，这仍然不能解释增长率在1995—2004 年与 2004—2014 年之间下滑的谜团。最后，查德·西维尔森（Chad Syverson）近期的研究指出，测算误差只能解释增长下滑的一小部分，并不支持测算问题是主要原因的观点。[17]

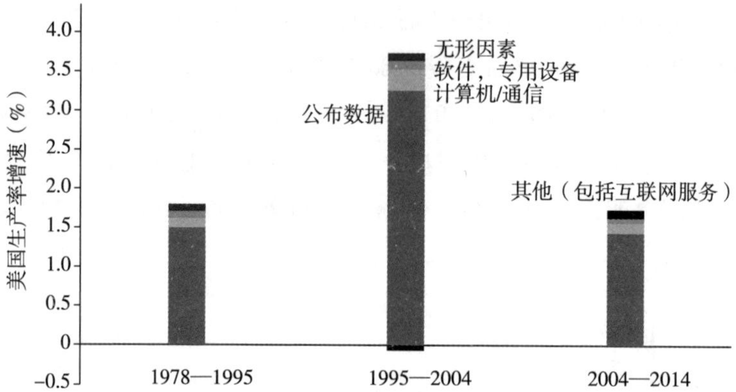

图 6.8　对生产率增速测算值的调整

资料来源：转引自 D. M. Byrne，J. G. Fernald and M. B. Reinsdorf，"Does the United States Have a Productivity Slowdown or a Measurement Problem?" *Brookings Papers on Economic Activity* 1（2016）：109－182，图 1。

创造性破坏的作用

以上讨论表明，数字经济活动的测算困难不足以解释美国生产率增速为什么下滑到目前的低水平。2019 年发表的一项研究对此提供另外一种思路（Aghion、Bergeaud、Boppart、Klenow and Li，2019）。[18]其设想是，引发创造性破坏过程的创新（导致新产品对现有产品的取代）对增长的贡献很难测算。在创造性破坏程度较低的地方，以专利数量衡量的创新与美国各州的生产率增速密切相关。而在创造性破坏程度较高的地方，就看不到这样的密切联系。

创造性破坏过程使创新对生产率增长的贡献更难测算，可以看一个简化例子，设想你昨天和今天在某家商店看到同一台打字机，但其价格却有所上涨。涨价完全是因为通货膨胀，因为打字机没有任何改变。再设想从昨天到今天，该打字机的质量略有改进，例如字体变得更加美观，另外价格从昨天到今天仍有所上涨。此时你比较容易从价格涨幅中区别出机器质量改进的部分与通货膨胀的部分，只需要把新打字机的价格同其他打字机做个对比即可。接下来再设想，这里出现了创造性破坏性质的创新，使打字机在一夜之间被个人计算机取代了。计算机除了替代打字机的文字打印功能外，还有其他用途，使工作方式变得更为高效和友好，但价格更高。这个时候，我们就很难在打字机到计算机的价格涨幅中区分质量改进的部分与通货膨胀的部分。那应该如何处理呢？

包括美国在内的所有国家的统计机构对此都采用“外推法”和“填充法”(imputation）的技巧，即针对每种产品类型，在计算平均通胀率时忽略其中受到创造性破坏影响的部分。[19]这样做通常会低估生产率增速，因为创造性破坏式创新带来的质量改进很可能大于渐进式创新带来的改进（见专栏6.1)。例如，相比我们在21世纪头10年中期用略有改进的翻盖式手机替代一种旧手机（渐进式创新)，在21世纪头10年后期用智能手机替代普通手机（创造性破坏式创新)，对生产率的促进作用显然更为突出。

专栏6.1　统计填充法与增长率低估

以下例子可以说明，统计填充法如何导致生产率增速被低估。假设：(1) 某个经济体中80%的产品是第一代打字机，其品质从昨天到今天并无变化，价格则以4%的通胀率上涨；(2) 10%的产品是第二代打字机，其品质从昨天到今天有渐进式改进，质量调整后的价格下跌6%（其通胀率为－6%)；(3) 10%的产品由于从昨天到今天的创造性破坏而发生品质改进，类似于用计算机取代打字机，导致质量调整后的价格也下跌6%。[20]

此时，整个经济体的平均通胀率应该为2%：

(80/100) ×4% + (20/100) × (-6%) =2%

我们再假设，名义产出以4%的速率增长，这使得实际GDP的增长率为2%（即4%的名义增长率减去2%的通胀率)。

如果统计机构利用填充法计算平均通胀率，结果会怎样？填充法意味着，统计机构在测算整个经济的通胀率时将忽略受创造性破坏影响的产品，只考虑不受创新影响的产品以及不受创造性破坏式创新影响的产品。

于是，统计机构将如此测算整个经济的平均通胀率：

(8/9) ×4% + (1/9) × (-6%) =2.9%

再假设统计机构（正确地）测算出名义GDP增长率仍为4%，则其（不正确地）得出的实际GDP增长率为：

4% -2.9% =1.1%

由此可以看到，统计机构对实际GDP增速的低估幅度为：

2% -1.1% =0.9%

表6.1显示了统计测算的生产率增速（第2列）、真实的生产率增速（第3列）与遗漏的生产率增速（第1列）。遗漏的增速等于真实增速与测算增速之差。美国的测算生产率增速在1996—2005年大幅提高，然后在2006—2013年骤然下跌，而遗漏增速在这两个时段之间有所提升。不过，即使把这部分遗漏增速加上，仍不足以解释生产率增速的下降，因为真实增速从1996—2005年到2006—2013年依旧显著降低。我们用同样的方法测算了法国的遗漏生产率增速，得到的结果与美国相当接近：在1996—2005年的年均值为

0.47 个百分点，2006—2013 年的年均值为 0.64 个百分点。[21]

表 6.1　美国生产率的遗漏增长率与真实增长率　（单位：%）

年份	遗漏增长率	测算增长率	真实增长率	遗漏增长率占比
1983—2013	0.54	1.87	2.41	22.4
1983—1995	0.52	1.80	2.32	22.4
1996—2005	0.48	2.68	3.16	15.2
2006—2013	0.65	0.98	1.63	39.9

资料来源：P. Aghion, A. Bergeaud, T. Boppart, P. J. Klenow and H. Li, "Missing Growth from Creative Destruction," *American Economic Review* 109, no. 8 (2019): 2795 - 2822。

可见，统计机构对生产率增速的低估只能解释 21 世纪以来增速下滑的一小部分。我们还必须到其他地方寻求答案。[22]

4. 领先企业或超级明星企业对新进入者的打击

第 4 章曾提到托马斯·菲利蓬的著述，他认为美国增长率放缓的主要原因是反垄断政策被削弱。[23]在菲利蓬看来，反垄断政策越弱势，经济中许多产业的集中度就越高，商业活力就越低，尤其是反映在新企业的创立上。他的这一观点涉及创新与技术进步的作用过程，却没有把技术与创新置于解释增长放缓的核心位置。另外有两个现实给菲利蓬的分析提出了挑战：首先，增长放缓与劳动收入份额下降似乎集中在生产或利用信息技术较多的产业部门；其次，尽管租金和集中度提高可能是因为竞争壁垒，但也可能是源于创新。

在我们看来，更好的方法是把创新放到分析的核心。在本章剩余部分，我们将做两个尝试，用熊彼特式理论架构解释租金的上涨以及增长的放缓。在这一理论架构下，租金至少部分源于创新，企业根据预期的租金高低决定开展多少创新，而新的创新将使现有技术变得过时。我们的两个尝试都假设租金来自过去的创新，但昨日的创新者一旦成为某个产业部门的领先者或超级明星，就会打击所在部门的潜在参与者的创新。[24]

来自领先者的打击

阿克西吉特与阿特斯首先通过一系列经验结果说明，美国经济的活力自 21 世纪初期以来趋于下降。[25]他们着重指出，多个经济部门的产业集中度与利润出现上升，领先企业与落后企业之间的生产率差异则在扩大。另外，在特定部门已成为领先者（已积累了最多数量的专利）的企业也是继续申请专利最多的企业。这些企业出于防御目的购买数量巨大的专利，以打击相关产业的潜在进入者的创新。

在解释上述事实时，这两位学者设想的世界属于如下情形：在每个产业中，领先企业开展创新，落后企业追赶。我们在第 4 章分析竞争与创新的关系时曾讨论过同样的范式，落后企业必须首先追上领先企业，才能考虑超越对方。

这两位学者提出的观点是，落后企业要追赶领先者变得越来越困难。原因之一是领先企业越来越善于阻止其积累的知识传播出去，例如通过防御性质的专利。于是，领先企业更愿意投资于创新，以巩固其相对于落后企业的技术优势，使后者愈发不可能追赶自己、觊觎租金。其结果是领先企业与落后企业之间的平均差距扩大。此外，生产将日益集中到领先企业手里，它们的租金随之增加，落后企业的创新激励因此受到打击。鉴于新进入市场的企业是从落后位置起步的，新企业的进入也会受到打击。

信息技术革命与超级明星企业带来的打击

我们的研究强调了另外的实证发现（Aghion、Bergeaud、Boppart、

Klenow and Li，2019）。[26]第一个现象是，生产率增速从提升到下降的转变（图6.9）在生产或利用信息技术较多的产业部门表现更为突出。第二个现象是，劳动收入份额下降也更主要表现在生产或利用信息技术较多的产业部门里（图6.10）。更关键的是，劳动收入份额下降主要不是因为各企业内部的劳动收入份额逐渐减少，而更多反映了构成效应，即劳动收入份额相对较低的超级明星企业在经济中所占的权重提升。与劳动收入份额下降相对应的是，利润在收入中所占的平均份额逐渐提高。这一提高同样源于构成效应，也就是说，并非企业自身的利润水平增加，而是因为通常来说利润较高的超级明星企业在经济中所占的权重提升。[27]

如下的故事能帮助我们理解上述三个实证发现。设想某个经济体中有两种类型的企业：超级明星企业与普通企业。超级明星企业积累了难以复制的社会资本与技术诀窍，或者发展出了强大的网络。例如，星巴克和沃尔玛这些企业采用的商业模式和物流程序都非常难以复制，更难以超越。

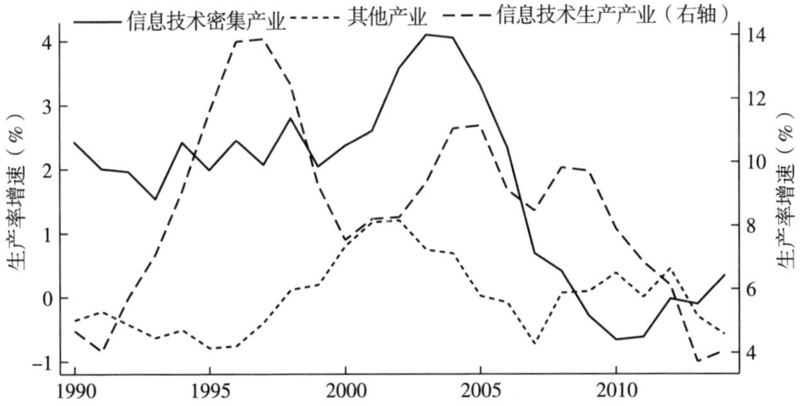

图6.9 生产率增速与信息技术密度

资料来源：转引自 P. Aghion，A. Bergeaud，T. Boppart，P. J. Klenow and H. Li，“A Theory of Falling Growth and Rising Rents”（NBER Working Paper No. 26448，National Bureau of Economic Research，Cambridge，MA，November 2019），图5。

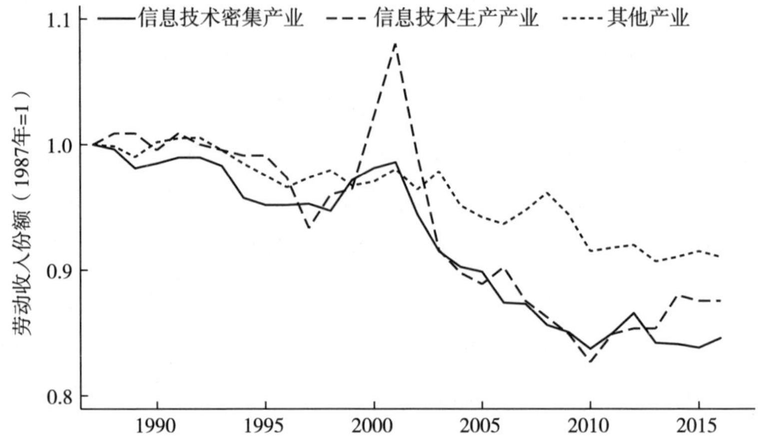

图 6.10　劳动收入份额与信息技术密度

资料来源：转引自 P. Aghion，A. Bergeaud，T. Boppart，P. J. Klenow and H. Li，“A Theory of Falling Growth and Rising Rents”（NBER Working Paper No. 26448，National Bureau of Economic Research，Cambridge，MA，November 2019），图 6。

每家企业可以有几条产品线，也就是说它们销售多种类型的产品，并对每种产品开展创新，由此可以形成创新租金。通过创新，企业还可以拓展其控制的产品线的种类数量。

有哪些因素会阻止单一企业控制经济中的所有产品线？答案是时间约束，以及随着企业生产的产品类型增加，需要的固定成本会超比例上升。由于时间约束，企业 CEO（首席执行官）不得不把其经营的产品类型限制在一定数量以内，超出界限之后，业务成本将变得无穷大。

此时信息技术革命来了。这场革命给 CEO 节约了时间，扩展了企业的经营范围，即增加了企业控制的产品线的数量。然而，超级明星企业的效率比其他企业更高，它们从经营范围扩展中获得的利润增幅也超过其他企业。因此，超级明星企业的业务扩展将导致竞争对手的市场损失。

在短期内，信息技术革命会让超级明星企业控制经济体中更高比例的产业，从而提升生产率增速。这可以解释美国的生产率增速在1995—2005年的上升，特别是在信息技术相关部门。可是从长期看，信息技术革命可能给增长带来了不利影响，因为超级明星企业给其他企业造成了打击。超级明星企业一旦掌握某个产品线，其他企业对此就不会再有创新动力，原因是为击败超级明星企业，普通企业将不得不大幅下调价格，牺牲创新租金。所以，随着超级明星企业控制的产品线类型增加，普通企业将日益缺乏创新激励。由于绝大多数企业是普通企业，最终结果就是，信息技术革命造成超级明星企业掌握的产品线类型增加，整体经济的长期创新与增长却随之受损。

信息技术革命对劳动收入份额与企业利润又有何种影响？相比普通企业，超级明星企业通常有更高的利润率和更低的劳动收入份额。信息技术革命会强化超级明星企业的霸权，通常将导致平均利润水平提高、劳动收入份额降低。但这也是来自构成效应。事实上，如果我们从企业内部观察，可能看到某家企业的特定产品线的利润下降，而非提高，因为很可能会有超级明星企业进入这条产品线，成为其直接竞争对手。然而，整体经济的平均利润水平却会上升，因为超级明星企业控制了更大比例的产品线，而它们的利润明显高于普通企业。[28]

这个故事对经济政策有重要启发。特别是，有利于兼并收购的政策会帮助超级明星企业成长，掌控更多的产业部门。在短期内，此类做法能促进增长。但从长期看，超级明星企业会妨碍创新与增长。因此，我们有必要反思竞争政策，尤其是规制并购的反垄断政策，使信息技术与人工智能等革新在短期和长期都能促进增长。我们赞同理查德·吉尔伯特（Richard Gilbert）在近期著作《创新很重要：高技术经济的竞争政策》中的观点（见专栏6.2）。[29]同样的技术革命有可能给长期增长带来全然不同的影响，这取决于是否有合适的竞争政策作为辅助。技术革命并非抽象的事物，而是需要与制度和经济政策的变革相结合，以决定一个国家的长期增长前景。

专栏6.2 面向数字经济的竞争政策调整

理查德·吉尔伯特在其著作中指出，美国的竞争政策未能阻止试图收购或消灭潜在竞争对手、妨碍新企业进入的超级明星企业的兴起。[30]基于这个观察，他建议从关注价格与市场份额的静态竞争政策转向关注创新的动态竞争政策。为实现这一转向，我们必须先解决若干问题。首先，反垄断规制的主流方法是对相关市场与市场份额做出界定。这种方法禁止使企业获得垄断地位的并购行为，主要目标是防止企业提高价格。

然而，监管当局并未评估并购可能在多大程度上打击新的创新企业进入、打击竞争对手的研发投入，或者威胁新生市场上的竞争。或者说，反垄断规制忽略了市场集中化的动态影响。其中一个主要的动态影响是超级明星企业的兴起，它们可能打击创新和其他企业进入，从而导致美国的生产率增速下滑。

我们如何让竞争政策摆脱纯静态性的分析？理查德·吉尔伯特认为没有必要改变美国的反垄断法，但可以调整其适用方式，以促进“动态竞争”，即创新、新企业进入和新市场创造等。特别是，反垄断监管机构不应再把界定相关市场作为主要指导。此外，在分析并购案件的成本收益时，应该考虑对创新与新市场创造的预期效应。在我们看来，参考吉尔伯特对美国的批评，欧洲的竞争政策有着同样的缺陷，也值得采纳同样的建议。

5. 结论

对于创新与长期增长前景，我们应该赞同莫克尔的乐观态度，还是戈登的悲观主义？本章的分析表明，虽然莫克尔对未来科学发展和创新能力的乐观看法言之有理，但戈登的悲观主义也反映了现实的经济与政治势力对必要的制度变革的阻碍。尤其是，如果竞争政策不考虑创新议题，则信息技术与人工智能革命有可能束缚创新与增长，而非发挥促进作用。本章和第 5 章的讨论带来的另一个启示是，充分考虑创新的竞争政策不仅有助于增长，还会提高社会流动性。在促进经济增长的平等性和包容性方面，此类政策与累进式税收政策同样重要，并能够形成互补。

第 7 章　趋同、分化与中等收入陷阱

1890 年，阿根廷的人均 GDP 接近美国的 40%，成为中等收入国家。当时阿根廷的人均 GDP 约为巴西和哥伦比亚的 3 倍，与日本和加拿大接近，甚至略高于法国。阿根廷在这一相对水平上维持到 20 世纪 30 年代，更准确地说，统计学上的邹氏检验表明到 1938 年左右才出现分化（见图 7.1）。此后，该国的人均 GDP 同美国的相对值持续走跌。[1]

这一下跌该如何解释？阿根廷的经济增长主要来自大规模农业生产的发展，需要进口外国机械，并引入外国资本来支持必要的基础设施。[2]但不幸的是，着眼于农业生产和出口的这一专业化分工让该国经济很容易受到农产品全球需求波动的影响。因此，阿根廷走向衰落的时候恰逢大萧条。为避免这一衰落，阿根廷本应该让本国生产走向多样化，在更大程度上推进工业化，并投资于创新。然而，该国选择了故步自封，采取进口替代策略，而非拓展出口、正面迎击国际竞争。概言之，它未能改变自身的制度，从以积累为基础的农业经济转向以创新为基础的工业经济。

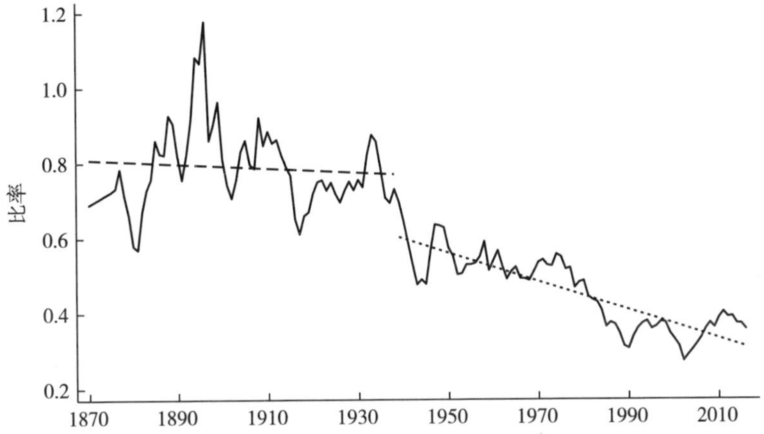

图 7.1　阿根廷的人均 GDP 同美国的相对水平

资料来源：转引自 P. Aghion，*Repenser la croissance économique*（Paris：Fayard，2016），图 5。

阿根廷并非陷在中游的唯一国家，其他许多国家也曾看到增长起飞，点燃向最富裕国家的生活水平趋近的希望，结果止于中途。这些国家长期停留在中等收入阶段，未能加入发达国家行列，由此诞生了“中等收入陷阱”的说法。这个陷阱的存在说明：从中等收入国家进入发达经济体绝非一帆风顺。为避免此陷阱，各国必须找到新的增长战略，并致力于有更高附加价值、以创新为基础的生产，这是阿根廷未能完成的一步。

中等收入陷阱的谜团也带来了其他疑问：落后国家向发达国家的生活水平趋同或分化，取决于哪些基本因素？与积累型和模仿型增长相比，创新驱动型增长依靠哪些不同的杠杆？为什么有的国家未能改变自身制度，以逃离中等收入陷阱？本章将探讨上述问题，并在最后以韩国为例阐述我们的分析。1997—1998 年的亚洲金融危机促使之前处于追赶阶段的韩国实施制度改革，使其至少在一段时间内改变了增长模式，成功脱离中等收入陷阱。

1. 导致趋同或分化的因素

平均而言在趋同

各国的生活水平是否会趋同？图 7.2 和图 7.3 对此可以给出初步回答，这两幅图描述的是 1961—2017 年的人均 GDP 年均增长率与初始发展水平（以 1960 年的人均 GDP 测算）之间的关系。图中的每个点对应一个国家，位居两幅图左侧位置的国家在 1960 年的初始人均 GDP 水平较低，位居右侧位置的国家的初始水平较高。为反映 1960 年初始人均 GDP 同 1961—2017 年平均增速的关系，我们画出了“最小二乘法趋势线”（各点到直线的距离的平方和最小的趋势线）。在这两幅图中，该趋势线均显著向下倾斜，也就是说，初始人均 GDP 较低的国家——最不发达的国家——比初始更发达

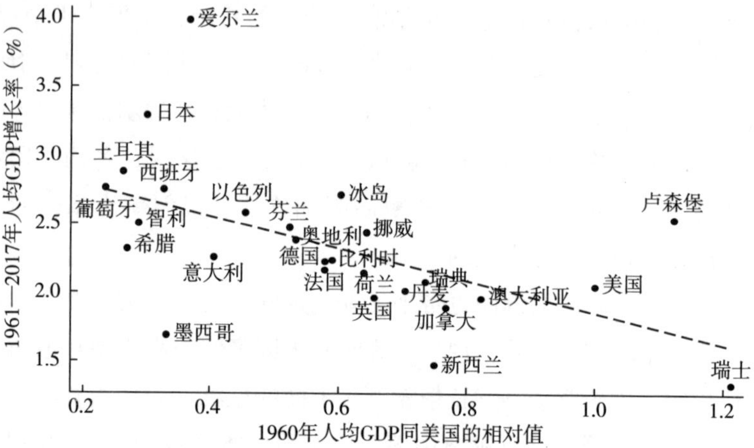

图 7.2　经合组织国家 1961—2017 年人均 GDP 增长率与 1960 年生活水平的关系

注：该图包含 1960 年后有数据可查的 27 个经合组织国家。

资料来源：Penn World Table 9.1 版。

的国家增长更快。因此平均而言，落后国家的生活水平在向更发达的国家趋近。不过，当我们把注意力集中在经合组织国家内部时，该趋势线更为倾斜（图7.2）。这说明，趋同现象在彼此类似的国家中表现更为突出，我们称之为“俱乐部趋同”现象。相反在经合组织以外的各个国家，由于差异性较大，趋同就表现得不那么明显。一方面，绰号为“小虎”（泰国、马来西亚、印尼和菲律宾）和“小龙”（韩国、新加坡、中国台湾和中国香港）的亚洲经济体快速向发达国家的生活水平趋近；另一方面，最落后的非洲各国停滞不前或者增长势头疲弱。

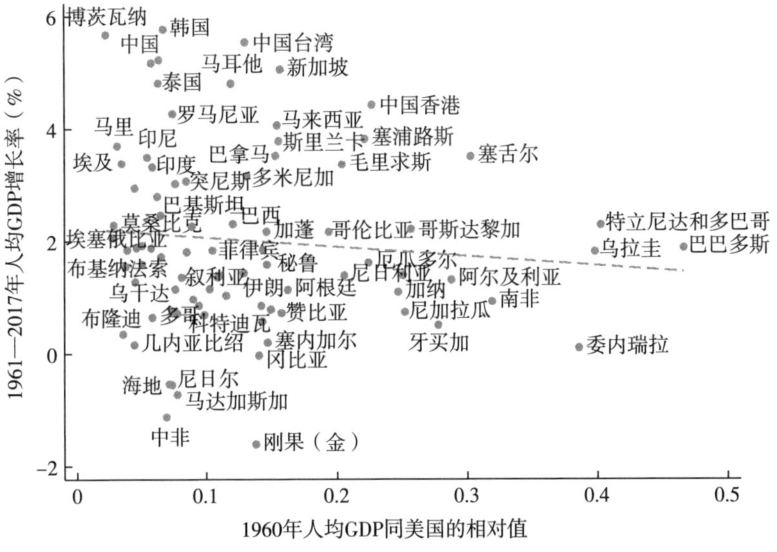

图7.3 非经合组织经济体1961—2017年人均GDP增长率与1960年生活水平的关系

注：该图包含1960年后有数据可查的84个非经合组织经济体。为阅读方便，没有把所有经济体的名称标出。

资料来源：Penn World Table 9.1版。

极值处在分化

值得注意的是，趋同现象只是在平均的意义上才成立。并非所有国家的生活水平都在向最发达国家趋同，特别是，作为最发达国家的美国的人均 GDP 同最不发达国家的人均 GDP 之间的比率在持续扩大。如果说趋同确有发生，那其实是俱乐部趋同，某些国家向发达国家的生活水平趋同，而另一些国家落到了后面。具体而言，受普利切特的研究启发（Pritchett，1997），并利用麦迪森关于人均 GDP 变化的历史数据，我们可以得出表 7.1，从中看到最发达国家与最不发达国家的人均 GDP 比率在 1897—2016 年间呈爆炸式扩大，从 1870 年的 15.1 倍激增至 2016 年的 85.6 倍。[3]

表 7.1 人均 GDP 的分化

	1870	1960	2016
美国的人均 GDP（A，美元，购买力平价）	3 736	18 058	53 015
最贫困国家的人均 GDP（B，美元，购买力平价）	247	514	619
最贫困国家	朝鲜	莱索托	中非共和国
比率：A/B	15.1	35.1	85.6

注：最贫困国家在所涉年份有数据可查的各国中选出。

资料来源：Maddison Project Database（2018）。

最贫困国家与最富裕国家的差距拉大不只源于它们之间的增长率差异。事实上某些国家的生活水平在 1961—2017 年间甚至有所下滑，也就是人均 GDP 出现了负增长（图 7.4）。

相反，某些国家经历了超过 8% 的高增长率。增长势头最强劲的国家是中国和印度，自 20 世纪 90 年代末以来，两国的 GDP 增长幅度大大超出西方七国（G7）的总 GDP 增长（图 7.5）。

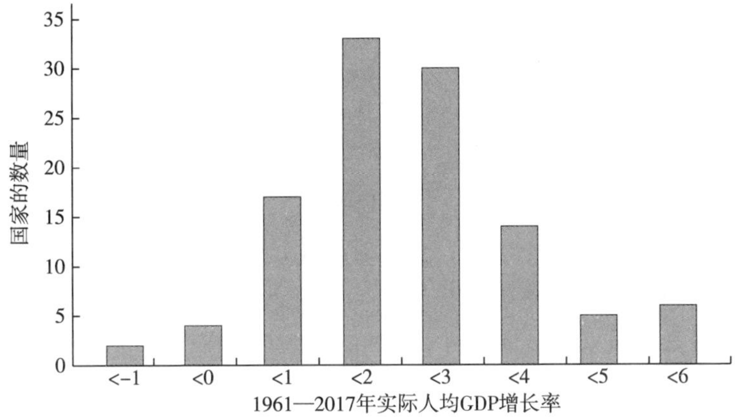

图 7.4　1961—2017 年增长率的分布

资料来源：Penn World Table 9.1 版。

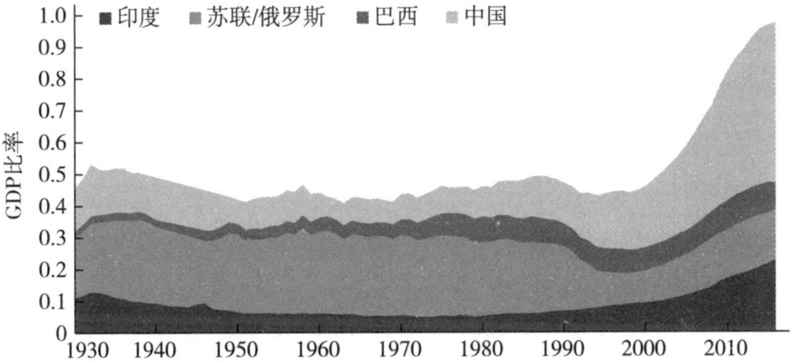

图 7.5　西方七国的 GDP 与金砖国家的 GDP 比率

资料来源：Maddison Project Database（2018），Groningen Growth and Development Centre，University of Groningen。

全世界收入分配格局的走势如何？

平均水平的趋同与极端水平的分化对世界收入分配总格局的变化有何影响？萨拉－伊－马丁（2006）整理了 138 个国家在 1970—2000 年间的收入分配变化。[4]他利用世界银行的居民家庭调查来构建每个国家的收入分配状况，首先分析各国内部的不平等，然后比较

1970年与2000年的收入不平等情况。例如在中国和印度，收入分配差距在1970—2000年有所扩大，说明两国内部的不平等恶化。而在美国，高收入群体内部的分化也在1970—2000年扩大，符合我们在第5章介绍过的顶层1%群体的收入份额增加现象。

接下来，萨拉-伊-马丁利用基尼系数分析各国贫困和不平等的变化。[5]为此采用的一种方法是比较各国的人均GDP变化，假设各国有相同权重，忽略其规模大小（例如表7.1）。由此得出的结论是，最富裕国家与最贫困国家之间的差距逐渐扩大，导致全球不平等程度亦随之上升。但这一方法的缺陷在于，如果收入极低的国家与收入极高的国家的规模都非常小，则富裕国家与贫困国家之间的差距拉大并不能告诉我们世界收入分配变化的全貌。

萨拉-伊-马丁于是选择了另一种方法分析全球范围的个人收入分配。他面临的问题是，居住在某个国家的个人的收入未必能与另一个国家的居民直接可比。为克服此困难，他利用购买力平价对个人收入加以调整。购买力平价是一种换算因子，对每个国家单独测算，以便用统一单位来反映不同货币的购买力，从而开展国际比较。用这个方式，我们可以对甲国的个人购买力同乙国的个人购买力做对比，由此构建全球收入分配状况，无论居住于何地，每个人都有相同的权重（见图7.6）。

初步看，图7.6中的收入分配随时间向右侧移动，这表明全世界大多数人的收入在增长，位于极端贫困线（垂直线）之下的人口的百分比持续下降。按世界银行的标准，若把贫困线定义为年收入495美元，则全球贫困率从1970年的15.4%下降至2000年的5.7%。如果用基尼系数测算全球不平等程度，则会发现该指标趋于下降。基尼系数下降显示，全球个人之间的不平等程度在1979—2000年间减少了4个百分点（见图7.7）。这一全球不平等下降主要由中国推动。如果把中国排除在外，则全球基尼系数在同期不降反升。所以总体而言，世界范围个人间不平等在1970—2000年间有所下降，但如果聚焦于最富裕国家与最贫困国家之间的人均GDP之比，则会得出全球不平等在1970—2000年间恶化的结论。

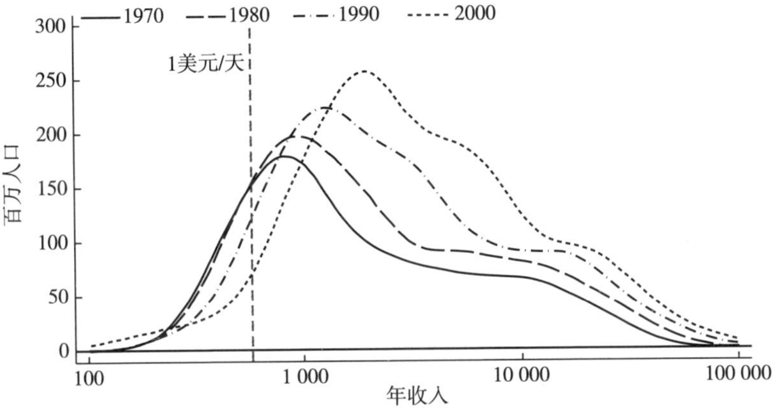

图7.6　世界收入分配状况的变化

资料来源：转引自 X. Sala-i-Martin, "The World Distribution of Income: Falling Poverty and ... Convergence, Period," *Quarterly Journal of Economics* 121, no. 2（2006）：351–397，图Ⅳ。

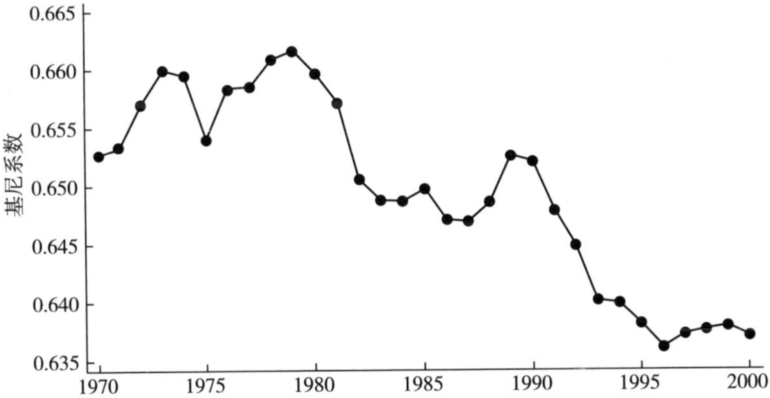

图7.7　世界收入不平等状况：基尼系数

资料来源：转引自 X. Sala-i-Martin, "The World Distribution of Income: Falling Poverty and ... Convergence, Period," *Quarterly Journal of Economics* 121, no. 2（2006）：351–397，图Ⅷ。

那么，我们该如何解释平均意义上的趋同，以及所谓“俱乐部趋同”，即某些国家的生活水平向更发达国家趋同，其他一些国家距离发达水平越来越远，甚至绝对生活水平也出现下降的现象？

两种可能的解释

增长经济学家对趋同现象提出了两种解释。

第一种以资本积累收益递减为中心。这种方法的基本思路来自索洛模型（1956），[6]并由巴罗和萨拉－伊－马丁（1995）进一步发展，[7]他们认为消费品生产需要实物资本，但资本回报随着其数量积累而递减。也就是说，如果从没有装备（机器数量为零）起步，增加1台机器带来的产出增量将非常高；但如果从100台机器起步，增加1台机器带来的产出增长就很少。根据这一思路，有大量机器存量的发达国家的增长率会低于实物资本存量较少的落后国家。

这种简单明了的解释固然具有吸引力，却经不起较为严格的实证检验。首先，如果初始资本很少的国家有非常高的资本回报率，这些国家的增长应该比富裕国家更快。然而，基于收益递减的这一逻辑无法解释为何最贫困国家的生活水平相对于最富裕国家持续恶化，也难以理解俱乐部趋同现象。这一点同经济学家们所说的“卢卡斯悖论”遥相呼应。在1990年的一篇论文中，罗伯特·卢卡斯指出，既然欠发达国家的资本回报率更高，那我们理应看到资本从富裕国家流向贫困国家，可是事实恰恰相反。[8]

还有，基于资本收益递减的思路不能解释“阿根廷悖论”，即某些国家已进入强势增长期，本有望同最富裕国家的生活水平接近，之后却遭遇反转。该思路同样无法解释，为什么某些国家会被过去落后于自己的国家超越。例如，澳大利亚的人均GDP在20世纪初曾远远领先于加拿大，如今却明显落伍。

最后，严格地说，关于资本积累的索洛增长模型认为，一个国家的经济越是走向发达，其增长率会越慢。然而当我们随机抽取连续20年的观察期时，会发现在1700—1978年间，人均GDP年增长率在后一个10年更快的概率在经合组织国家要比其他国家高出50%。[9]

这些观察启发我们探讨关于趋同的第二种解释思路，即技术追赶理论，它比收益递减理论更具有熊彼特主义的特征。按照这一范式，增长都来自创新，但具体而言，这里的创新是指落后国家的企业“模仿”或“采纳”先进国家发明的前沿技术。也可以说，趋同现象源于落后国家通过投资于技术模仿追赶更先进的国家。

若干学者曾强调知识跨国传播对生产率增长的重要性。1971—1990年的国际数据尤其显示，一个国家的研发投资对其他国家的经济增长有促进作用。[10]更近的一项研究则利用专利数据证实了国家之间知识传播的重要意义（Aghion、Bergeaud、Gigout、Lequien and Melitz，2019）。[11]图7.8描述的是：当一家法国企业开拓一个新的国家市场时，其专利被在当地经营的非法国企业引用的比率有何变化，日期$t=0$代表法国企业进入新的外国市场的时候。该图表明，法国企业的专利被当地非法国企业引用的次数在$t=0$之后开始增加。也就是说，在进入这个外国市场之后，该企业向当地的技术转移密度随之提高。

下面我们来探讨，这一基于技术追赶的思路能否解释上述现实情况。首先，针对平均水平的趋同现象，一个国家的人均GDP距离领先国家越远，其国内企业距离所在产业的技术前沿通常也越远。因此，这些企业在模仿或采纳前沿技术时取得的技术飞跃会越大，也就是人们所说的“后发优势”。中国的增长速度比法国更快，是因为中国企业在采纳前沿技术时实现的技术飞跃幅度大于法国企业在创新中取得的进步，或者说是因为中国企业的起点比法国企业更低。

如何解释俱乐部趋同现象呢？无论模仿创新还是前沿创新，都是需要付出成本的活动，特别是在更难以找到研究人员和技能工人、更难以给研发投入找到融资的不发达国家。所以，除非创新租金足以补偿这些更加高昂的成本，否则创新不会发生。在缺乏充分产权保护的国家，预期的创新租金过低，不足以刺激创新。被排挤出俱乐部趋同行列的国家，往往也是那些最贫困的国家。因此，虽然这些落后国家在各项创新中有更大的潜在技术进步空间，它们的真实增长率却可能低于发达国家。产权保护不力的穷国最终陷入停滞状态，不能向发达国家的人均 GDP 水平趋同。

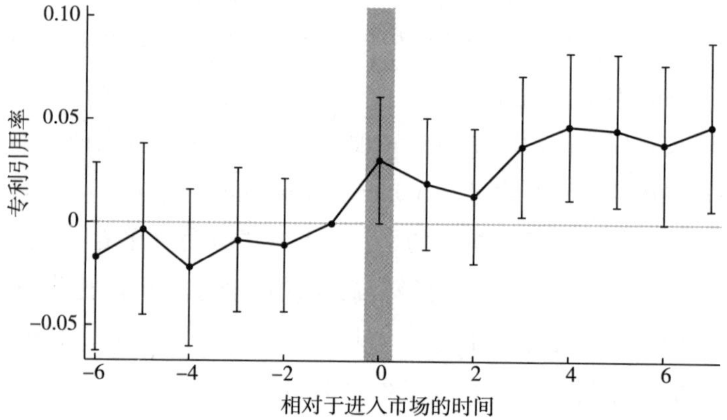

图 7.8　开辟新出口市场的法国企业的专利被当地经营的非法国企业引用的比率

资料来源：P. Aghion, A. Bergeaud, T. Gigout, M. Lequien and M. Melitz, "Spreading Knowledge across the World: Innovation Spillover through Trade Expansion," unpublished manuscript, March 2019。

2. 技术追赶与中等收入陷阱

对中等收入陷阱的解释

为什么某些新兴国家一开始向富裕国家趋同的速度较快，但在某个时点后脱离轨道，甚至变得更加远离技术前沿？我们将利用之前介绍过的技术追赶模型的一个变形来解释。在这一修订模型中，所有国家的企业都能够在技术追赶与前沿创新（自身的革新）之间做选择。在落后国家，大多数企业远离技术前沿，追赶是增长的主要源泉，因为当它们采用追赶策略时，有巨大的技术进步空间。与之相反，发达国家的大多数企业起初比较靠近产业前沿，此时前沿创新成为增长的主要源泉，因为这些企业的技术追赶空间很小。[12]

我们把这一观点展示在图 7.9 中。“追赶策略”由图中标记为“投资驱动型增长”的曲线表示，支持前沿创新的策略则由标记为“创新驱动型增长”的曲线表示。图 7.9 揭示了何种策略能带来最高的增长率，帮助某个国家向技术前沿最快地收敛。一个国家越靠近该图的右侧，距离如今的技术前沿越近；一个国家越靠近该图的上部，距离未来的技术前沿越近。“投资驱动型增长”曲线显示：如果这个国家采用技术追赶策略，它与技术前沿的距离能在如今和未来之间缩短多少。“创新驱动型增长”曲线则显示，如果这个国家采用前沿创新策略，它与技术前沿的距离能在如今和未来之间缩短多少。只要一个国家距离如今的技术前沿足够远（位于标记为 â 的临界值之下），最大化增长策略就是追赶策略；而如果一个国家足够靠近如今的技术前沿（位于标记为 â 的临界值之上），最大化增长策略就是创新策略。总体来说，最大化增长策略由图 7.9a 中的粗线条代表，在 â 点处发生弯折。不幸的是，许多新兴国家最开始确实是通过技术引进实现追赶，但当需要改变轨道，采纳有利于前沿创新的策略，也即从投资驱动型增长曲线跨越到创新驱动型增长曲线时，它们依然沿用了支持追赶的策略，继续停留在原来的投资驱动型曲线上。

为什么会出现这一结果？我们的解释是前沿创新政策不利于在位企业。这里的关键之一是竞争政策，本书的第 4 章已做过阐述。

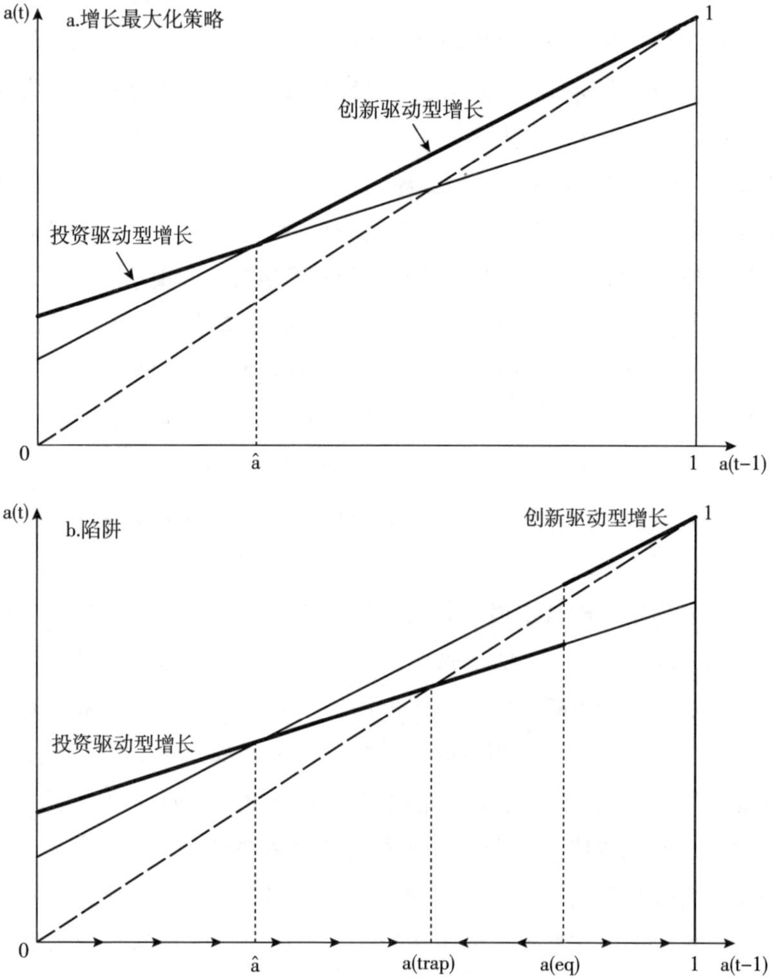

图 7.9　与前沿的距离和增长策略选择

资料来源：转引自 D. Acemoglu，P. Aghion and F. Zilibotti，"Distance to Frontier，Selection and Economic Growth，" *Journal of the European Economic Association* 4，no. 1（2006）：37－74，图 2 和图 3。

通常而言，在追赶阶段充分获利的企业希望保住自己的租金，不愿面对加剧的竞争。相应地，它们会利用一部分积累的财富给政客和法官们施加压力，以阻止引入和实施支持竞争的新规则。日本就是个绝好的例子，其竞争一直受到政府的严格管束：1949 年建立的强势的通商产业省（经济产业省的前身）限制进口许可证的数量，政府还给大型产业金融联合集团（经连会）的投资提供补贴。鉴于政治权力、行政机关以及金融界和产业界的紧密相互渗透，日本的经济增长从 1945—1985 年令其他发达国家羡慕的势头强劲，急剧转向 1995 年后的孱弱无力，或许并不令人惊讶。

另一个鲜明案例是韩国，其政府蓄意扶持大型企业集团（财阀）的成长，以促进出口。但 1998 年金融危机造成了财阀的衰落，刺激新的创新企业进入，同时开辟了结构改革的通道，这使韩国在短暂下滑后重回快速增长，并且至少维持到 2003 年。

前沿创新政策与追赶政策

支持追赶与支持前沿创新的政策分别有哪些？

我们首先来看促进前沿创新的措施。前沿创新主要来自知识经济，尤其是基础研究与研究生教育，所谓无斯坦福大学，就没有硅谷。的确有证据表明，一个国家越是靠近技术前沿，生活水平越高，研究生教育投资对该国生产率增长的促进效应就越大。[13]相反，落后国家应该优先投资于中小学教育。这一原则不仅适用于不同国家，也适用于一个国家内部的不同地区。图 7. 10 显示，在更靠近技术前沿的美国各州（如马萨诸塞州和康涅狄格州等），基础研究和研究生教育投资对生产率增速有强烈促进作用。而在相对落后的各州（如亚拉巴马州和密西西比州等），本科教育投资对生产率的促进作用更为显著。事实上我们可以看到，美国的一个州越是靠近技术前沿，研究生教育投资对当地创新的促进效果（以该州产生的专利数量测算）越突出。[14]

促进前沿增长的第二种措施是产品与服务市场的竞争，背后至

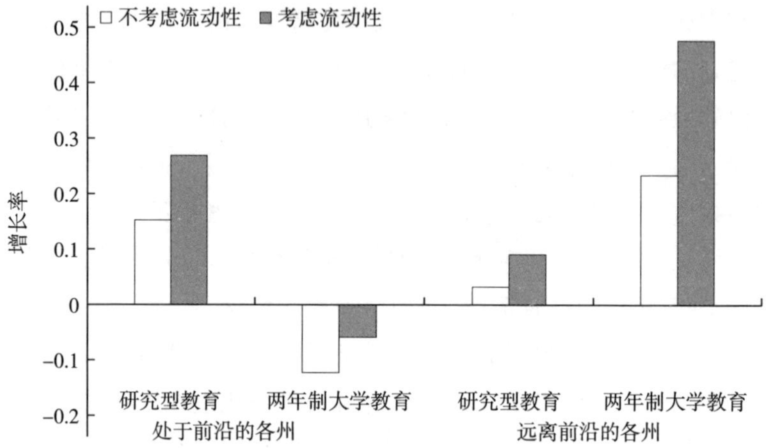

图 7.10　增长与教育投资的关系

注：人均 1 000 美元教育投资对长期增长率的影响。

资料来源：P. Aghion，L. Boustan，C. Hoxby and J. Vandenbussche，"The Causal Impact of Education on Economic Growth：Evidence from U. S. ，" unpublished manuscript，2009。

少有两个原因。其一，竞争加剧会促使前沿企业开展创新，以超越竞争（见第 4 章）。[15]一个国家越富裕，前沿企业就越多，因此竞争在发达国家对增长的促进更有力。其二，前沿创新伴随着比模仿借鉴更多的创造性破坏过程：新观念的探索带有风险，而且需要让未获成功者加快退出，以便给潜在创新者打通道路。与图 7.2 相似，图 7.11 展示了平均水平的趋同现象，但把各国做了区分。一部分国家的产业进入壁垒高于平均水平，竞争程度较弱；另一部分国家的产业进入壁垒低于平均水平，竞争程度较强。[16]对于各个国家的产业进入壁垒，用在该国注册新企业所需的天数来测算。图 7.11a 是进入壁垒较高的国家，图 7.11b 是进入壁垒较低的国家。在每个图中，较落后的国家偏向左侧，较发达的国家偏向右侧。从两幅图的对比能看到，在最发达的国家中，进入壁垒较高的国家（图 7.11a）的增长率明显低于进入壁垒较低的国家（图 7.11b）。然而这对最落后的国家并不成立，进入壁垒较高的落后国家的增长率没有明显低于进入壁垒较低的落后国家。

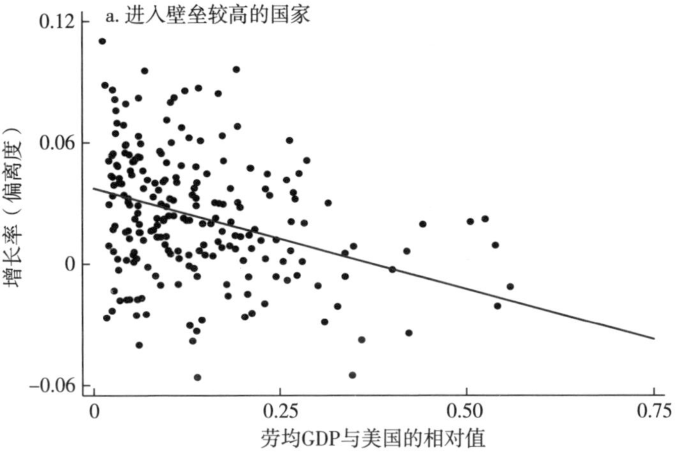

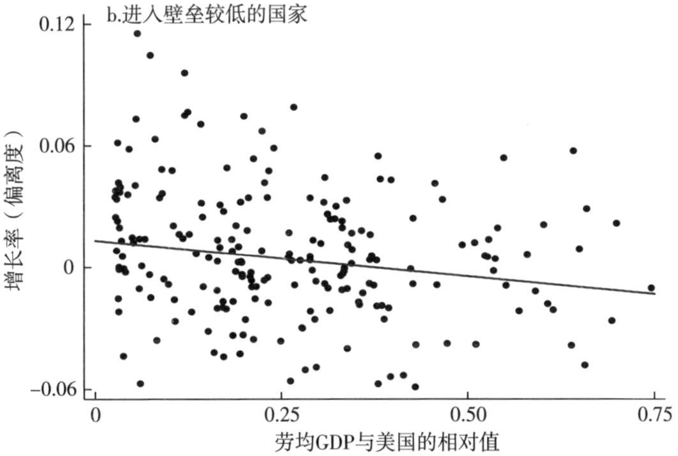

图 7.11　劳均 GDP、GDP 增长率同竞争程度之间的关系

资料来源：F. Zilibotti,"Growing and Slowing Down Like China," *Journal of the European Economic Association* 15, no. 5（2017）：943 –988，图 5a 和图 5b。

发展水平与竞争效应之间的相互作用对一个国家增长的影响，同腐败现象有着重要联系。腐败越严重，在位企业越有办法操纵政客，以削弱竞争、阻止新企业的进入。因此，我们会看到腐败对发达国家增长的束缚更为严重。如图 7.12 所示，事实的确如此。[17]

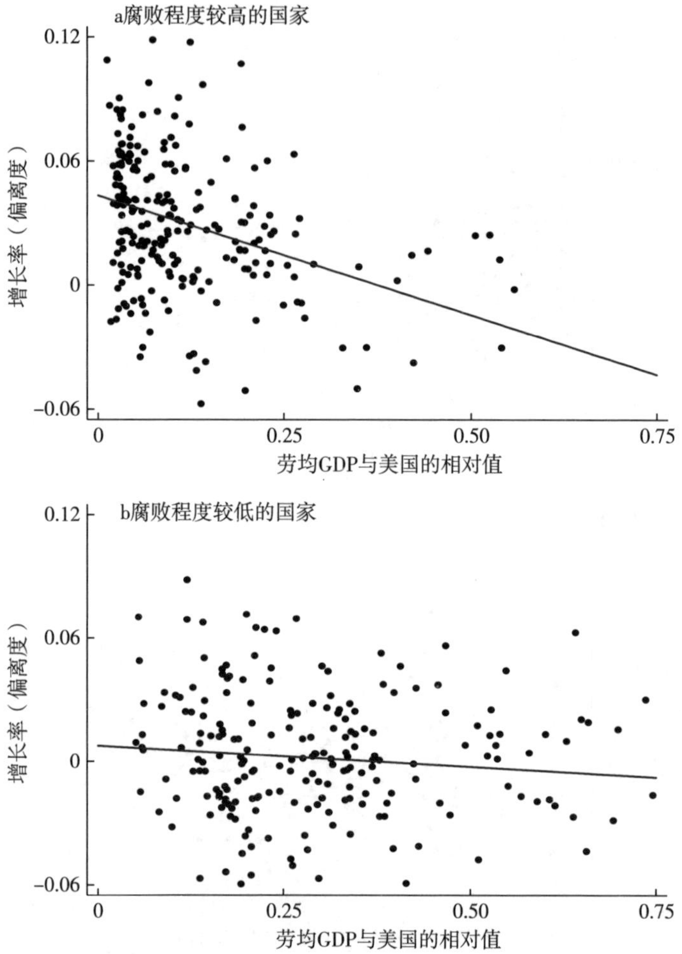

图 7.12　劳均 GDP、GPD 增长率同腐败程度的关系

资料来源：F. Zilibotti,"Growing and Slowing Down Like China," *Journal of the European Economic Association* 15，no. 5（2017）：943 – 988，图 6a 和图 6b。

创新驱动型增长的第三种促进措施与金融体系的组织有关。一个国家越发达，其增长越依赖于前沿创新，此时股票市场、私募股权与风险资本对经济增长的促进作用就越突出。相反在重点关注模仿的落后国家，增长更依赖于银行融资。[18]

下面我们来看模仿驱动型增长的促进措施。第一种措施是鼓励来自先进国家的技术转移。例如，中国的平均教育水平远高于巴西和印度等同类型国家。联合国 2018 年的统计数据显示，中国 25 岁以上人口中有 78.6% 完成了中等教育，巴西和印度分别为 59.5% 和 51.6%。为实现这一教育成就，中国对中小学教育进行了长时期的大规模投资，之后又大力投资于大学本科教育。此外，中国政府鼓励外国直接投资，并以市场换技术的方式，确保本国能获得这些投资中包含的技术知识。中国由此逐渐掌握了西方的先进技术，导致本国的专利质量有大幅改进，近期在基因测序方面的进展就是明证。但这也意味着，中国的心态似乎仍停留在模仿阶段，还需要努力跨越通向前沿创新的临界点（见专栏 7.1）。

专栏 7.1　基因测序：技术的国际传播

有学者利用近期以来机器学习领域的进展（Verluise and Bergeaud, 2019），尤其是“自动化专利图景”方法，详细考察了基因测序技术。[19]他们的方法是，把相关技术涉及的少数核心专利定义为专利“种子”，接下来借助自动化语言处理手段来“学习”这些专利种子的特定语义学特征，最后对全球专利库进行自动挖掘，以找出与专利种子有类似任务描述的发明。通过该方法，他们得以追踪某种技术在时间和空间上的发展变化。具体来说，他们详细追踪了基因测序技术的演变。利用 300 项专利组成的种子，他们找到了 G7 国家与许多新兴国家的专利管理机构在 20 世纪 90 年代初至 2019 年发布的近 16 000 项专利。虽然要推导出国际技术传播的典型模式还为时尚早，但这一方法依然揭示了基因测序技术的若干关键事实。

他们得出的第一个发现是，与基因测序有关的专利高度集中在少数国家和行为人手中。自20世纪90年代初期以来，这项技术近70%的专利是由美国专利商标局授予的，第二名是中国（11%），但与美国相去甚远，随后是日本（8%）与加拿大（6%）。此外，美国专利商标局授予的专利数量从21世纪初就已起飞，直至21世纪10年代该技术才扩展至中国。但自那以后，中国奋力追赶。2018年，中国在该领域的专利授予中占据了近20%的份额（图7A）。而当我们分析发明人与专利代理人的来源时，图景又有很大不同。虽然德国、法国和英国的专利管理机构在整个考察期授予的专利份额合计不到3%，但这三国的国民在每年的全球专利登记中却各自占据2%～3%的份额。因此，从来源国的角度看，它们在专利登记中的表现更为突出。与之相反，中国的国民从专利起源的角度看所占的比例更低。这一对比说明，专利技术国际传播背后的运行机制或许并不完全反映本国国民掌握某种技术并拓展其前沿的能力。

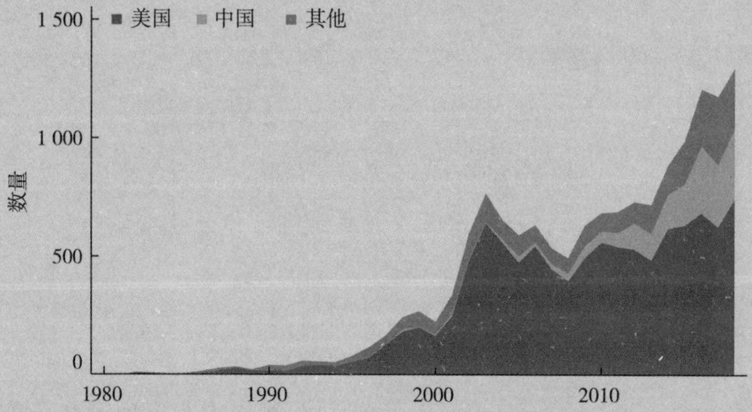

图7A 基因测序有关专利的申请人的主要来源国

资料来源：C. Verluise and A. Bergeaud,"The International Diffusion of Technology: A New Approach and Some Facts," unpublished manuscript, 2019。

促进落后国家增长的第二种措施是改善资源配置。在中国大陆，投资研发的企业和不投资研发的企业有类似的增长率，而不论其初始的生产率水平如何。可是在台湾地区，投资研发的企业比其他企业有更强劲的增长，特别是初始生产率更高的企业。中国大陆与台湾地区的对比说明，中国大陆的研发投资配置现状在某些程度上制约了中国经济的总体增长率。

促进模仿驱动型增长的第三种措施是提高管理技能。最优秀的经理人往往能够发现新业务和新技术，将它们引进并适应本地需求，从而领导企业成长。世界管理调查从全球大量企业样本中收集管理实践信息，显示管理实践排名最高的国家是美国，日本、德国和瑞典紧随其后（图7.13），排名垫底的则是坦桑尼亚、加纳和埃塞俄比亚等非洲国家。该图表明，经济最落后的国家也是管理实践最糟糕的国家。这一相关性意味着，对改善管理实践进行投资或许能促进增长。

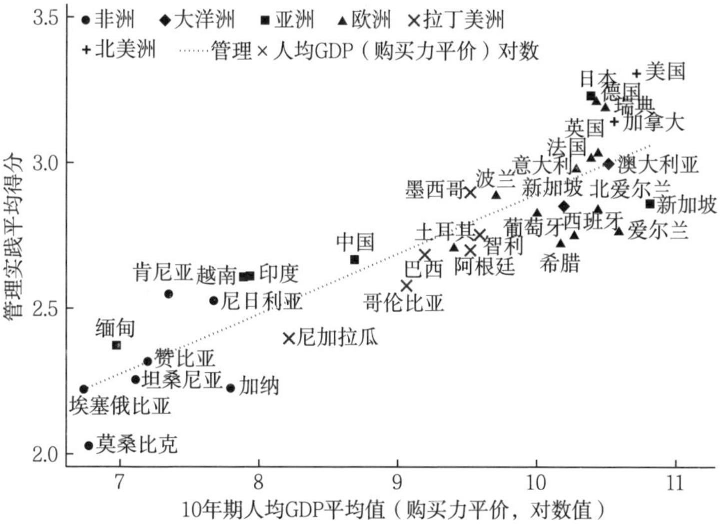

图7.13 增长与管理实践的关系

资料来源：World Management Survey（April 2013 version）。

我们的经济学家同行谢长泰与克雷诺制作了图 7.14，该图描述了印度企业和美国企业的生产率分布状况（Hsieh and Klenow，2009）。可以看到，相比美国，印度在企业层面的生产率分布似乎更发散，低生产率企业所占的比例也高得多。[20]图 7.15（即本书第 1 章中的图 1.5）则显示了若干国家的企业平均规模与企业年限之间的关系，可以发现，美国企业持续成长的时间比印度企业更为长久。[21]

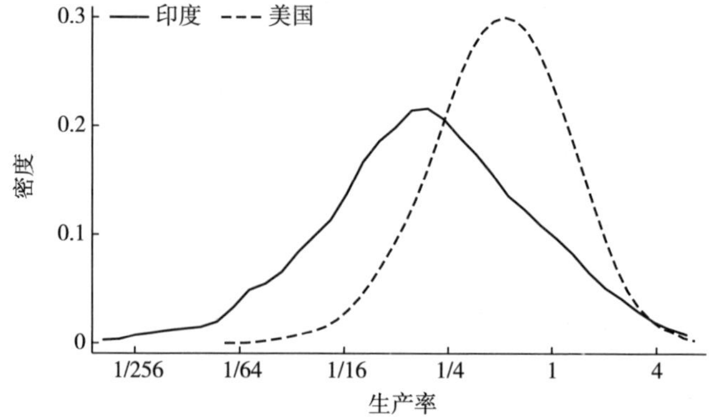

图 7.14　印度企业（1994 年）和美国企业（1997 年）的生产率分布

资料来源：C. T. Hsieh and P. J. Klenow, "Misallocation and Manufacturing TFP in China and India," *Quarterly Journal of Economics* 124, no. 4（2009）：1403 – 1448。

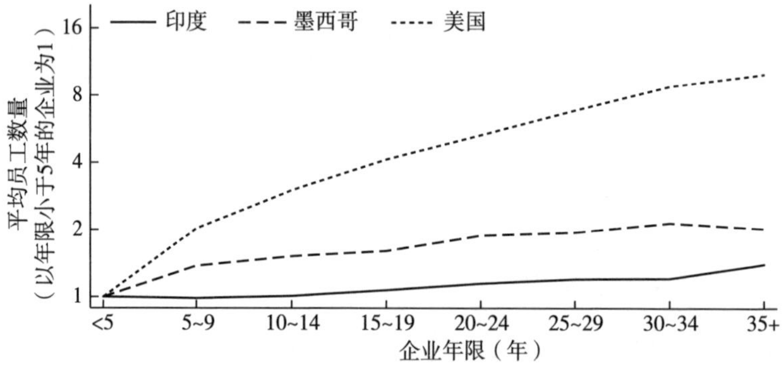

图 7.15　企业员工人数与企业年限的关系

资料来源：转引自 C. T. Hsieh and P. J. Klenow, "The Life Cycle of Plants in India and Mexico," *Quarterly Journal of Economics* 129, no. 3（2014）：1035 – 1084，图Ⅳ。

这两幅图描述的情况对印度经济整体而言有重大启示。它们表明，印度企业（包括最具生产性和创新力的企业）的成长无法超过某个规模，这导致低生产率的企业得以存续。最终结果导致总体上更缺乏创新，印度经济的整体生产率增速被拖累。那么是哪些因素在制约印度企业的成长？原因之一或许是，在大多数印度企业，由于难以找到可靠的管理者，高管职位依然由家族内部人士担任。于是当创始人家族找不到更多有能力经营新机构的成员时，企业就会停止增长。进一步说，印度经理人市场的薄弱或许源于该国的平均教育水平较低、基础设施不健全及信贷市场不完善。[22]

3. 韩国遭遇 1998 年危机：焉知非福？

韩国是个至少暂时来看成功逃离了中等收入陷阱的典型例子。[23]有些不可思议的是，正是 1997—1998 年亚洲金融危机发挥了全面的自然实验的作用，促使韩国开始改变其增长模式。1998 年危机之前的韩国增长模式是以技术模仿为基础的，下文做简介。在朝鲜战争结束后，韩国从 20 世纪 50 年代后期的极低人均 GDP 水平起步，开启了不同寻常的增长，1960—1997 年的年均增长率接近 7%。

韩国的模仿驱动型增长以创建大型工业和金融集团（财阀）为核心。政府通过若干手段给财阀提供支持：优惠和补贴贷款、利用货币贬值实施贸易保护主义、出口补贴、公开和隐性的救助担保等。尤其是，韩国政府限制其他企业利用金融市场，抬高创立新企业的成本，限制新的外国投资人进入（规定外国投资人持有韩国企业的股份不能超过 26%），并非常消极地执行反垄断法规，以极力压制竞争，阻碍新企业的进入。

20 世纪 90 年代初期，财阀势力发展到顶点，销售额最大的 30

家财阀集团的产值占韩国 GDP 的 16%，其中最大的 5 家——现代、三星、LG、大宇和 SK——占韩国 GDP 的 10%。这些得到政府扶持的企业集团是韩国经济在 1960—1995 年快速腾飞的载体。如果不是有意识地给财阀提供金融支持、商业和货币保护，以创建民族工业，韩国可能依然是个农业经济体。而在短短 30 年的发展之后，韩国已成为电子与电信产业领域的世界领先者。

接下来爆发了 1997—1998 年亚洲金融危机。这场危机导致大宇等财阀破产，其他一些也遭受重创。打击来自金融危机及其带来的信贷收缩，以及 IMF（国际货币基金组织）作为对韩援助的条件所要求实施的政策。特别是，IMF 要求韩国开放对外国直接投资，于是外国人在韩国企业中的最高持股比例限制于 1997 年提高至 50%，1998 年提高至 55%。IMF 还坚持大幅强化反垄断法规及其实际执行效果：1998—2000 年，反垄断修正指令的发布次数增加到危机前的 3 倍，对反竞争行为的财务惩罚额度提高至原来的 25 倍，这些使韩国经济重新对国内和国际竞争开放。

1997—1998 年金融危机对韩国的生产率增速、创新与企业活力有何影响？在创新方面，我们注意到韩国在 20 世纪 90 年代初期向美国专利商标局提交的专利申请仅为德国的 1/8，但在 2012 年，其申请数量已比德国多出 30%，尽管人口仅为德国的一半。此外，在危机之前，韩国的财阀企业向美国专利商标局提交的专利申请的增长速度略快于其他企业，危机后则出现反转，财阀企业的专利申请停止增长，其他企业的申请则加速。

在生产率方面，生产率在危机爆发前已出现停滞甚至下跌，但在 1997—1998 年后重新出现快速增长，无论财阀企业还是其他企业均如此。生产率以及经济增长的这一反弹在之前由财阀控制的产业表现得尤为突出，这并不奇怪，因为这些产业受危机与后续改革的影响最深刻。还有，危机显著促进了非财阀企业在所有产业部门的进入。

总之，1997—1998 年金融危机使财阀企业的影响力受到约束，并重新开放竞争，鼓励之前一直受政府与财阀串谋束缚的其他企业开展创新，从而刺激了韩国的生产率增长。因此，危机带来了生产率增长加速，主要源泉则是非财阀企业的产业进入与创新行动。[24]

4. 结论

本章试图解释，为什么某些发展中国家的生活水平得以向先进国家趋近，其他一些则停滞不前。我们揭示了俱乐部趋同现象：某些国家（新兴经济体）采纳的政策和制度有利于技术追赶和模仿，其他一些国家则未能实现起飞。但在启动趋同进程的国家里，某些于中途停步不前，尤其是那些制度调整太慢或完全失败的国家，未能从追赶型经济变身为前沿创新型经济。这背后的原因是既得利益集团和在位企业不仅阻碍新的竞争对手进入，还反对促进竞争乃至帮助国家从模仿驱动型增长转向前沿创新型增长的任何改革。危机爆发以及国际经济竞争有助于迫使各国政府采取适宜的结构改革措施，从而摆脱中等收入陷阱。例如，1997—1998 年金融危机削弱了老牌企业，让韩国企业重新迎来开放竞争格局，帮助该国加入了创新国家的俱乐部。

第8章　能否绕开工业化?

过去两个世纪中，全球的经济、领土与社会版图经历了激烈变化。如本书第2章所述，经济增长的起飞伴随着英国、法国和美国相继从农业经济体向工业经济体成功转型。但更近期以来，制造业又被服务业取代。在拿破仑统治时期，法国有2/3的劳动力从事农业生产；到2018年，则有超过2/3的人在服务业工作。大产业层面发生的这一创造性破坏过程被称为结构变革。经济学家西蒙·库兹涅茨在1971年的诺贝尔奖获奖演讲中对此解释说："经济结构转型的速率很快，结构变革的主要方面包括从农业向非农业活动转移，以及近期以来从工业向服务业转移。"[1]

图8.1显示了美国的农业、制造业和服务业就业占比在1840—2000年的变化。我们看到，农业部门的相对规模在1840年后持续下降，制造业的份额在1950年之前上升，然后下跌，服务业的份额则持续提升，并且在1950年之后开始加速。在经济发展过程中，各产业部门出现的这种结构性变革被称为"库兹涅茨事实"(Kuznets facts)。

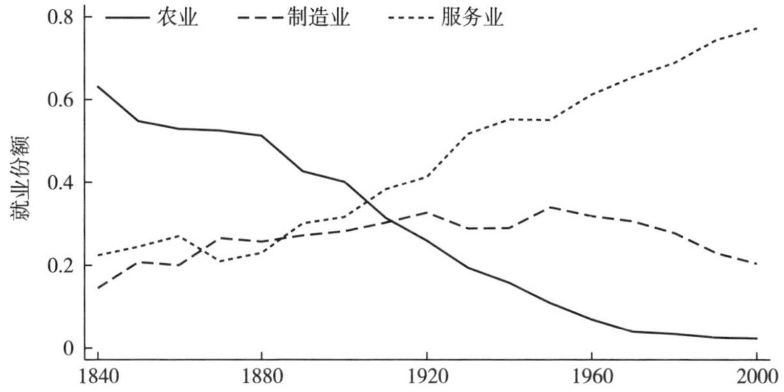

图 8.1　1840—2000 年美国农业、制造业和服务业就业份额的变化

资料来源：B. Herrendorf, R. Rogerson and A. Valentinyi, "Growth and Structural Transformation," in *Handbook of Economic Growth*, ed. P. Aghion and S. Durlauf (Amsterdam: Elsevier, 2014), vol. 2, 855 -941。

有些矛盾的是，在这些相继发生的典型变化中，某些关键的经济变量却在长时期里保持了惊人的稳定。以经济学家尼古拉斯·卡尔多命名的"卡尔多事实"(Kaldor facts) 即指出，劳动与资本在国民收入中的份额基本上没有变化，如图 8.2 所示的美国在 1948—2012 年的情形。

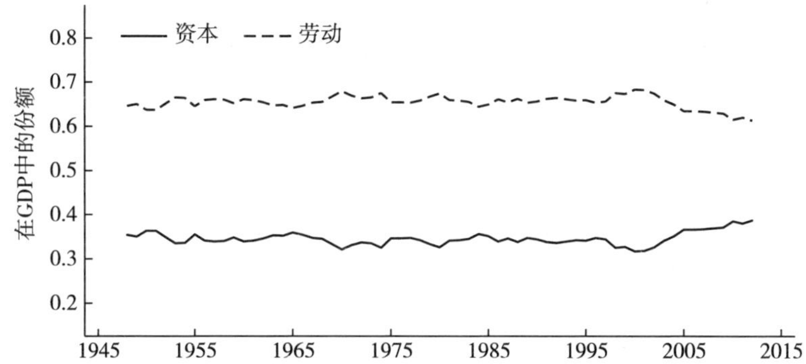

图 8.2　劳动与资本在美国 GDP 中所占的份额

资料来源：Bureau of Labor Statistics (2014)。

我们该如何并行诠释库兹涅茨事实与卡尔多事实？大规模工业化是不是经济发展过程中必要的中间步骤？这些将是本章探讨的主题。

1. 库兹涅茨事实与卡尔多事实

结构变革：库兹涅茨事实

本书第2章提到，西蒙·库兹涅茨是国民账户核算的先驱研究者之一，他在增长、商业周期、经济发展及其他领域的成果也令人称道。在诺贝尔奖获奖演讲中，库兹涅茨根据对国民产出及其组成的传统测算的分析，总结出现代经济增长的六个特征。这六个经验规律后来被称作“库兹涅茨事实”。其中第三个事实与此处的讨论关系尤为密切，即发展过程总会伴随着结构变革：首先是从农业向工业转型，然后是从工业向服务业转型。库兹涅茨的研究带来的另一个重要启发是，无论我们采用历史分析法（考察一个国家的时间演变），还是比较分析法（对比考察各国的人均 GDP 水平），都会在发展过程中发现结构变革现象。

根据历史分析法，三次产业部门相继占据经济的主导地位：农业、制造业和服务业。图 8.3 再次确认了图 8.1 描述的结构变革，区别在于，图 8.3 显示的是三次产业在美国的总消费（而非就业）中所占份额的变化。[2]该图表明，结构变革与消费者的偏好及其时间变化有关。图 8.4 和图 8.5 则展示了三次产业在法国和英国 GDP 中的份额自 1840 年以来的变化，同样证实了库兹涅茨事实的存在。[3]

图 8.6 采取的则是比较分析法，显示了农业、制造业和服务业在总就业中的份额变化，及其与 10 个工业化国家（即比利时、西班牙、芬兰、法国、日本、韩国、荷兰、瑞典、英国和美国）的生

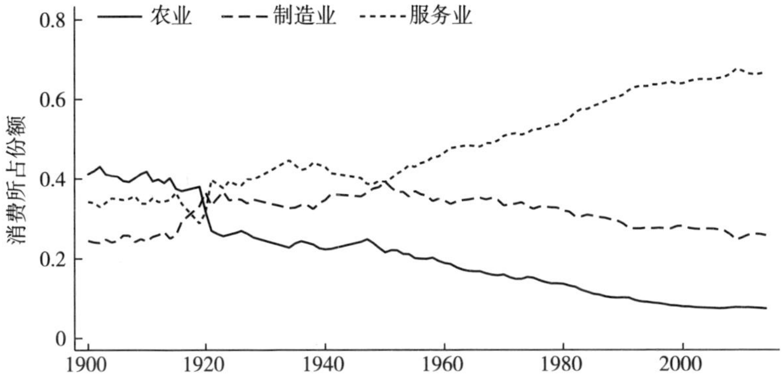

图 8.3　美国消费支出的产业构成

资料来源：转引自 S. Alder，T. Boppart and A. Müller，"A Theory of Structural Change That Can Fit the Data，" CEPR Discussion Paper No. 13469，Center for Economic Policy Research，January 2019，图 1d。

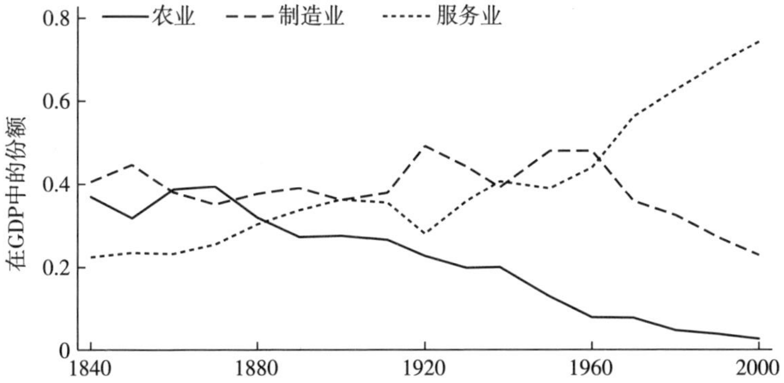

图 8.4　法国 GDP 的产业构成

资料来源：B. Herrendorf，R. Rogerson and A. Valentinyi，"Growth and Structural Transformation，" in *Handbook of Economic Growth*，ed. P. Aghion and S. Durlauf（Amsterdam：Elsevier，2014），vol. 2，855－941。

活水平的关系。生活水平用麦迪森数据库中的人均 GDP 衡量。对于所有这些国家，农业在就业中的份额占比均随生活水平的提高而下降（图 8.6a），服务业的就业份额则持续提高（图 8.6b）。如果集中分析制造业在总就业中的份额，则会看到倒 U 形曲线：随着生活水平的提高，制造业的就业份额先提高，然后下跌（图 8.6c）。因此，生活水平较低的国家有着较大规模的农业部门，而制造业和服务业部门很不发达。相反，在生活水平较高的国家，大多数人将从事服务业工作，制造业的规模相对而言将重新缩小。

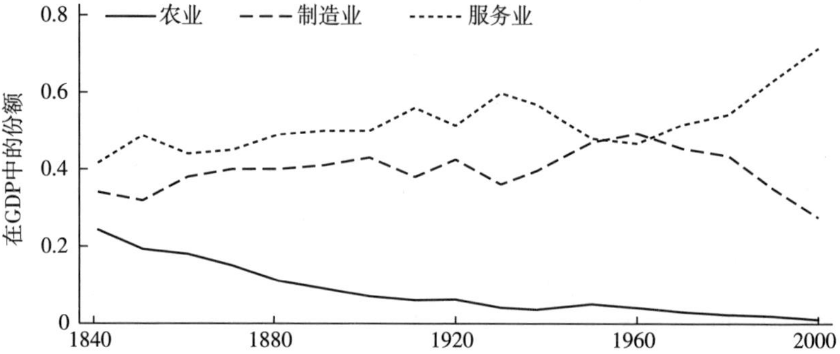

图 8.5 英国 GDP 的产业构成

资料来源：B. Herrendorf, R. Rogerson and A. Valentinyi, " Growth and Structural Transformation," in *Handbook of Economic Growth*, ed. P. Aghion and S. Durlauf (Amsterdam: Elsevier, 2014), vol. 2, 855 – 941。

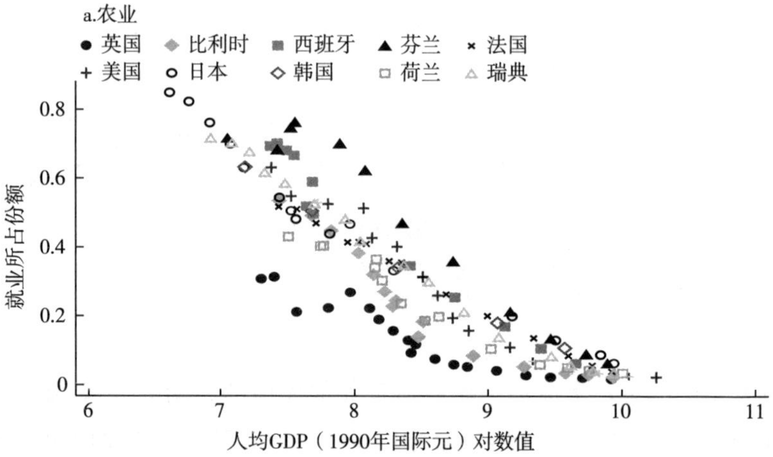

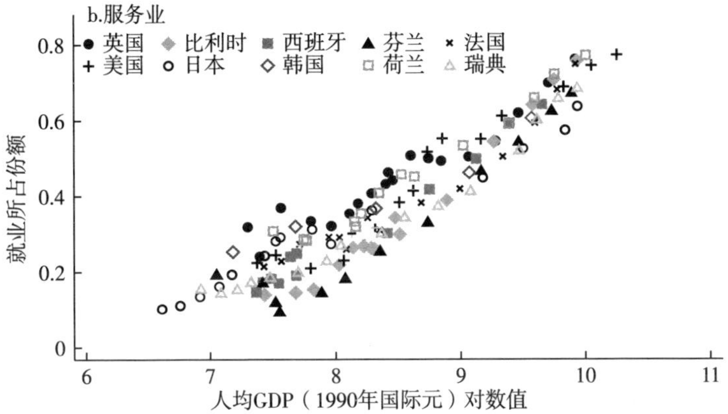

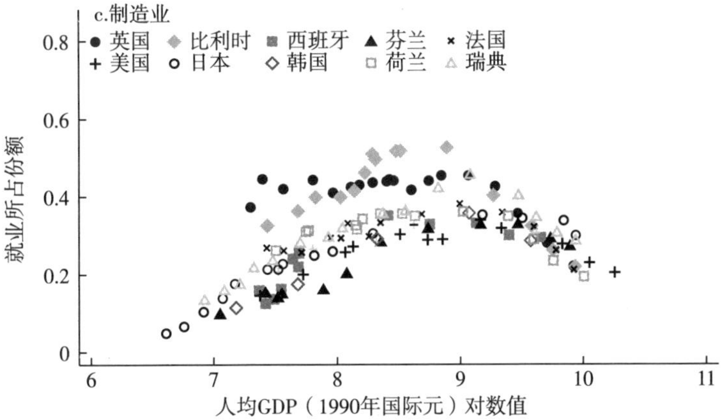

图 8.6　各产业在就业中的份额与生活水平的关系

资料来源：转引自 B. Herrendorf，R. Rogerson and A. Valentinyi，"Growth and Structural Transformation，" in *Handbook of Economic Growth*，ed. P. Aghion and S. Durlauf（Amsterdam：Elsevier，2014），vol. 2，855 –941，图 6. 1。

卡尔多事实

尼古拉斯·卡尔多在职业生涯早期追随新古典理论，后来则成为后凯恩斯主义经济学的带头人之一。作为剑桥大学教授与二战后英国工党政府的顾问，他为若干领域的经济学理论的进步做出了贡献，从不完全竞争到资本理论等，尤其以对增长、生产率和收入分配的研究而著称。1961 年，卡尔多提出了六个典型事实，其中包括：从长期看，资本回报率、资本在 GDP 中的份额、资本与劳动在国民收入中的份额均基本保持稳定。[4]他在 1955 年指出："尽管发达资本主义经济体的生产技术、相对于劳动的资本积累数量及人均实际收入在过去 100 余年发生了巨大变化，这些收入份额却维持了相对稳定，若不能对此成功给出解释，则关于收入分配份额决定因素的任何学说恐怕都难以令人满意。"[5]图 8.7 和图 8.8 分别展示了英国在 1770—2010 年和法国在 1820—2010 年的资本回报率基本维持稳定的情形。[6]图 8.9 则显示，美国的资本收入占 GDP 的份额在 1948—2012 年也大致保持稳定。

最后我们看到在国民收入中，劳动收入的份额略有上升，资本收入的份额略有下降，这对 1770—2012 年的英国（图 8.10a）和 1820—2010 年的法国（图 8.10b）均成立，并且前文图 8.2 描述的美国的劳动收入份额与资本收入份额大致稳定的情形也有此趋势。[7]

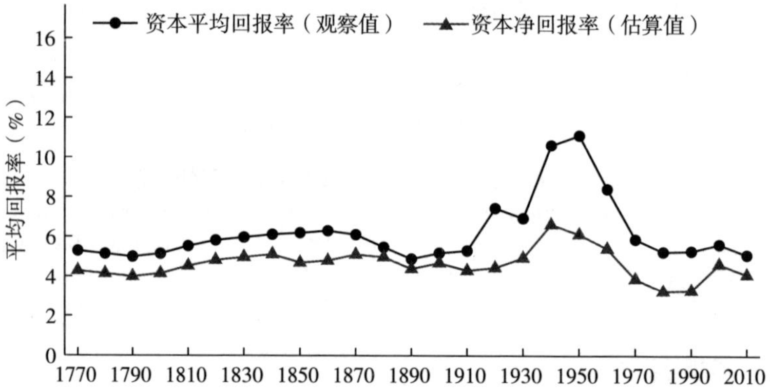

图 8.7　1770—2010 年英国的资本回报率

资料来源：T. Piketty, *Capital in the Twenty-First Century* (Cambridge, MA: Harvard University Press, 2014)，图 6.3。Copyright © 2014 by the President and Fellows of Harvard College。

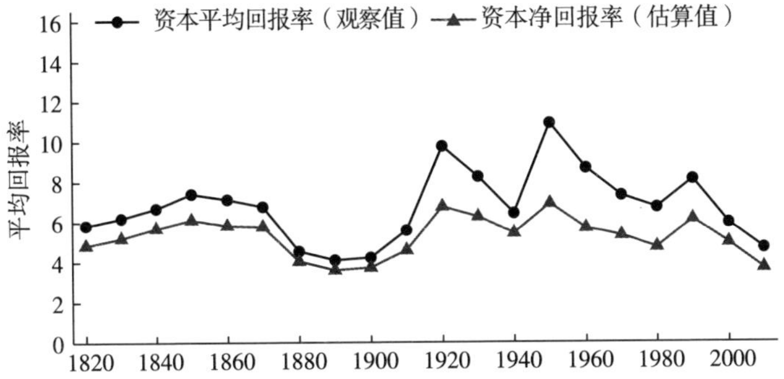

图 8.8　1820—2010 年法国的资本回报率

资料来源：T. Piketty，*Capital in the Twenty-First Century*（Cambridge，MA：Harvard University Press，2014），图 6.4。

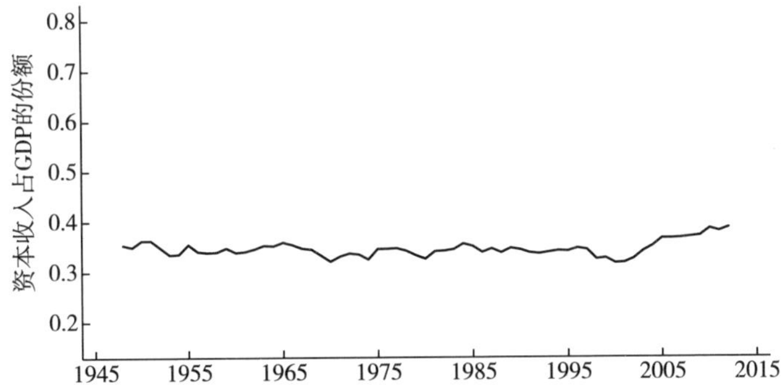

图 8.9　美国资本收入占 GDP 的份额

资料来源：Bureau of Labor Statistics（2014）。

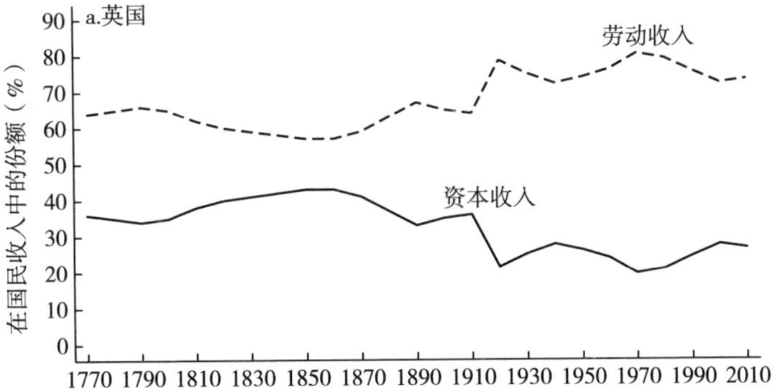

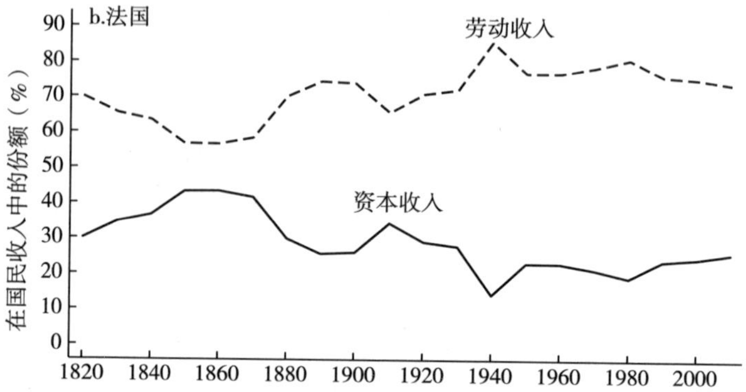

图 8.10　劳动与资本在英国和法国国民收入中所占的份额

资料来源：T. Piketty，*Capital in the Twenty-First Century*（Cambridge MA：Harvard University Press，2014），图 6.1 和图 6.2。Copyright © 2014 by the President and Fellows of Harvard College。

2. 对库兹涅茨事实的解释

本书第 2 章曾试图解释从农业经济向工业经济的转型，我们特别提到乔尔·莫克尔及其对工业创新的作用过程的分析，工业创新来自三个因素的共同推动：启蒙运动与知识传播的进步，特别是源于邮政服务的效率提高、出版业的扩展，以及由狄德罗编纂百科全书促进的知识成果整理；产权保护的进步，特别是专利制度的兴起；欧洲各国之间的竞争，刺激了为超越邻国而创新，帮助在本国遭遇束缚的发明家迁移到邻国去发展。这一制度解释强调了市场的“供给侧”，也就是让创新变得更容易、成本更少的条件，但忽略了同样关键的第二个支柱，即需求和消费的作用。

需求侧与供给侧

如何解释使农业和工业产出自 20 世纪 50 年代之后双双下降的服务

业的兴起？答案在市场的“供给侧”与“需求侧”两个方面，这一课题的主要参考来自蒂莫·波帕特（Timo Boppart，2014）的研究。[8]

波帕特分析了消费者购物组合随时间的变化，具体而言，就是居民家庭在农产品、制造品以及服务之间的选择。有两种力量促使消费者逐渐把更大比例的收入花费在服务消费上。从需求侧看，消费者享受到“收入效应”：随着居民家庭生活水平的提高，用于必需品尤其是食品的收入比重会下降。从供给侧看，则有“替代效应”的作用：农产品和制造品的生产成本比服务的生产成本下降更快。由于企业把成本节约反映到价格下调上，农产品和制造品的价格降幅就比服务更多，由此也导致居民把越来越多的支出放在服务上。

有待解释的三个经验事实

波帕特指出了三个重要的经验事实。[9]第一，农产品和制造品在居民支出中的占比以稳定的速率逐渐下降（图 8.11a），而且在每个五分位收入群体内部，这个事实依然成立（图 8.11b）。第二，产品价格与服务价格之比也以稳定的速率逐渐下降（图 8.11c）。第三，在每个时点上，贫困居民用于购买产品的支出占比均高于富裕居民（图 8.11b）。

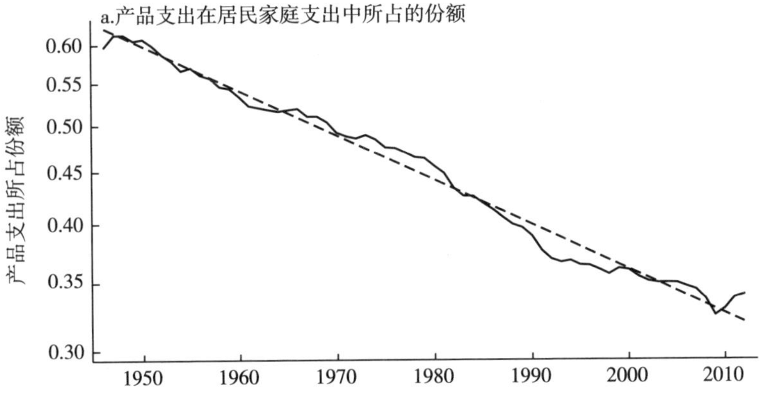

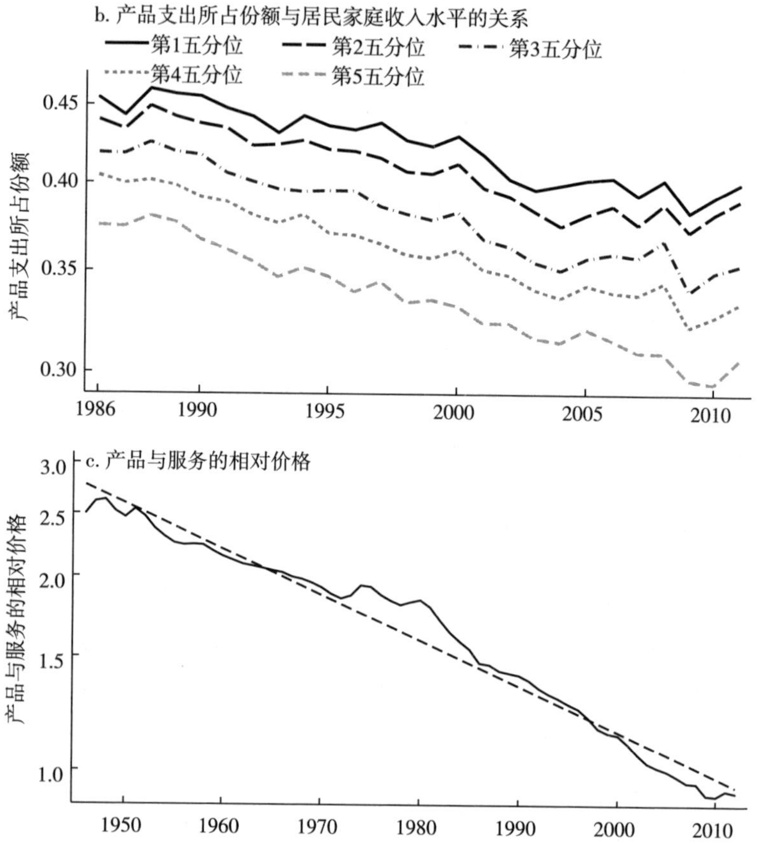

图 8.11　三个经验事实

资料来源：转引自 T. Boppart, "Structural Change and the Kaldor Facts in a Growth Model with Relative Price Effects and Non-Gorman Preferences," *Econometrica* 82, no. 6（2014）: 2167 - 2196，图 1、图 4 和图 2。

以上图示中介绍的经验事实来自美国，但其他发达国家也有类似趋势。作为解释，波帕特提到了两种主要经济作用力：供给侧的鲍莫尔定律，以及需求侧的恩格尔定律。

供给侧与鲍莫尔定律

威廉·鲍莫尔（1922—2017）是新古典学派美国经济学家，在许多领域有丰硕研究成果，包括企业家精神与竞争。他最有名的贡献之一就是我们所说的鲍莫尔定律（Baumol's law，1965），或称鲍莫尔成本病（Baumol Cost Disease）。[10]为理解这一理论，我们设想有A、B两种产品，其供给随时间的增长速度并不相等，原因或许是A产品所在产业的劳动生产率增速快于B产品所在产业。由于稀缺效应，供给增长较慢的B产品的价格相对于供给增长较快的A产品而言必然会上涨。相应地，即使经济行为人（居民或企业）决定消费更多数量的A产品，他们的收入中用于B产品的份额却未必会下降，甚至可能提高，因为B产品的相对价格在上涨。换句话说，A产品的生产率增速更快可能导致更大比例的收入用于购买B产品。

接下来我们分析农业和制造业以及服务业之间的关系。由于规模经济和自动化技术的作用，农业和制造业的生产率取得了极大进步。相反，服务业的生产率没有实现同等改进，因为文化、休闲、房产中介、教育和育儿等服务活动不那么容易实现规模经济，并且劳动依然是这些活动中最主要的投入。为说明服务业劳动生产率的弱势增长，我们可以看看艺术领域的案例：演奏舒伯特乐曲的四重奏组合。为完成这部作品演奏所需的音乐家人数，从19世纪至今没有任何改变。此外，在演奏乐曲的小提琴家身上获得的“回报”无法提高。同样，剧院演出公司在编排莎士比亚戏剧时通过削减演员人数来提高生产率的能力也有限。因此，古典音乐和戏剧中的劳动生产率基本没有提高，因为其中的人力要素投入几乎是无法削减的。[11]

与此同时，为继续吸引劳动力，服务业的雇主必须使工资与产品生产部门保持同步增长。工资上涨加上劳动生产率增长缓慢，导致服务业的生产成本相对于产品生产成本提高。由于生产成本会被传递到价格上，服务的价格相对于产品而言即上涨（图8.11c）。再回到舒伯特乐曲四重奏的例子上，音乐家的实际工资水平自19世纪以来大幅提高，其生产率却没有变化。由于劳动成本上涨没有被生产率提高抵消，人力要素投入又不可或缺，结果就使得演出票价持续上涨。艺术和文化产业于是染上了“鲍莫尔成本病”。

不过，基于供给侧和鲍莫尔定律的这一理论仍不足以解释为什么居民支出中用于产品消费的份额逐渐减少（图 8. 11a），也不能解释为什么在任意时点上，富裕居民的支出中用于产品消费的份额低于贫困居民（图 8. 11b）。这里我们还得求助于需求侧和恩格尔定律。

需求侧与恩格尔定律

恩格尔定律是德国统计学家恩斯特·恩格尔（1821—1896）于 1857 年从比利时居民家庭的行为中观察到的经验规律。[12]这一定律认为，居民家庭的收入越高，用于食品的支出比例越小。事实上，产品尤其农产品是人们生存的必需品，无论居民的支出规模大小，都必然包含在购物组合中。而服务的必需性质更弱，如果居民的支出未达到一定水平，就不会包含在购物组合中。因此，居民的富裕程度越高，其支出中用于必需品（如食品和服装）的比例就越小，而用于服务（如文化和旅游）的比例就越高。[13]与图 8. 11b 类似，图 8. 12 也描绘了居民收入中用于食品的份额随收入增长而下降，这些来自法国的调查数据再度证实了恩格尔定律。

破解库兹涅茨事实的谜团

为什么居民支出中用于消费类产品的份额会随时间下降？一方面，鲍莫尔定律表明产品价格相对于服务价格会逐渐下跌，这应该鼓励人们购买更多产品；然而另一方面，服务价格的相对提高会自动提升居民支出中用于购买服务的份额。这两种效应中哪种占据主导？

把恩格尔定律与鲍莫尔定律结合起来，我们就能解开谜题。首先，鲍莫尔定律显示产品价格相对于服务价格会逐渐下降，是因为

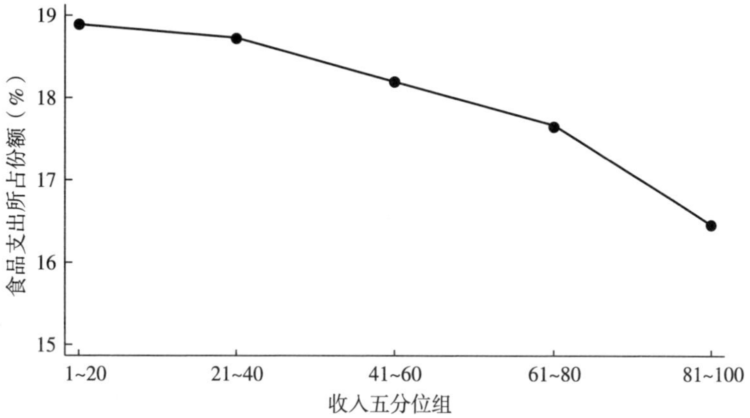

图 8.12　法国不同收入分位群组中居民收入用于食品的份额

资料来源：Insee survey *Budget de famille*，2010－2011。

产品部门的生产率增长快于服务部门。若其他条件不变，产品价格相对于服务下降会鼓励居民购买更多产品。但产品价格下降会提升居民的购买力，或者说让人们变得更加富裕，这会带来收入效应。富裕程度提高后，居民可以消费更多的产品与服务。此时恩格尔定律将发挥作用，使购买力提高带来的收入效应更多地促进服务的消费。因此，随着时间推移，用于服务的支出份额将提升。

3. 结构变革与卡尔多事实的统一

我们该如何对库兹涅茨事实（制造业的技术进步比服务业更显著，使消费更多向服务倾斜）与卡尔多事实（资本与劳动在总收入中的份额保持稳定）做出统一解释？这个问题还关系到人工智能等技术革命的影响：尽管有技术革命，资本与劳动的收入份额仍保持稳定，该如何解释？

实际上在上述两种情形里（第一种情形是指农产品和制造品的生产，第二种情形是指现有工作任务的自动化），结构变革都导致在现有生产中用资本替代劳动，并引入更多劳动力密集型的新生产活动：第一种情形是指新的服务的生产，第二种情形是指潜在的新工作任务。

我们将讨论对这一谜题的两种解释。第一种解释以市场规模和定向技术革新作为基础，第二种解释再次用到了鲍莫尔定律。我们首先介绍面向技能劳动力的技术革新理念，然后尝试用此理念调和结构变革与卡尔多事实。

市场规模与定向技术革新

这一核心理念可概括如下：当某个市场的规模扩张时，企业发现为响应需求的增加，把创新方向转向这一市场将有利可图。[14]有若干例子可说明这种情形。

第一个例子是婴儿潮与工资不平等现象。20 世纪 70 年代初，美国的婴儿潮世代开始加入劳动力市场。这个世代的受教育程度比之前群体更高，很大程度上得感谢林登·约翰逊总统推行的《高等教育法案》（Higher Education Act）通过各类计划提供了大量联邦补贴，帮助所有收入水平的美国人获得大学学位。由此，技能劳动力的供给在 1970 年以后快速增加。短期看，技能劳动力过度丰沛导致了技能溢价，即有大学学历的人同仅有高中学历的人的工资比率降低。[15]也就是说，技能劳动力与非技能劳动力的工资差距在 1970 年开始缩小，并一直持续到 20 世纪 70 年代末（图 8.13）。然而技能溢价从 20 世纪 80 年代早期开始又急速扩大，这是为什么？

阿西莫格鲁提出了如下解答：技能劳动力供给在 1970 年突然增加使这个群体使用的机器的市场规模扩大，继而提高了此类机器的创新租金，由此使创新更多转向改善技能劳动力使用的机器的品

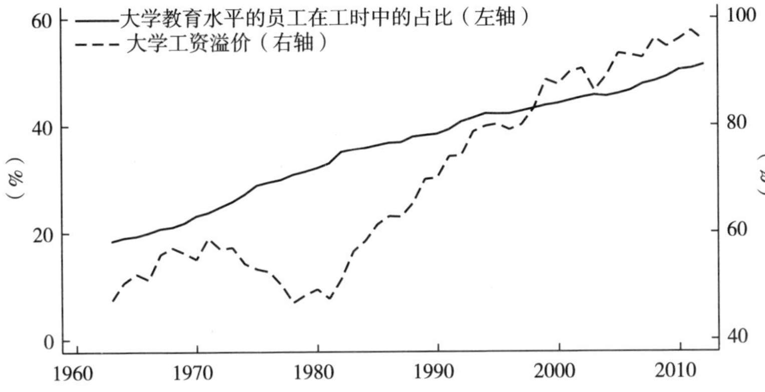

图 8.13　技能劳动力供给与技能溢价

资料来源：转引自 D. Autor, "Skills, Education and the Rise of Earnings Inequality among the 'Other 99 Percent'," *Science* 344, no. 6186（2014）：843 – 851，图 3。

质，然后提高了技能劳动力相对于非技能劳动力的生产率。这样就可以解释美国技能劳动力与非技能劳动力的工资不平等在 20 世纪 80 年代早期重新扩大的现象。[16]

第二个例子是关于碳税和绿色创新。后面的第 9 章将详细阐述，企业不会自发转向绿色技术创新，如电动汽车生产等。企业过去针对污染类活动的创新越多，如今就越愿意在相同领域继续开展创新，这一现象被称为路径依赖。不过有多项研究表明，碳价的提高，例如通过加征碳税，可以把创新方向引到绿色技术领域。[17]理由很简单，碳价提高会增加消费者对环境友好型产品的需求，从而扩大这些产品的市场规模，然后提升环境友好型产品的创新租金，从而诱使企业更多开展这方面的创新。

定向创新与卡尔多事实[18]

我们如何利用定向创新的理念，对关于结构变革的库兹涅茨事实与卡尔多事实做出统一解释？

我们已经看到，与服务业相比，农业和制造业部门的劳动生产率增速更高，因为产品生产的自动化程度高于服务生产。资本对劳动的替代解放了劳动力，同时推动工资下降。在其他条件不变时，这意味着劳动在收入中的份额减少，因为劳动成为生产中不那么必需的投入要素。

然而，上述效应被定向创新效应抵消了，后者可以做如下解释。由于产品部门中资本对劳动的替代，劳动力成本降低，这导致面向新服务的创新的租金提高：此类服务的生产更多依赖劳动，所以工资降低使新服务活动的利润增加，结果催生了更多面向新服务的创新。这些创新本身有两种影响，第一种影响是促进服务业增长，这是对库兹涅茨事实的另一个（或者说补充性）解释，并不依赖恩格尔定律。第二种影响是服务业扩张将增加对劳动力的需求，继而推高工资，从而恢复劳动在收入中的份额。

基于鲍莫尔定律的解释

把库兹涅茨事实与卡尔多事实统一起来的另一种方法是从如下理念入手：劳动是产品和服务生产中不可或缺的投入。[19]假设消费品生产需要多种不可或缺的投入品，每种投入品或者由劳动生产（相关生产活动没有实现自动化），或者由资本生产（相关生产活动实现了自动化）。再假设由于数字技术革命，自动化会逐渐扩大到越来越多的投入品。更确切地说，设想在每个时刻都有固定比率的之前由劳动生产的投入品，由于自动化进步而变成由资本生产。

在这一类型的经济中，有两种相反的效应在发挥作用。一方面，随着自动化的扩展，资本在生产投入中占据了越来越大的份额。当其他条件不变时，这导致资本的收入份额持续扩大，属于数量效应。另一方面，资本的积累增加了劳动力的相对稀缺性。而劳动力依然是不可或缺的生产要素，总是有一部分投入品的生产需要劳动，并且所有投入品对消费品生产来说都不可或缺。因此，劳动的价格相对资本的价格总是在持续上升。这是鲍莫尔成本病效应，属于价格效应。在上述两种相反效应的作用下，尽管自动化带来了经济结构变革，资本与劳动在收入中的份额依旧可以维持稳定。

4. 工业化是不是发展过程中的必经阶段？

从农业经济到制造业经济，再从制造业经济到服务业经济，这一两步走的结构变革是不是所有发展过程的原型？还是说，有可能跨过工业化阶段？对目前依然处于农业经济主导阶段的国家而言，这个问题尤其关键，它们或许能够跨过工业化阶段，开辟一种新的发展模式。

加纳与韩国

在2012年的一篇文章里，经济学家约瑟夫·斯蒂格利茨借助加纳与韩国的比较展示了工业化作为经济发展支柱的优点。[20] 1960年，这两个国家都以农业经济为主，人均GDP水平非常接近：韩国为944美元，加纳为1 056美元（以2010年美元计）。然而到2010年，韩国的人均GDP增长了大约23倍，达到22 087美元，而加纳不过1 298美元，这该如何解释？[21]

斯蒂格利茨认为，如果韩国专注于其比较优势（即稻米生产），很可能会走上与加纳相同的道路。或者说，如果没有历届政府在60年里致力于发展民族工业的积极政策，韩国或许能成为全球最高效的稻米生产国，但人均GDP不会起飞，不可能成为电子和半导体领域的世界领先国家。不过我们下文还要讲加纳，它从2010年之后出现了强劲的经济发展。

为什么工业化有利于经济发展?

无论如何，加纳与韩国的对比是否足以证明工业化是经济发展过程中不可缺少的阶段？韩国的成功故事还有其他因素可以解释，尤其是建立了促进技术追赶型增长的包容性制度。[22]因此，产权保护、大规模教育投资，以及利用优惠贷款、政府采购合同和出口补贴等手段扶持大型领军企业发展，或许都为韩国经济的起飞发挥了关键的助力。

为什么一个国家为加速经济增长，更快向西方国家生活水平趋近，需要更关注制造业而非农业或服务业呢？有如下几个理由支持工业化是发展过程中不可避免的步骤这一观点。

理由之一是，与其他产业不同，制造业处于价值链的核心。具体而言，某个产业的工业化会促进上游和下游相关产业的增长。DVD 生产商就是与上游产业发生关联的案例，它会推动光驱乃至更广泛的多媒体产业的发展。牛奶加工厂则是与下游产业发生关联的案例，它可以带动冰激凌工厂的发展。

理由之二是，工业化能通过边干边学的过程促进知识生产，这些知识又能传播到其他产业部门，包括农业和服务业等，从而推动整个经济的增长。特别是，工业进步会推动农业的现代化，而农业进步则对制造业生产率增长影响甚微。

工业与国民经济中其他部门之间存在技术外部性，这让斯蒂格利茨及其他部分经济学家重新想到了弗雷德里希·李斯特的“教育型保护主义”(educational protectionism）观点。[23]李斯特在 19 世纪主张利用暂时性的保护主义政策抵御外国竞争，帮助本国的幼稚产业发展。在初期阶段保护国内工业，可以使它们在规模经济或生产率上追赶世界前沿水平。通过这种方法，工业企业能够积累利润资金，并增加知识和国内人才储备，然后外溢到国内的非工业部门。[24]

该逻辑的隐含假设是其他产业部门，即农业和服务业部门，没有同样的积累知识和人才的能力，或者说，它们产生的知识没有能力充分扩展到经济中的其他部门。

理由之三是，出口是强有力的增长杠杆，因为外国需求会促进本国企业成长，这些还将在第 13 章详细讨论。而对韩国和东南亚新兴经济体等国家而言，外国需求主要是对工业产品的需求。

理由之四是，工业化能促进制度的改善。例如，韩国财阀的发展推动了信贷体系进步、基础设施建设，以及采购政策和出口促进政策的设立。这些制度和政策反过来极大地推动了韩国经济起飞与技术追赶，虽然如第 7 章所言，它们在后来变成了增长的障碍。

最后，工业化支持者认为工业能促进城市化，而城市化能带来更快的追赶驱动型和创新驱动型增长。尤其是，城市化使得在创建新基础设施和新制度时不仅可以利用规模经济效应，还能帮助经济行为人更密切地相互交往，从而促进思想交流与新理念的产生。

有大量经验证据支持工业化对增长和发展的促进作用。除发达国家都经历过工业化阶段的历史之外，我们还能找到亚洲四小龙以及更近期的亚洲小虎案例。中国也是一个典型：20 世纪 70 年代末开始的经济起飞与工业发展密切相关。那么，工业化对经济发展真的不可或缺吗？

服务引领的增长：印度的独特案例

从若干方面看，印度与中国这两个重量级选手的对比颇有意义。它们有着相当的体量，都经历了强劲增长，当然中国的增长率几乎达到印度的两倍：在 1990—2018 年间，中国的人均 GDP 年均增速达到 8.8%，印度则为 4.7%（数据来自世界银行）。不过，两国之间也有显著的区别，同样参照世界银行的说法，制造业在 2018 年的中国 GDP 中占 41% 的份额，而印度仅为 27%。

印度的工业化水平相对中国较为落后，这是不是它增长更慢的原因？有许多指标显示，印度的命运远远说不上败局已定。[25]

首先，印度的人均 GDP 增长伴随着制造业在总就业中的份额停滞不前，以及服务业的份额明显提高。这些经验发现符合如下观点，即印度目前的发展更多依赖服务业而非制造业。下面两个图示能为此提供佐证。图 8.14 让我们能看到分地区的发展情况，印度各地区被根据人均 GDP 水平划分为四类，第一个四分位组对应人均 GDP 最低的地区（Q1）……第四个四分位组对应人均 GDP 最高的地区（Q4）。该图显示了农业、制造业、服务业、建筑业和公用事业部门就业在总就业中所占的份额从 1987 年（图 8.14a）到 2011 年（图 8.14b）的变化。在这两个时期中，最富裕地区与最贫困地区之间的大部分差异都源自服务业。另外，1987 年与 2011 年之间的对比表明，服务业在后期已成为最富裕地区的主导产业，而它们在 1987 年时还是农业占主导。

最后，该研究显示人均 GDP 增长率与服务业占 GDP 份额的增长率之间存在正向关联。这应该如何解释？一个可能的原因是恩格尔定律加上创新因素。生活水平随发展进程提高，这会带来对服务的需求增加，从而引起服务业扩张。服务市场的规模扩张则会提高服务业创新的潜在租金。因此，服务业的创新会加速，进而刺激该地区的人均 GDP 继续提高。

总之，尽管我们依然要肯定工业化的优点，但不应该忽视服务业同样能够成为增长的潜在杠杆。如果有更多实证研究证明这个结论，则对于许多依然由农业主导但希望不必经历密集工业化阶段的国家来说，将看到另一条出路。从环境保护的立场看，这个结果也更加有利，因为工业化的推进会给全球气候变暖带来影响：事实上目前的测算显示，如果把交通运输排除在外，则全球范围内服务业产生的二氧化碳仅为制造业的 1/4。

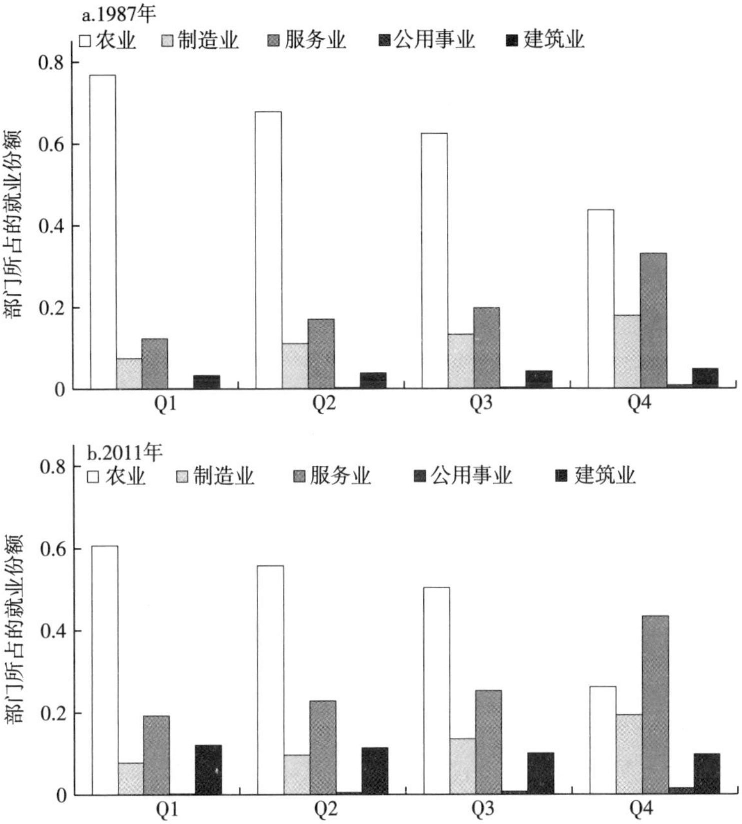

图 8.14　印度不同产业部门在就业中的份额与收入的关系

资料来源：T. Fan, M. Peters and F. Zilibotti, "Service-Led or Service-Biased Growth? Equilibrium Development Accounting across Indian Districts," unpublished manuscript, August 2020。

我们在本节开头对韩国与加纳做了历史比较，表明韩国占据优势。但从 2010 年以来，加纳的 GDP 年增长率已大幅提高，2011 年达到 11%。从 21 世纪头 10 年后期到 10 年代早期，加纳的大部分经济发展来自服务业。我们再次看到了一个似乎能成功实施服务引领型发展策略的例子，不必经历大规模工业化阶段。那么，为什么加纳能在 21 世纪头 10 年后期比 20 世纪 60 年代做得更好？这两个时期的一个重大差异与20世纪80年代后加速的全球化有关。如今，经济全球化与国际劳动分工让致力于服务生产的国家可以进口更多制造品，而出口服务或与产品捆绑的服务。这给服务产业的创新带来了更强的激励。

5. 结论

库兹涅茨把一个经济体的结构变革过程描述为两个有顺序的步骤，第一步是农业发展让位于工业发展，第二步是工业由服务业取代。我们看到，为理解这个进程，既要考虑供给侧的因素（即产品与服务的相对价格变化），也要考虑需求侧的因素（由收入水平和消费者偏好的变化导致）。

工业化阶段是否不可避免？一方面，丹尼·罗德里克等经济学家强调制造业对促进制度发展、城市化和整个经济的技术知识传播的关键作用。[26]另一方面，印度提供了以服务业为发展基础的有趣反例，说明或许有另外的发展模式，让目前依然以农业为主导的某些国家能够避免大规模工业化阶段。未来将告诉我们，在贸易全球化、数字技术革命和服务业创新的帮助下，这种新的模式是否真正可行。直接向服务引领型经济转型的这种模式的另一个优点是环境保护效应。如前文所述，如果把交通运输业排除在外，则全球服务业产生的二氧化碳排放仅为制造业的1/4。因此，让某些国家甚至大洲跳过大规模工业化阶段，对于在全球层面实现经济增长与环境保护的协调来说，无疑有重要意义。环境与绿色创新正好是我们下一章的主题。

第 9 章 绿色创新与可持续增长

早在 20 世纪 70 年代，自然资源的损耗就成为经济观察家与决策者的重要关注点之一。1970 年，罗马俱乐部委任的麻省理工学院研究小组提交了《米多斯报告》（Meadows Report），认为有必要结束由工业革命自 1820 年启动的增长过程，让人类转入零增长轨道："鉴于不可再生资源的存量有限且日渐减少，以及地球上的空间有限，我们必须普遍接受如下原理，人口增长最终将导致生活水平下降以及更多的复杂问题。"[1]

更近期以来，对另一个现象的关注强化了停滞不可避免的观点，这就是温室气体排放导致的全球变暖。克里斯蒂安·戈利耶（Christian Gollier）在颇具启发性的著作《月末后的气候》中清晰地指出，直至 19 世纪初，大气中的碳浓度一直稳定在百万分之 280（280ppm）以下。[2]海洋与植物的光合作用足以吸收人类活动产生的二氧化碳。然而随着 1820 年开始的工业起飞及大规模煤炭开采，这一平衡被打破，大气中的二氧化碳浓度从那个世纪初的 280ppm 持续增加，至 2018 年达到 410ppm。二氧化碳浓度的急剧提升造成了温室效应，引起全球气候显著变暖。全球变暖对环境有诸多后果：干旱、野火和洪水变得愈加频繁与严重，生物多样性明显减少。全球变暖对人类活动也产生了影响，例如，与气候有关的自然灾害引发的死亡增加，热浪导致生产率明显下降等。

自然资源的损耗与迎接气候变化挑战的必要性给我们提出了若干问题：自然资源的有限存量与气候变化的约束是否注定经济将陷入停滞，甚至负增长？我们该如何设计向清洁能源的转型？各国政府为抗击气候变化，并继续促进高质量和可持续的增长，有哪些主要的政策杠杆？

这些将是本章思考的主题。

1. 可持续增长：熊彼特还是马尔萨斯

我们在第 2 章讨论过马尔萨斯陷阱：长期增长在这一模式中不可能实现，因为生产率的任何提高都会导致人口扩张，把人均 GDP 拖回到基本生存水平。该理论范式看似颇为极端，但现实社会中的许多人其实都是马尔萨斯主义者，只是不自知而已，如莫里哀的《贵人迷》中的茹尔丹先生就不自觉地讲过这种道理。把“反增长”视为自然资源约束和气候变化危机的唯一应对办法的任何人，事实上同样如此。他们的观点大致可以总结如下。

设想一个经济体的增长完全来自资本积累，最终生产的消费品（最终产出）需要资本和自然资源两方面的投入。资本积累——投资——等于储蓄，而储蓄则是最终产出的一部分，其余部分均用于消费。[3]再假设自然资源的存量有限，于是我们可以证明，无论资本积累的回报率随积累数量增加上升或是下降，以下两个命题都成立：第一，这个经济体在极长期里必然陷入停滞；第二，短期内的增长减速会延长经济体的整体寿命。

为证明经济体在极长期里必然陷入停滞，我们可以用反证法。假设经济体以正速率维持无限增长，则最终产出不会向零收敛，那么，自然资源的开采消耗必须维持在某个水平之上。可是，自然资源的存量将在有限的时间内耗尽，一旦存量耗尽，最终产出就将立刻跌落到零水平。这与最终产出永远增长的初始假设相矛盾，所以从长期看，唯一可能的增长率必然为零。

第二个命题，即短期内增长减速会延长经济体的整体寿命直接来自如下逻辑：任何短期增长放缓都会节约自然资源，从而使资源消耗的时间可以变得更长，也就延长了最终产品能够被持续生产的时间。

正是这些合乎逻辑和具有说服力的推理启发了 20 世纪 70 年代的零增长论者，也为如今的反增长倡导者所继承。那么我们能逃脱这一逻辑吗？与马尔萨斯陷阱的情形类似，答案可以用一个词简单概括：创新。只有创新能推迟可能性的极限；只有创新可以在改善生活品质的同时消耗越来越少的自然资源，排放越来越少的二氧化碳；只有创新能帮助我们发现更清洁的新能源，例如，核能发电站的建设就帮助法国减少了二氧化碳排放，可再生能源的开发进一步推动了这个进程。

创造性破坏是极其强大的变革发动机，它不仅能用新技术取代旧技术，而且能开辟生产工艺深刻变革的通路。环境危机呼吁在某些领域推动激进变革，例如改变能源消耗构成，更多利用可再生能源，这要求整个能源产业改变商业模式。此处的关键问题是，创新会不会自发转向污染更少、更节约自然资源的技术，还是说有必要进行政府干预？下面我们将就此展开讨论。

2. 绿色创新、路径依赖与政府角色

企业是否总会自发选择绿色创新（专栏 9.1）？通过对汽车产业的分析，近期的一项研究指出，这个问题的答案显然是否定的。[4]几位学者从 8 个国家的汽车公司在 1978—2005 年申请的专利数据中，区分了支持电动车发展的“绿色”创新与支持内燃机汽车发展的“污染”创新。[5]利用这些数据，他们考察企业的创新历史，以分析决定企业倾向于开展绿色创新而非污染创新的因素。过去在污染技术领域取得过创新成就的汽车公司，是会继续之前的路径，还是会转变轨道、开展绿色技术的创新？

专栏 9.1　绿色创新

绿色创新又名生态创新或环境创新，意指在整个生命周期中能减少环境风险、污染和资源消耗负面影响的新产品、新工艺和新方法。

这些创新不仅来自以环境保护为主要业务的企业，如资源回收企业、生产或储存可再生能源的企业等，也来自业务看似远离生态领域的其他企业，如建筑、汽车或化学等产业。此外，绿色创新未必都属于技术领域，也可以是组织、制度或市场营销等方面的革新。

改善资源循环的绿色创新发挥着关键作用，它们超越了渐进式创新（例如提高现有机器的能源效率），带来了革命性变化。循环经济是真正的模式变革，它打破了开采、制造、消费、丢弃的线性经济模式，转而采取环形经济模式：开采、制造、消费、回收、制造……形成不间断的良性循环过程。

有人或许认为，过去开展内燃机创新的企业因为看到此类创新收益递减，会认为转向电动车开发更有利可图。但上述几位学者的研究表明事实并非如此。一家企业过去在内燃机创新上的成果越多，就越倾向于延续该领域的创新。或者说，企业会坚守自己已经掌握比较优势的业务领域。这种路径依赖意味着，如果任其自由选择，已经取得内燃机开发经验的企业不会自发转向关注电动车。因此，有必要通过政府干预来激励企业调整创新活动的方向，从污染技术转向绿色技术。

为判断一项专利或者说创新属于绿色性质还是污染性质，这些学者采用了国际专利分类法（IPC，见表9.1），尤其关注代表重大知识进步的专利。为此，他们集中考察了三合一专利，也就是在美国专利商标局、欧洲专利局和日本专利局都有登记的专利。图9.1显示的是8个国家汽车产业的绿色性质与污染性质三合一专利在1986—2005年的数量变化。绿色创新在很长时期里几近于无，但从20世纪90年代中期开始起飞，尽管目前尚未赶上污染创新的数量。

表9.1　把专利区分为绿色性质或污染性质

描述	分类编号
绿色专利	
电动车	
依靠汽车内部供应的电力驱动	B60L 11
电动车上为安全目的服务的电子设备；监控速度、减速和电力消耗等运行指标	B60L 3
控制牵引力（电动车的电机转速）的方法、电路或设备	B60L 15
电力驱动单元的配置或架设	B60 K1
对不同类型或不同功能的汽车子单元的联合控制，包括电力驱动单元（如电动机或发电机）控制、能源储备手段（电池或电容器）控制等	B60W 10/08，24，26

续表

描述	分类编号
混合动力车	
对共同或通行驱动用途的多种主要发动机的配置或架设，如包含电动机和内燃机的混合驱动系统	B60K 6
专门适用于混合动力车（包含两种或更多主要发动机的汽车，如电动机和内燃机，均为汽车驱动服务）的控制系统	B60W 20
再生制动	
动态电力再生制动	B60L 7/1
制动时，为包含发动机驱动发电机的汽车的主要发动机提供再生能量	B60L 7/20
氢能车/燃料电池	
对不同类型或不同功能的汽车子单元的联合控制，包含对燃料电池的控制	B60W 10/28
依靠汽车内部供应的电力驱动——利用原生电池、次级电池或燃料电池供应的能量	B60L 11/18
燃料电池及其制造方法	H01M 8
污染专利	
内燃机	
活塞式内燃机；一般内燃机	F02B
内燃机控制	F02D
内燃机的气缸、活塞或罩体；内燃机的密封设置	F02F
向内燃机供应可燃混合物及其构成	F02M
内燃机的发动	F02N
内燃机的点火（除压缩点火之外）	F02P

资料来源：P. Aghion, A. Dechezleprêtre, D. Hémous, R. Martin and J. Van Reenen, "Carbon Taxes, Path Dependency and Directed Technical Change: Evidence from the Auto Industry," *Journal of Political Economy* 124, no. 1 (2016): 1 –51。

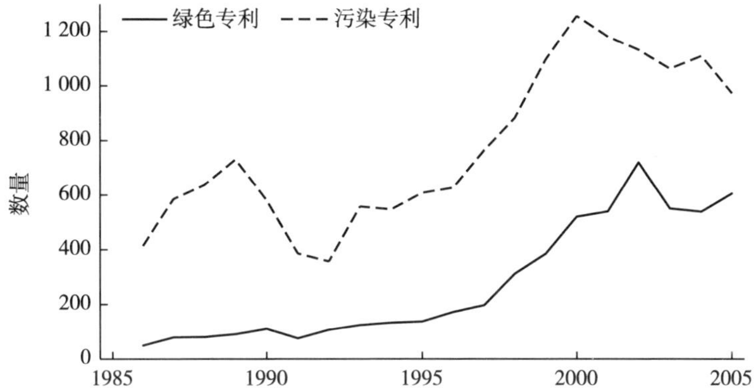

图 9.1　1986—2005 年汽车产业的绿色与污染三合一专利的数量变化

资料来源：转引自 P. Aghion，A. Dechezleprêtre，D. Hémous，R. Martin and J. Van Reenen，"Carbon Taxes，Path Dependency and Directed Technical Change：Evidence from the Auto Industry，" *Journal of Political Economy* 124，no. 1（2016）：1－51，图 4。

针对每位创新者（无论企业或个人），以及 1978—2003 年间的每一年，这些学者不仅知道每位创新者在当年获得的绿色和污染专利的数量，还包括同一位创新者在历史上获得的专利情况。这些信息让我们能够分析：企业对绿色技术或污染技术的创新倾向在多大程度上取决于它过去积累的专利成果属性。

这些学者发现，如果一家企业过去的专利中有超过 10% 是绿色技术，则该企业后来推出绿色专利的概率会提高 5%。与之对称，过去登记了较多污染技术专利的企业后来获得污染专利的概率也更高。因此，企业在选择开展何种创新时表现出了路径依赖现象，我们不能只依靠私人部门把创新方向调整到绿色技术上，而无视政府干预。

好消息是，公共政策可以有效地把创新引向绿色技术领域。这些学者指出，企业面临的燃料价格每上涨 10%，开展绿色创新的概率即会提高 10%。这种调整来自本书第 8 章介绍过的市场规模效应：燃料价格上涨会降低使用内燃机的汽车的市场需求，从而使污染技术创新的概率下降，让企业转向绿色技术创新。

这些学者模拟了不同政策的效果：提高2005年的汽油价格，对2028年之前的绿色专利（图中实线）和污染专利（虚线）数量的影响。图9.2a展示的是没有汽油价格上涨时的结果；图9.2b、图9.2c和图9.2d分别展示的是汽油价格在2005年提高10%、20%和40%时的结果。可以看到：在提价40%的情况下，两条曲线将在2020年出现交汇；此后，企业将自发地选择绿色技术，因为它们积累的有关绿色技术的专业知识已变得更多。

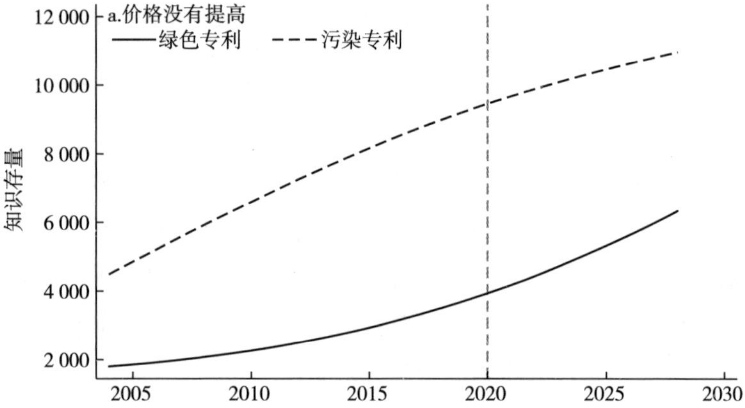

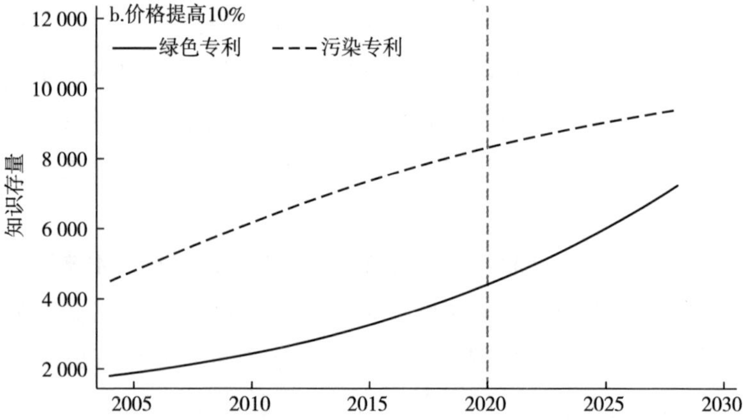

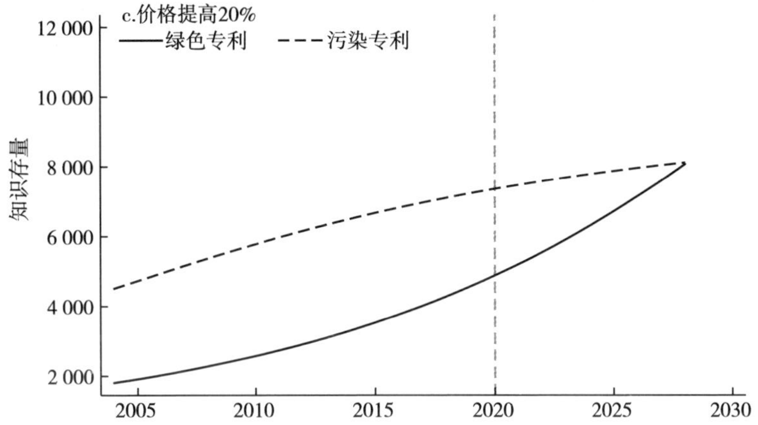

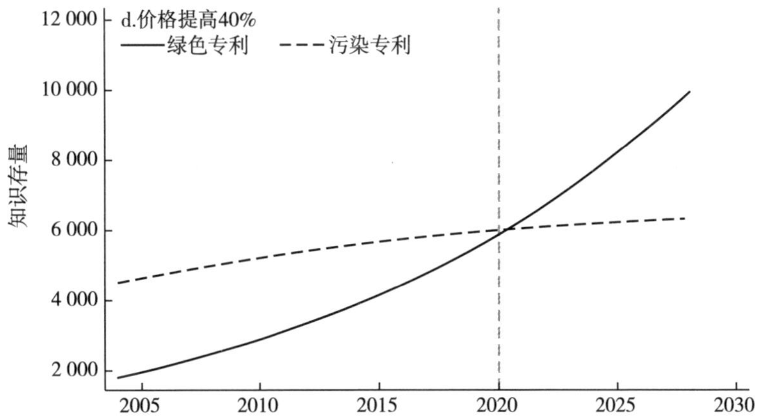

图 9.2　模拟提高汽油价格产生的效果

资料来源：转引自 P. Aghion，A. Dechezleprêtre，D. Hémous，R. Martin and J. Van Reenen,"Carbon Taxes，Path Dependency and Directed Technical Change：Evidence from the Auto Industry," *Journal of Political Economy* 124，no. 1（2016）：1－51，图 6a、6b、6c、6e。

无疑会有读者提出合理的反驳，认为40%的汽油价格涨幅并不现实，因为这给当前世代增加的成本过高。实施惩罚性生态税以改变人们的行为是颇具煽动性的主意，可能引发公众的反对，例如法国爆发“黄马甲”运动时，引起人们暴力抗议的部分原因就是燃油价格上涨。[6]不过，碳税并非唯一的政策工具。我们有必要将讨论加以扩展，继续考察把研究转向绿色创新的其他政策杠杆。

3. 哪些政策可以促进绿色创新？

威廉·诺德豪斯对阵尼古拉斯·斯特恩

为研究全球变暖对增长的影响以及不同环境政策的成本收益，经济学家开始把气候变化纳入传统的增长模型。[7]其中一个例子是威廉·诺德豪斯的气候经济动态综合模型（DICE 模型），该模型中的最终产品由劳动和资本生产。[8]随着技术进步，这两个要素的生产率都逐步提高。此外，生产率与环境质量有正向关联。环境则受到经济总产出造成的气温升高的负面影响。该模型的隐含假设是，生产会带来二氧化碳排放，继而引起全球变暖。

这个经济体唯一的效率缺失源于：个体生产者并不考虑其活动对二氧化碳排放乃至生产率造成的负面影响，因此排放形成了负的环境外部性。用经济学术语讲，就是个体生产者没有把环境外部性内部化。这一问题该如何解决？由于经济中只有这一种外部性，那么仅靠一种政策工具就足以把经济拉回有效率的轨道，这种工具就是碳税，即根据碳含量按比例对化石燃料开征的税收。采用该模型的经济学家要解答的主要问题是，如何在当前世代与未来世代之间分配环境政策的负担。

是选择从一开始就设置较高的碳税率，给当前世代造成强烈影响；还是逐渐提高税率，让当前世代与未来世代更平均地分担成本，哪种办法更好？答案很大程度上取决于你如何选取今天与未来之间的贴现率。这也是威廉·诺德豪斯的乐观主义方法与尼古拉斯·斯特恩的悲观主义方法的差别所在。

尼古拉斯·斯特恩是英国经济学家、伦敦经济学院教授，曾于2000—2003年担任世界银行高级副行长。他是环境与发展领域的世界知名专家，尤其以《气候变化的经济学》（Economics of Climate Change）报告为大众熟知。[9]该报告由英国政府于2006年发表，是第一份由经济学家而非气候学家牵头撰写的相关报告：首次把经济学领域的人才动员起来，评估气候变化造成的经济成本。该报告的结论可谓旗帜鲜明：只有采取强烈而果断的温室气体减排行动，才能让我们避免世界范围内每年5%~20%的GDP损失。

威廉·诺德豪斯是美国经济学家，执教于耶鲁大学。他与马丁·魏茨曼（Martin Weitzman）一起率先为气候变化建立模型，尤其以环境经济学研究著称，特别是上述的气候经济动态综合模型。该模型综合考虑了影响经济增长的要素、二氧化碳排放、碳循环、气候变化、气候灾难与气候政策等因素。

诺德豪斯认为，到2100年，地球气温提高3摄氏度将导致全球GDP下降2.1个百分点，提高6摄氏度会导致GDP下降8.5个百分点。[10]可见，全球变暖造成的影响将非常小，因为全球GDP在一个世纪中出现8.5%的跌幅只相当于每年的增长率下降不到0.1个百分点！许多气候学家对这一乐观看法提出了批评，认为这严重低估了气候变化的影响程度。

诺德豪斯设定了一个较高的贴现率，从而赋予未来世代相对于当前世代较低的权重。他的乐观态度来自如下理念：经济增长将使未来世代比当前世代富裕得多，所以他们将有更好的条件应对气候变化问题，他由此建议采取更加渐进式的碳税。而斯特恩采用的贴现率较低，主张采取强烈而迅速的行动。

环境与定向创新[11]

让我们设想，某个经济体既生产内燃机汽车等污染产品，也生产电动车等非污染产品。[12]只有污染产品的生产会导致大气中的二氧化碳浓度增加，从而使全球变暖。技术进步的方向是朝向污染产品还是非污染产品，将由内生机制决定：取决于企业的创新决策是投入污染技术还是绿色技术。

在这个技术进步由内生决定的经济体中，存在两类外部性。第一类是环境外部性，与污染产品生产及其带来的二氧化碳排放有关，第二类外部性则与创新的路径依赖有关：当企业决定开展污染技术而非绿色技术创新时，它并未考虑这一决定会促使自己在未来更多投入污染技术的创新。我们都会自发地在自己原本擅长的领域开展创新。如果你擅长烹饪，而不是跳舞，那你很自然地会继续关注提高厨艺，而非舞技。

把定向创新作为技术进步的一个源泉，可以在环境经济政策的讨论中深化相关分析，并改变议题的性质和条件。

由此得出的第一个启示是，即使接受诺德豪斯的较高贴现率，我们可能仍需要立刻采取行动，把创新方向调整到非污染技术上。为理解这点，可设想在初期阶段，内燃机的生产技术比电动车技术发达得多。由于路径依赖，在没有政府干预时，企业都会继续从事内燃机创新，因为这是它们最擅长的领域。于是，内燃机技术与电动车技术之间的差距会继续扩大，等到未来再采取调整创新方向的政策时，将需要付出更长的时间和更高的成本。我们可以用牙疼做类比，如果你总推迟去看牙医，问题会变得越来越严重，今后的治疗将需要更长时间，也更为痛苦。

推迟政府干预会带来多大的成本呢？无论我们采用斯特恩还是诺德豪斯的贴现率，代价都非常高昂。若采用较为合理的参数值，在两种贴现率下得出的最佳策略都是立刻把研究方向调整到绿色创新上。

第二个启示是，政府干预是暂时性的。一旦电动车技术追赶上燃油汽车的技术，企业就会自发地继续开展电动车创新。同样是路径依赖在起作用，但这次是对绿色创新有利。

第三个启示是，由于经济中存在两类效率损失，即环境外部性与路径依赖，因此我们需要两种经济政策来调节。碳税的主要目标是纠正环境外部性，补贴绿色创新则是为打破路径依赖。虽然如上文所述，设置较高的碳税确实会削弱污染创新的激励，但采用碳税与绿色创新补贴双管齐下的办法，则可以适度降低有效抑制全球变暖所需的碳税增幅。

绿色创新的推广

由于环境是全球公共品，一个国家对环境政策的单方面投资会让全世界受益，因为二氧化碳排放减少是在全球范围内发生。所以，每个国家都希望搭便车，让其他国家承担生态行动的成本。但这是否意味着没有希望为抗击气候变化而开展有意义的国际合作？

当今时代，新兴国家发出的声音越来越大，它们表达了对实现经济发展的合理愿望。它们的立场是，发达国家已从两个世纪的污染性增长中获益，如今不能剥夺新兴国家沿着同一路径追赶的权利，这样的理由很充分。因此，新兴国家不愿意对削减二氧化碳排放的目标做出正式承诺。

不过，绿色创新的推进可以改变如何以全球协同方式抗击气候变化的讨论。[13]虽然巴西和中国等新兴国家对全球层面的创新有所贡献，但绝大多数发展中国家依然以模仿和借鉴发达国家已经发明的技术为主（见第 7 章）。

假如发达国家共同决定把创新方向调整到绿色技术上，然后开放这些新的绿色技术，以促进向欠发达国家的技术传播。再假设发展中国家的企业可以在采纳绿色技术与污染技术之间做选择。在此情形下，我们很容易看到，一旦发达国家的绿色技术的先进程度足以与污染技术抗衡，对发展中国家的企业而言，更有利可图的做法是放弃旧的污染技术，转而采纳新的绿色技术。例如，中国已成为太阳能电池板的世界领先者，并正在大力投资电池与电动车研发。

总之，我们并不需要全世界所有国家从一开始就全体协调行动。仅依靠发达国家之间对转向绿色技术创新的协同，再加上把这些技术向欠发达国家推广的坚定政策，就足以成功抗击全球变暖的趋势。

当然，以上推理尚未充分考虑全球化，尤其是新兴国家自由加入国际贸易带来的影响。事实上，把自由贸易纳入分析会给上述乐观结论带来疑问。在经济全球化背景下，如果若干追求良性循环的国家单方面决定投资于绿色创新，如通过碳税或者补贴“绿色创新”等措施，停止污染创新，则这个群体之外的部分国家有可能选择成为“污染天堂”。该术语是指，这些国家专注于开展污染性经济活动，或者引进专注于污染生产和创新的跨国企业。此类企业不能继续在良性循环的国家开展经营，但可以转移到“污染天堂”。再借助自由贸易，它们可以把产品出口到世界各地，包括追求良性循环的国家。最终，不仅世界范围内的环境问题在短期内会趋于恶化，而且转向绿色创新的技术变革也会被延迟，甚至遭遇滑铁卢。

正是为了避免良性气候政策的这一适得其反的后果，各国必须采取联合行动，以推广绿色技术，并给落后国家采纳这些技术提供补贴。此类政策还必须包括碳关税，对那些可以得到绿色技术，却仍选择做污染天堂的国家实施。我们不能忘记：把绿色技术推广到其他国家，对这些技术的原创国而言要付出极其巨大的成本，创新者会为此遭受相当大的损失，因为他们的创新会被其他国家模仿，不再能获得租金。所以原创国必须给他们一定的补偿，这些都是成本。

激励（胡萝卜）加上碳关税威胁（大棒）的组合可以增加单方面气候政策的可信度，使其效力扩展到其他国家，以在世界范围内共同抗击全球变暖。

4. 消费者、竞争与绿色创新

如果就此结束分析，我们传递的主要信息将是：若要把技术变革导向绿色创新并避免环境灾难，政府的干预不可或缺。若没有政府干预，企业会自发选择开展污染技术创新，在路径依赖的作用下，它们的这一倾向性将日益明显。于是污染情况会恶化，全球变暖将加速。

这是否意味着，政府是生态转型中唯一重要的行为人？或者说，民间社会是否也能发挥作用，特别是通过企业的社会责任机制？米尔顿·弗里德曼及在他之前的阿瑟·庇古都毫不含糊地反对企业社会责任的概念。[14]他们认为，企业就应该追求利润最大化的单一目标，让政府来处理各种失灵问题，包括交易成本、不对称信息和负外部性等，还有用再分配等手段来缓和不平等状况。极端自由主义与强势政府的拥护者都赞成弗里德曼的这一观点，因为两派均希望尽量压缩民间社会的角色。

然而如罗兰·贝纳布与让·梯若尔所述，政府能达成的目标是有局限的。[15]局限之一在于，政府官员经常受到各类利益集团的游说影响（见本书第5章）。局限之二在于，气候变化是个全球性问题，不可能仅靠任何一个国家来解决。那么，为什么不能同样借助民间社会的力量，尤其是让消费者在做选择时更多考虑社会与环境方面的因素？

消费者确实有影响企业决策的力量。[16]因此在消费者真正关心环境的国家，汽车市场上的激烈竞争会促使生产商开展更多绿色技术创新，如电动车等。这背后的基本思想很直观。我们在第 4 章讲过，竞争促使企业通过创新来提升产品价值，以取得领先地位。类似的理念也可以适用于开展定向创新、消费者支持环境保护的经济体。在此情形下，激烈的竞争将驱动企业开展相关创新，以压低产品价格与环境影响的比率，也就是说利用更加环保的技术来超越竞争。相反，在消费者更加关心产品价格而非环境后果的经济体中，竞争加剧就不太会刺激绿色创新，反而可能使环境问题恶化。此情形可以称作“发展综合征”：竞争加剧使价格下降，消费者需求增加，导致更大的产出与更多的污染。

图 9. 3 显示了美国人在 1984—2019 年对环境问题和经济增长关注度的变化，数据来自盖洛普调查。[17]可以看到，对环境问题的关注在 2000—2010 年间有所下降，但在 2010 年后趋势发生逆转。

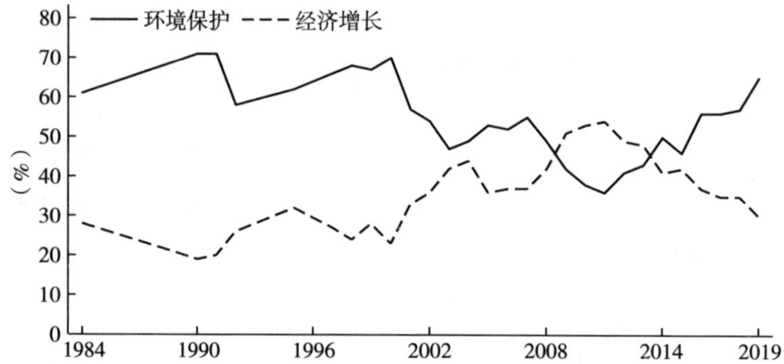

图 9. 3　美国人对环境保护与经济增长的偏好态度的变化

资料来源：Gallup。

为测算环境议题在不同国家的重要程度，我们采用了 1998—2002 年以及 2008—2012 年开展的国际社会调查计划（ISSP）的数据，以及世界价值观调查的数据。这些调查向相关国家的消费者发放相同的问卷，其中的问题包括：“为保护环境，你愿意付出多高的价格（或税收）?”以及“你是否愿意放弃一部分收入，如果确信这些钱将被用于减轻污染?”等。此类调查涉及42个国家，包括主要的发达国家。

为测算企业面临的竞争程度，我们采用了各国对国际贸易的开放度（世界银行编制的一项指数），以及不同国家的政府对产品市场的监管力度（即经合组织的竞争指数的倒数）。

这项研究把重点放在汽车产业，以分析竞争程度与社会环保态度如何影响企业开展内燃机或电动机创新的概率。研究得出的主要发现是，在碳税之外，产品市场竞争加上消费者对环境的关心构成了强大杠杆，推动企业走向绿色创新。该结果很有参考价值，因为它揭示了在碳税与研发补贴之外另一条抗击气候变化的补充途径。这一途径就是实施教育政策，以增强消费者对环境议题的关注，并加强竞争，尤其是通过开放产品市场和约束游说活动。

5. 中间能源与能源转型

如果有中间能源（污染小于煤炭和石油，但大于可再生能源）可供选择，我们又该如何向可再生能源转型？天然气就是这样的例子，尽管同属化石能源，它却被视为最清洁的碳氢化合物，其燃烧释放的二氧化碳比石油少30%，比煤炭少50%。因此，页岩气这种非传统的天然气也作为中间能源重新受到了关注。[18]这里不对页岩气的开采做深入讨论，我们只是用它作为例子来阐述利用中间能源的利弊得失。[19]

腾飞的页岩气已成为美国天然气市场上的革命性角色。图9.4展示了美国页岩气产量的变化，我们看到从2008年开始急剧加速（号称页岩气繁荣)，产量在 2008—2018 年间增长了约 500%。图 9.5 则显示，从 2008 年开始，天然气取代煤炭的速度大大加快。

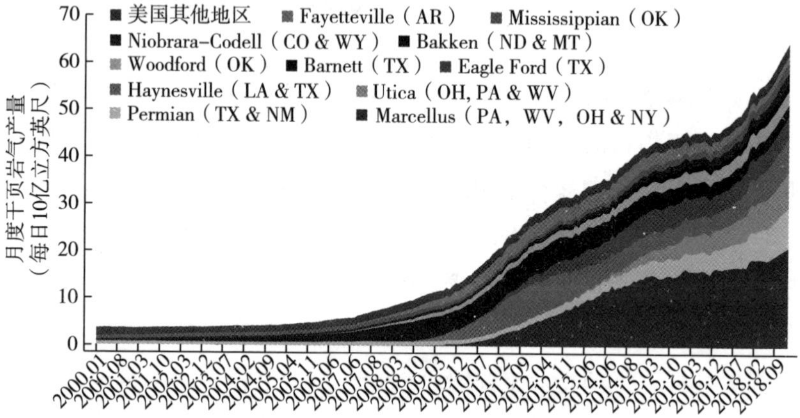

图 9.4 页岩气繁荣

资料来源：转引自 D. Acemoglu，P. Aghion，L. Barrage and D. Hémous，" Climate Change，Directed Innovation and Energy Transition：The Long-Run Consequences of the Shale Gas Revolution，" unpublished manuscript，February 28，2019，图 1。

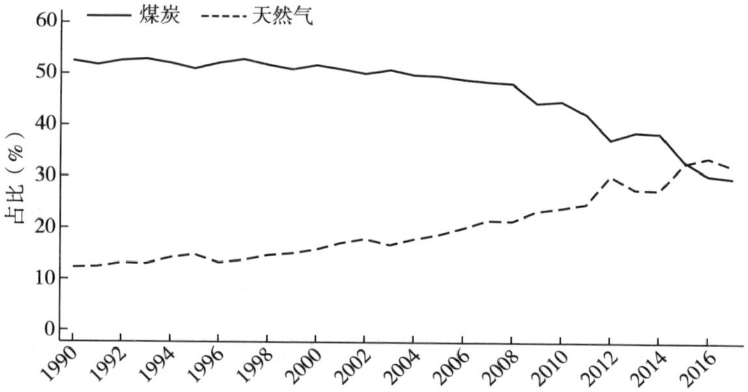

图 9.5 煤炭与天然气在发电能源中的占比

资料来源：转引自 D. Acemoglu，P. Aghion，L. Barrage and D. Hémous，" Climate Change，Directed Innovation and Energy Transition：The Long-Run Consequences of the Shale Gas Revolution，" unpublished manuscript，February 28，2019，图 2A。

从煤炭向天然气转型对二氧化碳排放有何影响？图 9.6 显示，二氧化碳密度（即单位能量产出对应的二氧化碳排放量）出现了急剧下降（图中虚线）。这一下降属于替代效应的结果：由于高污染的煤炭被低污染的天然气部分取代，单位能量产出带来的污染随之减少。然而，该效应可能被规模效应完全抵消并超过：页岩气作为补充能源引入后，会增加能源的总体供给，使能源价格乃至企业生产成本被压低，从而鼓励企业扩大产出，排放更多的二氧化碳。图 9.6 显示，实际的二氧化碳总排放量在长期持续攀升后，从 2008 年起开始减少（图中实线），说明替代效应占据了主导。

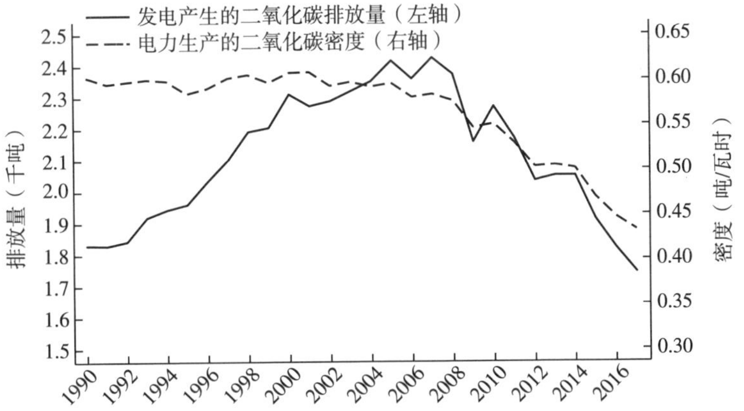

图 9.6 发电产生的排放与二氧化碳密度

资料来源：转引自 D. Acemoglu, P. Aghion, L. Barrage and D. Hémous, "Climate Change, Directed Innovation and Energy Transition: The Long-Run Consequences of the Shale Gas Revolution," unpublished manuscript, February 28, 2019, 图 2B。

先不管与污染效应有关的批评意见，我们能否就此认为应该毫不犹豫地大规模开采页岩气呢？同样，如果把创新效应纳入考虑，我们就必须重新评估上述推理。近期有一项研究提出，如果在一个经济体中，最终消费品的生产需要三种能源：煤炭、页岩气和可再生能源。[20]煤炭造成的污染大于页岩气，后者又大于可再生能源。企业可以选择投资于化石能源（煤炭与天然气）的技术创新，或者可再生能源的技术创新。在上述条件下，页岩气繁荣对二氧化碳排放在短期和长期分别有何影响？

在短期内，依靠现有技术，页岩气的引入会带来上文提到的两种相反效应：减少污染的替代效应与加重污染的规模效应。如图 9.6 所示，替代效应似乎能占据主导。那么在考虑到创新因素，企业需要在化石能源与可再生能源两类技术之间做选择时，长期又会产生何种结果？化石燃料繁荣会刺激企业至少暂时放松可再生能源的创新，因为化石燃料的市场规模和租金都在增长。事实上，从图 9.7 也可以看到：可再生能源的专利数量占美国全部专利的比例在之前持续提升后，于 2008 年开始急剧下跌。

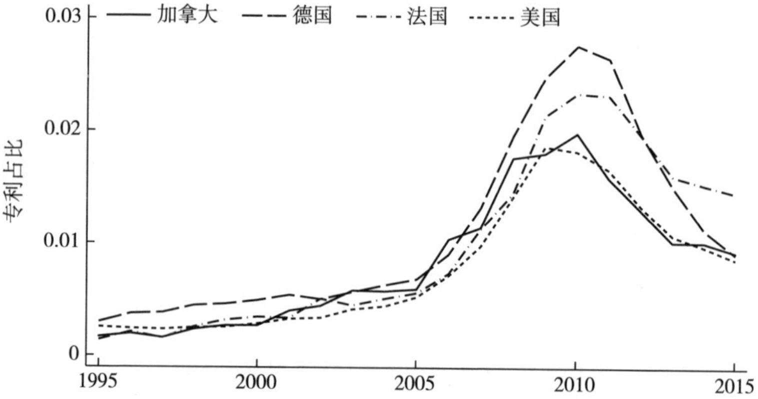

图 9.7　可再生能源专利在总专利数量中的占比变化

资料来源：D. Acemoglu, P. Aghion, L. Barrage and D. Hémous, "Climate Change, Directed Innovation and Energy Transition: The Long-Run Consequences of the Shale Gas Revolution," unpublished manuscript, February 28, 2019。

所以，页岩气繁荣或者会推迟向绿色创新的转型，或者会因为路径依赖而完全阻碍这一转型。受页岩气繁荣的影响，化石燃料技术领域的专业知识积累会促使企业无止境地继续开发这些技术，我们可以称之为“中间能源陷阱”。在这两种情形下，页岩气的引入都会在长期导致二氧化碳排放量增加和潜在的气候灾难，而在没有页岩气繁荣时本可以避免。

这是否表明人们应该忽略中间能源，或者说有更好的办法，能让我们利用它们在短期的积极效应，但尽量减小其对创新的长期危害？我们认为，如果在模型中采用合理的参数值，则最优政策选项是在利用页岩气繁荣的同时大力补贴可再生能源创新，并显著但不过度地提高碳税（增幅 2 ~ 3 个百分点）。这样的政策可以成功避开中间能源陷阱，加速向绿色创新的转型。

6. 结论

我们在本章的讨论有四个主要思想。第一，尽管受自然资源存量有限的制约并必须抗击全球气候变暖，创新仍可以让人类的生活水平和品质持续改善。第二，创新不会自发转向环境友好型，过去在污染技术上开展生产和创新的企业倾向于继续停留在污染技术领域（路径依赖现象）。因此，我们需要政府干预把创新引向绿色技术。当然政府不能替代企业，而应该通过激励来发挥影响。我们由此讨论了促使企业转向绿色创新的几种杠杆措施：碳税、绿色创新补贴、向发展中国家的技术转移，以及惩罚污染天堂的碳关税等。第三，对天然气等中间能源的利用可以在短期内减少二氧化碳排放，但可能让创新焦点陷入中间能源领域，从而妨碍向清洁能源转型。这里再度需要政策制定者发挥作用，选择合适的政策组合，以防止各国在能源转型的中间位置停滞不前。第四，民间社会可以扮演关键角色，鼓励企业开展绿色技术创新。我们提到了消费者的作用，但企业社会责任的各种内容也都与此有关。关于政府与民间社会的协同作用，我们在第 15 章还将述及。

第10章　创新的背后

到目前为止，我们一直把创新当作黑匣子来处理：某个抽象的人物投资于研发活动，按照与投资性质有关的概率，他将产生创新成果，随后申请专利并开发其市场价值。然而，现实情况更为复杂。

首先，并非所有人都有相同的机遇成为创新者。家庭与社会环境，尤其是父母的收入水平、教育和职业等，都影响个人从事创新的倾向性。内在的创造力和天赋在个人之间的分布并不均衡，也会发挥作用。我们能否识别哪些因素对个人成为创新者的影响最大？此外，创新会在多大程度上让同一企业的其他人（包括雇员和经理人等）获得好处？

其次，创新并不等于在某个给定时刻投资于研发活动，然后就能以给定概率在将来收获成果。创新是包含若干阶段的整体过程。第一阶段通常是基础研究，即研发中“研”的部分。这些研究得出的成果未必可以用来申请专利，其主导者也未必是为了盈利动机而工作。接下来是应用研究和开发阶段，即研发中“发”的部分。基础研究的动力来自哪里？基础研究如何与更直接面向市场的应用研究相结合？什么样的制度对创新过程中的各个阶段最适用？这些将是本章试图解答的问题。

1. 谁会成为发明家？

个人成为发明家的概率在多大程度上受社会与家庭因素的影响？根据本节的讨论需要，我们把发明家定义为在其一生中至少能获得一项专利的人。[1]图 10. 1a 显示的是：一位居住在美国的人在 1996—2012 年从美国专利商标局获得一项专利的概率同他父母的收入有多大关联。[2]父母的收入以 x 轴的点表示，划分为百分位。该图展示了对应每个百分位的父母收入，有子女在其一生中至少获得一项专利的比率。图中的 J 形曲线说明，当父母的收入较低时，子女做出发明的概率很低，而且随收入的增加也没有多少提升。相反，如果进入收入分配的较高部分，特别是最高的 20%，子女做出发明的概率随父母收入增加迅速上升。

基于美国历史数据的图 10. 1b 则显示，父母收入与子女做出发明的概率在更长和更早的时期里（1880—1940 年）有着同样的 J 形关系。[3]

最后，图 10. 1c 利用 1988—2012 年芬兰的数据，再次证明父亲的收入水平与子女做出发明的概率之间存在这种 J 形关系。[4]这一相似性很令人惊讶，因为芬兰的受教育机会比美国平等得多。根据 PISA 项目（国际学生评估项目）的评估成绩，芬兰的中小学教育质量非常出色：在 2018 年的 PISA 阅读测试中，芬兰在 77 个国家里排名第 7 位，美国和法国则分别排名第 13 位和第 23 位。[5]另外，芬兰从幼儿园到博士的教育完全免费提供，因此是全民可及的。

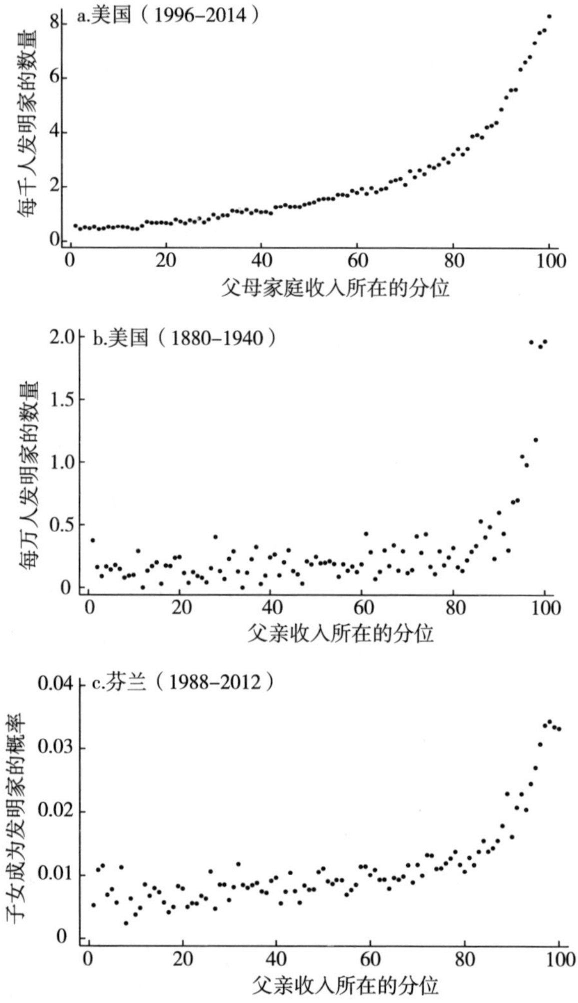

图 10.1　父母收入水平与子女做出发明的概率

资料来源：a. 转引自 A. Bell，R. Chetty，X. Jaravel，N. Petkova and J. Van Reenen，"Who Becomes an Inventor in America? The Importance of Exposure to Innovation，" *Quarterly Journal of Economics* 134，no. 2 （2019）：647 – 713，图 1A；b. 转引自 U. Akcigit，J. Grigsby and T. Nicholas，"The Rise of American Ingenuity：Innovation and Inventors of the Golden Age"（NBER Working Paper No. 23047，National Bureau of Economic Research，Cambridge，MA，January 2017），图 8A；c. 转引自 P. Aghion，U. Akcigit，A. Hyytinen and O. Toivanen，"The Social Origins of Inventors"（NBER Working Paper No. 24110，National Bureau of Economic Research，Cambridge，MA，December 2017），图 1C。

美国的 J 形曲线该如何解释，为什么在芬兰这样平等程度高得多的国家也能看到类似的曲线？

美国社会与家庭因素对创新的阻碍

为解释美国的 J 形曲线（图 10.1a），我们首先想到两个因素。首先，父母的收入对个人能力有初始影响：遗传差异，表现在从事创新类职业的天赋和愿望上。此外，收入较高的父母还能帮助子女克服成为创新者的各种进入壁垒。

图 10.2 展示了个人在一生中做出发明的概率（纵轴表示每千人发明家的数量）与他的自身能力（横轴表示标准化的数学测试成绩）之间的关系。其中的三角形曲线代表父母收入属于最高的 20% 群体的子女，圆点形曲线代表其他父母群体的子女。对这两种情形而言，成为发明家的概率与自身能力的关系均呈现 J 形曲线。即是说，能力一般的孩子成为发明家的概率较低，能力突出的则有

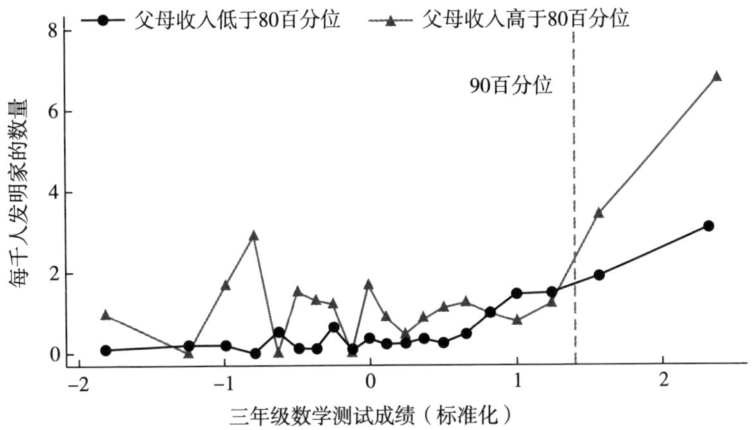

图 10.2　获得专利的比率与三年级数学测试成绩的关系

资料来源：转引自 A. Bell，R. Chetty，X. Jaravel，N. Petkova and J. Van Reenen，"Who Becomes an Inventor in America? The Importance of Exposure to Innovation，" *Quarterly Journal of Economics* 134，no. 2（2019）：647－713，图Ⅳ（A）。

较高的成功概率。图中最右侧部分两条曲线之间的差距则说明，对于有类似极高天赋的子女而言，如果父母的收入状况很好，他们做出创新的概率将大大提升。这种差距在能力普通的子女中间则并不突出。总之，该图证实了个人自身能力的重要性，同时显示父母收入状况对于天赋出众的孩子取得成功也非常关键。

为了区分自身能力同家庭环境对发明创造概率的影响，亚历山大·贝尔（Alex Bell）及其合作者在研究中划分出两组群体：位居收入分配顶部的20%群体，以及剩余的80%群体。[6]在此基础上，他们模拟了一种虚拟场景：三年级学生的自身能力在这两组群体中呈均匀分布。也就是说，他们假设社会环境对这些学生自身的能力没有影响。在此假设之下，他们证明两组学生在创新成就上的差异有68.8%（超过2/3）可归因于社会背景。我们需要留意到，上述假设过于严格，因此68.8%的估计是个下限值，社会环境对子女们做出发明创造的概率的影响无疑还要大得多。

我们可以推测，有多种影响创新的社会壁垒。首先有财务壁垒，父母收入有限会使子女在追求学业时面临不利条件。其次有知识壁垒，较富裕的父母通常有较高的教育水平，有更多知识传授给子女。最后还有文化和志向的壁垒，子女会受父母期许的目标以及父母自身职业选择的影响。

我们可以从多个维度描述环境与社会背景的影响。从地理维度看，我们观察到子女所处的就业区的创新性越强，他们后来做出创新的概率也越高。从父母的职业维度看，父母从事的产业的创新性越强，子女做出创新的概率也越高。此外，我们还发现父母与子女在创新领域上存在重合现象，创新者的子女如果能做出创新成果，其创新领域几乎总是与父母的相同。

从美国关于发明的社会与家庭背景的数据中，我们能得出哪些启示？首先，父母收入水平与子女创新概率之间有明显关联，特别是对高收入父母群体。这种关联部分源于家庭背景对子女自身能力的影响，但更主要是因为下层家庭的子女从事创新要面临各种进入壁垒。另外还有明显的文化壁垒，子女的目标选择因为家庭出身而存在差异。

芬兰的谜团

在观察芬兰时，我们看到父母收入水平与子女做出创新的概率之间存在与美国类似的关联性，然而芬兰社会的不平等程度远低于美国，这个悖论何解？有研究试图对此做出回应，[7]依据是芬兰在1988—2012 年的三个数据库，包括该国关于收入、社会职业状况、父母教育水平的行政数据，欧洲专利局关于 12 575 位芬兰发明家在此期间的数据，以及芬兰的义务兵役制度提供的全体男性国民（包括发明家在内）的智商成绩。虽然智商的测评方法有时存在争议，却与上述三年级测试成绩类似，依然可作为对个人能力的一种度量。

图 10. 3 展示的是，个人做出创新的概率与父母教育水平的关系（其中图 10. 3a 是父亲，图 10. 3b 是母亲）。从中可见，父母的教育水平越高，子女做出创新的概率越大。尤其是父母在科学领域获得博士学位时，子女做出创新的概率比其他人明显更高。

我们来看看对芬兰谜团的解释。在估计芬兰的创新概率与父母收入的关系时（图 10. 1c），我们也发现了熟悉的 J 形曲线：发明概率随父母收入上升。根据这一基本关系，我们模拟了一个大致相同的场景：发明概率是父亲收入在全国收入分配阶梯中的位置的函数（图 10. 4 中的实线）。区别在于，这里的父母收入不是连续测算，而是划分为多个等级。较低的收入等级位于图中的左侧，较高的收入等级位于右侧。

接下来，我们对发明概率与父亲的收入等级做回归测算，得到了与图 10. 1c 相同的图形：发明概率随父母收入的等级上升而提高。从基本的实线开始，我们分析了在控制父母的社会经济地位之后（图中虚线），发明概率与父母收入变化的关系。[8]我们看到曲线变得略为平缓了一些，表明父母的社会经济地位对发明概率存在影响。

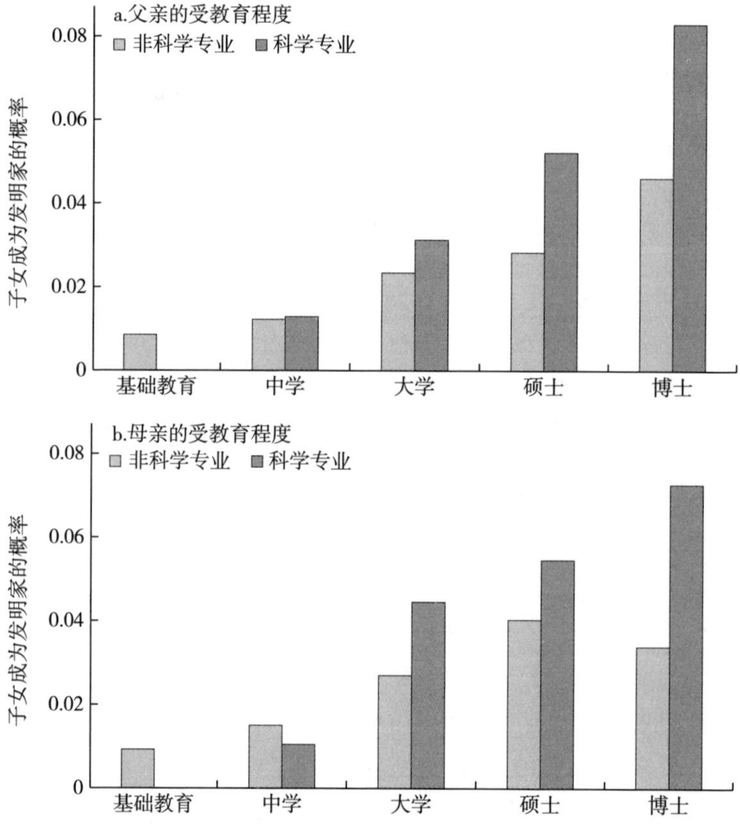

图 10.3　父母受教育程度与子女成为发明家的关系

资料来源：转引自 P. Aghion，U. Akcigit，A. Hyytinen and O. Toivanen，"The Social Origins of Inventors"（NBER Working Paper No. 24110，National Bureau of Economic Research，Cambridge，MA，December 2017），图 5A 和图 5B。

接下来我们控制了父母的教育水平（图中虚点线）：该曲线变得平缓了许多，尤其是在父母的高收入水平上。这一结果确认了教育对解释芬兰的 J 形曲线的重要意义：较富裕家庭的子女做出发明的概率较高，主要原因之一是其父母的受教育程度通常较高，这对孩子有影响。尽管芬兰的教育体系有高度平等性和很高质量，父母的影响依旧是一个决定因素。此类影响无疑是通过知识传授产生的，另外也与父母可能给子女赋予的目标有关：一般来说，在科学领域有博士学位的父母会激发子女更强的人生志向与奋斗目标。

最后，我们考虑了个人的智商因素（图中点线）：使J形曲线变得更平直。它表明父母收入与子女智商之间存在正向联系，对此该如何解释？这里我们感到缺乏把握，社会学家与心理学家显然比经济学家更有资格作答。[9]一种可能的说法是较富裕家庭的子女对智商测验的准备更充分。另一种说法是较富裕的父母有更高的技能，而父母的技能水平同智商之间有正向关联，父母的智商与子女的智商之间同样有正向关联。

简单来说，芬兰谜团很大程度上可以理解为收入较高的父母往往追求更高的学业，继而影响了其子女做出创新的概率。

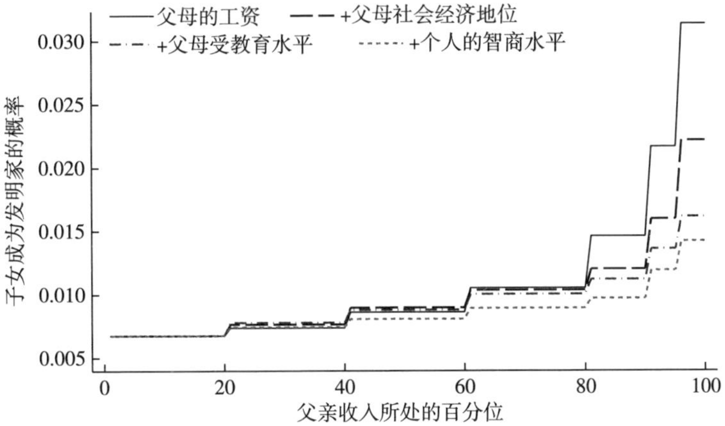

图 10.4　分解父亲收入的影响

资料来源：转引自 P. Aghion，U. Akcigit，A. Hyytinen and O. Toivanen，"The Social Origins of Inventors"（NBER Working Paper No. 24110，National Bureau of Economic Research，Cambridge，MA，December 2017），图 7。

与美国的案例相比，在芬兰的案例研究中利用了父母受教育水平的数据，证实了教育和目标设定在培养创新方面的重要性。但同时也显示了另一个因素的作用：子女智商与父母收入之间的联系。

芬兰的数据还引发我们进一步思考：家庭环境可能成为下一个爱因斯坦出现的障碍吗？回答是肯定的。我们设想有两个兄弟 A 和 B，其父亲的收入属于最低的 20% 群体。A 的智商接近平均水平，B 的智商则非常高。如果我们把这位父亲替换为收入极高的人，则数据显示，这会使 B 做出创新成就的概率提升幅度达到 A 的提升幅度的 3 倍以上。更一般地说，与普通人相比，高智商的人成功做出创新的概率随父母收入增加而提高的速率会快得多。或者说，较为贫穷的父母由于先天缺乏教育和人际关系资源，会制约高智商子女的创新潜力。所以，家庭背景的差异会让我们损失潜在的爱因斯坦。

教育政策与研发补贴之间的互补性

个人在先进知识的获得、科研职业的吸引力以及智能方面存在差异，这一现实直接影响增长政策的选择。有研究指出，人们会出于至少两方面原因而回避科研与创新类职业（Akcigit、Pearce and Prato，2020）：要么缺乏从事此类职业必需的物质资源和人力资本，要么拥有这些资源，却愿意选择其他发展路径。[10]

研发补贴的主要作用是增加科研与创新职业的回报（尤其是减少使用实验室设备的成本、提高研究人员的待遇），以鼓励有资质的人更多选择此类职业。另一方面，公共教育投资让出身平凡的人才能够追求更高学业，从而获得成为研究者与创新者的机遇。公共研发补贴与公共教育投资这两类政策可以鼓励不同人群从事科研职业，因此对创新与增长具有互补的积极效应。

当政府预算较为紧缺的时候，它应该把大多数资源投入教育，以使创新引领型增长最大化。相反，如果预算资源更为充足，最优创新政策应该把公共教育投资与研发补贴结合起来，不至于为后者而牺牲前者。只有当足够数量有天赋之人达到知识前沿，并可以决定是否从事科研职业的时候，公共研发补贴才能对创新与增长发挥显著作用。[11]

谁是企业创新的获益者？

在分析不同类型的制度和经济政策对创新的影响时，到目前为止，我们都是把创新者视为个体创业者，全部创新租金将归其所有。但在现实中，创新经常是在企业内产生，由此带来了创新租金如何在创新者与企业的其他利益相关人之间分配的问题。

近期有项研究试图解答上述问题，同样是参考芬兰的相关数据（Aghion、Akcigit、Hyytinen and Toivanen，2018）。该研究分析了雇主与雇员的关系，依据是企业招募每名雇员的详细信息：个人的工作类型（蓝领或白领等）、薪水状况等。[12]学者们收集了1988—2012年的此类信息，并与欧洲专利局的专利数据做匹配。与之前的例子一样，把发明家定义为在1988—2012年从欧洲专利局至少获得一项专利授权的人。从数据中能够直接看到一个人是独立工作还是在企业内工作。该研究只针对在企业内工作的发明家，以及白领雇员、蓝领雇员和企业主等，[13]并且集中分析刚从欧洲专利局获得某项专利授权的发明家，关注这一事件对他们的收入及企业中的其他利益相关人会带来何种影响。

研究者把创新从专利获得前5年到之后10年产生的总收入做了分解，划分到企业中的四类角色身上：企业主、发明家、白领雇员、蓝领雇员。图10.5描述的分解结果显示，企业主占据创新回报的最大份额，达到44.6%。之后为人数比其他类型员工更多的蓝领雇员，占比为25.7%；白领雇员占比为21.8%；最后是只占总收益 7.9% 的发明家。总体而言，雇员在创新回报中的占比接近 47% 。这种情况是芬兰独有的吗？

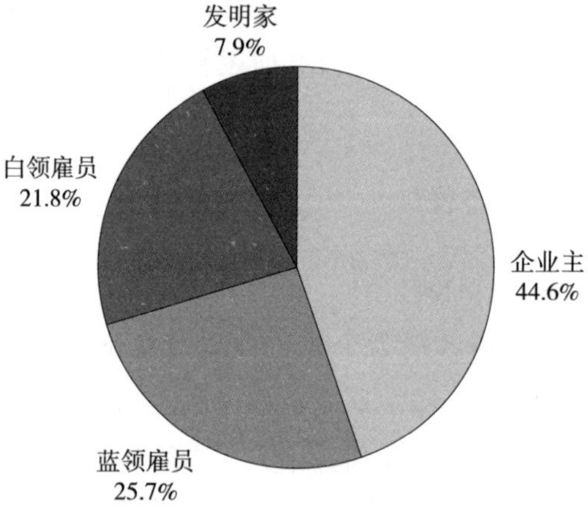

图 10.5 根据社会职业类别划分的创新回报的份额分配

资料来源：转引自 P. Aghion, U. Akcigit, A. Hyytinen and O. Toivanen, "On the Returns to Invention within Firms: Evidence from Finland," *AEA Papers and Proceedings* 108 (2018)：208 – 212，图 2。

有项类似研究采用的是美国企业与雇员的纳税数据，结合美国专利商标局在 2000—2014 年的登记数据（Kline、Petkova、Williams and Zidar, 2019），[14] 主要针对有税收和专利数据可查并首次获得有高潜在价值的专利的美国企业。[15] 这一样本共包含约 2 000 家企业。此类企业的规模通常小于在美国递交专利申请的企业的平均水平：在考察期内，其平均雇员人数为 61 人。研究者希望弄清楚，新专利带来的收入冲击对企业雇员的薪酬有何影响。为此，他们对比了专利申请获得美国专利商标局批准的企业与相同技术领域的申请被驳回的企业。

该研究首先发现，近 30% 的专利收益以工资形式归属了雇员，这个比例小于芬兰的 47% 。另外，工资涨幅对不同类型的雇员有所区别。新专利对新近入职的雇员的薪酬没有影响，只有资深雇员从创新中获益。而在这些资历较深的雇员中，男性员工从创新中获益最多，也就是说创新扩大了性别工资差距。最后一点是新专利带来的薪酬提高集中在公司收入最高的 25% 群体（即第 4 个四分位群体）。这对应着我们在芬兰看到的情形：在芬兰的企业中，白领员工人均获得的创新收益更高。

所以，本节得出的总体结论是，创新不只奖励了企业内部的发明家，还让该企业的员工与企业主获益，但根据其社会职业类型、资历和性别存在显著差别。上述分析的一个有意思的启示是税收对创新的影响：我们不能只关心所得税对发明家本人的影响，还应该考虑对企业的所有利益相关者的净收入的作用。为理解这一点，可以设想发明家属于收入分配中最高的 5% 群体，企业主则属于顶层 0.1% 群体。采用过于简化的推理可能认为，只提高最顶层 0.1% 群体适用的税率，而不改变顶层 5% 群体的税率，将不会影响创新。然而这一推理并未考虑企业主在创新进程中的重要性。通常来说，企业主需要牺牲自己的一大笔收入，以支持创新投资。打击他们也可能让整个创新进程遭到破坏。

2. 基础研究的推动力

企业家和创新者居于此前各章中揭示的熊彼特范式的核心，[16]他们依靠前人积累下的知识，投资于研究开发，以提高实现成功创新的可能性。为什么要创新？因为创新可以市场化并带来货币租金。由此可见，知识产权发挥着关键作用，保护创新者及其货币租金不被抄袭模仿侵害。这一范式为理解之前各章提到的若干事实与经验谜团提供了极为有用的思路，不过与经济学中所有范式一样，它们反映的现实本身更为复杂。

我们先谈谈知识积累过程。在现实中，创新不只是基于过去的创新，还更主要地依靠基础研究，后者并不遵循企业研发的逻辑和激励。学术界与独立实验室的研究者往往比企业中同等水平的研究人员待遇更低。[17]那为什么本可以在企业获得更高待遇的人会选择大学的职位呢？此疑问可以用一个词回答：学术自由。学术界的研究者可以决定自己的工作计划，他可以投入某个新项目，但在中途选择放弃，转到新路径上去探索。他可以自由地启动结果并不成功的研究项目，或未必有市场化应用前景的项目。此外，他可以同其他科研人员开放交流，自主决定与哪些人开展合作，并自由地传播推广其研究成果。因此，这是在薪酬与自由之间的一种权衡取舍。

大学的学术自由与企业的专注研究

为什么我们既需要基础研究，又需要应用研究？为什么基础研究主要在以学术自由为规则的大学开展，而应用研究和商业创新主要在企业进行？为简化起见，我们设想所有创新并不像之前讨论的那样只需要一个步骤，而是如图 10.6 所示包含两个阶段。[18]第一个阶段是基础研究的发现，例如发现一个新定律、一个新分子式或一种新的细菌。这称为阶段 0，从事基础研究。之后，基于这个理念或初始发现，将有第二个发现来完成创新进程，并产生市场化的产品，例如某种疫苗或新药。这称为阶段 1，从事应用研究。

图 10.6　研究开发进程的图示

资料来源：本书作者。

每个阶段都有不确定性，无论是基础研究还是应用研究，未必都能得到预期结果。尤其是，如果阶段 0 的基础研究未取得成功，则不会有后来的阶段 1。从理论上讲，每个阶段都可以在学术界开展，研究者可以自由选择项目和传播成果；也可以在企业里开展，研究计划与成果传播受严格管束。那为什么现实中的基础研究大多数时候是在大学里进行呢？

对此可以做如下解释。[19]基础研究尤其具有不确定性，依靠试错推进：研究者在探索新领域时，并不清楚可能有何种具体应用。允许研究者自由选择研究策略具有双重优势：其一是信息优势，开展基础研究的学者比其他任何人都更清楚，为取得最大成功概率应该如何前进、选择哪条路径以及放弃哪些方向；其二是财务优势，为换取学术自由，学术界的研究者通常接受比企业研究人员更低的薪酬。如果在研究进程的所有阶段（包括那些并不带来更加实用的可市场化的研究）都按私人部门的水平支付薪酬，无疑会过分昂贵。最后还有第三个优势：研究人员之间的开放思想交流。基础研究的进步很大程度上得益于研究者之间的自由交流，以及每位研究者都能在开展项目时自由地参考同行在过去获得的成果。A 学者提出某个思想，但没能看到最终的结论，不过 B 学者知道如何把这一萌芽转化为成熟的理念，或许还能在后期（阶段 1）实现市场化。如果限制阶段 0 的开放式思想交流，则能够进入阶段 1（具有成功创新潜力）的思想流量必然萎缩。

基础研究人员并不总能预先知道自己应该选择哪条研究道路（提出正确的问题与解决它们同样关键），可是对阶段 1 的应用研究而言，前进的方向却较为清晰。为了在阶段 1 实现可市场化的创新，研究队伍必须心无旁骛地专注于特定的创新领域。企业的作用是预先弄清楚准备投资于哪条产品线，然后把极为准确的指令传递给自己雇用的研究人员。于是，这些研究者不能自由决定研究计划，也没有同其他研究人员交流相关工作信息的自由，因为企业必须防范创新被窃夺的风险。越是靠近市场化的创新，此类风险越突出。而自由的这种双重损失则依靠比学术界更高的薪酬来弥补。

简言之，学术研究有三个特点：比私人部门的研究成本更低；允许研究者自由决定研究计划；允许研究者利用学术自由与其他同行开放交流。[20]妨碍学术界研究者的自由只会干扰创新进程，最终削弱新思想的流动与丰富，也不利于新的研究者进入学术界，让他们转向其他职业。

我们暂时设想在这个世界中，每一步研究进展和每一个新定理都以专利形式受到严格的知识产权保护。那么每一位应用研究者都必须为参与阶段 0 的所有基础研究者支付专利费，为此要承担巨大的财务和行政成本，因而可能严重制约阶段 1 的工作开展。例如，众多的专利拥有人可能阻塞某种新药物的研究路线，这种现象被称为“反公地悲剧”，意指公共品的产权过于碎片化，以至于妨碍了潜在的创新。[21]虽然确实应该利用专利保护商业创新及相关应用研究的产权，但如果将其滥用于基础研究阶段，则可能变得事与愿违。这个范式的另一个启示是，最具突破性的商业创新更容易出现在更自由的制度环境中。

老鼠与学术

扩大基础研究成果的开放获取对创新有何影响？菲奥娜·穆雷等人（Fiona Murray，2016）在《论老鼠与学术》一文中以美国的生物学界为例，分析了削弱基础研究的产权（相当于扩大开放度）的自然实验对创新的影响。[22]

一个多世纪以来，在老鼠身上做实验对推动生命科学发展至关重要。不过在 30 年前，掀起了一场名副其实的科学革命：人们有能力培育经基因改造的老鼠，例如可以加入或删除一个导致癌症或糖尿病的基因。[23]类似基因实验在超过 1.3 万只老鼠身上开展，每个实验都在科学期刊上刊登出首发成果。我们可以把此类首发文献称为“老鼠—论文配对”。这一技术革命包含两个关键步骤，第一步是哈佛大学的研究者发展出了 Onco（癌基因）技术，用于制造“肿瘤老鼠”（Onco Mouse，源自希腊语中的肿瘤一词 onkos），即植入致癌基因的转基因老鼠，使之有很高概率患上特定类型的癌症。[24] 做这种基因改造的目的是推进癌症研究。1988 年，该发明获得了美国专利商标局的专利批准。杜邦公司由于为此研究提供了部分资助，因而掌握了该专利的排他性控制权。接下来的第二步，杜邦公司开发出了 Cre-lox（重组酶）技术，通过它可以制造出特定基因能被打开或关闭的老鼠。

自然实验的由来如下。美国国立卫生研究院（NIH）要求杜邦公司同美国政府及杰克逊实验室（Jackson Labs）——位于缅因州巴尔港的老鼠资源库——签署与 Onco 和 Cre-lox 技术有关的谅解备忘录。这些备忘录的作用是取消杜邦公司的产权，让学术研究者更容易获得这两项技术以及由此改造的老鼠。Cre-lox 和 Onco 技术的谅解备忘录分别于 1998 年和 1999 年签署。于是通过备忘录签署前后的情况变化，我们可以推测出这些技术的获取便利性是否对基础研究产生了积极作用。

根据我们对基础研究与应用研究关系的分析，这一自然实验应该首先带来基础研究中的新思想的更多涌现，然后会促进研究理念的多样性和新奇性。穆雷等人看到的结果正是如此。具体来说，他们分析了截至 2006 年引用过一次或多次 1983—1998 年“老鼠—论文配对”文献的全部论文。总计有 2 171 篇这样的原始配对文献，被引用次数超过 43.2 万。这些学者发现，在 Cre-lox 技术备忘录签署后出现了两个现象：第一，与经过该技术改造的老鼠有关的配对文献的引用次数增长了近 20%；第二，引用次数的增长主要来自：有新鲜内容的论文、[25] 新作者发表的论文、之前从未引用过此类配对文献的机构的研究人员发表的论文，以及新创立的科学期刊发表的论文。Onco 技术备忘录产生的效果与之类似。由此可以认为，提高基础研究的开放性确实促进了创新。

基因测序

人类基因组测序是另外一个案例，表明知识产权保护会对基础研究的发现产生负面效果。对此的开创性研究来自海蒂·威廉姆斯（Heidi Williams，2013）。[26]基因组测序意味着分析构成基因的 DNA（脱氧核糖核酸）序列。基因是 DNA 片段，包含制造一种或多种蛋白质的指令。这些蛋白质决定每个人的全部显性特征，名为表型（phenotype）。基因型（genotype）是指一个人的基因构成，它会导致每个人特定的表型。由于基因型与表型之间的联系，"异常"基因会给出制造异常蛋白质的指令，引发病症。[27]例如，囊性纤维化、血友病或亨廷顿病等遗传疾病就是由病人的基因所致。DNA 测序的意义何在？它可以给我们展示基因型与表型的具体联系，以便检测出疾病，并可能开发出基因疗法，即尝试用健康的基因替代导致疾病的基因。

海蒂·威廉姆斯构建了一个数据库，以追踪基因组测序的时间进展。从图 10.7 能看到，该领域的两个主要参与者是：人类基因组计划（HGP），由美国国立卫生研究院牵头协调的公共资金支持研究项目；以及赛雷拉公司（Celera Corporation），专业从事基因测序的私人企业。1998 年创立的赛雷拉公司拥有若干基因的知识产权，从 1999 年启动人类基因组测序工作，但在 2001 年中断，只完成了部分基因的测序（名为"赛雷拉基因"）。人类基因组计划则始于 1990 年，目标是把全部测序成果公开。该计划持续到 2003 年，完成了全部人类基因组的测序，也包括赛雷拉基因。到 2003 年 4 月，全部基因的测序信息都已免费提供给公众，包括被人类基因组计划重新测序的赛雷拉基因。

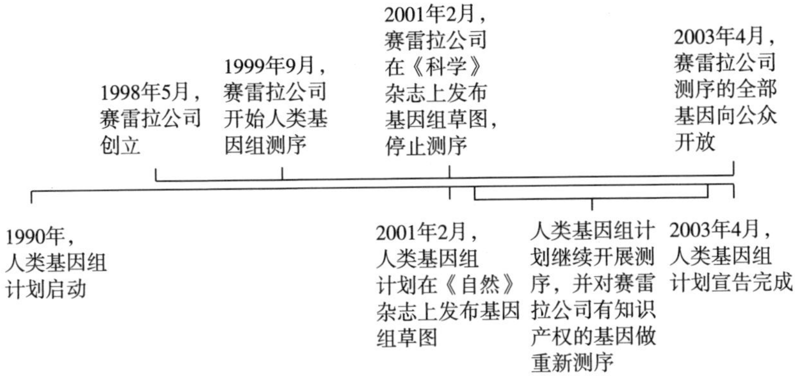

图 10.7　基因测序的关键事件的时间线索

资料来源：H. L. Williams, "Intellectual Property Rights and Innovation: Evidence from the Human Genome," *Journal of Political Economy* 121, no. 1 (2013): 1-27, 图 1。

2001—2003 年，赛雷拉公司试图利用自己的知识产权保护它已经做完而人类基因组计划尚未开展的那部分基因测序。设想另一家公司（如辉瑞）根据赛雷拉已获得知识产权的某个基因发现了某种遗传病的检测方法。在没有交易成本的情形下，辉瑞公司与赛雷拉公司最后会达成一份互利的授权协议，使该检测的累积式研究进程不会遇阻。然而在有交易成本的情形下，例如当研发成本存在信息不对称时，这两家公司或许就无法达成协议，使基因检测方法不能被开发出来。

赛雷拉公司的知识产权保护对涉及相关基因的科学发表有何影响？海蒂·威廉姆斯的研究显示，在赛雷拉公司的基因信息于 2003 年被人类基因组计划重新测序并公布之前，与之有关的研发活动比人类基因组计划测序并立刻公开的其他基因少 20%~30%。此外，赛雷拉基因产生的科学发表成果在 2001—2009 年比其他基因少大约 40%。最终使得赛雷拉基因被用于诊断检测的机会减少了 38%。因此，该公司的知识产权保护对基础研究与应用研究都造成了负面效应。

私人企业中的基础研究与应用研究

我们的多步骤研究模型试图解释，为什么基础研究要在大学开展，而应用研究多见于企业。但在现实中，基础研究与应用研究的这一区分并不如模型所示的那般鲜明。首先，在两个极端之间，还有在一定程度上偏向应用性或偏向基础性的大量研究。其次，在给予研究者充分自由的大学与完全指挥其行动的企业之间，还有些企业允许研究人员有部分自主权，例如谷歌公司。最后，即使在同一企业内部，也经常有某些研究更偏重于基础，某些研究更偏重于应用。

近期有研究区分了企业内部的基础研究与应用研究。[28]许多企业有不止一家工厂，往往对应不同的产品线，这些产品线可以属于相同或不同的产业部门。该研究表明，一家企业内部经营的产业部门数量越多，对基础研究的投资就越多。对此的基本解释是，基础研究要为多个产业的应用研究发挥阶段 0 的作用，而应用研究从一开始就针对特定产业。这个例子让我们再次看到，基础研究促进了创新的多样性。当然，由于基础研究会带来比应用研究更多的正外部性，而这些外部性对该企业的竞争对手同样有利，故企业对基础研究的投资通常还是不足。[29]因此，政府与大学仍然要扮演关键角色。

3. 结论

本书第 5 章提到了创新可以促进社会流动性的观念。然而如本章所示，个人成为创新者的机遇存在严重不平等，尤其是，父母的受教育水平和社会经济地位是子女做出创新成就的关键决定因素。相应地，学校在促进机会平等上发挥着重要作用，特别是通过有效传播知识，并激发学生成为未来的创新者。

本章还把创新描述为一个多步骤的进程，从基础研究起步，再进入更实用阶段，并推出市场化的新产品。我们强调了大学作为学术自由和开放精神的守护者的角色，这些环境对保证基础研究必不可少，而应用研究阶段自然更适合在企业内部开展。至于大学的治理及其与外部经济环境的相互作用如何有助于它们发掘最大的创新潜力，在很大程度上仍是尚待探究的课题。[30]

第 11 章　创造性破坏、健康与幸福

自特朗普于 2016 年 11 月当选美国总统以来，每个月都有关于发达国家民粹主义兴起的新书或文章发表。这些著述探究现象背后的实质，并提出了极具说服力的解释。我们这里不打算与之争锋，而是想在公式中加入一个变量：创造性破坏以及个人在其中的经历。以创新为基础的现代经济增长经常遭到非议，指责它给人们带来了新型风险：同企业和生产活动的创造、毁灭相伴的风险。安妮·凯斯（Anne Case）与安格斯·迪顿指出："所有创新都伴随着如下问题……熊彼特的创造性破坏不只是创造，还有破坏。它消灭了过去存在的工作岗位，并受医疗保险费用的加速推动，把劳动者扔进越来越不利的、缺乏社会安全网的劳动力市场。这些工作岗位支撑的生命与社区因此面临风险，甚至走向绝望和死亡。"[1]

人们可以把整个职业生涯献给一种职业或一家企业的有就业保障的时代已经终结。创造性破坏在创造新工作的同时消灭现有工作，迫使人们不断重新检讨自己，接受没有什么可以一劳永逸的现实，并反复矫正自己的职业道路。

创新在何种程度上加大了人们因为岗位丢失、工资停滞或学历过时而失去位置的风险？这一风险对健康与幸福有何影响？我们能做些什么，使创新给生产活动与劳动者带来的更大流动性不至于造成大多数人的不安和失业？什么样的劳动力市场政策最有助于实现创新引领型增长与个人幸福的协调？本章将试图对这些问题展开讨论。

1. 创造性破坏、失业与地位的丧失

我们首先分析创造性破坏在何种程度上增加了个人失去工作的概率，以及导致其原有的知识和学历变得过时。

创造性破坏与失业[2]

创新会通过创造性破坏，即用新的生产活动取代旧的活动，加大还是减少雇员失去工作的概率？从理论上讲，这个问题的答案并不确定。[3]一方面，创新使某些业务活动变得过时，摧毁了部分岗位，把原先从事这些工作的人们推回劳动力市场。由于劳动力市场有摩擦，找工作的人不会马上得到新的岗位，失业率因此会上升。但另一方面还存在相反的效应，创新制造了新的岗位，这有助于降低失业率。最后还有第三种所谓“资本化效应”，其含义是：更高的创新率带来更高的增长率。[4]创造新业务的任何投资都是以未来的利润作为回报，随着经济的整体成长，这些利润将增长得越来越快。换句话说，增长率越高，创造新业务就越有利可图，继而会产生新的工作岗位，以降低失业率。请注意这三种效应并非同步，工作摧毁效应在短期发生，工作创造与资本化效应则在更长期起作用。下文将指出，有关的舆论调查表明，人们经历的创造性破坏的

负面感受确实多发生在短期。

下面我们转入对创造性破坏的失业效应的实证分析。斯蒂芬·戴维斯（Steven Davis）与约翰·霍尔蒂万格（John Haltiwanger）研究了美国就业与企业的创造性破坏，受此启发，近期阿吉翁等人（Aghion、Akcigit、Deaton and Roulet）考察了美国各就业区内的创造性破坏与就业之间的关联。[5,6]该研究采用的地方就业数据来自美国劳工统计局，创造性破坏率的数据则来自商业动态统计（Business Dynamics Statistics），包含地方层面的工作创造与摧毁率以及企业的进入与退出数据。创造性破坏率的计算方法是，把相应就业区内的工作创造率与工作摧毁率相加。[7]这些比率的测算则利用美国普查局的长期商业数据库中包含的全体美国企业的信息。图 11.1 表明，在 2005—2010 年间，美国的工作创造与工作摧毁存在强烈的正向关联：工作摧毁率最高的地区也是工作创造率最高的地区。这恰恰符合创造性破坏的本意：工作的破坏与工作的创造之间具有密切联系。

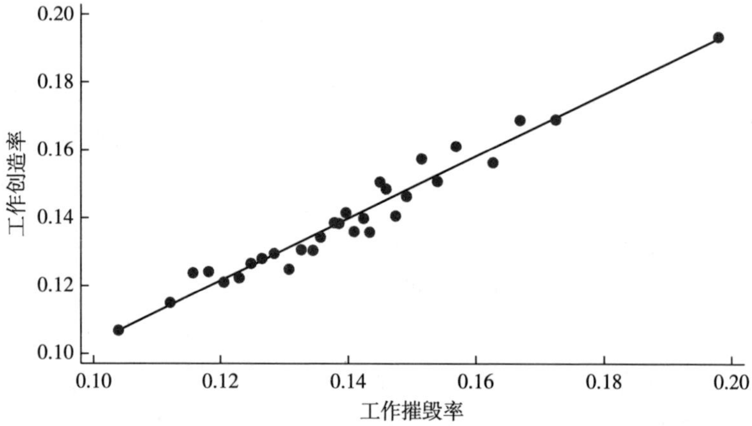

图 11.1　美国的工作创造率与工作摧毁率的关系

资料来源：P. Aghion，U. Akcigit，A. Deaton and A. Roulet，"Creative Destruction and Subjective Well-Being，" *American Economic Review* 106，no. 12（2016）：3869 – 3897。

图 11.2 则描述了创造性破坏率与失业率之间的联系。平均而言，在 2005—2010 年间有最高创造性破坏率的就业区也是失业率最高的地区。也就是说，身处创造性破坏率较高的就业区的人们在某些时点有更大的概率经历失业。然而，这一失业经历并不注定是终身性的，因为如图 11.1 所示，此类就业区中的工作创造数量也更为密集。当然，创造性破坏毕竟意味着在某些时点面临更高的失业概率。在本章的稍后部分，我们将讨论失业经历给人们的健康与福利造成的后果。

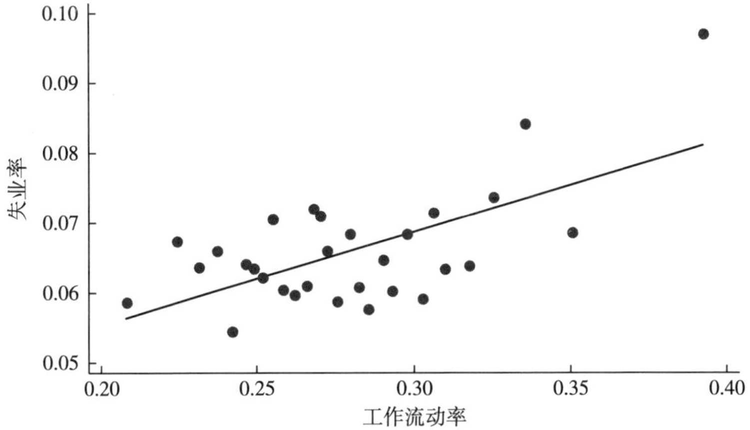

图 11.2　创造性破坏与失业的关系

资料来源：P. Aghion，U. Akcigit，A. Deaton and A. Roulet，"Creative Destruction and Subjective Well-Being，" *American Economic Review* 106，no. 12（2016）：3869－3897。

创新与学历过时

创新对原有学历与技能会有怎样的影响？针对这一问题，几位学者汇总了芬兰在 1988—2012 年间关于个人收入、企业层面的核算和专利的若干数据库（Aghion、Akcigit、Hyytinen and Toivanen）。[8] 我们从之前关于发明家的创新租金在企业内部如何分配的研究入手（见本身第 10 章），发现创新租金在企业内部的分配存在不均等的现象。事实上在创新出现之前的5年中，蓝领员工的工资平均会损失1%，在创新后则会增加2.3%。而白领员工的工资在创新前没有损失，在创新后会增加2%。所以，创新给劳动者的工资收入带来了不确定性，特别是对最缺乏技能的员工，他们的平均收入在创新成果出现前的数年有所下跌。

我们还分析了差异的另一种来源，即个人的年龄以及距离其获得最后一个学位的时间。初步看，年龄似乎是一个决定性因素，只有较年轻的员工能从创新中获得好处。此外，平均而言创新与员工丢掉工作的概率呈正相关。这符合我们以往的发现：创造性破坏与失业在美国的总量数据上有正相关关系。创新与失业概率的关联似乎在较为年长的员工中更为突出。当然，如果另外引入一个因素，即距离员工获得最终学位的时间，它反映了人们“同知识前沿的距离”，结论会大为不同。距离最终学位的时间越长，个人的创新收益越低，这一时间每增加1年，创新收益将缩水5个百分点，失业概率增加0.4~0.6个百分点。也就是说，创新使学历较为老旧的人失去了地位。

总体上，创新造成了工作与地位的丧失。稍后，在探讨创造性破坏与幸福感的关系之前，我们先看看创造性破坏如何影响人们的健康。

2. 创造性破坏与健康

健康与创新：光明的一面

在本书第2章，我们考察了创新对解释全球层面的人均GDP起飞的核心作用，并观察到经济起飞同预期寿命起飞的同步性。这一重合意味着两个起飞有共同的起源。从表 11.1 中明显可见，创新对预期寿命提高的促进作用要大于对人均 GDP 的促进作用。[9]该表包含发达国家与发展中国家各自的人均 GDP 和预期寿命的变化情况。在 1961—2017 年间，发展中国家的生活水平与预期寿命总体上都向发达国家趋同。不过，预期寿命的趋同要突出得多：发展中国家的预期寿命的增幅是发达国家的 2 倍，而发展中国家的人均 GDP 增幅（377%）仅略高于发达国家（324%）。

表 11.1　发达国家与发展中国家的人均 GDP 和预期寿命的变化

	1961	2017	1961—2017 年的变化	1961—2017 年的增幅
发达国家				
人均 GDP	10 585	44 901	+34 316	324%
出生时预期寿命	68.5	81.5	+13.0	19%
国家样本数量	27	27		
发展中国家				
人均 GDP	2 346	11 195	+8 849	377%
出生时预期寿命	49.2	69.2	+20.0	41%
国家样本数量	84	84		

注：发达国家的样本包含 27 个经合组织国家。发展中国家的样本包含自 1960 年以来有数据可查的 84 个非经合组织国家。

资料来源：Robert C. Feenstra, Robert Inklaar and Marcel P. Timmer, "The Next Generation of the Penn World Table," *American Economic Review* 105, no. 10 (2015): 3150 - 3182（可在以下网址下载：www.ggdc.net/pwt）；World Bank。

在 1961—2017 年间，预期寿命的趋同比人均收入更显著，这一事实与创新直接相关，尤其是 20 世纪 20 年代后期发现的青霉素和抗生素，以及这些发现带来的医疗进步传播到欠发达国家。安格斯·迪顿主要基于发达国家的历史发现：在 1900 年之前，由于婴儿死亡率较高，人们在 15 岁时的预期寿命高于其出生时的预期寿命。[10]不过从

20 世纪初开始，随着新疫苗的引进和其他技术进步，这一现象被逆转。与之类似，在 1950 年之前，预期寿命提高主要发生在儿童身上，而在此之后，50 岁以上的人的预期寿命则大幅提高。虽然该进步有部分是源于生活方式的改变，特别是吸烟的减少，但创新依然功不可没。例如，治疗高血压的利尿剂的发明，使美国心血管疾病的相关死亡人数从 20 世纪 70 年代开始减少，随后推广到其他发达国家。

总而言之，创新在 20 世纪让全球的人类预期寿命得以显著提高，并使富国与穷国之间乃至发达国家内部的预期寿命趋同。不过，创新的光明面因为黑暗面的存在而部分失色，这是下文的主题。

创新与健康：黑暗的一面

在《21 世纪的死亡率与发病率》一文中，安格斯 · 迪顿与安妮 · 凯斯精确描述了近期一个令人担忧的现象：美国中年（50 ~ 54 岁）非西班牙裔白人群体的死亡率在经过长时间下降后，从 21 世纪初期开始回升，而且自 2011—2012 年来明显加速（如图 11.3 所示）。[11]

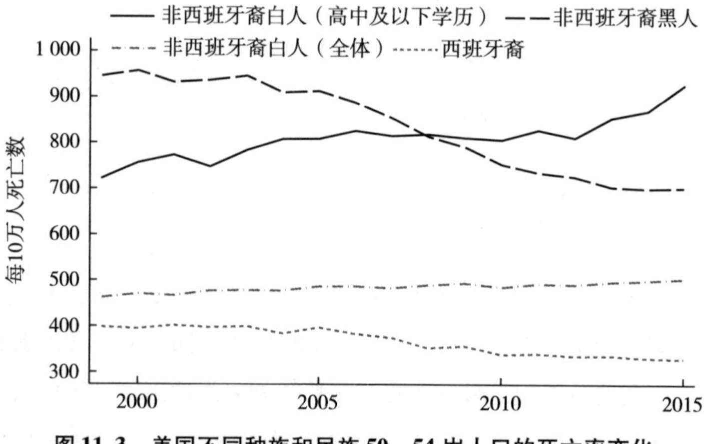

图 11.3　美国不同种族和民族 50 ~ 54 岁人口的死亡率变化

资料来源：转引自 A. Case and A. Deaton, "Mortality and Morbidity in the 21st Century," *Brookings Papers on Economic Activity* 1（2017）：397 – 476，图 1。

凯斯与迪顿强调的另一个惊人事实是所谓“绝望而死”现象的增加，意指由于自杀或物质滥用而死。图 11.4 显示了 50 ~ 54 岁的美国非西班牙裔白人由于绝望而死的比率的变化，以及同其他发达国家相同年龄段的平均死亡率的对比。在美国，该群体因绝望而死的比例快速攀升，而在其他发达国家没有出现对等情形。凯斯与迪顿指出，此类死亡的快速增加主要发生在低技能群体中。而前文已提到，这部分人群的工作与收入受创新的冲击最严重。

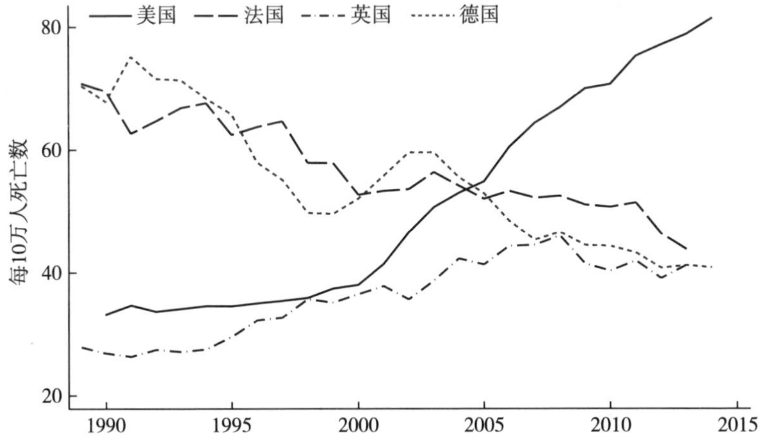

图 11.4　各国 50 ~ 54 岁人群的绝望而死现象

资料来源：转引自 A. Case and A. Deaton, “Mortality and Morbidity in the 21st Century,” *Brookings Papers on Economic Activity* 1 （2017）：397 – 476，图 5。

对于非西班牙裔白人死亡率的逆转趋势，他们给出的解释是工作保障被削弱，并带来家庭不稳定加剧等后果。我们已告别了过去的世界——人们可以预期把整个职业生涯放在一家公司，从事一种工作，有确切的向上发展轨迹——走向一个创造性破坏成为惯例的新世界。创造性破坏尤其威胁到 20 世纪 70 年代的“工人贵族”群体，他们的工作、地位和收入丧失的风险加剧。这种风险感受导致的焦虑造成抗焦虑药品、阿片类药品与酒精的消费增加，继而使药品滥用、酒精中毒、肝病与自杀的风险提高，这些都引发死亡率的上升。

丹尼尔·苏利文（Daniel Sullivan）与蒂尔·瓦赫特（Till Von Wachter）在2009年的一项研究发现，裁员对美国的死亡率有显著影响。[12]该研究利用20世纪70—80年代宾夕法尼亚州居民就业与收入的行政数据，并与1980—2006年的死亡率匹配，主要分析在失业前为同一家雇主至少连续工作3年的员工。发现这些员工的死亡率在失业后的1年上升了75%以上，并长期稳定在比未失业情形高出10%~15%的水平。该研究随后分析了导致这一现象的潜在因素。从短期看，死亡率上升主要来自解雇导致的平均收入降低（50%~70%），以及收入不稳定性增加（20%）。从长期看，收入降低依然是死亡率上升的主要原因，其后果是个人对健康的投资减少和慢性压力增大。

丹麦奇迹

有没有可能打破失业与健康风险之间的这种恶性循环，让人们更平静地度过失业期？亚历桑德拉·罗莱特（Alexandra Roulet）于2017年关于丹麦裁员对健康影响的有趣研究为此带来了某些希望。[13]她指出，当国家采用较完善的安全网保护遭遇失业的群体时，裁员对健康没有负面影响。

丹麦与美国的一个重要差异在于，1993年，丹麦在劳动力市场的监管中引入了名为“弹性保障”的新体系，它包含两个支柱。首先，企业的解雇程序被简化，例如给离职金设限额，很少发生诉讼，使劳动力市场变得更灵活。[14]其次，作为提高灵活性的补偿，有两种类型的保障：相当于工资90%的失业金（但金额有封顶），最长领取时间达三年；加上政府对职业培训的大力投资，让劳动者尽快掌握返回劳动力市场所需的技能。

在这一研究中，罗莱特主要依据丹麦在1996—2013年的若干行政数据库，包括个人纳税记录、与员工信息匹配的企业层面信息、失业保险机构的数据以及死亡记录等。为测算失业对个人健康或药物上瘾的负面影响，她利用了抗抑郁药物或止痛药物的购买记录以及酒类消费作为指标。反映健康恶化的其他指标包括住院记录和医生的疾病诊断记录等。罗莱特对比了在2001—2006年间关闭的就业机构的劳动者的健康状况，与就业机构未受影响但在其他方面（如年龄、工作履历和技能等）类似的劳动者的健康状况。结果表明，企业关闭似乎对各种健康指标没有显著影响，包括抗抑郁药物或止痛药物的消费以及找全科医生咨询的次数等。此外，该研究还发现，企业关门对其员工的死亡率也没有显著影响。

丹麦与美国的对比意味着，制度，尤其是劳动力市场的安全网存在与否，对创造性破坏如何影响健康和预期寿命发挥着决定性作用。下面我们将考察创造性破坏与幸福感的关系是否也存在这一现象。

3. 创造性破坏与幸福感

人均GDP是一个有用的指标，为一个国家的生活水平和发展程度提供了具体而客观的测量。不过，为什么我们的主要关注点是人均GDP，为什么把人均GDP增长作为我们的主要目标？这个问题的答案其实并不清晰。国际比较确实表明，一个国家的幸福感随人均收入提高而上升。[15]不过，理查德·伊斯特林（Richard Easterlin）指出，相对于全体人口的比例而言，1970年感觉“非常幸福”的美国人并不比1942年更多。[16]身处一个极端的人们认为，我们必须追求人均GDP的客观增长，因为这是一切繁荣和就业的源泉。另一个极端则是反增长派，他们认为人均 GDP 增长及支持此类增长的政策是不幸福的根源：导致环境退化、不平等恶化，并给大多数国民的日常生活带来了压力和不安。

我们的几位经济学研究同行，如让 - 保罗 · 费杜斯、阿马蒂亚 · 森与约瑟夫 · 斯蒂格利茨介于上述两个极端之间，他们认为除了人均 GDP，我们还应该把其他发展指标纳入考虑，特别是反映环境、教育和健康的质量，以及控制失业和不平等的内容。[17]

从之前各章到本章，我们讨论过创新与创造性破坏如何促进人均 GDP 增长同其他发展目标的协调。这里还能更进一步：来自民意调查的新数据让我们能够直接分析创造性破坏带来的增长同幸福感和生活满意度指数有何联系。不过与之前一样，在深入解析数据之前，我们最好还是从理论视角讲起。

理论上做何预测?

创造性破坏的第一个效应是消灭工作岗位，从而提高了劳动者失业的概率。这至少会在短期破坏幸福感，尤其是当失业导致短期收入立即而显著下跌，并增加了更长期收入的不确定性时。反映这一短期满意度打击的最佳民意调查办法是询问人们感受到的压力水平。

创造性破坏的第二个效应是创造新的岗位，从而提高未来找到新工作的概率。除此之外，创造性破坏还会推出新的业务、新的产品和生产工艺，使消费者的货币变得更有价值。创造性破坏的“创造”一面大多在长期发挥作用，通常可以提升生活满意度。

最后是第三个效应，创造性破坏的创新会促进经济增长，从而使未来的收入前景变得更光明。

以上理论推导能够得出至少四个可以开展实证检验的预测：一方面，创造性破坏会增加压力或焦虑，主要源于它提高了人们遭遇失业的概率；另一方面，创造性破坏会促进增长、创造就业，这对生活满意度有积极作用；在短期内消极影响占据主导，积极效应在更长期里较为突出；最后，当失业保障较为充分时，创造性破坏对生活满意度的总体效应也更为正面。

对理论的检测

我们可以通过计算工作替换率（新工作对旧工作的替代）或机构替换率（新机构对老机构的替代）来客观衡量创造性破坏的力度。而对生活满意度的衡量，我们主要依靠的是盖洛普的健康之路项目（Heathways）在2008—2011年开展的民意调查。盖洛普公司通过对近1 000名随机抽取的美国人的电话访谈，收集了超过35万个对其问卷的回答，据此测算出生活满意度指标。

第一个指标与生活满意度相反，是记录受访者报告的焦虑程度。它来自对如下问题的二选一回答：你是否在昨天的很多时候感到担忧？第二个指标基于坎特里尔阶梯表（Cantril ladder），该表源自以民意调查研究而闻名的普林斯顿大学美国心理学家阿尔伯特·坎特里尔。[18]坎特里尔阶梯表是基于如下问题：设想有个自下而上从0到10排列的阶梯，顶端代表你可能拥有的最好生活，底端代表你可能拥有的最差生活，你感觉自己此时正站在哪级阶梯上？你预计自己在五年后会站在哪级阶梯上？对前一个问题的回答构成当前坎特里尔阶梯表的基础，对后一个问题的回答构成未来坎特里尔阶梯表的基础。

这些满意度指标对创造性破坏有何反应？[19]图11.5表明：创造性破坏增加了焦虑，但在控制了创造性破坏对失业的影响后，程度将减轻（虚线）。或者说，失业是创造性破坏加剧焦虑的作用渠道之一，但并非唯一渠道。从之前的讨论中我们或许能看出，学历过时以及更普遍的失去企业中的位置也会造成影响。

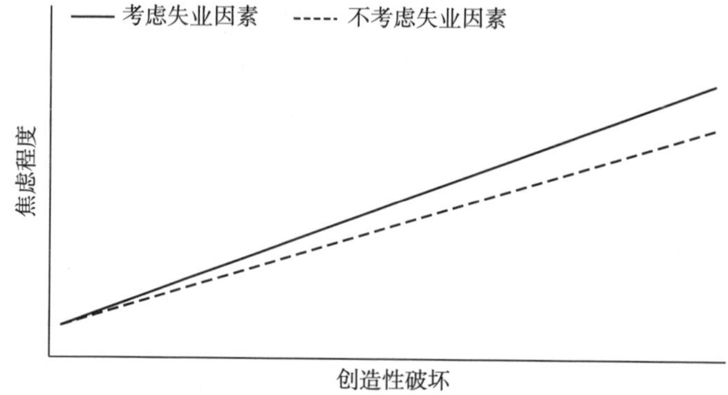

图 11.5　创造性破坏与焦虑程度

资料来源：本书作者。

图 11.6a 则显示，即使考虑到对失业的影响（实线），创造性破坏对当前坎特里尔阶梯表的总体效应仍接近于零。这意味着工作破坏的负面效应被工作创造和增长的正面效应抵消了。而当我们忽略对失业的负面影响时，创造性破坏对当前坎特里尔阶梯表具有积极效应（虚线）。这些结果证实了我们的第一个预测。

图 11.6b 是类似的情形，但利用未来坎特里尔阶梯表作为满意度指标。从中可以发现，较高的创造性破坏率对未来坎特里尔阶梯表的提升甚至超出当前情形，两条曲线都比图 11.6a 中的对应曲线更为陡峭。事实上，即使我们考虑创造性破坏对失业造成的影响（实线），其整体效应仍然为正面。也可以说，当人们展望五年后的情形时，他们通常会淡化创造性破坏的负面效应（即失业），而强调其正面效应（即工作创造和经济增长）。

最后，图 11.7 比较了美国失业保障较为慷慨的各州（图 11.7a）与失业保障较差的各州（图 11.7b）。这些图表明，创造性破坏对生活满意度的积极效应（用当前坎特里尔阶梯表测算）在失业保障较好的地区更为显著。由此证实了类似丹麦模式的失业保障或弹性保障制度的优越性。

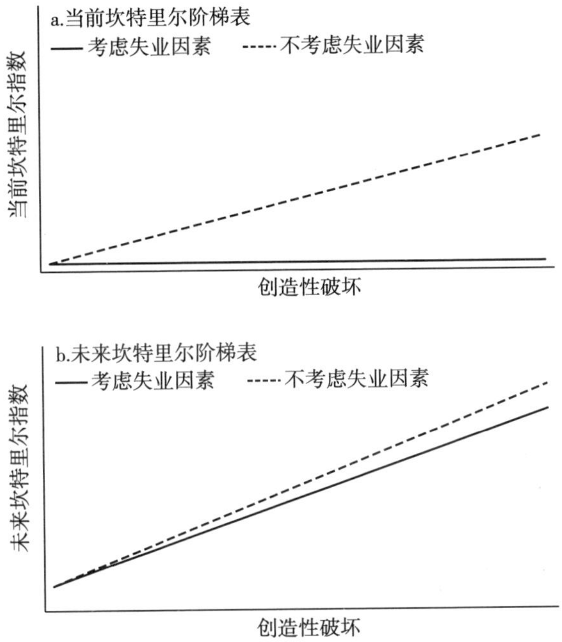

图 11.6 创造性破坏与焦虑

资料来源：本书作者。

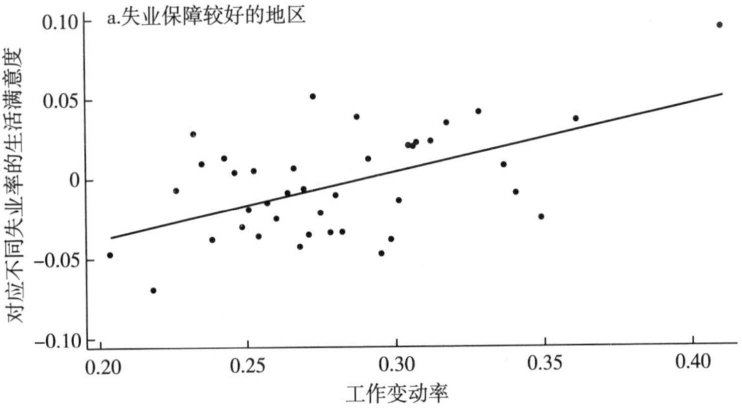

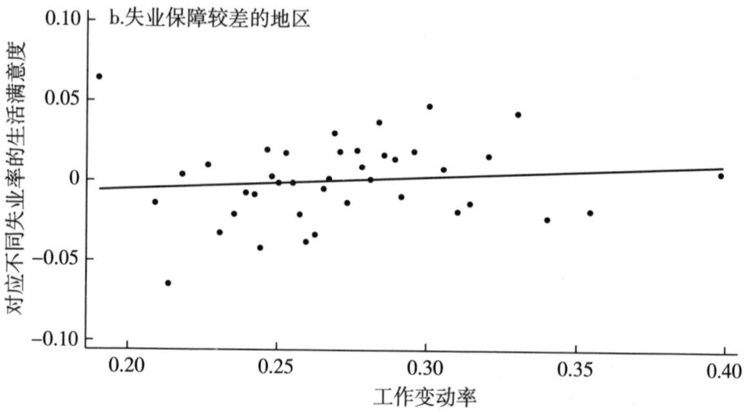

图 11.7　创造性破坏与生活满意度：失业保障较好与较差地区的对比

资料来源：P. Aghion，U. Akcigit，A. Deaton and A. Roulet，"Creative Destruction and Subjective Well-Being，" *American Economic Review* 106，no. 12（2016）：3869－3897。

让弹性保障发挥作用

丹麦的弹性保障模式具有双重优势，既减少了可能制约创造性破坏进程的劳动力市场的僵化，[20]又给人们的职业道路提供某些保障，使他们能更为平缓地度过失业期，减少收入损失，并有望快速回到就业状态。对劳动者而言，弹性保障意味着从"岗位保障"转向"就业保障"或者说"就业能力保障"（employability），便于适应创新带来的更频繁的职业转换。欧盟理事会认为，弹性保障"需要灵活可靠的合同安排……全面的终身学习策略，有效的积极劳动力市场政策，以及现代社会保障体系"。[21]

正如该机构所述，职业培训与技能培训是成功的职业转换的关键因素。为强调这点，两位丹麦学者奥维·彼得森（Ove Kaj Pedersen）与索伦·安德森（Sφren Kaj Andersen）发明了"流动性教育"（mobication）的概念，把流动性（mobility）与教育（education）结合起来。[22]此概念背后的思想是，技能发展不仅能促进劳动力市场内部的流动性，还可以提高应对挑战的能力，例如我们在第 3 章讨论的人工智能革命等新挑战。

4. 结论

创造性破坏会如何影响人们的真实生活经历？在本章中，我们指出创造性破坏将提高失业乃至更普遍的失去地位的概率。此外，它对美国人的健康造成了消极影响，但在丹麦并非如此。最后，创造性破坏对个人生活满意度有双向作用：一方面增加焦虑感，另一方面提升对未来就业和增长的期望。总体而言，创造性破坏未必会导致健康恶化、幸福感下降，一切还取决于制度环境。为争取支持并避免滑向民粹主义，必须有社会安全网来辅助创造性破坏过程。如近期的新冠疫情所示，第一个安全网是全民普及的高质量医疗服务。第二个安全网是最低收入体系，以消除贫困陷阱。第三个安全网则是弹性保障体系，给予创新企业招募和解聘员工所需的灵活性，同时给人们的职业发展提供保障。这样的保障以充分的失业保险和有效的终身培训相结合为基础，让人们能更容易找到新的工作。这里也是政府应该发挥作用的地方，作为保险人应对创造性破坏和失业带来的风险，以及作为投资人促进教育和创新。我们将在第 14 章以及全书结语部分更详细地探讨最后一点，并总结资本主义的未来。

第 12 章　为创造性破坏融资

在第 2 章中，我们谈过巴尔扎克的小说《幻灭》的主人翁、印刷商大卫·赛夏的不幸。赛夏发明了一种更廉价的造纸新工艺，但不得不将发明权出售给库安泰兄弟，以偿还自己的债务。今天的赛夏则可以向银行或风险资本家寻求对其发明的资金支持，一旦他的发明能表现出足够的营利性，后者会愿意代为偿还对库安泰兄弟的债务。[1]

虽然今天的发明家相比工业化时代初期更容易找到投资，却极少有国家能产生真正的颠覆性创新。支持颠覆性发现与革命性观念的资金来自哪里？导致这些发现与创新的基础研究通常需要花费相当长的时间，此外，途中还密布着荆棘，因为发明是在探索未知的领域。出于如下几方面的原因，最具颠覆性的项目往往是由新加入者推进的。

首先，在位企业要推广自己过去的创新制造的产品，不希望它们被新的创新挤出市场，或者说，这些企业不打算取代自身。[2]其次，现有创新者和企业会受过去行为的影响，这就是我们在第 9 章讲过的路径依赖特征，在大型企业尤其根深蒂固。[3]

在本章中，我们将跟踪创新的各个阶段，从基础研究到市场推广，并试图找出每个阶段的融资工具。[4]来自政府研究机构和大学的资金是否足够为革命性创新提供肥沃的土壤？为什么必须有风险资本支持有能力产生和实施颠覆性创新的新企业？我们如何鼓励风险承担，并促进大企业开展更彻底的创新？政府能够如何激励创新？这些将是本章要探讨的主题。

1. 为革命性新观念提供融资

对于产生革命性新观念，大学和政府研究机构为什么是必要但不充分条件？

大学与政府研究机构作为创新杠杆的作用

本书第10章提到，大学通过确保学术自由和开放性而促进基础研究。但资金对基础研究同样关键。图12.1揭示了各个经合组织国家对每名大学生的平均支出同该国的“上海排名”(Shanghai Ranking，反映高等教育机构科研成就的指标）之间的联系：单位学生支出水平同排名存在强烈的正向关联。[5]基础研究的另一个资金来源是政府研究机构。20世纪60年代早期的冷战高潮阶段，美国创立了三个联邦科研机构：国家科学基金会、国立卫生研究院与国家宇航局。

有人或许认为，这些研究机构提供的资金会取代大学的资金。但恰恰相反，美国的例子表明，大学提供的资金与研究者从政府研究机构获得的额外资金之间有强烈的正向关联。[6]对这种互补性的一种解释是，各大学之间对研究拨款的竞争促进了创新。但其他因素无疑也发挥着作用，例如，突破性研究需要巨大的固定成本，尤其是在物理学、化学和生物学等领域。问题在于，有前景的研究项目太多，大学和研究机构依然难以支持全部项目所需的固定成本。

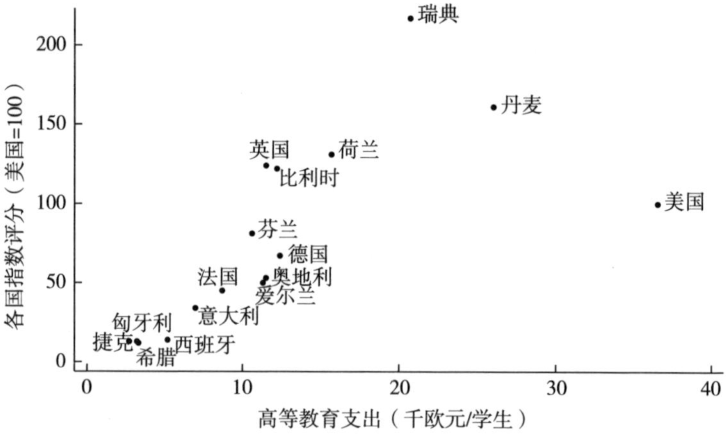

图 12.1　高等教育生均支出与“上海排名”的联系

资料来源：转引自 P. Aghion，M. Dewatripont，C. Hoxby，A. Mas-Colell and A. Sapir，“Why Reform Europe's Universities?” Policy Brief 34，Bruegel，Brussels，September 2007，图 1。

基金会的角色

在大学和政府研究机构的资金不够充裕的情况下，“颠覆性”研究者可以向私人企业寻求帮助。但如本书第 10 章所述，在与企业合作时，研究者可能要接受某些妥协让步：企业或许会限制研究者的学术自由，使之聚焦于自身的商业目标。另外，企业可能希望限制研究者与其他同行的交往，以防止知识产权流失。

还有，企业可能把研究者调离创新研究路径。以本特·霍姆斯特朗（Bengt Holmström）与保罗·米尔格罗姆（Paul Milgrom）在 1991 年关于企业“多任务代理人”的理论为基础，古斯塔沃·曼索（Gustavo Manso）提出了这一思想。[7]该理论认为，作为代理人的雇员或借款人可能要为委托人（企业或投资人）完成多项任务，此时委托人提供的工作激励往往使代理人更关注不确定性最小、最循规蹈矩的任务，因为这种任务的回报最容易预测和测量，对委托人来说风险最小。[8]承担多任务代理人角色的研究人员也总是面临选择：是投身于开发性研究还是探索性研究。探索性研究需要踏入未经尝试的全新研究路线，而开发性研究则是沿着已经明确的路线推进。多任务代理人理论预测，企业或投资人通常会鼓励研究者选择开发性而非探索性研究，因为前者的回报更容易预测，风险更小。

曼索把时间维度加入这一推理中。设想研究工作包含两个时期，无论选择哪种研究方向，每个时期的成功概率都与研究者的努力有关。接下来再设想，探索性研究比开发性研究在第一个时期的成功概率更低，但如果在第一个时期末取得成功，会使探索性研究在第二个时期的成功概率提高。图 12.2 显示了每个时期末的成功与失败概率，以及每个步骤的相应奖励 w。委托人在第一个时期末根据成功或失败的结果给代理人支付奖励，分别标记为 w_S 和 w_F。在第一个时期取得成功时，第二个时期末再根据成功或失败的结果给代理人支付奖励，分别标记为 w_{SS} 和 w_{SF}。在第一个时期遭到失败时，第二个时期末也根据成功或失败的结果给代理人支付奖励，分别标记为 w_{FS} 和 w_{FF}。

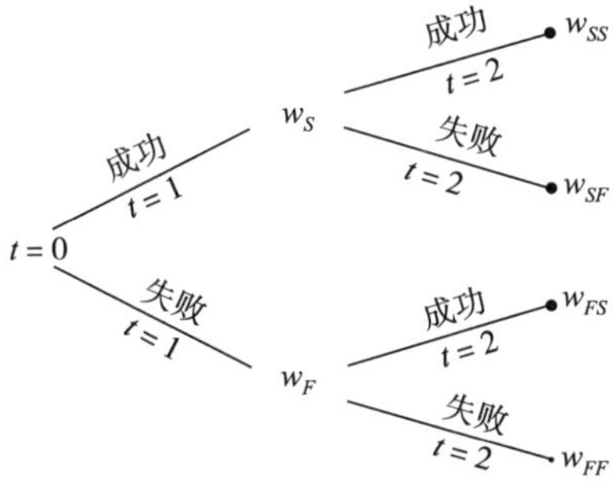

图 12.2　与两个研究时期有关的成功和失败概率以及相应的奖励

资料来源：本书作者。

注重短期利益的委托人（企业或投资人）会倾向于“惩罚”研究者在第一个时期的任何失败，以激励他们加大努力，并专注于短期内风险较小的开发性项目（图 12.3a）。简言之，委托人可以在第一期期末或第二期期末的失败情形下给研究者支付零奖励（$w_F=0$，$w_{FF}=0$，$w_{SF}=0$）。然而，较为重视实验及其带来的参考信息价值的委托人会选择完全不同的策略（图 12.3b）。为鼓励研究者在第一个时期从事探索性研究，委托人不会对这个时期的失败施以惩罚。相反，他会保证在第一期期末遭遇失败时提供正奖励（$w_F>0$），反而对取得成功实施零奖励（$w_S=0$），以免研究者选择循规蹈矩的研究方法。如果探索性研究在第一个时期失败，委托人会鼓励他转向开发性研究，并避免在第二个时期逃避责任。于是，如果在第一期失败后，第二期获得成功，委托人会给研究者正奖励（$w_{FS}>0$）。但如果第一期的探索性研究取得成功，委托人将鼓励研究者继续探索，因为在第一个时期的探索性研究取得成功的基础上，第二个时期的探索性研究可能更有利可图。于是，如果在第一期成功之后，第二期又获得成功，委托人将在第二期期末给研究者一笔很大的奖励（$w_{SS}\gg0$）。

从现实看，我们能如何鼓励探索性研究？在企业内部，一种选择是确保代理人的报酬与岗位不受企业短期业绩的不确定性影响。下文将介绍，这是机构投资者要做的事情，也是破产法的目标，如美国《破产法》中著名的第 11 章，保护债务人免受在债权人压力下被过早清算的风险。[9]

到目前为止，我们一直是从企业内部的角度讨论问题。而对于企业之外的科学家，又能如何鼓励他们从事固定成本很高的探索性研究呢？我们可以看看霍华德·休斯医学研究所（Howard Hughes Medical Institute，HHMI）的例子，它是美国学术性生物医学研究的最大私人资金来源。该机构的一个项目名为“研究员计划”（Investigator Program），挑选有能力做出基础性发现的年轻科学家，

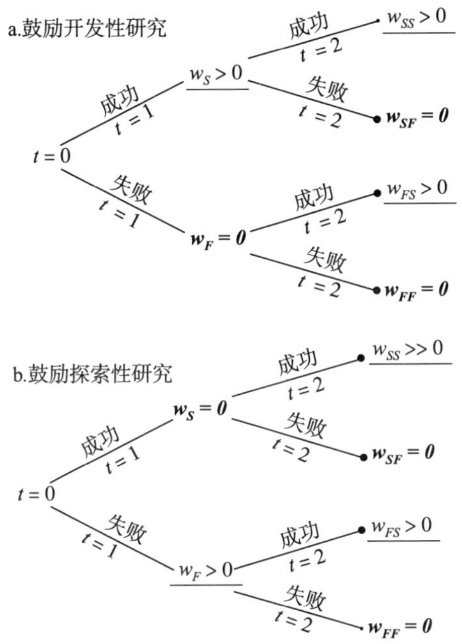

图 12.3　委托人为鼓励开发性研究或探索性研究而提供的合同

资料来源：本书作者。

以拓展生物医学研究的前沿。总体上，该计划在 1993 年、1994 年和 1995 年共挑选了 73 位科学家。与国家科学基金会或国立卫生研究院不同，霍华德 · 休斯医学研究所注重选人，而非支持具体的项目。另外，前两个机构对项目的资金支持仅有三年，而后者对大多数入选研究者提供至少五年的资助。[10]

这一资助策略的效果如何？首先，已经有超过 20 位该项目的研究员荣获了诺贝尔奖。但更重要的是，这一资助对学术发表数量产生了惊人的效应，如图 12.4 所示。图中的实线代表“实验组”的发表数量的变化，即接受霍华德 · 休斯医学研究所资助的人，0 点对应研究员开始接受资助的年份。虚线代表“控制组”科学家的发表数量的变化，即未获得该机构资助，但有着类似特征（包括年龄、供职的学术机构、研究领域与成果等)，并在职业生涯早期接受过其他研究资助（例如 Pew、Searle、Beckman、Packard 和 Rita Allen Foundations 等组织的奖金）的科学家。

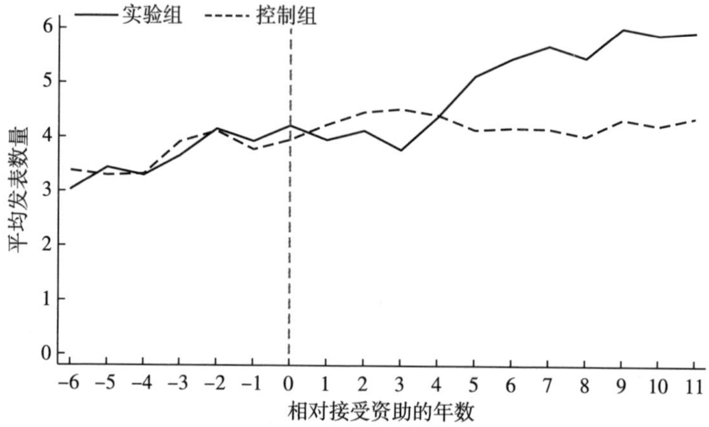

图 12.4　霍华德·休斯医学研究所的资助对总发表数的动态影响

资料来源：转引自 P. Azoulay, J. S. Graff Zivin and G. Manso, "Incentives and Creativity: Evidence from the Academic Life Sciences," *RAND Journal of Economics* 42, no. 3 (2011): 527 – 554, 图 4A。

从图中能看到，在霍华德·休斯医学研究所提供资助前，实线与虚线非常靠近，控制组的科学家的表现可以同接受资助者媲美。不过从接受资助开始，两条曲线出现分化，测算显示接受资助者的发表率相比同等的未受资助者平均提高了 39%。

2. 给颠覆性企业融资：风险资本的角色

由风险资本支持的企业：理论上的说法

风险资本是什么？是指从初创企业获得股权，并计划在其发展进程中出售股份以谋利的投资人。为什么初创企业是利用风险资本融资的最常见的机构类型？

我们首先分析融资结构与控制权。在不久之前，公司金融领域的经济学家主要关注的还是企业收益如何在所有者与投资人之间分配。债务被定义为由贷款人获得固定回报的合同，剩余收益归企业所有。[11]股权融资则被定义为让股东、企业所有者获得一部分收益的合同安排。

另一种公司金融理论更强调控制权。[12]简单来说我们可以这样理解，设想有一个企业家（或家族企业），除自身资产外，该企业还需要外部融资来支持一个创新性的新项目，于是打算寻找投资人。企业家与投资人都希望项目成功，但目标可能有所不同。投资人看重货币回报，希望使企业利润最大化。企业家则更希望打造一份宏大事业，梦想为自己树立创新者的形象。这样的动机可能让企业家不惜代价维持企业运转，哪怕牺牲短期的货币回报。在“不完备合同”的世界里，我们不可能预测每个偶然场景会有何结果，企业家与投资人之间的控制权配置就成为双方合同的关键内容。于是，不同融资安排的主要区别就在于如何在各方之间分配控制权，而非如何分配企业的收益。对此，阿吉翁与博尔顿探讨了控制权配置的三种主要方式。

第一种，发行有投票权的股份，这可以视为迫使企业家与投资人分享控制权的合同，让投资人能够实施企业家本来不会做出的决策，例如在遭遇财务困境时关闭企业。第二种，发行无投票权的股份，让企业家在不与投资人分享控制权的情况下获得融资。不过投资人通常会拒绝此类合同，特别是如果企业家没有个人资金或有形资产（设备、建筑和土地等）的时候，因为这种情况下投资人在企业遭遇财务困境时不能获得补偿。第三种，债务融资，双方之间达成或然形式的控制权安排。当企业经营正常时，企业家保留全部控制权；如果情况恶化，企业家的控制权就可能被投资人夺走。破产也是企业财务状况遭遇严重恶化时转移控制权的一种机制。

我们再回到那家试图为创新项目融资的初创企业。为维持控制权，企业希望尽可能地发行无投票权股份。但如果投资人拒绝，加上缺乏充裕的金融资产或有形资产作为抵押品，企业家可能被迫向投资人转移部分控制权。这就是风险资本登场的时候。

风险资本是一种多阶段融资合同。首先，此类合同给予投资人较大比例的企业收益，以及对企业决策的否决权。但在后续的各个阶段，风险投资人会逐渐把控制权交还给企业家。

基于阿吉翁与博尔顿的研究，斯蒂芬·卡普兰（Steven Kaplan）与佩尔·斯特罗姆贝格（Per Strömberg）解释了为什么此类融资形式尤其适用于年轻的创新企业。[13]这些企业起步时通常股份很少，并缺乏有形资本。为了实现最低限度的保护，投资人会坚持占有一定的股份份额——包括在企业取得成功时——同时要求对企业决策的否决权，以防止企业选择让投资人遭受巨大损失的创新路线。于是投资人不会接受无投票权的股份和债务融资，而愿意选择有投票权的股份。此类合同鼓励投资人加入企业的决策，不仅为了阻止过于危险的决策，更重要的还可以把投资人的经验、知识、诀窍和人脉关系分享给企业家。后者在很多时候缺乏阅历，对市场运转了解不多。当然，随着企业成长和留存利润增加，投资人会接受把部分控制权还给企业家，并减少自己的分红份额，因为即使遇到麻烦，留存利润也可以充当保障。留存利润或其他外来资金增长得越快，投资人就会越快同意把控制权还给企业家。

根据 14 家风险投资人对 11 家美国企业的 213 笔投资的信息，卡普兰与斯特罗姆贝格证实了上述理论。他们首先指出，当企业财务业绩良好时，风险投资人会接受削减股息与投票权，而当业绩欠佳时，则要求提高投票权。其次，风险投资人如果看到反映企业财务状况良好的指标，尤其是当企业积累起足够数量的满意客户时，会放弃投票权。例如在制药业，就是某种新药获得美国食品药品管理局批准或新专利被认可的时候。最后，他们发现随着企业的成长，风险投资人会放弃部分控制权。所有这些实证结果都表明，随着企业财务状况变得更好，投资人愿意给予企业家更大的控制权。

由风险资本支持的企业：数据的启示[14]

阿克西吉特等人近期的一项研究凸显了风险资本对扶持年轻创新企业的重要性。[15]这项研究把美国的企业和机构的若干数据库结合起来，包括：美国普查局的长期商业数据库，提供就业、工资、企业和机构年限等信息；汤森路透收集的接受过风险投资的美国企业的VentureXpert数据库，提供风险投资的日期和金额等信息；美国专利商标局的数据库，提供授予美国企业的专利及其被引用状况的信息。

该研究显示，风险资本融资集中在新企业：受风险投资支持的美国企业有42%是在招募雇员的第一年接受融资，15%是在招募第一位雇员之前获得首笔融资。还有，风险资本集中在有高成长潜力的企业，意指企业的雇员人数在成立的头三年中增长极快。类似的是，风险资本主要面向在初创年份中最具创新力的企业（图12.5）。[16]在创新活动上属于底层1/5的企业获得风险投资注入的概率仅为1%，而顶层1/5的企业则为6%，是前者的6倍。

总之，风险资本追求有强劲增长和创新潜力的新企业。它们的资金支持对创新有何影响？图12.6展示了对比结果：有风险资本支持的企业（实线）与没有风险资本支持的类似企业（虚线）在就业人数（图12.6a）与创新活动（图12.6b）上的不同表现。[17]从图中明确可见，自接受风险投资的日期开始，前者的增速比后者快得多。或者说，受风险资本扶持的企业扩张规模与增加创新活动的概率有显著提高。这一事实反映了风险资本选拔有较高创新和增长潜力的企业的眼光，以及为此类企业提供指导的能力。

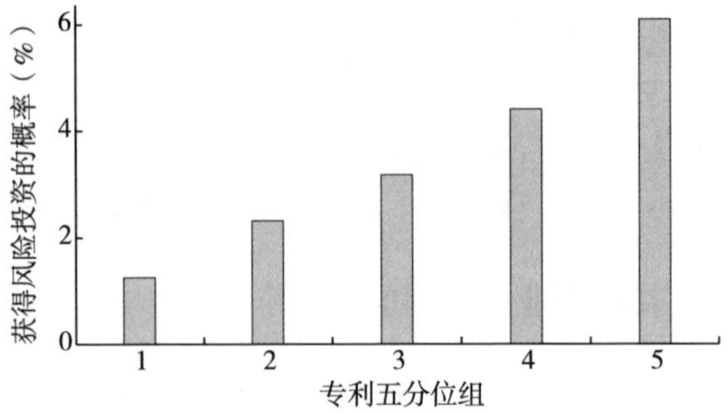

图 12.5　风险资本融资与创新的概率

资料来源：转引自 U. Akcigit, E. Dinlersoz, J. Greenwood and V. Penciakova, "Synergizing Ventures"（NBER Working Paper No. 26196, National Bureau of Economic Research, Cambridge, MA, August 2019），图 3。

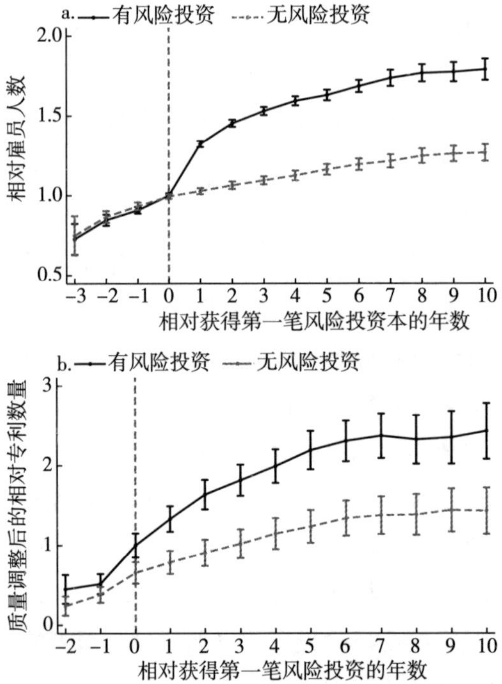

图 12.6　有风险投资支持与无风险投资支持的企业的就业和创新发展

资料来源：转引自 U. Akcigit, E. Dinlersoz, J. Greenwood and V. Penciakova, "Synergizing Ventures"（NBER Working Paper No. 26196, National Bureau of Economic Research, Cambridge, MA, August 2019），图 4 和图 6。

美国与法国的对比

基兹莱恩·凯塔尼（Ghizlane Kettani）从美国与法国风险投资人的特征入手，分析了两国风险资本活动的主要差异。[18]在美国，典型的风险投资人最初是接受风险投资支持的创新企业家，其成功捷径是通过上市卖掉企业。利用上市获得的收益，这些人自己成为风险投资人。他们作为企业家的个人经历积累了必要的专业能力和技巧，可以帮助遴选最有前景的项目，并为从事这些项目的后起企业家们提供建议。此类风险投资人本身有创业精神，对创办新企业非常热心，也愿意投入个人财富来帮助初创企业发展，他们被称为创业天使。

相反，法国的风险投资人大多是金融专业人士，过去从事银行或保险业，并没有必要的实际创业经历或技术背景为初创企业提供建议。这可以部分解释为什么在 2009 年，法国的风险投资人仅给年轻的创新企业投入了 3.53 亿欧元，而美国的金额高达 45 亿欧元。当然，这样描述美国和法国的风险投资人未免有些简化与夸张。某些法国风险投资人也曾做过企业家，而美国也有些风险投资人出身于金融专业。

第二个差异是，美国的股票市场比法国发达得多。因此，企业上市带给美国风险投资人的回报高于其法国同行。最后，机构投资者在美国的作用远甚于法国，特别是养老基金举足轻重，这些机构投资者也参与风险资本融资。[19]机构投资的另一个优点是鼓励大企业的创新，我们将在下文展开讨论。

3. 大企业的颠覆性创新：机构投资者的作用

如果说风险资本在新企业的创新融资中扮演决定性角色，那么当这些企业变得足够成熟，可以到股市挂牌后，谁又来接班？美国出现了机构投资者的重要性愈益突出的现象：它们在公开上市企业的所有权中的占比从1970年的9.4%提高到2005年的61%。[20]

机构投资者的地位如此强势升高对它们所投企业的创新有何影响？我们的初始假说认为这一效应必然是负面的，因为人们感觉机构投资者是短视而浮躁的，并不支持创新，更不用说颠覆性创新。可是实际数据推翻了这一预感：我们看到机构投资者在企业中拥有的股份比例同企业创新密度之间有正向关联。[21]对此应当如何解释？

职业发展理论[22]

职业发展理论的基本思想是，企业经理人希望展示其能力，以确保自己在企业中的地位，并提高其声誉（乃至在经理人市场上的“价格”）。能力的第一个指标是经理人所在企业的业绩。不过，企业业绩不能完美地反映经理人的能力，它取决于能力和运气两方面因素：无论经理人能力如何，项目总有失败的风险。在此情形下，经理人会对启动颠覆性项目感到犹豫，因为与其他项目相比风险更高，失败概率更大。如果经理人属于风险规避型，担心失去工作和市场声誉，就会更加迟疑不决。那么，机构投资者在企业所有权中的强势兴起会如何制衡经理人对创新的这种回避态度？

答案在于，机构投资者可以直接获得经理人能力的信息。当然这样做有成本，并且只有在机构投资者掌握企业的较大比例股份时，投入固定成本获取这些信息才物有所值。如果信息是积极的，即机构投资者发现经理人确实有能力，则可以使其免受创新风险的影响。于是，经理人对开展创新项目将不再犹豫：即使项目失败，机构投资者也会保留他的职位，使负面影响降到最低；而如果项目成功，经理人的声誉将大大提升。[23]

机构投资者在企业中的财务利益越大，就越会保护经理人免受创新项目失败的打击，从而愈加强化经理人启动颠覆性项目的激励。这可以解释我们看到的机构投资者股权比例同企业创新密度之间的正向联系。

对该理论的实证检验

作为对上述理论的实证检验，阿吉翁等人分析了 Compustat 数据库中包含的 803 家美国上市公司在 1991—1999 年的信息，[24]美国专利商标局关于这些企业的专利数量和质量的信息，以及 Compact Disclosure 数据库中包含的机构投资者在这些企业持有的股份比例的信息。

我们得到了如下几个发现。机构投资者持有的股份比例对企业专利的数量和质量有积极影响。另外，企业面临的竞争力度会强化这一积极效应。图 12.7 显示，机构投资者对面临激烈竞争的企业的创新有更强的促进作用，[25]原因在于，竞争增加了项目创新失败可能使企业面临的损失，加剧了创新伴随的风险，也就是模仿与创造

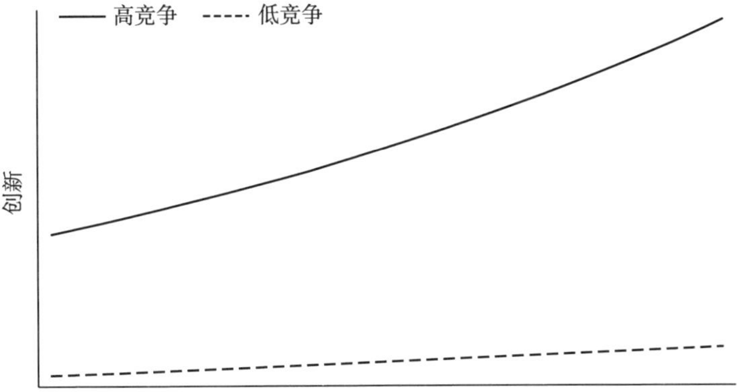

图 12.7 不同竞争程度下创新与机构投资者的关系

资料来源：P. Aghion，J. Van Reenen and L. Zingales，“Innovation and Institutional Ownership，” *American Economic Review* 103，no. 1（2013）：277 – 304。

性破坏的风险。恰恰是在项目遭遇失败时，机构投资者能提供保护，使经理人不至于失去工作和声誉。对于面临更激烈竞争的企业经理人而言，这种保护显得尤为珍贵。

另一个发现也同职业发展理论相符，即当经理人有其他机制提供保护时，机构投资者对创新的影响会减弱，例如在恶意并购受到更严格监管的美国各州。这里的逻辑是：此类监管形成了对机构投资者保护的替代机制。最后，职业发展理论预测，机构投资者会减轻经理人在企业业绩不佳时丢掉工作的风险，数据表明确实如此。总体上与我们的初始假说相反，机构投资者促进了上市企业的创新，因为它们保护了经理人免受与创新有关的潜在职业风险的冲击。

对法国与美国的机构投资者所占权重加以对比，我们会发现由于养老基金的重要地位，美国再次遥遥领先。2017 年，养老基金管理的资产总额相当于美国 GDP 的 145%，法国仅为 10%。[26]此外，美国的机构投资者在 2018 年为年轻的创新企业提供了 560 亿欧元资金，而法国的机构投资者仅提供了 6.65 亿欧元，前者是后者的 84 倍之多。[27]

4. 企业创新与对研发活动的税收激励

政府如何能鼓励对企业创新活动的投资？税收激励是个合理的考虑。对研发活动的税收激励可以采取税收抵扣（tax deduction）形式，降低应税收入，这是英国采用的机制。也可以采取法国的免税额度（tax credit）的办法。[28]

英国对研发活动的税收激励始于 2000 年，最初仅针对中小企业，2002 年被扩展到大企业。不过，对中小企业的优惠力度依然更大：截至 2007 年，雇员人数不足 250 人、资产少于 4 300 万欧元、年销售额不足 5 000 万欧元的企业仍得到比大企业更优惠的研发支出税收抵扣待遇。2008 年，英国对该体制加以改革，放松了中小企业的资质门槛：目前的税收优惠办法对雇员人数不足 500 人、资产少于 8 600 万欧元、年销售额不足 1 亿欧元的企业适用。这一改革给创新带来了怎样的影响？

图 12.8 描述了 2009—2011 年企业平均年度研发支出同企业规模（资产价值）之间的关系。总体而言，企业年度研发支出同资产额有正向联系，表明资产较多的大企业能在研发上投入更多。可是，在 8 600 万欧元的资质门槛上存在明显的非连续性。对于刚好低于门槛值的企业（能得到更大的税收优惠），平均研发支出要多于刚好高于门槛值的企业。企业在 2009—2013 年获得的专利数量变化与研发支出类似，我们再次观察到非连续性：在门槛值前后，企业获得的专利数量都随着企业资产规模扩大而增加，但在门槛值处却出现显著下跌。[29]

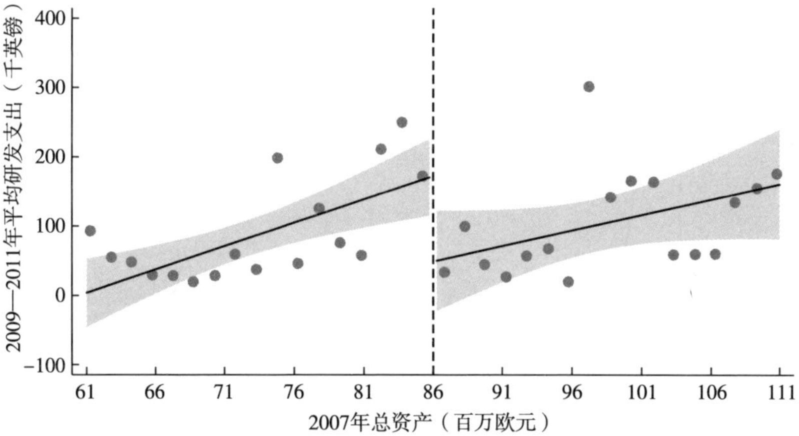

图 12.8　2009—2011 年平均研发支出与企业总资产的关系

资料来源：转引自 A. Dechezleprêtre，E. Einiö，R. Martin，K. -T. Nguyen and J. Van Reenen，"Do Tax Incentives for Research Increase Firm Innovation? An RD Design for R&D，" unpublished manuscript，2020，图 2。

如上文所述，英国的税收研发激励体制尤其面向中小企业。如果中小企业的创新更活跃（以每千名员工获得的专利数计算），法国（见图 12.9a）和美国（见图 12.9b）的情况正是如此，这一政策选择就是合理的。[30]此外，中小企业产生的创新更为激进、更有影响力。不过，英国体制的这个优点并没有被其他发达国家借鉴，包括法国在内（图 12.10）。2018 年，法国对研发支出的税收补贴率很高，但对中小企业和大企业的幅度基本相同（均为 43%）。[31]英国的这一补贴比率总体上更低，但中小企业受益幅度（27%）明显高于大企业（11%）。

在法国，获得免税额度的资质门槛不是根据企业规模而是根据研发支出金额设定的：1 亿欧元以内的研发支出可获得 30% 的补贴，超出部分则为 5%。不过很少有企业的研发支出能超过 1 亿欧元，于是几乎所有开展研发的企业都获得了 30% 的补贴。但我们可以合理推断，即使没有对研发的税收补贴，研发支出超过 1 亿欧元的特大型企业也会在研发上做非常大笔的投资。也就是说，门槛内的研发支出的税收补贴对这些大企业而言纯粹属于意外收获，对它们的研发投资决策并无实际影响。然而在 2014 年，100 家最大的法国企业在全部研发税收补贴中的占比却达到 34%。

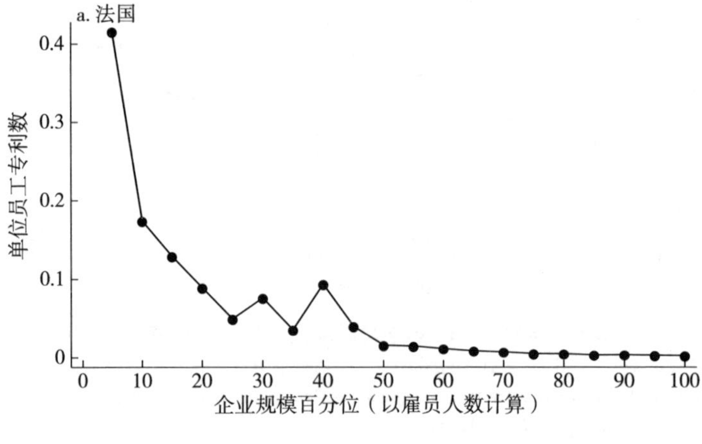

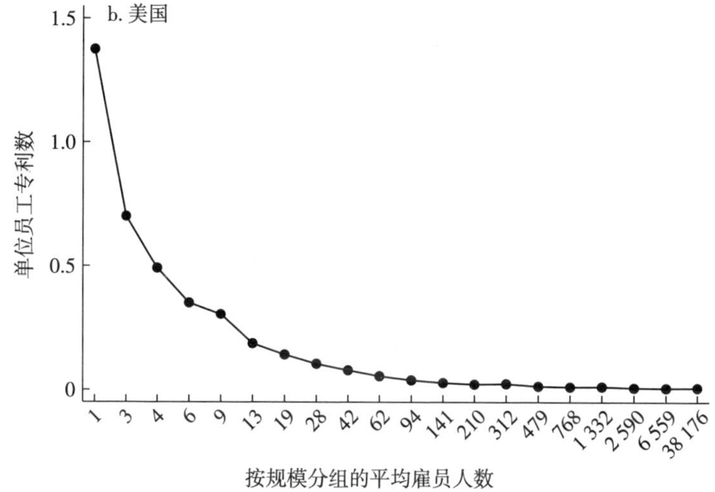

图 12.9　法国与美国不同规模企业的创新密度

资料来源：a. Matched employer-employee data （DADS） and Patstat；b. 转引自 U. Akcigit and W. R. Kerr，"Growth through Heterogeneous Innovations，" *Journal of Political Economy* 126，no. 4 （2018）：1374－1443，图 2。

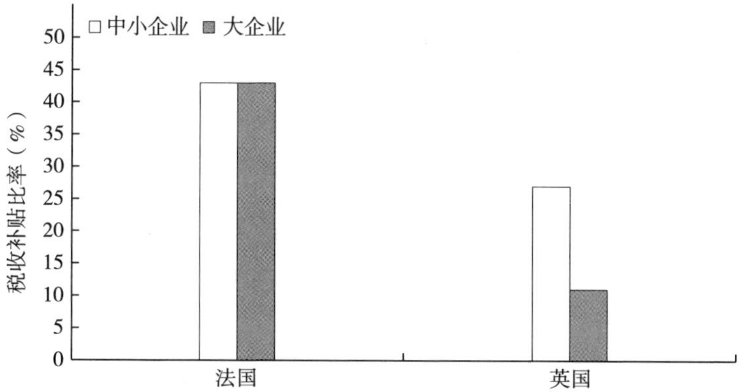

图 12.10　不同国家和不同类型企业对研发支出的补贴比例

资料来源：OECD。

为使研发税收补贴不那么向大企业倾斜，一种激进的解决方案是模仿英国体制，针对企业规模设立门槛。另一种较中庸的解决方案是设立边际补贴比例，随企业研发密度（其定义为研发支出与企业规模之比）的提升而增加。[32]

5. 结论

为创新尤其是颠覆性创新的不同阶段提供融资的最佳方式是什么？我们已经知道在基础研究阶段，来自研究机构和大学的资金对促进革命性发现往往还不够充足，为有潜力的研究者提供支持的私人基金会要扮演关键角色。在开发阶段，我们指出除财务考虑之外，投资人对企业项目的参与程度也关系重大。在早期创业阶段，风险资本对企业决策的控制权会随时间变化，成为促进颠覆性创新和企业成长的一种关键机制。当企业达到一定规模后，机构投资者将接替这个角色，他们为从事创新项目的经理人提供保护，从而鼓励其承担更多的风险。最后，政府也在创新融资中发挥着作用，尤其是通过对研发活动的税收激励，另外还可以利用采购合同以及更普遍的产业政策工具（见本书第 4 章和第 14 章）。

总之，金融生态体系对创新有重大影响。美国受益于研究基金会、机构投资者和风险投资人形成的强大网络，他们有必要的经验辅导新企业走向成功。这一网络增进了美国在创新领域的主导地位。当然，融资必须加以监管，以防止其成为增长的障碍。有关内容可参考专栏 12.1 和第 14 章。

专栏 12.1　融资的陷阱

本章描述了不同的创新融资方式，但融资也伴随着某些危险。

投资者（包括公共部门、风险投资人和机构投资者等）在决定是否支持某个创新项目时可能犯两种类型的潜在错误。第一类错误是错过好项目，第二类错误是支持坏项目。如我们所知，熊彼特式的创新者有很高的失败概率，这意味着项目易遭受挫折，但较低的成功概率却对应着极高的回报。因此在创新融资中，犯第二类错误并不罕见。投资者真正要解决的问题是减少犯第一类错误的风险，即错过后来有丰厚回报的好项目。这方面的典型例子是，某些投资人在脸书或谷歌之类的公司创立时错失了参与机会。

但本书第 3 章谈到，重大的通用技术发明后会出现众多次级创新，而它们的成功机会较大。由于投资人担心犯第一类错误，金融业可能出现投资热潮，图 12. A 显示了股票上市发行金额与 GDP 比率的变化。[33]20 世纪 20 年代随着电力的引进出现了投资高潮，90 年代后期的信息技术革命同样如此。

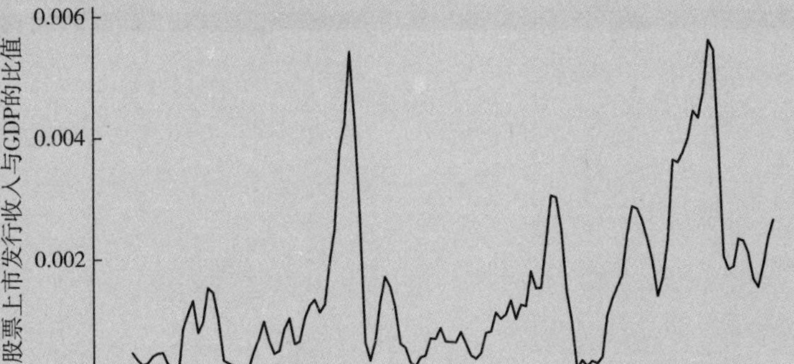

图 12. A　股票上市发行收入与 GDP 的比值

资料来源：转引自 T. Philippon, "Has the US Finance Industry Become Less Efficient? On the Theory and Measurement of Financial Intermediation," *American Economic Review* 105, no. 4 (2015): 1408 – 1438, 图 13。

投资者之间为避免错过好项目开展的激烈竞争使他们放松了对项目质量的审查，纷纷投入没有前途的项目。因为担心犯第一类错误，结果使他们犯下更多的第二类错误。这种倾向可以解释与通用技术创新相伴的金融泡沫现象，21 世纪初的互联网泡沫即是典型。

公司创新融资的第二个低效率根源是，企业可能陷入金融市场预期的陷阱，放弃自身目标。[34]企业可能面临选择，要么扩大销售，要么通过降低成本和改进生产来巩固现有客户基础。如前文所述，企业经理人关注自身的声誉。由于经理人希望向金融市场展示自己的能力，他可能倾向于按照金融市场的期望去行动。如果金融市场把销售增长作为企业成功的指标，经理人就会集中精力扩大销售，而忽略生产的改进。而如果金融市场认为企业在追求增长战略，他们就会更加看重增长指标。这一双向反馈过程会构成恶性循环，导致企业重心永远不能从扩张转向生产精益化，并最终走到触发系统性危机的境地。

第 13 章　应对全球化

正如亚当·斯密的《国富论》所言，国际贸易有利于更好的劳动分工，继而促进技术进步，推动世界范围的繁荣。那么，为什么贸易全球化近来在发达国家遭遇日趋激烈的反对？部分答案显然在于，全球化可能导致广泛的生产外包与去工业化。确实在过去 50 年里，美国铁锈地带、英格兰与威尔士北部、法国北部与比利时南部的矿区，以及法国东部与德国的钢铁生产区都出现了相当多工厂关门与大规模失业的现象。

先是特朗普当选美国总统，之后是新冠疫情暴发，让有关全球化的经济影响的讨论重新点燃。特朗普于 2016 年 11 月当选时，承诺要对外国进口产品树立关税壁垒，以保护美国的工业与就业。2018 年，美国对漫长清单上的外国产品实施加税与进口配额。例如在 2018 年 1 月，特朗普政府提高了太阳能板与洗衣机的关税。3 月，又对铝材、钢材、汽车及其配件加征关税，全都假以国家安全的名义。随后，又是针对各种类型中国产品的一系列大幅加征关税。此外，欧盟对美国出口的价值 75 亿美元的产品的关税率也从

10%被抬高至25%，包括法国的葡萄酒、意大利的奶酪和苏格兰的威士忌等。这些措施加起来将严重拖累全球经济增长。[1]

全球增长还遭遇了更新的一轮灾难：新冠疫情。经济预测师们起初抱有较乐观的展望，估计疫情将在2020年第一季度在中国达到峰值，然后较为平缓地传播到其他国家。但事实上疫情蔓延迅猛，尤其是在欧洲和北美。2020年4月，国际货币基金组织预计当年全球经济将下滑3%，发达国家首当其冲，法国经济将比上年收缩7.2%，美国则为5.9%。[2]

特别是，新冠疫情凸显了“价值链”（也称为供应链）的重要性，即连接各国的跨境生产过程。链条上的每个国家都提供最终产品中包含的某些原材料、服务或者部件。经合组织认为，目前约70%的国际贸易涉及全球价值链。中国在越来越多的价值链中扮演着中间产品生产商的角色，包括信息技术、电子、制药和运输设备等产业。所以，中国经济的任何减速都将给全球总产出造成巨大影响。在今天的全球化经济中，由于发达国家广泛采用准时制（Just in time）生产方式，这一效应可能变得特别突出。

本章将聚焦于全球化与创新的关系，并涉及国际贸易和移民问题。具体而言，我们将分析中国在加入世界贸易组织后，来自它的进口增加对美国和欧洲的就业与创新的影响。这些影响是否表明特朗普大规模提高关税的行动师出有名？可否采取不同的应对措施？为什么出口市场扩张会刺激创新？移民迁入对创新有何作用？下文将展开有关的讨论。

1. 来自中国的进口冲击

中国产品在全球总进口中的份额在21世纪第一个10年出现跃

升，从1999年的3%到2012年的10%。图13.1显示中国在美国和欧洲进口市场中所占份额有惊人提升（1980—2007年），其他低劳动力成本国家的份额则维持稳定。[3]中国于2001年加入世界贸易组织显然加速了这一进程。那我们应该担忧来自中国的竞争加剧吗？我们又该怎样应对？

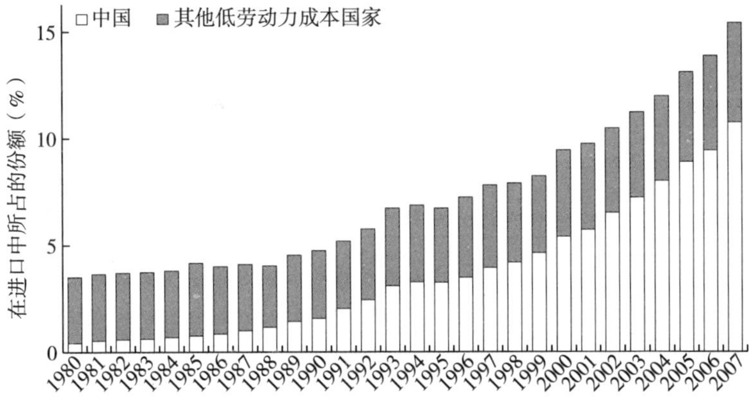

图13.1 来自中国与其他低劳动力成本国家的进口在欧洲和美国总进口中的占比

注：欧洲的数据包含如下12个国家：奥地利、丹麦、芬兰、法国、德国、爱尔兰、意大利、挪威、西班牙、瑞典、瑞士和英国。

资料来源：转引自Bloom，Draca and Van Reenen（2016），"Trade Induced Technical Change? The Impact of Chinese Imports on Innovation, IT and Productivity," *Review of Economic Studies* 83，no.1（2016）：87－117，图1。

中国进口冲击的负面影响

对就业与工资的影响。中国加入世界贸易组织对美国劳动力市场有何影响？从理论上并不容易推导出答案。我们设想美国有个特定地理区域（地区*R*），中国加入世贸组织会如何影响当地的劳动力市场？对此，我们需要考虑两个相反的作用。首先，中国入世会加剧地区*R*出售的产品的市场竞争，对其就业与工资产生不利影响。例如中国生产汽车，地区*R*也专业从事汽车生产。因此，来自中国的汽车进口增加会使对 R 地区的产品的需求减少，继而给当地劳动力市场带来负面效应。但同时，中国入世也增加了中国自身对汽车的需求，这可能促进地区 R 的产出增加，从而给当地的就业和工资带来正面效应。

目前看来，美国从中国的进口远远超过美国对中国的出口，这意味着中国冲击的负面效应会超出其正面效应。[4]而事实上我们在下文会看到，美国的制造业部门面对中国进口冲击的表现尤其脆弱，这部分源于生产外包，部分源于美国本土企业的裁员，还有部分原因是工资下降。[5]

图 13.2 是来自戴维·奥托等人的一项开创性研究，显示了中国进口产品在美国的市场渗透率变化（图中实线），以及美国的工业就业人数在全体人口中的占比变化（图中虚线）。[6]该图表明，中国进口渗透率在整个时期中稳步提高，从 1991 年的 0.6% 增至 2007 年的 4.6%，而且在 2001 年中国加入世贸组织后加速。与此同时，美国工业就业人数的占比从 1991 年的 12.6% 降至 2007 年的 8.4%，并且在 21 世纪头 10 年加速下跌。

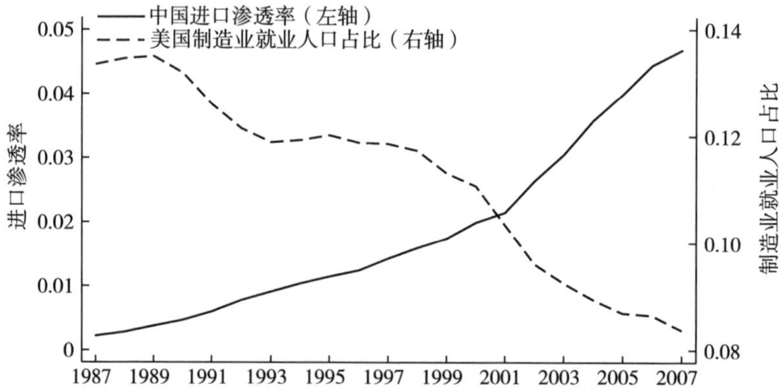

图 13.2　中国进口渗透率与美国制造业就业人口占比的变化

资料来源：转引自 D. Autor, D. Dorn and G. H. Hanson, "The China Syndrome: Local Labor Market Effects of Import Competition in the United States," *American Economic Review* 103, no. 6 (2013): 2121－2168，图 1。

不过，美国的这一总体景象是否真实反映了各地方经济的实情？或者说，受中国进口冲击最严重的地区是否也是制造业就业下滑幅度最大的地区？对于这些问题，上述研究的作者们采用了名为"偏离份额分析"（shift-share instrument）的经济计量方法。其基础是构建一个反映中国进口对各地冲击程度的指标，包含地方经济的产业构成信息，以及全国层面的产业冲击程度的信息等。为了更形象地说明，我们假设美国汽车产业对来自中国的汽车进口增加尤其敏感，于是，本土汽车产业集中的地区将遭受强烈冲击。相反，很少人从事汽车制造的地区则几乎不受什么影响。该研究最终发现，某个地区的中国进口渗透率高会导致当地的工业就业岗位显著减少。在这些工作岗位损失中，25% 源自失业增加，75% 源自劳动力市场参与率降低。[7]

没有受过高等教育的成年人最容易受工业就业减少的打击。此外，工业就业岗位的流失并未得到非工业就业增加的补偿。工业就业减少更多是被服务业就业岗位替代。平均而言，在 1990—2007 年的美国制造业就业损失中，有 21% 是因为中国进口的竞争加剧，这相当于使 150 万劳动者失去了生计。特朗普在 2016 年总统竞选中呼吁美国制造业返回国内，主要是为动员这批工人以及其他类似群体。

工作岗位损失并非中国进口冲击的唯一后果，工资也相应下跌。因此，中国进口冲击对地方经济的负面影响更为严重，工资下跌导致对本地服务的需求减少，同时服务业就业岗位的劳动力供给却在增加。

对创新的影响。中国进口冲击对创新有何影响？对此的初步回答可以参考近期的一项研究，关于中国进口与创新（用专利测算）之间的关系。[8] 图 13.3 描述了 1975—2007 年专利申请数量以及 1990—2007 年中国总进口的变化。在 1991—2001 年间，中国进口的增加伴随着专利申请数量提升。对此图的一个直观感受或许认为，中国进口促进了创新。不过更细致地看，中国进口自 2001 年加入世贸后出现加速，而美国的专利申请却在此时点后开始减少。

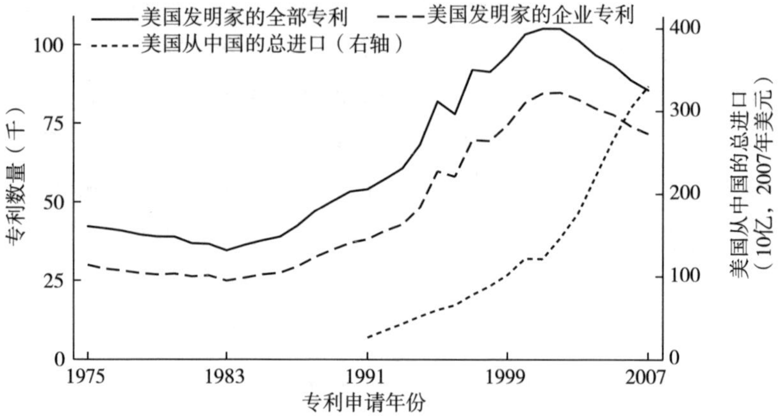

图 13.3　美国专利申请数量与来自中国的进口的变化

资料来源：转引自 D. Autor，D. Dorn，G. H. Hanson，G. Pisano and P. Shu，"Foreign Competition and Domestic Innovation：Evidence from US Patents，" *American Economic Review：Insights* 2，no. 3（2020）：357－374，图 1A。

但需要注意，我们这里谈的是美国经济的总体情况。那么，具体企业遇到的情况如何？上述研究的作者发现，当某个产业部门的中国进口渗透率上升时，美国该产业中的企业创新力下降。[9]

中国进口冲击对美国工业企业创新力的负面影响该如何解释？一个自然的说法是，中国的劳动力比美国便宜，来自中国的竞争加剧压缩了美国企业的利润水平，使它们的投资激励和投资能力下降，尤其是对创新的投资。上述研究则指出，某个产业的中国进口渗透率提高不仅会打击美国企业的总收益，还会削弱其研发投资。总之，该研究认为中国进口对美国企业的创新总体上具有负面效应。然而，这一效应是对所有企业都适用，还是根据企业的性质而有所区别？

中国进口冲击的不同效应

生产效率不同的企业。本书第4章提到，竞争加剧会使靠近技术前沿的企业加强创新，以超越竞争。相反，远离技术前沿的企业的创新则会受竞争加剧的打击。由此我们可以推论，中国进口冲击对远离技术前沿的企业的负面效应可能更大，但对靠近前沿的企业有正面效应。我们再回想下那个优秀的新学生加入班级的比喻：其他好学生会受到竞争的刺激，为保持名列前茅而加倍努力，但成绩较差的学生会因为新同学加入而愈加灰心，从而拉大落后的距离。

这正是我们看到的法国在1995—2007年的情形。[10]平均而言，中国进口冲击对法国企业的总收益、就业人数与生存概率的影响是负面的，同之前有关美国的研究一致。但如果把靠近技术前沿与远离技术前沿的企业分开，就会证明上述推测：中国进口冲击对远离技术前沿的企业（定义为生产率最低的10%）具有负面影响，对靠近技术前沿的企业（定义为生产率最高的10%）却有正面影响。这一发现说明，应对中国进口冲击的正确方式不是抬高关税，以削弱来自中国的竞争，而是鼓励创新投资，同时把资源和就业从生产率较低的企业转移到较高的企业。

上游冲击还是下游冲击？第二个可能性是，中国进口冲击其实是两个不同类型冲击的组合：一方面是对企业产品链的下游（即最终产品市场）的冲击，会直接加剧该市场的竞争；另一方面是对上游的冲击，影响企业用以制造产品的投入品的市场。以法国的汽车产业为例，在进口冲击影响到整车市场时，汽车企业的创新激励可能减弱，因为潜在的创新租金变小了，这是对下游的冲击。相反，如果进口冲击影响的是汽车配件市场，使该市场的竞争加剧，则汽车制造商的生产成本可能下降。于是创新租金可能增加，企业的创新激励会变强，这是对上游产业的冲击，其预期效应可能同下游冲击相反。从实证数据中我们发现，与美国市场相比，来自中国的进口冲击更多发生在法国生产链的上游位置。[11]

我们可以把进口冲击分解为上游冲击与下游冲击，以分析其对创新的不同作用效果。[12]结果发现，上游冲击对于创新有轻微的正面效应（图 13.4a），不过下游冲击对创新具有强烈的负面效应（图 13.4b）。[13]

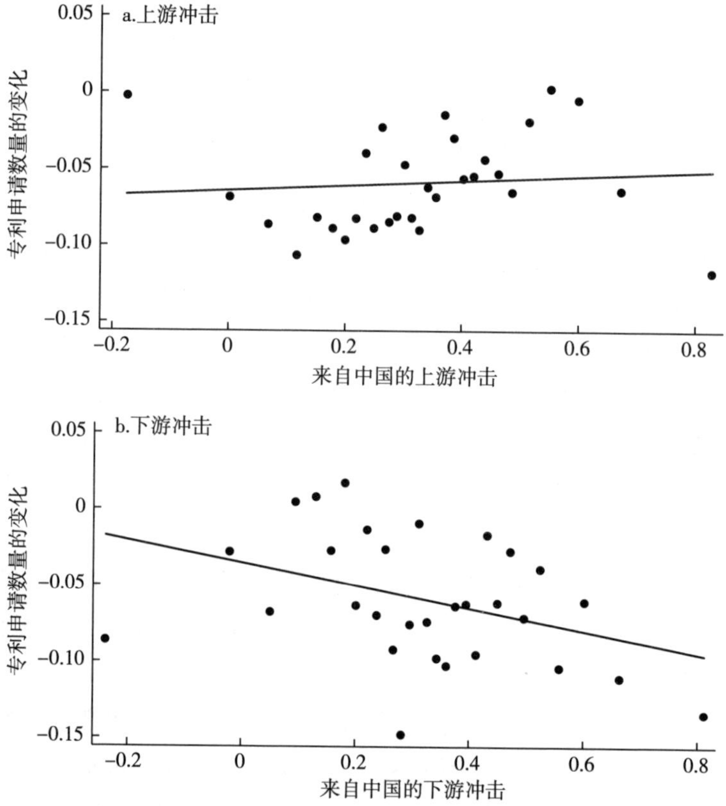

图 13.4　下游冲击和上游冲击对创新的不同效应

注：纵轴对应 1993—2000 年与 2000—2007 年之间的平均专利申请数的变化。横轴对应这两个时期企业上游或下游市场来自中国的进口的变化。

资料来源：P. Aghion，A. Bergeaud，M. Lequien，M. Melitz and T. Zuber，"Imports and Innovation：Evidence from French Firm-Level Data，" unpublished manuscript，2020。

这再度表明，无差异的保护政策并非对外国进口冲击的最佳反应策略，特别是因为此类政策可能引起出口国的报复，如 2018 年的中美贸易摩擦那样。当年 3 月 8 日，美国对来自中国的钢铁进口和铝制品进口分别加征 25% 和 10% 的关税。3 月 22 日，美国又公布了要加税的更多中国产品清单，包括平板电视、卫星和医疗设备、汽车部件以及电池等。几天后，中国采取报复行动，对包括大豆、汽车和葡萄酒在内的美国产品加征关税。而我们下面要指出，出口对创新具有明显的促进作用。

2. 出口与创新

我们的增长理论认为，打开新的出口渠道能促进创新。原因何在？一是因为市场规模效应，如果企业能把产品出口到新的国家，其市场规模将扩大，创新租金也会提高，创新产品能卖到更广阔的地方，强化对创新的激励。第二个因素是，在更广阔市场上经营的企业将面临其他同行的更激烈竞争。如前文所述，竞争会促进靠近技术前沿的企业的创新。因此，打入新的出口市场可以促进创新，尤其是对靠近技术前沿的最具生产效率的企业。

数据能为此提供支持吗？1988 年底，美国与加拿大签署了一项自由贸易协定，为分析新出口市场对国内企业生产率的影响提供了理想场景。[14]该协定大幅降低了美加两国之间的关税。对希望把理论付诸实践检验的计量经济学家来说，这是天赐良机，提供了观察企业如何对关税下调做出反应的自然实验。图 13. 5 明确显示，该协定促进了加拿大的制造业厂商对美国市场的出口。这一研究还指出，贸易自由化不仅增加了加拿大的出口额，也对该国企业的生产率产生了显著的积极效应，意味着对创新有所推动。

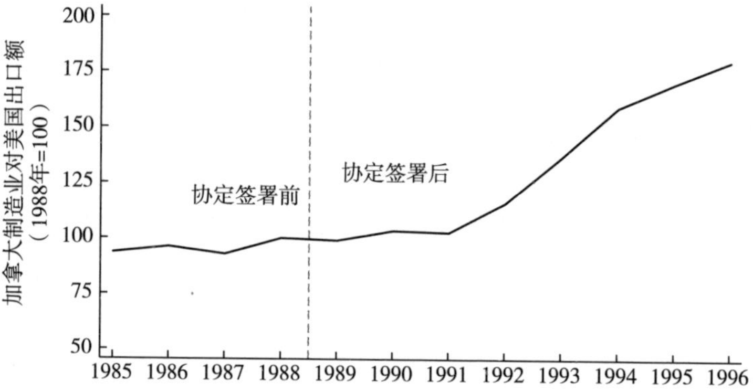

图 13.5　加拿大—美国自由贸易协定对加拿大制造业向美国出口的作用

资料来源：转引自 A. Lileeva and D. Trefler,"Improved Access to Foreign Markets Raises Plant-Level Productivity... for Some Plants," *Quarterly Journal of Economics* 125, no. 3 (2010): 1051-1099，图Ⅲ。

出口市场与创新之间有着怎样的联系？利用法国 1994—2012 年间的微观经济数据，阿吉翁等人的一项研究发现，出口对于法国企业获得的专利数量和质量都有影响。[15]图 13.6 表明，在出口最多的企业中，创新企业占据主导地位。

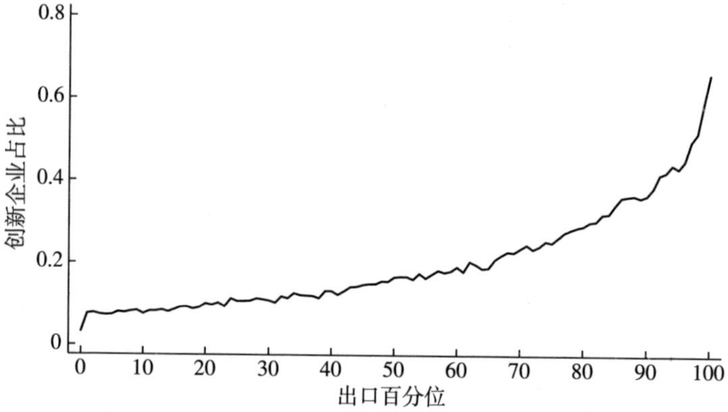

图 13.6　创新企业在出口百分位组别中的占比

资料来源：转引自 P. Aghion, A. Bergeaud, M. Lequien and M. J. Melitz, "The Heterogeneous Impact of Market Size on Innovation: Evidence from French Firm-Level Exports" (NBER Working Paper No. 24600, National Bureau of Economic Research, Cambridge, MA, May 2018)，图 2。

当然，相关性不等于因果关系：出口与创新存在同步，并不等于说其中之一是另一个的原因。相关性或许是源于同时对二者有影响的第三个因素。于是，我们分析了企业的出口市场扩张，即出口冲击对企业若干特征（包括销售额、雇员人数、以专利数量和质量反映的创新力等）的影响。结果发现：首先，出口冲击对企业的销售额和雇员人数有即期的积极影响。也就是说，出口冲击产生了短期的市场规模效应。其次，出口冲击对创新也有显著的积极影响，包括开创性专利（在先专利）的数量，以及企业专利在获得授权后的五年内被引用的次数。相比营业额或雇佣等方面的决策，创新是个需要更长时间才能见效的过程，因此我们很自然会看到需求冲击同创新作用之间存在某些时滞。再次，该研究还发现与前一节的推测相符，出口冲击对专利数量和引用次数的积极效应在靠近技术前沿的企业中表现更为明显，对远离技术前沿的企业则相反。

总之，扩大出口市场显然激发了创新。试图用笼统而不加区别的保护主义政策缓解竞争冲击，似乎并不是最佳应对策略。

3. 应对贸易冲击

有两种方式应对外国竞争：一种是提高进口税率（关税），另一种是鼓励本国企业创新，特别是为研发投资提供补贴。

提高进口关税可能有危险性，出于如下三个原因。第一，生产最终产品的企业可能需要上游的中间产品。[16]统一提高进口关税会不加区别地影响到中间产品和最终产品，可能大幅提高投入品价格与最终产品的生产成本。为维持利润，企业必须提高产品售价，这会造成国内消费者购买力下降，并压缩企业的市场规模。例如，有家美国汽车制造商从中国供应商手中购买后视镜，如果美国提高全部中国进口产品的进口税，则中国生产的汽车与后视镜的价格都将受到影响。虽然对中国汽车的关税提高或许对美国汽车制造商的销售有正面效应，但加征后视镜的关税却会增加美国汽车制造商的生产成本。

第二，跨国企业可以轻松化解对某些国家征收的关税，把生产转移到不受关税政策影响的其他国家。例如有家美国鞋类制造商，其大部分生产已外包给中国。如果美国对中国生产的鞋类加征关税，以惩罚此类外包，该公司完全可以把生产转移到尚未受该政策影响的越南。于是，关税提高政策无助于把鞋类的制造带回美国本土。

第三，前文已经讨论过关税或许对创新有负面影响。一方面有市场规模效应，针对特定国家的惩罚性关税可能引发报复，这些报复措施将缩小本国企业的出口市场，从而打击创新。另一方面还有竞争效应，树立关税壁垒会削弱进口市场和出口市场的竞争力度，使本国企业丧失创新激励，无论它们是在本国同进口产品开展竞争，还是在出口市场同外国企业竞争。

对此，图 13.7 可以提供启示——该图来自阿克西吉特等人的研究（Akcigit、Ates and Impullitti，2018），[17]并基于梅里兹（Marc J. Melitz，2003）的开创性论文，梅里兹提出，只有超出某个生产率门槛的企业才具有出口能力。[18]其基本思想是，出口需要一定的固定成本，只有生产率足够高的企业，通常是最大的企业，才有投入的实力。

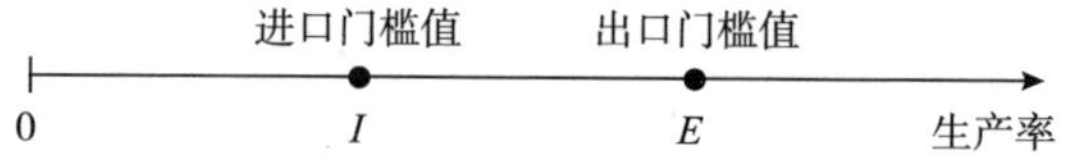

图 13.7　进口能力和出口能力同企业生产率的关系

资料来源：本书作者。

设想有家企业生产中间产品，然后将其卖给生产最终产品的其他企业。采购方企业可能和生产方企业同处一个国家，也可能分属不同国家。另外，生产方企业与外国企业存在竞争。例如，有家生产汽车发动机的法国企业 M，希望把产品卖给法国和其他国家的整车制造商。M 与外国的发动机生产商存在竞争，如果它的生产率不够高（处于图 13.7 中 I 点的左侧），性价比较低，则作为其潜在客户的各国整车制造商（包括法国厂商在内）都会选择其外国竞争对手的发动机。所以 I 点被称为“进口门槛值”。如果 M 的生产率超出了这个水平，则法国的整车制造商愿意从它手里采购，而不再选择其外国竞争对手。

从图中的生产率横轴再向右侧移动，我们将来到 E 点。此时，企业 M 的生产率提高到可以出口产品的水平，也就是说，该企业不仅能把发动机卖给法国整车制造商（已位于 I 点右侧），还能开拓外国客户，市场规模自然随之扩大。E 点由此名为“出口门槛值”：超出这个生产率水平后，该中间产品生产商（法国的发动机公司）就能进入外国市场。

下面来看看国内企业的创新。为改进质量，提高性价比，M 必须通过创新提高产品质量，或者降低生产成本（以便压低发动机价格）。当这家中间产品生产商的生产率在图 13.7 中从左向右移动时，其创新密度会如何变化？答案可见于图 13.8。从最左侧开始，随着该企业更加靠近进口门槛值 I，创新密度逐渐提高。因为越靠近进口门槛值，该企业在本国中间产品市场上面临的外国企业竞争就越激烈，创新动力也会越强。学者们将其称为“防御性创新”，意思是旨在守住本国市场的创新。

而一旦该企业跨过进口门槛值 I，其创新密度会下降，因为企业在本国市场上已经没有外国企业的挑战，通过创新来超越竞争的动力随之消失。然而当该企业更靠近出口门槛值 E 的时候，它同外国企业争夺外国市场的竞争将日趋激烈。于是我们重新看到该企业的创新密度提高。学者们称其为“扩张性创新”，意为旨在夺取新的外国市场的创新。

请注意，当企业跨过进口门槛值或出口门槛值以后，创新密度并未立刻下跌。事实上，如果企业在跨过任何门槛值后就马上停止创新，则很可能失去刚刚获得的市场，换言之，竞争对手的性价比稍有提高就会让战局反转。总体上，本国中间产品生产商的创新密度曲线类似于一条有两个峰值的山形，如图 13.8 所示。

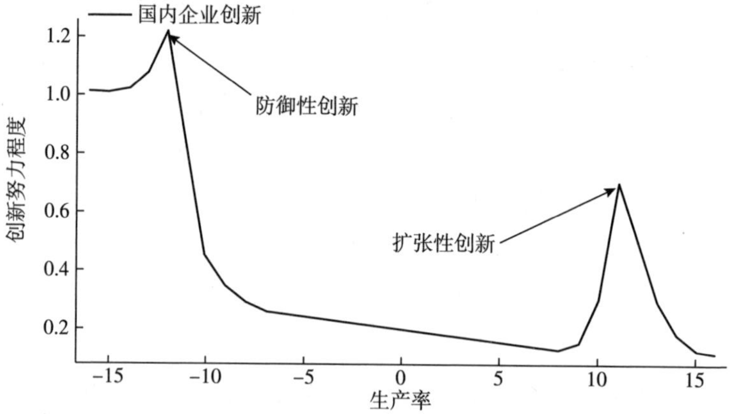

图 13.8 创新密度与生产率水平的关系

注：横轴反映生产率与 0 水平的偏离度。

资料来源：转引自 U. Akcigit，S. T. Ates and G. Impullitti，"Innovation and Trade Policy in a Globalized World"（NBER Working Paper No. 24543，National Bureau of Economic Research，Cambridge，MA，April 2018），图 9A。

在了解这一普遍模式后，我们再来探讨进口关税提高会如何影响该曲线。从理论上讲，关税提高会使进口门槛值向左移动（见图 13.9），曲线则会从原先的实线变成虚线。外国生产的中间产品被加征关税，增加了其生产成本，使外国企业更难在本国市场上竞争。于是，国内企业赢得市场所需的生产率门槛将下降。进口关税带来削弱竞争的效果，从而减弱了防御性创新（确保本国企业在国内市场上占据主导的创新）。但与此同时，扩张性创新的需求将维持不变。所以总体看，保护主义关税的长期影响将是削弱本国中间产品制造商的创新与生产率提高。

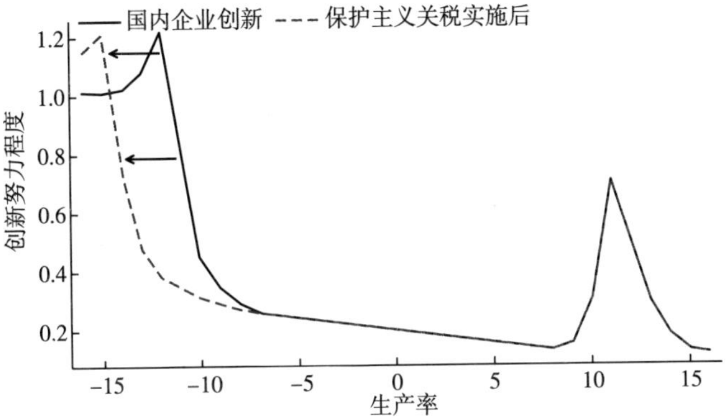

图 13.9　实施保护主义关税造成的曲线变化

注：横轴反映生产率与 0 水平的偏离度。

资料来源：转引自 U. Akcigit, S. T. Ates and G. Impullitti, "Innovation and Trade Policy in a Globalized World" (NBER Working Paper No. 24543, National Bureau of Economic Research, Cambridge, MA, April 2018)，图 13B。

相反，为生产中间产品的国内企业提供研发补贴会有不同的效果。如图 13. 10 所示，此类补贴会使曲线向上移动（从原先的实线到虚线），因为它给所有企业都带来了创新激励。研发补贴会给防御

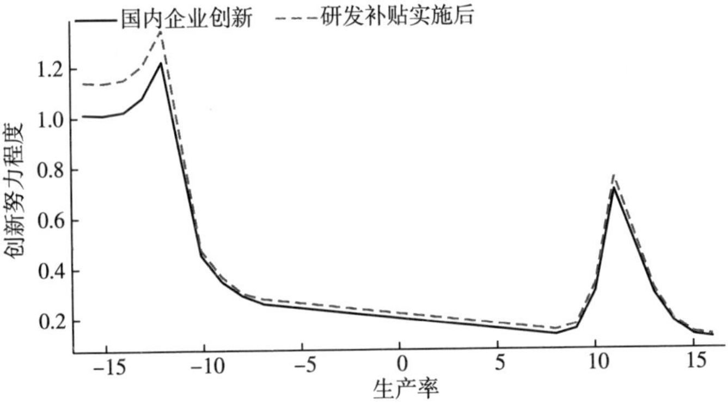

图 13. 10　研发补贴造成的曲线变化

注：横轴反映生产率与 0 水平的偏离度。

资料来源：转引自 U. Akcigit, S. T. Ates and G. Impullitti, "Innovation and Trade Policy in a Globalized World" (NBER Working Paper No. 24543, National Bureau of Economic Research, Cambridge, MA, April 2018)，图 16A。

性创新和扩张性创新都带来促进作用。相关的研究还发现，由此带来的生产率提高与居民消费增长基本上可以抵消补贴所需的成本。

以上讨论并不意味着，永远都无须考虑保护主义政策。在处理有社会倾销或环境倾销行为的外国企业时，或许有必要动用此类政策。[19]我们这里的分析是说，仅就应对外国企业并无不公平的竞争而言，相比大幅提高进口关税，采用对知识经济和基础设施的公共投资以及产业政策等工具，更能带来生产率的提高和经济的长期繁荣。

作为例证，我们可以比较法国与德国对抗击新冠的产品和设备的政策。我们发现，德国对抗击新冠产品所需的生产价值链保持了较强的控制，包括药物（试剂、药品和活性成分等）、医疗设备（特别是呼吸机）与防护设备（手套、口罩等）。[20]实现控制的手段主要是投资和创新，而非保护主义措施。图 13.11 显示了法国（灰色曲线）与德国（黑色曲线）自 2000 年来上述产品的进口和出口的变化。德国的出口在 2002 年与法国处于类似水平，此后快速提高，远远超过法国。这并非由于保护主义政策，因为德国进口的抗

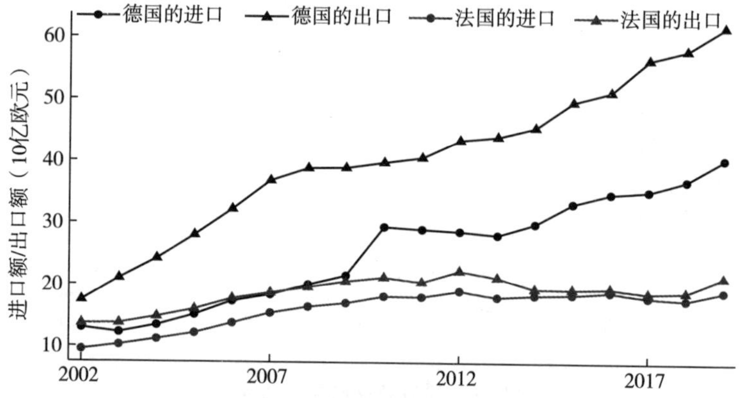

图 13.11　抗击新冠所需产品的进口和出口的变化

资料来源：Aghion P.，Bellora C.，Cohen E.，Gigout-Magiorani T.，Jean S.，“Masques，respirateurs，tests ... Pourquoi la France doit repenser sa politique industrielle après la crise du coronavirus”，*Challenges*，8 April，2020。

击新冠类产品同样在增长。德国人取得这样的结果是靠维持高水平的竞争力（即高性价比），源于对质量改进创新的大规模投资和培育社会对话机制。其成就毋庸置疑：如今的德国在呼吸机和检测上都拥有更好的物质装备，能比法国更好地应对疫情。

4. 移民与创新引领型增长

除产品外，全球化还促进了人员的流动，特别是在技术领先的国家之间。本节我们将探讨对高技能人员的移民限制如何影响创新。[21]

历史上欧洲人对美国的移民尤其具有启发性。阿克拉基斯等人（Arkolakis、Lee and Paters）在近期的一项研究中指出，1890—1920年的两个并行进程值得关注。[22]第一个进程是，美国追上英国和法国，成为全球技术最发达与从人均 GDP 来看最富裕的国家。第二个进程是，美国迎来了大量移民，主要来自欧洲。该研究的目的是希望证明这两个现象之间的因果联系，也就是说，证明欧洲移民推动了美国取得技术领先地位。

这些学者收集了包含移民来源国与抵达美国日期的移民记录，并与 1880—1920 年的专利记录匹配，得以评估欧洲移民对美国创新与增长的影响。图 13. 12 显示的是，如果美国没有对欧洲移民开放，其人均 GDP 会遭受的损失。在该图背后的增长模型里，创新根据专利和移民数据测算。更具体地说，若美国在 1880 年对全体外国移民关闭边境，它在 1920 年的人均 GDP 将比历史上的实际水平低 30%（圆点标志线）。该图还显示，如果美国对来自德国和英国的移民封闭（三角形标志线），以及对来自意大利的移民封闭（方形标志线），其收入水平可能遭受的损失。

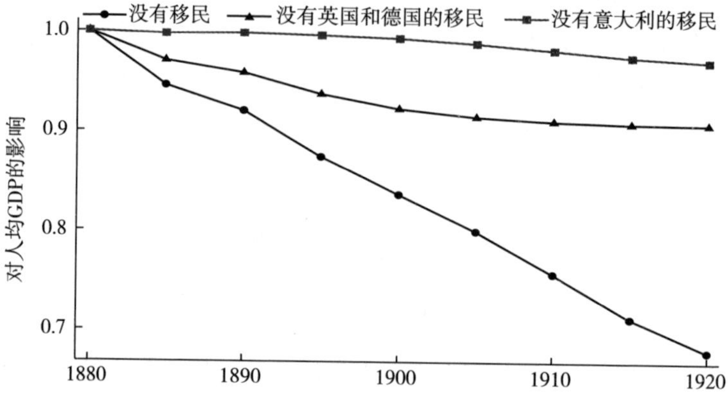

图 13.12　封闭边境对经济增长的影响

资料来源：C. Arkolakis，S. Y. Lee and M. Peters，"European Immigrants and the United States' Rise to the Technological Frontier，" unpublished manuscript，June 2020。

为什么移民促进了 150 年前的创新与增长？原来，从欧洲迁往美国的移民会成为多产的创新者，但必须在他们抵达美国几年之后。图 13.13 根据 1880—1920 年的数据显示，在美国居住满 10 年及以上的欧洲移民产生的创新，要多于本土出生的美国人以及更近

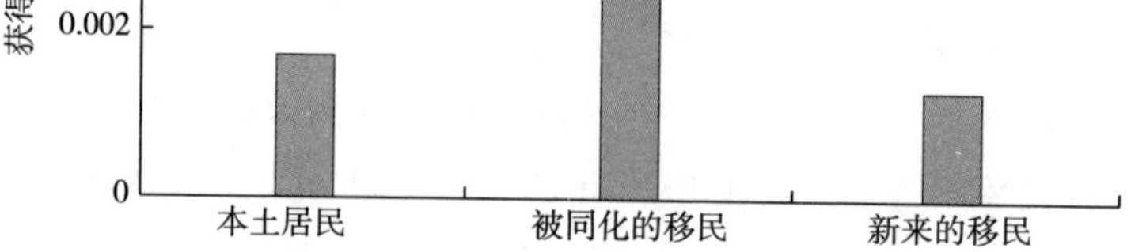

图 13.13　不同群体获得专利的概率

资料来源：C. Arkolakis，S. Y Lee and M. Peters，"European Immigrants and the United States' Rise to the Technological Frontier，" unpublished manuscript，June 2020。

期抵达的欧洲移民。上述学者提出的一个自然解释是，这些移民在美国永久扎根下来以后，能够把他们在母国形成的创意付诸实践，推出创新成果。

如今的移民与创新之间又有怎样的关系？近期由伯恩斯坦等人开展的一项研究利用1976—2012年的数据发现，出生于其他国家、在20岁后才来到美国的人群贡献了23%的总产出（图13.14），这超出他们在美国的创新者中的人数占比（16%），更高于他们在美国总人口中的占比（10%）。[23]因此，从近期和较为久远的过去看，生于外国的移民对美国的创新显然都做出了巨大贡献。

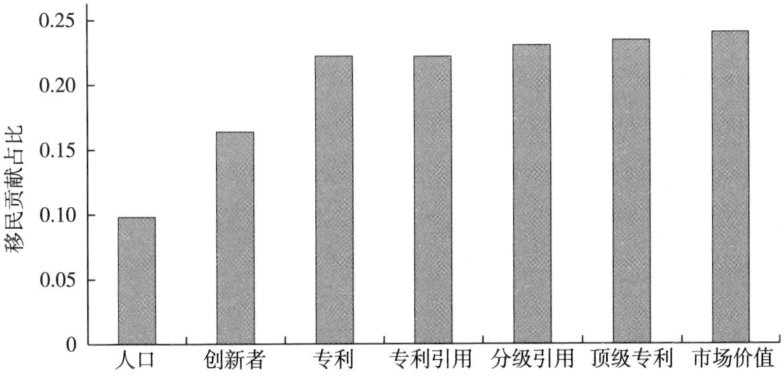

图13.14　移民在不同组别中所占的比例

资料来源：转引自S. Bernstein，R. Diamond，T. McQuade and B. Pousada，“The Contribution of High-Skilled Immigrants to Innovation in the United States，” Working Paper no. 3748，Stanford Graduate School of Business，November 6，2018，图1。

还有，该研究表明创新者的意外或过早死亡会影响其合作者群体的生产率，测算指标是这些合作者申请的专利数量。创新者的意外死亡可以理解为对合作者群体的突发性负面冲击。[24]与本国出生的人相比，当创新者是出生于外国时，其意外离世对生产率造成的打击更为严重。

睿智的移民带着自己在母国积累的知识和经验而来，在某些领域，他们可能在迁入国居于先进位置。我们以迁往其他国家的以色列创新者为例，由于以色列在水生产技术上领先于全世界，接收大量以色列创新者的国家将更有希望在水生产领域取得突破。[25]更一般地说，我们可以证明，拥有某些专长的外国创新者迁入与迁入国在这些领域的未来创新之间存在因果联系：专业从事某种技术的外国创新者的人数如果增加 1 倍，移民接收国未来 10 年在这些领域取得突破的概率将提高 25%～60%。[26]

与之相关的另一个重要启发是，由来自不同国家或地区的高素质个人组成的人群的多样性也能促进创新。来自不同背景的创新者可以把互补性的文化、技能和知识融合起来，从而深化思想认识。事实表明，多样化的高技能移民对迁入国的生产率增长确实有积极影响，表明移民的多样性促进了创新。[27]

那么，高技能移民的加入为何能促进迁入国的创新？原因之一与教育有关，例如威廉·科尔（William Kerr）发现，1995—2008 年迁入的移民占美国有大学学历的劳动人口增量的 29%。[28]移民尤其集中在理工科专业领域（科学、技术、工程和数学，即所谓的 STEM）。在理工科领域被引用最多的 250 名学者以及诺贝尔奖得主中，出生在外国但定居在美国的人远远超出其人口所占的比例。[29]

原因之二与内在动力（intrinsic motivation）的概念有关，科尔也对此做了相关研究。此概念基于两个统计现象，一是与本土出生的人相比，移民及其子女严格来说并未在理工科领域表现更好，但他们选择这些专业的人数更多，因此也有更多人脱颖而出。二是在相同的教育水平上，移民的创造力似乎更强。这两个现象合起来表明，移民比本土出生的美国人更有进取心、更意志坚定，也更愿意承担风险。这一内在动力源自哪里？有两个源头，首先是个挑选过程，只有最具进取心和动力的人才有足够的意愿成为移民，肯接受迁移的风险。其次，移民过程本身能帮助培养争取成功的信念。

虽然移民对创新有积极作用，但对输出国而言却有人才外流的忧虑。从贫困和发展中国家向发达国家移民，不应该使输出国丧失发展本国经济所需的人才。在理想情况下，应该让高技能人才能够返回母国，同时又不至于切断同接收国的联系。如果在母国的发展不够顺利，应该允许他们再回到移民接收国。构筑这样的安全网，而非永久性地关闭国门，才是鼓励高技能人才返回自己出生国的最佳策略。[30]

5. 结论

中国加入世界贸易组织及之后的进口冲击给美国的就业和工资总体上带来了负面影响。如果没有美中贸易额在 1990—2007 年的增长，2007 年的美国制造业会多出 150 万个工作岗位。这是否意味着全球化是个错误，美国对中国发动贸易战对自己有利呢？答案是否定的，基于至少三个原因。首先，如本书第 11 章论证的那样，失业风险可以用建立社会安全网等方式来更好地应对。其次，贸易的发展降低了商品价格，使美国居民家庭的年均购买力增加了大约 1 171 美元。[31]再次，发动贸易战有招致对方报复的风险，反过来压缩本国企业的出口市场，对促进创新不利。

相反，给本国企业提供研发补贴有更好的效果，既能推动创新，又有利于增强对价值链的控制。事实上，赢得竞争力角逐的最佳方式是通过投资和真正的供给侧政策。德国的案例可以为此作证。21 世纪初，德国和法国在抗击新冠类产品（如口罩、呼吸机和试剂等）上几乎并驾齐驱。但在随后数年，德国成为这些产品的主要生产国和出口国，并维持了对战略性医疗产业价值链的控制。德国的成绩并非依靠保护主义，而是源自创新、产业政策和社会对话机制，综合起来提升了德国生产商的竞争力。

最后，虽然保护主义和贸易战应该尽可能避免，但并不意味着在任何情况下都不能动用关税工具。对于制止社会倾销或环境倾销，关税可能是必需手段。我们在第 9 章指出，碳关税可以成为在国际上打击“污染天堂”的武器。当然这类关税的设计与实施必须有跨国框架（如世界贸易组织或欧盟等）作为支持，而不能由一个国家单方面采取行动。

最后，近期研究还表明，移民对迁入国的创新有积极促进作用，特别是高技能或充分融合的移民群体。

第 14 章　投资型政府与保障型政府

2008 年金融危机尚未平息，发达国家的政治领导人就开始呼吁回到最小政府，尤其是在英国和美国。他们给出的理由是，尽可能减少公共支出既有利于平衡财政预算，又能降低税收，而降低税收将帮助企业恢复利润水平，为增长而投资。

可是这一逻辑忽略了如下事实：在自由放任经济中，自行其是的经济行为人（无论个人或企业）通常会对知识和创新投资不足。原因在于，他们不会考虑自己的投资对未来创新的正外部性。例如，个人在对自身做教育投资时不会考虑这将给同事或家人带来的积极效应。又如，企业在对创新做投资时也不会考虑其取得的技术进步对将来的创新和经济增长的积极效应。所以，我们需要一个投资型政府为促进知识和创新经济而投资。

同理可证，自由放任经济往往会导致不平等恶化，社会流动性下降，并忽略创造性破坏（尤其是失业）对健康与福利的潜在负面影响。因此，我们需要一个保障型政府，帮助人们防范创新和创造性破坏伴随的风险。政府作为保险人的角色不限于应对异质性风险，还能帮助个人和企业防范宏观经济衰退，特别是由于战争、重大金融危机或流行病疫情等带来的冲击。

本章将探讨：历史上有哪些因素导致了对创新引领型增长至关重要的、可以扮演投资人和保险人角色的政府的兴起。

1. 战争的威胁与投资型政府的兴起

马克斯·韦伯于1918年发表题为“政治作为一种职业”(Politics as a Vocation）的演讲，认为政府是“一个政治团体，它在一定疆域内拥有宣布正当使用武力的垄断权”。[1]从这个角度看，政府是一种政治组织，通过特定的管理结构，有能力直接或通过授权执行法律和征收税赋。政府实现此类目标的主要方式是利用军队、法院和警察等机构来维持秩序。

法律与秩序为什么不足以带来创新引领型增长

如果政府的作用限于维护法律与秩序，则永远都不会有工业革命或增长起飞。我们可以回顾下创新引领型增长所需的三个熊彼特式杠杆：累积式的知识进步，让每个发明家能够站在巨人的肩上；对创新租金的保护，尤其是通过专利制度；创造性破坏，新的创新摧毁过去创新的租金，由此可能激起昨日的创新者对新进步的反抗。

中国古代的皇帝或大革命之前的法国国王的绝对权威，非常符合韦伯定义的国家政府的功能。然而，这样的权威并不利于技术创新的发展。首先，大多数国民缺乏教育；其次，没有权力分立来保证生产与知识传播的自由；再次，缺乏对财产权利的保护，例如，法国的国王与贵族可以在任何时候剥夺商人或工匠们的租金。当时也没有创造性破坏，因为那样的社会必须防止个人的财富和权势变得过于强大，以至于对当权者构成挑战。

政府进化的第一步是英国在1688年爆发的光荣革命，然后是法国在1789年的大革命。其做法是通过扩大议会的权力来限制君主的权威，一些新兴经济势力可以在议会中捍卫自己的利益，特别是商业资产阶级。[2]于是出现了走向孟德斯鸠主张的分权的渐进运动，得以限制权力滥用，给经济行为人（尤其是企业主）提供保护。[3]在历史上，对租金的保护和专利体系的建立也是源于这个制度进程，专制色彩逐渐减弱，权力分享加强。

第二个同属渐进性质的步骤涉及蒂莫西·贝斯利（Timothy Besley）与托尔斯腾·佩尔松（Torsten Persson）所说的政府的财政能力，即获取税收并将其投入基础设施、教育和医疗等主要公共服务的能力。[4]贝斯利在致敬阿瑟·刘易斯的演讲中引用了两句话。[5]第一句出自刘易斯本人："自动持续增长的两个条件是，一个国家有本土的企业家和公务员队伍，以及充分的储蓄和纳税能力。"[6]第二句出自约瑟夫·熊彼特："人类的财政史是人类通史的重要组成部分，各国的命运很大程度上取决于维持政府必须抽取的经济血液，以及这些资源被用到哪里。"[7]

图14.1描述了18个国家的财政能力随时间的演变。[8]每条曲线都代表采用特定税收工具（所得税、代扣所得税、增值税等）的国家的占比变化。例如，S形的实线表明所得税逐渐被18个国家采用，与某种通用技术的普及曲线类似（见本书第3章）。一开始，很少国家实施所得税。此后，在19世纪后期到20世纪30年代出现明显起飞，直至样本中的所有国家都采纳。代扣所得税在20世纪30年代到50年代（虚线）以及增值税在20世纪70年代到21世纪头10年也有过类似的经历。

为什么各国都逐渐决定开征这些税收？下面我们尝试做些解释。

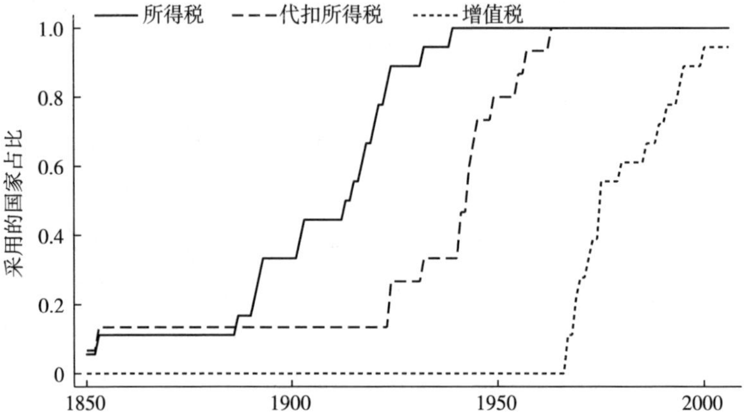

图 14.1　18 个国家的财政能力的历史演变

注：图中的国家包括阿根廷、澳大利亚、巴西、加拿大、智利、哥伦比亚、丹麦、芬兰、爱尔兰、日本、墨西哥、荷兰、新西兰、挪威、瑞典、瑞士、英国和美国。

资料来源：转引自 T. Besley and T. Persson,"Taxation and Development," in *Handbook of Public Economics*, ed. A. J. Auerbach, R. Chetty, M. Feldstein, E. Saez (Amsterdam: Elsevier, 2013), vol. 5, 51 – 110, 图 4。

国家之间的竞争与公共教育投资[9]

我们在第 2 章指出，欧洲各国之间的竞争促进了工业起飞。国家竞争对政府的作用和组织的演化也发挥了作用。长期以来，军事竞争一直是各国政府提升财政能力和投资公共服务的主要动力。[10]公共教育的发展就完全不属于自发性质，在许多国家，公共教育的出现都来自战争和战争威胁的推动。

法国案例：从色当战役到朱尔·费里

法国教育体系是在普法战争的色当战役后发展起来的。法国在 1870 年 9 月的这场战役中惨败，拿破仑三世被俘。次年 2 月，德国夺走了阿尔萨斯和洛林。这一刻骨铭心的败局引发了法国教育体系的革命。1870 年之前，法国的教育落后于包括德国在内的许多欧洲国家，[11]大多为私人学校，由教会管理。在当时依然以农业为主的法国，教师通常由本地的神父或者某位识字的村民兼任，教室在乡间建筑或庭院里临时借用。因此，大多数国民依然是文盲。1863年，相当于全体人口1/5的750万法国人还只会说自己的方言。统治精英很清楚这一教育缺陷，拿破仑三世于1863年任命的教育部长维克多·杜卢伊（Victor Duruy）建议开展全面改革，并大规模投资于教育体系。但此建议并没有引起重视，直至色当战役失败、拿破仑三世垮台后，新生的法兰西第三共和国的教育部长朱尔·费里才把杜卢伊主张的全面改革付诸实施。

费里的改革颇为激进：1881年，学校实行免费；1882年，对6～13岁的全体儿童推行义务教育；1883年，要求有至少20名适龄儿童的村庄必须设立学校；1885年，政府制定了提高教师待遇和加强学校建设及维护的宏大投资计划。教育扩张成效显著，法国新设立了17 320所学校，扩建了5 428栋学校建筑，8 381所学校得到翻修。[12]这些改革不只为全体法国儿童提供了免费义务教育，还通过教师培训计划保证教学质量。此外，学校教育的内容也做了彻底修订，突出阅读、拼写、历史、地理和公民教育等内容，并且给年轻人树立爱国主义。结果不仅降低了国民的文盲率，更重要的是还培养了学生以通用法语阅读、推理和交流的能力。

日本的案例：从《神奈川条约》到明治维新

1603—1867年，日本被德川幕府的将军们统治。这一时期的政权奉行孤立主义政策，经济对外封闭，教育仅限于极少数武士精英阶层，并且以儒学修养为核心。1853年，美国总统米勒德·菲尔莫尔（Millard Fillmore）派遣海军准将马修·佩里（Matthew Perry）向日本发出最后通牒：如果不完全开放国际贸易，就将面临战争。为强化威胁，美国人的战舰进逼到日本海岸。在威逼之下，日本于

1854 年签订了《神奈川条约》，允许西方国家的船只进入下田和函馆的港口，以获得补给。这一羞辱成为广泛的政治与教育改革的催化剂。1868 年，德川幕府倒台，反叛方拥戴明治天皇执政。新政府决定大规模投资国家和教育体系的现代化。1872 年，对全体儿童实施四年制义务学校教育，同时建立起全国性的教师培训体系。另外，儒学教育被淡化，更多强调科学。这场改革结出了硕果：在 1865—1910 年间，日本的男性识字率从 35% 提升至 75%，女性从 8% 提升至 68%。

法国和日本的案例表明，军事竞争可以促进教育体系的进步。这一推测能否得到更普遍的证明？回答是肯定的。阿吉翁等多位学者 2019 年的一项研究收集了 166 个国家在 1830—2010 年的年度数据，测算了学校入学率随战争或军事威胁（以邻国领导人发表的演讲的敌对程度来代表）而上升的幅度。[13]研究结果表明，一国对教育的投资确实会因为军事威胁和竞争而提高。

然而，对一个国家增加公共品投资而言，战争威胁总是必不可少的吗？好消息是，贸易全球化带来的世界市场上对产品和服务的竞争可以取代军事竞争，成为制度改革与经济发展的推动力。关于各国现状的透明易得的信息，加上对教育和医疗等指标开展的国别比较，同样能发挥竞争标杆的作用，推动体制变革。例如来自东南亚各国（泰国、印尼、马来西亚和菲律宾等）的竞争，无疑成为 20 世纪 70 年代后期邓小平领导的中国改革的催化剂，使中国把重心从军备发展调整到经济建设上。就法国而言，法国各大学在上海高教排名上的失色表现推动了对大学体系的广泛改革，2010 年发起的“投资未来”（Investment for the Future）计划包含了对各所大学的大规模公共投资。

产业政策：DARPA 模式的兴起

产业政策是各国促进创新引领型增长的又一类工具。产业政策的合理性有多方面理由的支持，尤其是在航天等固定成本极高而需求极不稳定的产业，有必要对资源和参与者加以协调（见本书第 4 章）。

对此，我们可以从美国国防部高等研究计划局（以下简称 DARPA）那里吸取经验教训，它是美国国防部里负责军事应用创新的研究机构。该机构的成功历史说明，有效实施的产业政策能够促进而非制约创新。DARPA 的创建源于美国在太空竞赛的一场搏斗中输给苏联：1957 年 10 月，苏联发射的斯普特尼克成为进入环绕地球轨道的第一颗人造卫星。这一事件产生了深远的国际影响，凸显了苏联太空项目的进步，令美国公众震惊。时任参议员的林登·约翰逊写道："看到可能有另一个国家取得超出我们伟大美国的技术优势，真可谓沉重打击。"[14]在短短 5 个月内，即 1958 年 2 月，甚至在美国宇航局成立之前，艾森豪威尔总统就设立了 DARPA，作为同苏联开展军事竞赛和太空竞赛的重要工具。

这个机构至今依然存在，其模式已被各方做了细致研究。[15]在国防和太空探索等领域，从基础研究向应用研究和市场化的转化较为困难。从图 14.2 能看到，技术进步沿着 S 形曲线发展。曲线的开端代表某个理念的出现，此时投入的开发努力并不多，因为努力的回报较低。曲线的中部对应起飞阶段：开发努力的回报有所提高，使技术的进展加快。在最后的成熟阶段，开发努力的回报递减，技术的进展随之减速。由于初始阶段需要很大的努力，为引起 DARPA 的关注和资金投入，必须把未来开发产生的社会收益考虑进来。所以，得到该机构支持的项目有三个特征：介于基础研究和应用研究之间；可以针对某个具体目标部署研究工作；存在协调问题，在没有公共干预时难以开展大规模融资和测试。

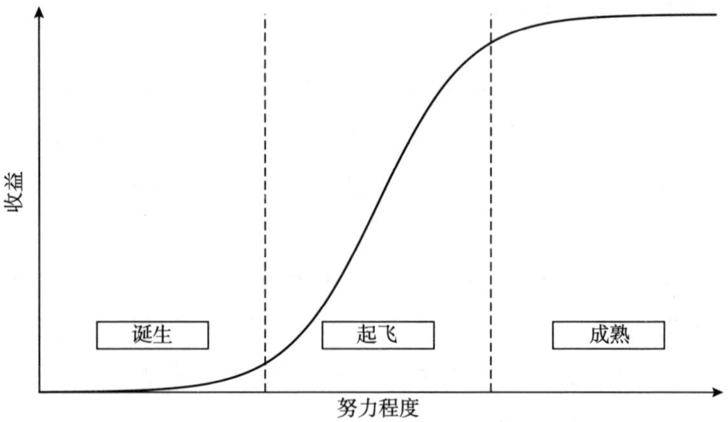

图 14.2　颠覆性技术的发展

资料来源：本书作者。

DARPA 模式尤其值得重视的一点是自上而下方式和自下而上方式的结合。[16]在自上而下方面，美国国防部出资支持项目，挑选项目负责人，并提供 3 ~ 5 年的聘用期。在自下而上方面，来自学术界、私人企业或投资方的项目负责人对项目有全面的解释和管理权，可以在初创企业、大学实验室和大型工业企业之间自由组建合作关系，并在招募合作者方面享有极大的灵活性。

这一科学发展模式让美国能够在太空竞赛中稳步赶超苏联。虽然在该机构成立的最初几年里，苏联取得了一系列成就：依靠同样雄心勃勃的太空计划，他们在 1957 年第一个把动物送上太空，在 1961 年和 1963 年把第一位男性和第一位女性送上太空，在 1966 年第一个实现无人登月；但美国人于 1969 年赢得了最终胜利，首次实现载人登月。

如今，DARPA 的年度预算超过 30 亿美元，资助的项目超过 100 个。该机构在若干有高度社会价值的高风险项目的开发中发挥了决定性作用，包括初期名为阿帕网（Arpanet，因为当时 DARPA

被更名为 ARPA）的互联网，及 GPS 等。德国等其他国家也考虑复制这一产业政策治理模式，设立自己的相应机构。一个建议是成立欧洲的 DARPAs，首先是组建法德两国的联合机构，再逐渐扩展到其他欧洲国家。欧洲设立类似机构的主要动力，是在美国从全球收缩的背景下，让欧洲承担更大的防卫责任。另一个动力则来自欧洲面临的重大技术挑战，特别是在能源、环境、数字和医疗等产业。欧洲 DARPAs 的项目资金将直接来自参与国的政府预算。因为不属于欧盟的预算，这些资金将不受公平回报原则（juste retour，公平回报是指各成员国能“收回资金”，获得不低于其出资的货币回报）的约束，同时避免受困于各成员国的否决权。

2. 保障型政府的兴起

防范异质性风险：福利国家的出现和发展

法国在二战后 30 年中的经济增长带来了充分就业，而且对许多人来说，其毕生职业是在同一家企业从事同一种工作。在此环境下，社会政策主要是通过社会补贴、教育补贴和家庭补贴扶持低收入者。这种体系源自政府提供的社会安全网制度的长期演变。

“俾斯麦模式”被广泛视为福利国家的首个榜样，由德国首相奥托·冯·俾斯麦于 19 世纪末建立，基本设想是让劳动者缴纳保险基金，以帮助他们防范与疾病、工伤事故、衰老和残疾有关的各类风险。在发布此类法律时，德国也出现了第一批工会，俾斯麦希望通过提供保障避免国家走向激进社会主义。[17]或者说，当时的政治领导人在创建福利国家时，一个关键因素是感受到了对自身权力的威胁。

福利国家兴起的第二个典型案例是英国。1942 年，应英国政府要求，经济学家威廉·贝弗里奇（William Beveridge）提交了名为《社会保险及相关服务》（Social Insurance and Allied Services）的报告，为另一种模式奠定了基础，目标是为国民提供保障，无论其是否处于就业状态。[18]该报告是在战争导致的极度困难时期发布的，希望确保任何人都能达到最低生活标准。我们再度看到冲击对推动福利国家兴起的重要作用——这次是战争冲击。

贝弗里奇报告为实现国家凝聚力的社会福利模式奠定了理论基础，但秉承类似思路的公共政策在 20 世纪 30 年代的美国业已出现，以应对大萧条及其造成的广泛失业问题。早在 1935 年，在罗斯福总统的新政背景下，美国国会通过了《社会保障法案》（Social Security Act），其中既包含保险机制，例如用工薪税支持的养老金体制；又包含福利机制，例如对未成年儿童的家庭补贴，给面临抚养困难的父母提供福利金等。

二战的冲击也帮助法国建立了真正的福利国家制度，成为新政府的国家重建计划的一部分。为改善经济状况，法国引入了计划控制、国有化和公共干预。在此背景下，1945 年 10 月 4 日和 19 日颁布法律，建立了社会保障制度。事实上，推动这一改革的雄心起源于战争时期，全国抵抗委员会（National Council of the Resistance）于 1944 年制订的计划已列入了国家光复后将实施的改革，包括全面的社会保障计划，以保障全体国民的基本生活。[19]此外，战争让工会掌握了更大的谈判权。作为光复后主要政党之一的法国共产党也调整了政治策略，从反对党变成联合参政党之一。[20]

现代法国社会保障体制是贝弗里奇模式与俾斯麦模式的混合，在历史上则是植根于保险模式。社会保障体制的建立主要是对战前的社会保险体制的改造，帮助劳动者应对与疾病、衰老、残疾和工伤事故有关的风险，并提供家庭补贴。这一普遍体制适用于全体劳动人口，但也允许保留某些特殊的体制。因此，尽管政府在新体制中扮演主要角色，传统的合作社与工会依旧重要。保障覆盖面逐步扩大，在1960年扩展到农民，1962年纳入医疗专业人士。法国的福利国家模式在变革中一点点借鉴了贝弗里奇模式的元素，既包括福利方面（1956年设立了最低养老金制度，1986年设立了最低保障收入），也涉及筹资方面（例如对所有类型的收入征收的专门用于社会保障资金的特别税）。

在20世纪80年代的合法性危机后，面对自由市场精神的强势回归，福利国家制度仍能够适应新的宏观经济环境。[21]新的模式出现了，其中最引人注目的是1997年荷兰实施的弹性保障制度，之后被丹麦借鉴（见本书第11章）。不过，荷兰模式与丹麦模式有所不同，前者主要保护最缺乏稳定的工人群体，后者更具有普遍性，并以积极劳动力市场政策作为基础。所以，这一模式似乎更多反映了特定的国情，而不是预先设定的策略。在福利国家构建的每个步骤中，劳动者、管理层与政府机构之间不断达成妥协，形成新的范式。荷兰的例子说明了这些参与方之间进行谈判（社会对话机制）的意义，因为1997年制定的弹性福利和保障法规正是工会与政府之间长达数月磋商的成果。社会对话在福利国家制度构建中的重要性不是20世纪后期或弹性保障制度出现后才有的现象。20世纪30年代，瑞典曾暴力镇压劳工运动。[22]此时在绰号为“牲畜市场”（Kuhhandel）的红绿联盟旗帜下兴起了社会民主主义运动，使国家体面地走出了危机。起初由工人和农民组成的这一联盟尤其主张强化政府的作用，但也赋予民间组织制衡政府权力的责任（见第15章）。

如今，福利国家历史上最新出现的弹性保障体制似乎是较为合理的工具，既能让创造性破坏变得更为人道，又能鼓励人们继续积极参与劳动力市场。我们已讨论过改进弹性保障效率的几种可能措施，但即使有这些改进，它是否足以保护人们免遭创造性破坏带来的风险？若干理由表明，我们或许还可以做更多事情。首先，个人不断更换岗位、在职业生涯中革新自己的能力有限。例如尤瓦尔·赫拉利在其著作《21 世纪的 21 个教训》中提出，人工智能革命可能导致工作更换频率与技能过时速度加快。[23]他认为，这样的双重加速表明应该给所有人提供最低收入，以满足在某个生命阶段的基本生存需要，而不管人们如何度过这段时光。莫尼克·坎托－斯珀波则在《自由的终结》中提到，大量 18 ~ 19 岁的年轻人既缺乏基本的职业训练，也没有必要的资源去寻找合适的工作，以帮助自己进步，以及在后来转向其他岗位。因此她认为，这部分人群也应该得到充分的物质支持。[24]

此类理由让部分经济学家同行提出了无条件基本收入的观念。坎托－斯珀波认为该收入"有助于解放个人，使其不仅能实现自身生存，还能帮助其自我定位，以获取相应的资源，例如培训机会、合适的工作岗位以及可以决定人生走向的能力等"。[25]秉持此类观点的人同主张"小政府"的人有不同的人生观与自由观。对后者而言，福利开支是一种奖励懒惰的施舍。但在坎托－斯珀波等人看来，给予人们基本生活支持可以激发其创造力。

关于无条件基本收入的最优方式，目前已提出了若干建议。其中之一是给所有国民发放全民基本收入，无论穷人或富人，年轻人还是老人。问题在于，这一机制从财政和税收角度看成本可能太高。另一个建议由米尔顿·弗里德曼于 1962 年首倡，对低于某个收入和资产门槛的人实行负税收。[26]还有一个建议是，给每个年轻国民提供一定数量的"积分点"，可以用来支付教育、住房和职场初期的某些开销。有关全民基本收入是否可行及应该如何实施的讨论仍在进行中，对该措施的合理性的讨论有助于我们思考：有什么最佳方法可以应对创造性破坏和新技术革命的不利后果。

防范宏观经济风险：逆周期政策的作用

逆周期政策是如何出现的？在很长时间中，占据主导的经济思想是自由放任，相信市场体制的力量总会把经济活动拉回均衡状态。后来，凯恩斯为政府干预和逆周期政策提出了一个理论基础。但如果离开当时的政治和经济背景，我们将难以充分理解他的政策思想。从20世纪20年代开始，凯恩斯观察到英国的失业在快速增加，1922年有近250万人失业，约占劳动力总数的15%。在劳合·乔治（Lloyd George）领导下，自由党提出了公共工程计划和其他解决就业不足的措施。凯恩斯在1929年同休伯特·亨德森（Hubert Henderson）合作发表《劳合·乔治能够做到吗?》（Can Lloyd George Do It?）一文，对此表示支持。他们在文中认为，每当有失业者找到工作时，就会自动创造出更多工作。[27]不过真正改变历史进程的还是美国的大萧条。面对通货紧缩与严重危机，加上自由市场政策的溃败，已不可能再无所作为，坐等价格和经济行为人的调整适应来恢复均衡。从1933年起，美国开始实施新政，这标志着干预主义政府的兴起，并为福利国家制度奠定了基础。

直至1936年，随着凯恩斯的名著《通论》出版，政府通过宏观经济政策采取的干预行动才获得理论依据。[28]这一划时代著作是有关政府干预思想的决定性突破，其主旨是，当需求不足，尤其是因为失业增加所致时，宏观经济政策（特别是财政政策）的主要目标应该是通过扩大总需求刺激经济活动。理由如下：在公共就业中每增加1元钱的公共支出，会产生多于1元钱的经济活动，因为工人将把增加的工资用于支出，从而扩大对产品和服务的需求。此类政策从20世纪60年代起被广泛采用，也被称为“停停走走政策”（stop-go policies）：意思是当经济活动放缓、失业增加时，采取刺激经济活动的政策（走）；而当面临通胀上升、经常账户恶化时，则采取抑制经济活动的政策（停）。

到20世纪70—80年代，需求侧政策受到批评，特别是因为在石油冲击时代出现了滞胀现象，即同时发生经济停滞与通货膨胀。

关键在于，在全球化时代的创新经济体中，通过刺激需求调节经济周期似乎不再那么有效了。开放经济体的公共支出增加会导致进口增加、贸易赤字扩大，而非国内经济活动复苏。爱尔兰国防部长威利·奥迪尔（Willie O'Dea）于2009年对此做了精彩总结："我们在20世纪70年代后期曾试图用财政刺激手段应对石油冲击，但由此带来的爱尔兰消费者购买力增长很大程度上转化为进口增加，反而使情况更为糟糕。完全没有证据表明，这样的情景不会再度出现……从爱尔兰的角度看，最好的财政刺激是让我们的贸易伙伴国采取刺激行动，那将促进对我们出口产品的需求，且并不花费我们的成本。"[29]

自20世纪80年代早期以来，发达国家逐渐转向以供给侧为中心的政策来调节经济周期。供给侧政策主要强调提高企业的竞争力，一个目标是让企业在整个商业周期中维持投资水平，否则，被衰退打断的研发投资可能难以补救。

让我们假设如下场景，获取信贷永远不成问题。如果投资项目从长期看有利可图，企业就总能借到资金，同时短期波动也不会对此产生影响。于是当企业从事研发和创新投资时（而非短期投资），它们就能确信这些投资不会受经济波动左右。相应地，在这个场景下，政府也无须在衰退中加以干预，去扶持企业。

反过来，如果企业面临信贷约束，它们能从银行借到的金额由当期收入而非未来的利润决定，那么当衰退导致企业当前收入减少时，企业就难以应付流动性冲击，而不得不削减研发支出。这样做会使企业在创新竞争方面自缚手脚。

假如在开始阶段，企业需要做出决定，是开展一个创新项目，还是一个更为传统的项目。此时，由于预见到经济衰退可能迫使自己退出创新竞争，该企业将放弃创新项目，而选择传统项目。[30]政府该如何扭转这一不利于创新的结果呢？答案在于逆周期的财政与货币政策。逆周期财政政策要求政府在衰退时借入资金，用以扶持面临流动性冲击的创新企业，然后在经济扩张时偿还债务。逆周期货币政策要求中央银行在衰退时下调短期利率，并在必要时采取量化宽松政策，以支持面临流动性冲击的创新企业，让它们不必削减研发开支。[31]到经济扩张期，中央银行则将提高利率，结束量化宽松。总之，某个国家的企业面临的信贷约束越严重，逆周期的宏观经济政策对创新的促进效果就越显著。[32]

在2008年金融危机中，各国政府试图同时采用供给侧和需求侧的逆周期政策。在供给侧，大多数国家自2009年开始依靠自动稳定器机制来缓解衰退冲击。[33]此外，许多国家在2008—2010年间实施了大规模财政刺激组合计划。

在需求侧，欧洲国家于2008年12月采取了各种措施来扶持企业，以欧盟的《小企业法案》（Small Business Act）为例，该法案在2008—2011年间为中小企业提供了300亿欧元贷款。各国中央银行从2008年起采取的量化宽松措施是供给侧政策的另一个重要支柱。

从近期看，哪些国家采取的逆周期政策最为强烈？在财政政策方面，图14.3比较了15个经合组织国家的财政政策的顺周期或逆周期强度。其定义是，财政赤字在经济衰退时增加越多，在经济扩张时减少越多，财政政策的逆周期性质就越强。该图显示，北欧国家（丹麦、瑞典和芬兰）的财政政策的逆周期程度远远超过法国。另外，希腊和意大利的财政政策呈现出明显的顺周期特征，财政赤字在经济繁荣期增加。

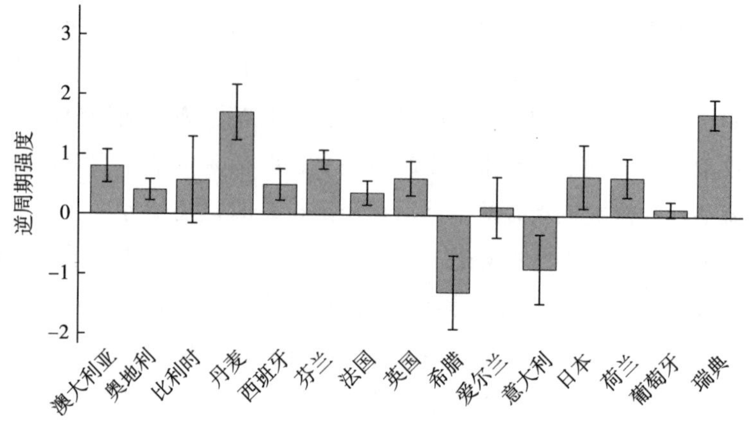

图 14.3　1980—2005 年财政政策的逆周期强度

注：数值为正代表逆周期财政政策，数值为负代表顺周期财政政策。

资料来源：转引自 P. Aghion，D. Hémous and E. Kharroubi，"Cyclical Fiscal Policy, Credit Constraints and Industry Growth，" *Journal of Monetary Economics* 62 （2014）：41 – 58，图 2。

有两个因素影响各国财政政策逆周期的强弱。第一个是政府做出的在整个商业周期中维持若干福利支付的承诺，也就是对自动稳定器机制的利用。在这些机制发挥重要作用的国家，人均公共支出水平较高。反过来，推行小政府政策的国家难以给国民提供对宏观经济风险的防护。

第二个因素是财政纪律，它让较为自律的国家能够在危机时期实施更宏大的刺激计划，也就是逆周期性更强的财政政策。这比较好理解：财政纪律严格的国家更容易在衰退期间从国际市场上借到资金，因为贷款人相信周期反转时会得到如数偿还。

我们在 2008 年金融危机中就观察到这一现象。例如，意大利危机前的公共债务已超过 GDP 的 100%，只实施了较小规模的刺激计划，短期内的赤字增加不多，却加重了经济衰退。还有，从 2010 年开始采取紧缩措施以尽快削减赤字的欧元区国家，也正是危机前债务水平最高的国家，即希腊、意大利、西班牙、比利时和法国。

而财政纪律最严明的国家，如德国与荷兰等，则能够延长复苏期。希腊和北欧国家代表着两个极端：希腊在 2008 年危机前财政纪律松弛，是图 14.3 中顺周期性质最突出的国家，不得不在周期的最低点削减财政支出。[34]北欧国家则严格遵守财政纪律，在图 14.3 中表现为最强的逆周期性。

新冠疫情危机同样证实了财政纪律在应对宏观经济冲击时的重要性。得益于财政盈余的积累，德国的公共债务水平在 2019 年已回到 GDP 的 60% 以下，使得它有充分灵活度实施空前规模的逆周期政策来克服疫情危机的后果：到 2020 年 6 月初，德国的财政刺激加债务重组规模达到 GDP 的 24.6%，相比而言，法国仅为 12.3%。[35]

最后，我们要看到银行在逆周期政策中的关键作用。2008 年危机后，有种观点认为银行应该遵守比《巴塞尔协议Ⅰ》和《巴塞尔协议Ⅱ》更严格的资本金要求，以预防新的金融危机。这类人士相信，银行资本金同风险加权资产的比率应该大幅提高。但该思路的问题在于，其风险会在衰退时增加。这类资本金要求会鼓励银行在经济扩张期比衰退期更多放款，或者说，为满足监管要求而实施顺周期贷款策略。因此，我们认为，应该对银行实施逆周期资本金要求，即在衰退时期，它们可以维持更低的资本金/资产比率。这种制度能让银行在衰退期给企业提供更多贷款，以帮助稳定经济周期。逆周期资本金规则的思想构成了《巴塞尔协议Ⅲ》的基础，虽然有关的支持理由并非出于增长方面的考虑。[36]

3. 结论

创新主要依靠市场和企业，但也需要政府发挥投资人和保险人的作用。历史上的国际竞争，包括军事、商业和工业等各方面的竞争，推动了有必备财政能力（税收获取能力）的投资型政府的兴起。如果不是普法战争中色当战役的溃败，朱尔·费里或许难以在法国建立起公共教育体制。与之类似，重大经济危机（如1929年大萧条和近期的新冠疫情）与世界大战推动了保障型政府的兴起。为应对大萧条，美国采取新政重振总需求，拉动经济走出衰退。当今时代，各国政府利用强有力的逆周期政策调节宏观经济周期，尤其是财政政策。但是，只有当政府能够在危机以外的时期严格执行财政纪律时，此类政策才可以充分发挥效力。

当然，政府作为保险人并非只应对宏观经济冲击，还要缓解异质性风险。所以20世纪上半叶的危机和战争推动了社会保障、公共医疗和家庭补贴的发展，以保证最低收入水平，防范疾病等风险。但从20世纪80年代开始，经济自由化与贸易全球化给发达国家带来了尖锐的新型风险——失业风险。丹麦在20世纪90年代引入弹性保障模式，希望一方面应对经济自由主义和创新带来的挑战，另一方面保护人们免受失业的负面影响。这种模式可以继续改进，包括鼓励终身职业培训，防止人们滑落到贫困线之下。负税收可以成为缓解失业风险的另一种办法，该风险对季节性或临时性员工来说尤为突出。

在下一章，我们将探讨政府过分强势或无所不在的危险，以及政府失灵和功能不足的问题。我们将重点分析制衡机制和其他预防措施，以减轻行政部门权力滥用的风险。更具体的内容还包括，媒体、工会、非营利组织乃至各种类型的民间社会组织如何能最终保证权力的分立，以及对行政部门的监督。

第 15 章　创造性破坏与黄金三角

在第 14 章里，我们把政府视为同质性的单一体。但在现实中，政府是个复杂的综合体，由愿意献身公共服务的人构成，但这些人也在不同程度上追求各自的私人利益，并对各种激励做出响应，包括财富、职业发展或地位等级的激励等。我们的经济学家同行让–雅克·拉丰还就此引发过一起公共事件，那是在 1997 年，若斯潘总理创建法国经济分析委员会（French Council of Economic Analysis）之后不久，拉丰教授在委员会面前讲出了上述常识。[1]

总体而言，政府的行动更多取决于约束权力的制度保障，而非行使权力的具体人物的个性。本章将集中讨论限制政府行政部门同私人利益集团相互勾结的制衡机制，这种勾结的直接后果之一是妨碍创造性破坏过程以及新企业进入市场。[2]

强势的政府行政部门有哪些优点和缺陷？从理论上讲，有哪些宪法工具可以规范行政权力的行使？司法部门作为制衡权力有怎样的作用，有哪些局限？为什么媒体和民间社会对确保权力分立与有效制约行政权力不可或缺？为什么创造性破坏取决于市场、政府与民间社会形成的恰当的三角关系？这些将是本章要回答的具体课题。

1. 政府对创造性破坏的妨碍：威尼斯的案例

政府可能妨碍创造性破坏的进程，迭戈·普加（Diego Puga）与丹尼尔·特雷弗勒（Daniel Trefler）通过分析威尼斯在中世纪的兴衰历史揭示了这点。[3]威尼斯从12世纪末到13世纪末推行开放贸易，实现了巨大的繁荣，但从14世纪初开始走向自我封闭与衰落。

在初期阶段，开放贸易得到了三个重大制度创新的支持，得以约束作为共和国政府首脑的总督（doge）的权力。第一个也是最重要的制度创新是于1172年成立了选举产生的议会组织：大议会（Maggior Consiglio），由贵族代表和由提名委员会每年更新的100名成员共同组成，形成了其他制度创新的基础。在之后几十年中，大议会利用其权力逐步通过另外两个制度创新来制约总督。其一是设立就职宣誓制度，为担任职务，总督必须当众宣誓服从大议会设定的所有限制规范。这意味着总督不能侵占政府资产，或者在司法纠纷中偏袒自己。其二是另外设立了一个委员会，其成员由大议会选举产生，要求总督在做任何重大决策前必须同该委员会协商。这些制度创新促进了独立的法官、处理合同与破产的新法规以及首个现代银行体系的诞生。

尤其重要的是，这个时期出现了一类名为“联合会”的合同安排，它是现代股份公司的前身。[4]这种合同为远途贸易服务，而贸易是威尼斯当时的主要收入来源。最简单的联合会合同是投资人与行商双方达成的协定，投资人提供商品，行商负责运输及出售，主要面向东地中海和黑海地区，合同里约定好风险和利润的分配办法。联合会合同让威尼斯的很大一部分人群能够参与国际贸易，推动城邦步入鼎盛时期。

联合会合同类似于我们在第12章介绍的投资人与创新者之间的协议，给远途贸易提供了融资的可能，此类业务有很高的固定成本（商品、船只等），成功概率较低但回报极为丰厚。该制度还给通常出身贫民背景的威尼斯行商提供了机遇，使他们能够加入更高的经济和社会阶层，可以同贵族一起参与政府事务。这样的过程伴随着更多的创造性破坏：每出现新一波通过联合会制度致富的行商，都会削弱属于之前精英群体的利润份额和政治权势。

反对行动不久也随之出现。1286年，大议会规定，父亲和祖父不曾担任大议会成员的新候选人将不会被自动接纳。1297年，大议会又投票决定，在过去四年曾服务于大议会的成员将自动连任。这种制度倒退被称为“封闭”(Serrata)，随即造成经济倒退。首先，联合会制度被限于威尼斯最有权势的贵族家庭才能采用。其次在1314年，贸易活动被部分国有化，对希望从事商业的上进者课以重税。从1297年实施封闭制度开始，普通人参与的联合会合同的数量和占比大幅下降（见表15.1）。与此同时，大议会中分配给寡头们的平均席位数开始增加，在1339—1342年达到高位。

表15.1　平民参与联合会合同的状况

	平民参与的联合会的数量	平民参与的联合会的占比	商人家族在各届大议会中的席位中位数
1073—1200	27	42	1.5
1201—1220	24	38	1.0
1221—1240	42	53	0.9
1241—1261	30	51	0.8
1310—1323	22	27	3.0
1324	0	0	1.8
1325—1330	1	5	4.8
1331—1338	0	0	5.4
1339—1342	0	0	13.6

资料来源：D. Puga and D. Trefler, “International Trade and Institutional Change: Medieval Venice’s Response to Globalization,” *Quarterly Journal of Economics* 129, no. 2 (2014): 753-821。

于是，贸易被贵族们垄断，由此导致了威尼斯经济的衰败，其人口数量在1400—1800年持续减少。

达龙·阿西莫格鲁与詹姆斯·罗宾逊的著作《国家为什么会失败》提到了其他类似案例，当权的政府官员由于担心创造性破坏会侵蚀自己的权力，而选择阻碍经济增长。[5]例如在奥斯曼帝国，迟至古腾堡印刷术发明300多年后的1727年，当局才允许开设第一家印刷厂。他们的想法是限制新思想的传播，故意压低民众的识字率——直至1800年该国的识字率依然低于3%。该书还提到15世纪的西班牙，当时同美洲殖民地的贸易受到行会制度的严密控制。另一个例子是俄国，对创造性破坏的恐惧导致该国禁止开办新型棉纺厂与金属铸造厂，以避免出现有组织的聚集起来的工人阶级，另外还限制铁路的发展，以防止人口流动带来的威胁。

2. 创新需要民主制度

为什么民主制度对技术前沿的创新至关重要？最关键之处在于，在较为民主的政治体制中，既得利益集团对政府官员的影响力较小，政权更难被腐蚀。随着腐败的减少，创新将会增加。[6]这是因为，首先，腐败减少有利于新企业和新技术的市场进入，图15.1a显示了一国的反腐败指标同新企业进入壁垒之间的负向关联。[7]其次，新企业进入会促使在位企业加强创新，以应对新的竞争对手，如图15.1b所示，一国的反腐败指标同人均专利数代表的创新率之间存在正向关联。

匈牙利经济学家雅诺什·科尔奈罗列了20世纪最具革命意义的创新成果，并指出它们都产生于民主国家。[8]拉里·佩奇（Larry Page）与谢尔盖·布林（Sergey Brin）能够在斯坦福大学的博士研究中开发出后来成为谷歌搜索的软件，首先应归功于他们有充分的自由选择自己希望探索的方向，在决定论文题目时无须遵从导师的指令。

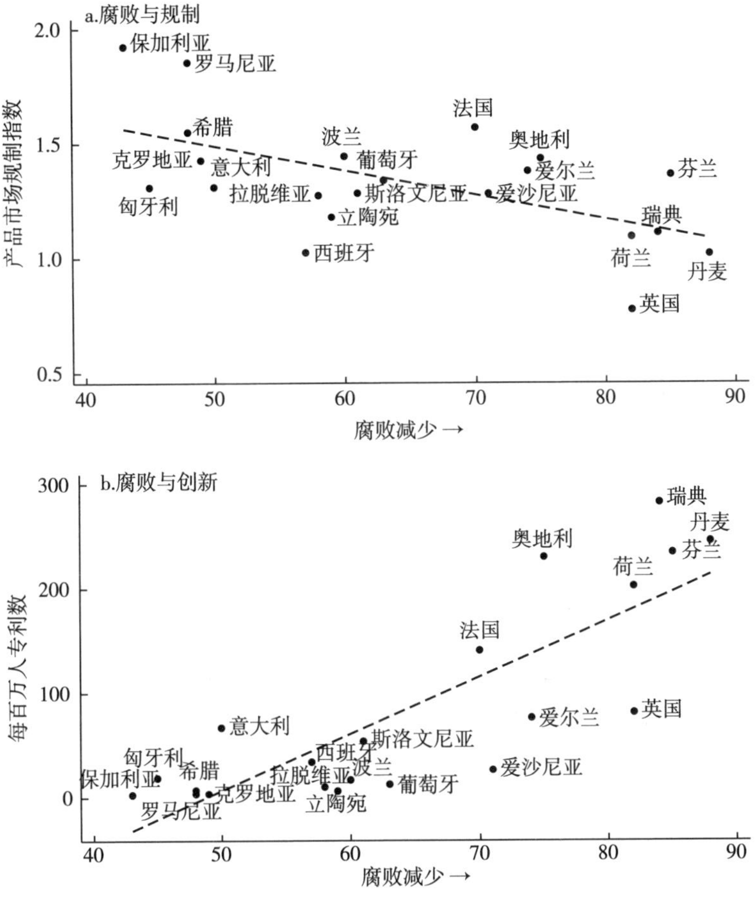

图 15.1　腐败、规制和创新的关系

资料来源：a. Transparency International and OECD；b. Transparency International and Eurostat。

我们能否由此推论出，促进创新必须严格限制政府权力？在第14章里我们看到，创新需要政府有能力征收税赋、开展投资、帮助人们防范风险，并实施逆周期财政政策。如何能把这些要求同行政权力的制衡协调起来？在过于强悍的专制统治与虚弱无力的行政机构之间，有没有令人满意的中间选择？

3. 宪法的作用

作为不完备合同的宪法[9]

在授予政府官员权力与控制他们如何行使权力之间，必须找到平衡，以避免暴政的结局，这样的想法由来已久。例如，孟德斯鸠于 1748 年提出的权力分立，弗雷德里希·哈耶克的宪法理论，詹姆斯·布坎南在 1960 年的开创性论文，以及他与戈登·塔洛克在 1962 年的论文，均以此为出发点。[10]我们还可以引用两段颇为透彻的表述，一段来自托克维尔的《论美国的民主》："我们这代人受到两种相互冲突的激烈情感的不停拷问，既需要被人领导，又渴望保持自由。"[11]另一段来自亚历山大·汉密尔顿，他在捍卫美国宪法（1787—1788 年）创立的集中式政府的一篇合著文章里指出："理所当然……所有明事理的人都会赞同必须有充满活力的政府行政部门……构成活力的这些要素与构成共和主义者安全感的其他要素，能够在多大程度上结合起来？"[12]

一个国家的宪法把权力分配给行政、立法和司法机构，由此形成法律架构，同时决定了行政权力的范围和限制。[13]为理解宪法设定的分权的重要性，我们必须首先认识到宪法是国民之间达成的一种不完备合同。[14]什么是不完备合同？设想在我们生活的世界里，未来可能发生的所有事件都能被完美预见，而且事件的发生可以得到第三方（法官）的证实。那么在这样的世界里，社会可以预先决定酌情行动方案：如果发生事件 x，则必然采取行动 y。此时可能就不需要宪法来分设权力，因为所有事情可以预先决定，而且法官可以证明确实采取了酌情行动。这样的世界就属于“完备合同”的场景。

可是，现实大不一样，我们不可能预先知晓未来所有可能发生的事件，甚至某个预想事件是否真正发生有时也难以证实。在这样的情况下，宪法能做到的最佳结果就是制定决策权分享的规则以及防止权力滥用的措施，也就是说，这样的宪法属于“不完备合同”。

为什么限制行政权力非常重要？有哪些宪法工具能对此提供帮助呢？

在过大与过小的行政权力之间找到平衡点

强势行政部门的优点是，给予政治领导人迅速采取行动的灵活度，以推行重大改革和投资。这一优点在战争或危机时期尤其突出：必须做出快速决策，军事等方面的行动还必须保密。

然而，过分强势的行政部门也有缺陷：政治领导人可能滥用权力，以压制威胁自身权力的创新；可能谋取私利，而非开展有效改革；长期看，他们可能会为了永续执政而无所不用其极。或者说，过分强势的行政部门可能滑向专制，滋生腐败，遏制创新，损害一国的经济繁荣。

在促进创新与增长方面有一个最优的竞争水平，同理，行政权力的大小也存在一个最优水平。权力过小可能损害政府推动改革的能力，权力过大可能导致“非自由民主制度”或专制统治。权力过大与过小之间的最佳妥协取决于诸多考虑，一方面涉及改革的重要性，另一方面关系到财产征收的风险和成本等。在战争、危机或迫切需要改革的时期，赋予执政者更大的权力是可取的。但在正常时期，限制其权力或许是更好的选择。[15]

如果没有对行政权力的制约，在位企业可能用租金阻碍新的创新企业进入，并为此向政治领导人展开游说。政府官员的权力越不受限制，企业试图影响乃至贿赂他们的愿望就越强烈。

宪法如何限制行政权力?

宪法如何通过政府内部的决策规则限制行政部门的权力?

一种方式是为制定法律设置投票规则。宪法可以规定，普通的法律采取简单多数规则，要求超过一半的票数，但在某些情况下要求更低或更高的票数，以增强或削弱执政者的权力。例如，如果任何法律的制定都要求在议会获得远超过50%的超级多数票，则改革道路将在事实上被封锁。在法国，宪法的修订需要适用绝对多数规则：达到国会议员和参议员总数的3/5。这一规则旨在有意识地增加政府修订宪法的难度，超出普通法律适用的情形。我们希望让政府有能力推动改革，同时防止其滑向专制主义，例如，避免执政者借助议会中对其效忠的简单多数群体来修改宪法，以无限期延长执政。

立法投票中的“现状规则”(Status quo rules) 也能对行政部门的权力产生影响。在法兰西第四共和国时期，当国会无法就预算达成协议时，将自动重复执行上一年的预算。而在第五共和国时期，这些现状规则有了重大修改：如果国会未能通过预算，则由行政部门决定预算方案。这一宪法修订显然增强了行政部门的权力，它带来的积极影响是，推动了因第四共和国接连发生宪法危机而受阻的法国工业现代化。消极影响是加剧了某些腐败行为，例如20世纪70年代早期的土地担保丑闻 (Garantie Foncière Scandal)，当时有某些靠近政府核心领导层的人士，通过参与巴黎核心区两个大型社区的翻修和现代化改造而大发横财。

我们再看看制约行政权力的另外三种方式。第一种是法律草案修订的参与权。在美国，当某个政党掌控众议院时，它可以通过所谓“封闭规则”(closed rules) 决定立法议程，不允许再做修订，并限制辩论时间。当众议院多数党与总统同属一个党派时，就可以借助这个特殊规则来显著削弱国会发挥的制衡能力。

选举制度的类型是另一种制约行政权力的方式。“多数选举制度”让赢得议会选举的政党能获得舒适的多数党地位，它得到的议员席位占比将远远超过全国范围内得到的选票占比。相反，“比例选举制度”根据各党派得票数量按比例分配议员席位，可以给少数党更多的议席。严格实行比例代表的制度会让执政者变得更为脆弱，可能迫使其组成出人意料的执政联盟，例如以色列和意大利的情形。

最后，政治领导人的任期长短和届数限制可以成为制约或增强执政者权力的终极手段。政治领导人在任时间越长，其实施改革的灵活度越大。但与此同时，在位企业越容易通过游说阻碍新的创新企业的进入。

由此自然引发的一个问题是，为什么在现实世界中，各国宪法会向强化或弱化行政权力的趋势演化。我们将在本章的最后一节探讨此问题，分析民间社会对政府制度变革的作用。接下来，我们先介绍司法部门在对行政权力的宪法制衡中扮演的角色。

4. 司法部门的角色与局限性

作为制衡力量的司法部门

自孟德斯鸠以来，自由主义思想家就坚持必须建立独立的司法机构以制衡行政部门的权力。哈耶克认为，法官发挥的权力制衡作用必须首先以司法独立为基础。[16]法官有两种基本职责：第一，对法律做出解释，并将其适用于具体的实际案例，行政部门则负责强制执行；第二，只有法官拥有合宪审查权，或者说宪法的解释权，以确认法律符合宪法规定，并否决不合宪的法律。

创新经济的有效运行离不开这两座基石。司法独立是私人财产权利保护的必要条件之一，它可以制约行政当局剥夺创新租金、打击创新激励。另外，司法独立还保证了纠纷的公正裁决，尤其是在当事方享受政治优待的时候。合宪审查则对政府官员形成了限制，以防止他们通过法律法规为自身利益而非公共利益服务，包括意图保护在位企业、排斥新的创新企业进入的法律。

我们可以对不同国家的体制加以比较，以测算司法部门的独立程度，以及有多大授权做合宪审查。[17]司法部门的独立性可以综合三个指标来测算，前两个是国家最高司法机构（如最高法院或宪法法院）的法官的任期长短，以及行政法官的任期长短，例如有终身任期的法官更不容易受政治和经济压力的胁迫；第三个指标是过去的判例在法院判决时的影响权重，因为当判例能发挥影响时，法院就成为法律的一个来源，而不仅是解释者。另外，为反映司法部门在解释宪法方面有多大的终极权威，我们综合了两个指标：法律规范是否存在等级层次，以及能否挑战法律的合宪性。

法国为此提供了一个真实历史案例。1974 年 10 月 29 日，宪法委员会的管辖规则得到改革，扩大了挑战法律合宪性的权利。该委员会于 1958 年建立时，只有共和国总统、政府总理、国民议会议长或参议院议长才能发起合宪审查行动。也就是说，政治上的反对派不可能对新法律的合宪性发起挑战程序。在 1974 年改革后，包含 60 名参议员或 60 名国会议员的任何团体将有权启动宪法委员会的审查，从而在事实上赋予了反对派对新法律合宪性的挑战权。这一改革使宪法委员会成为真正的权力制衡力量。

通过对 71 个国家的国际比较，拉斐尔·拉波塔等人发现，司法独立性最稳固的国家对产权保护做得更好，设立新公司的行政程序更简便。[18]

对司法不公的制约

在现实世界中，法院判决会受到多种偏向的影响，这与司法部门发挥制衡作用的观点有冲突。首先存在政治上的偏袒，例如有研究表明，美国的民主党人法官做出的判决不如共和党人法官严厉。在其他条件相同时，政党属性可以解释判决严厉性差异的38%。[19]

其次是媒体带来的偏向，例如，阿诺德·菲利普（Arnaud Philippe）与奥雷利·乌斯（Aurélie Ouss）近期利用法国数据开展的研究分析了同期新闻报道会在多大程度上影响刑事法庭的判决，该法庭是由少数职业法官加上从居民中随机挑选的多数陪审员共同组成。[20]研究者对比了两类判决：一类是在媒体集中报道犯罪事件（与受审的案件无关）之后很快做出的判决，另一类是在犯罪事件报道较少的时期之后做出的判决。结果发现，在审判的前一天增加对犯罪事件的报道，会使陪审团判决的刑期加长，而且只有这一天的媒体报道会产生显著影响。相反，在媒体发出有关司法错误的报道之后，判决会变得更为宽大。但有意思的是，研究者指出媒体报道对职业法官在刑事案件中的判决并没有影响。

司法决定中的第三个偏向是经济因素。尤其是，经济周期会如何影响不合理解雇案件的裁决？伊万娜·马尼内斯库（Ioana Marinescu）根据英国的有关数据发现，失业率上升或破产数量增加会显著影响法官的判决，降低有利于被解职雇员的裁决概率，更多支持企业基于经济考虑而裁员。[21]

最后还有心理或者声誉方面的偏向。例如，一个广泛存在的心理偏向“赌徒谬误”（gambler's fallacy）就会引导人们走向逻辑错误：在玩抛硬币游戏时，若连续5次抛出正面，你就会毫不犹豫地认为下次抛出反面的概率将大于正面。但这个预期是错误的，因为每次抛掷是相互独立的事件，出现反面的概率仍为50%。以法官为例，在之前处理避难申请时态度较为宽容的法官，会在之后的案件中表现出更高的拒绝申请的倾向。[22]然而，过去的决定本来不应该影响未来的决定，因为他们审理的前后案件之间并无任何客观因素的联系。心理偏向可能因为与法官声誉有关的偏向而变得更复杂。如果法官在过去的案件中同意避难申请，但希望维护自己判决严厉的声望，就可能在后来的案件中更多拒绝避难申请，以支持自身的人设。

与之类似，疲乏也可能导致法官的判决更宽大，无论是从工作日角度还是整个职业生涯角度看均有此倾向：法官在午餐前或下班前做出的判决比较宽松（见图15.2）；随着法官年龄增大，判决也变得更宽松。[23]另外还发现了更令人惊讶的其他心理偏向，例如在美国路易斯安那州，在著名州立大学的橄榄球队意外失利后做出的判决更为严厉，在被告人生日当天做出的判决则更为宽松。[24]

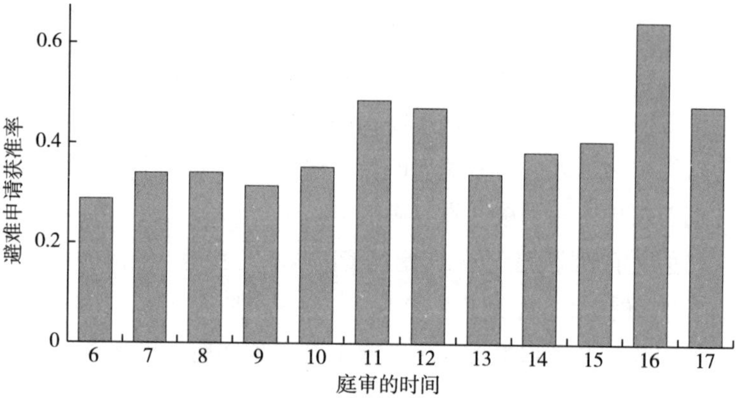

图15.2 避难申请获准率与庭审时间的关系

资料来源：转引自 D. L. Chen and J. Eagel, "Can Machine Learning Help Predict the Outcome of Asylum Adjudications?" *Proceedings of the Sixteenth International Conference on Artificial Intelligence and Law*（2017）：237－240，图1。

法官不够公正的这些缺陷让某些研究者怀疑，用人工智能的算法取代法官是否更好。具体来说，机器学习能够在多大程度上减少上述人类偏向？

每年在美国有近1 000万人被逮捕，之后，法官可以下令将其拘押候审。从法律角度看，此类命令要求满足某些风险条件，包括被告人是否会如期出庭（有没有逃跑的风险），是否会给社会造成新的伤害等。如果法官判断这些风险较高，就可以将被告人拘押，从而降低逃跑风险，但由此会增加收监人数。若法官判断风险较低，则要承担获释者可能逃跑及继续犯罪的风险。乔恩·克莱茵贝格（Jon Kleinberg）等学者利用纽约市在2008—2013年逮捕的75万余人的信息设计了一种机器学习算法，可以预测获释的候审人未能出庭的概率。[25]

于是，我们可以根据该算法的结果，对逃跑风险最高的人下达拘押候审命令。算法的决策与法官的判决孰优孰劣？答案较为复杂。法官具有偏向，计算机在这方面应该更少。[26]不过，法官能够获得档案里没有的信息或信号，例如被告人在法庭的现场表现等。算法预测的未出庭比率同被释放被告人的实际未出庭比率之间有几乎完美的相关性，表明算法在根据被告人档案信息预测逃跑风险上做得非常出色。那么纽约市的法官们的判决准确度如何？对于算法预测有60%未出庭概率的被告人，他们释放了其中的近50%；而对于算法预测仅有20%未出庭概率的被告人，他们羁押了其中的约30%。

按照这一研究，如果基于算法预测的未出庭风险做收押决定，将可以在不增加收监总人数的情况下，把未出庭概率降低25%；或者在不增加继续犯罪数量的前提下，把收监总人数减少42%。但这种方法显然会带来伦理问题。人们有着不依赖算法的天然倾向，部分源于我们希望把每个人作为独立个体生命来对待，而不仅仅是某个数字。

总之，虽然司法独立能给财产权利和经营自由提供更大保护，现实生活中的法官在决策时仍会受到政治、媒体、经济和心理等各类偏向的影响。法官的专业知识和职业操守可以帮助减轻这些偏向。但在司法体系之外，我们不能忽略民间社会对政府制度（包括司法制度）演化的重要推动作用。下面将转入这一议题的讨论。

5. 民间社会的作用

上文讨论了强势政府的优点和缺陷，然后分析制约和监督行政部门权力的不同制度工具。我们必须认识到，宪法是不完备合同，在现实生活中没有什么能保证这些工具可以到位并真正落实。这里就需要民间社会扮演关键角色，确保不完备合同的有效执行。

不完备合同与民间社会

塞缪尔·鲍尔斯（Samuel Bowles）与温迪·卡林（Wendy Carlin）指出，当合同不完备时，无论是雇主与雇员之间，借款人与贷款人之间，或者买家与卖家之间的合同，其效果既取决于合同中明确的权利义务安排，也有赖于现行的社会习俗。[27]此类交易不仅指经济活动，也包括政治和社会活动。例如，社会习俗及作为其化身的民间社会组织的存在，可以防止雇主或贷款人滥用权力。图 15.3 非常清晰地展示了这一思想，即由政府、市场、民间社会分据顶点构成的三角关系。“市场”代表私人经济参与者（企业家、消费者和雇员等）及其相互作用的组织（企业和交易场所等）。越靠近市场这一极点，经济活动越依靠市场力量与自由放任。“政府”代表国家行政部门。越靠近这一极点，行政部门的行动越不考虑市场和民间社会的因素，其极端情形是中央计划与专制制度。[28]而越靠近“民间社会”的极点，就越类似一个自治社会，[29]极端情形是无政府状态。[30]对促进创新和创造性破坏来说，理想的组合是位于三角形的内部，也就是说需要市场、政府与民间社会的平衡。

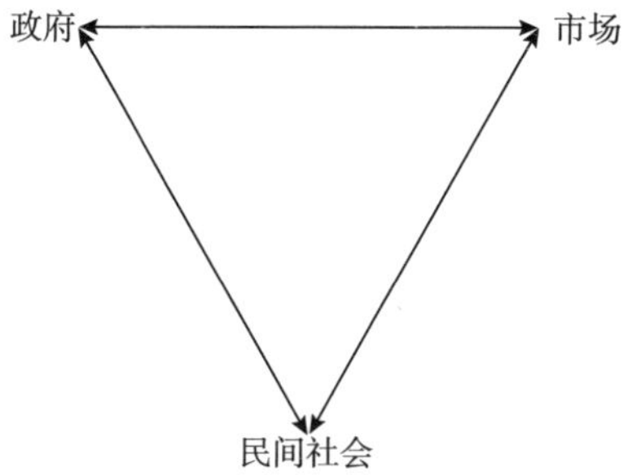

图 15.3　政府、市场与民间社会的三角关系

资料来源：本书作者。

民间社会能够帮助履行雇主与雇员之间、借款人与贷款人之间的不完备合同，还可以推动执行同样属于不完备合同的国家宪法。民间社会在这里的作用是为上文提到的保证手段提供现实支持，[31]让限制行政权力的宪法规定发挥效力，或者说把保证手段从理论王国带到实践领域。

两个案例：新冠疫情与气候变化

新冠疫情。鲍尔斯与卡林近期的研究着重指出，民间社会是政府与市场这对组合控制新冠疫情蔓延的必要补充。[32]他们承认市场与竞争在促进发现新疗法和疫苗方面的决定性作用，也肯定政府在短期控制医疗危机、在中期重启经济方面不可或缺的贡献，但尤其从韩国的例子看，他们呼吁同样要重视作为阻止疫情扩散必需的第三支柱，即民间社会。该研究认为，韩国的出色抗疫表现与当地民众普遍的自律和公民意识关系甚大，这些条件让国家能从很早开始实施社交距离措施，从而限制病毒传播，并可以立即帮助受感染者。如果完全依靠政府与胁迫手段，控制病毒的整体公共卫生策略将难以有效运转。

糟糕的是，公民意识在其他许多国家较为欠缺。例如在法国，我们看到大量巴黎人在春假期间违反隔离指示。在美国，特朗普总统本人甚至利用推特账户支持各地反对隔离的抗议行动，违背自己的政府给出的建议。

气候问题。我们在第 9 章介绍了可以促进绿色创新的若干政策杠杆。碳税和绿色创新补贴等工具依靠政府与市场这对组合：政府可以采用此类工具，把企业创新引向环境友好型技术。碳税可以削弱污染技术的生产和创新激励，补贴可以降低绿色技术创新的成本。同时我们也讨论了支持环保的社会价值观的影响，及其与竞争的相互作用。社会价值观与竞争的互动能把市场与民间社会这对组合利用起来。民间社会可以培育环境友好型价值观，市场则是开展竞争与创新的场所。[33]首先我们看到，如果国民表现出更强的环境偏好，并愿意支付更高的金额推动绿色经济，企业就会有更强的动力开展绿色技术创新，以迎合消费者的偏好。其次，我们已指出，产品和服务市场的竞争力度会强化社会对绿色创新的偏好。在消费者关心环境问题的国家，竞争会推动企业开展环境创新，以超越对手。最后是政府与民间社会这对组合，涉及公众行动与政府决策的相互作用。当公众更重视生态问题时，政府将受到压力，从而制定有利于环境的法律或政策。总之，应对气候变化的政策需要市场、政府与民间社会三个支柱的配合来取得成功。

民间社会如何把民主制度变成现实

美国的民权斗争。美国的民权运动提供了一个绝好的范例，表明民间社会如何发挥了必要作用和激发力量，推动立法、提起诉讼并迫使行政部门的官员忠实执行法律。

南北战争后，美国宪法得到修订，赋予所有种族相同的权利。但某些州的政权破坏了这些保障，在军队、学校、公共空间和公共设施等场所，它们通过法定的种族隔离否定黑人的政治权利与平等地位。虽然宪法第 15 修正案赋予了美国黑人投票权，南方的许多州仍以人头税为由，或要求黑人选民参与不公平的文化测试，在事实上剥夺了他们的公民权。甚至在最高法院做出历史性的禁止学校种族隔离的判决之后，许多学校依然拒不改正。

民权运动在 20 世纪中叶进入高潮，尤以罗莎·帕克斯（Rosa Parks）于 1955 年 12 月 1 日在亚拉巴马州蒙哥马利市的公交车上拒绝让座给白人男子为标志。她的行动催生了一长串的事件。首先出现了对蒙哥马利市公交车的抵制行动，接下来从 1957 年开始，马丁·路德·金等领导人组织了一系列反对种族歧视的非暴力抗议。然后，九名黑人学生在前往过去的纯白人高中上学的第一天，同阿肯色州州长派遣来阻止他们的国民警卫队发生对峙。这一事件开启了美国总统调集联邦军队强制废除种族隔离的先河，并在随后的若干案例中如法炮制。在北卡罗来纳州的格林斯博罗市，四位黑人大学生拒绝离开“只接纳白人”的午餐柜台，引发了席卷南方的类似静坐抗议。由黑人和白人参与者共同组成的自由乘车运动者在南方各地乘坐公交车抗议种族隔离，也屡次遭遇危险的暴力袭击。除了这些著名事件，还有若干组织的行动作为补充，如南方基督教领袖会议、全国有色人种促进会和学生非暴力协调委员会等。所有这些积极分子的努力于 1963 年 8 月 28 日汇聚成华盛顿就业与自由大游行，其间，马丁·路德·金在大约 25 万人面前发表了享誉至今的著名演说《我有一个梦想》。

这些重大事件与民间社会成员的众多其他行动，加上媒体的广泛报道，成为 1964 年通过《民权法案》（Civil Rights Act）的背景。该法案禁止基于种族、肤色、性别、宗教或原籍国家的雇佣歧视。还有 1965 年的《选举权法案》（Voting Rights Act），禁止以文化测试来决定选民资格，并向某些选区委派联邦审查员。

民权运动的目标今天仍属于未竟之事业，美国社会依然在通过示威、诉讼和其他行动，争取完全的社会、经济与政治平等。

法国1968年的“五月风暴”与对法律合宪性的争议权。我们在前文提到，由于1974年10月29日的修宪改革，要求法国宪法委员会发起法律合宪审查的权利得到了扩展。这一改革由当时新当选的共和国总统瓦勒里·德斯坦（Valéry Giscard d'Estaing）提议，增强了议会反对派的力量，允许不少于60名国会议员或60名参议员的团体向宪法委员会提起合宪审查动议。改革立竿见影，合宪审查的案件数量从改革前10年的5起，猛增至改革后10年的94起，增幅达到19倍。德斯坦本人在被问及发起改革的动因时，将其与1968年5月由学生主导的骚乱直接联系起来：为防止今后爆发类似规模的骚乱，有必要扩大反对派的权利并加强多数派同少数派的对话。我们再次看到，1968年学生运动代表的民间社会力量促使政府官员修订宪法，以强化对行政部门的权力制衡。这些例子证明，民间社会的行动可以迫使执政者交出权力，从而把宪法中的契约内容变成事实。

以扩大公民权利作为承诺工具

阿西莫格鲁与罗宾逊在2000年的一篇论文中用规范理论阐述了扩大公民权利可以成为防止骚乱或革命的手段。[34]他们的模型能帮助我们理解，为什么在民间社会的压力下，英国的选举权在1820—1920年间得以稳步扩大（见图15.4）。1832年之前，只有寡头精英阶层享有投票权。1832年，选举权要求的最低财富和房产门槛被降低，公民权利扩大至全国1/7的男性。到1867年，公民权利扩展至生活在城市区域且拥有房产的所有男性。1884年的选举改革把这一权利扩展至在农村拥有房产的男性。到1919年，所有年满21岁的男性与年满30岁的女性都获得了投票权。

为什么英国精英阶层要不断扩大选举权，由此导致公共投资与再分配增加，最终削弱了他们自己的政治权力和经济财富？答案在于，扩大公民权利是精英阶层对建立公共服务和再分配体系的一种可信承诺。借用这种方式，他们避免了严重的社会动荡乃至革命。简单地做出再分配承诺是不够的，为使此类承诺具有可信度，必须通过扩大公民权利给民间社会更大的控制权。[35]正是来自民间社会的革命威胁迫使执政当局通过扩大公民权利来完善社会合同，从而增强了妥善履行合同的可信度。

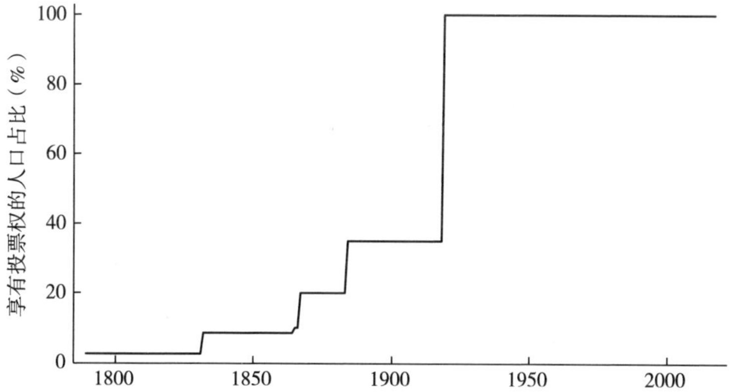

图 15.4　英国享有投票权的人口占比的变化

资料来源：Our World in Data。

托克·艾德（Toke S. Aidt）与彼得·詹森（Peter S. Jensen）近期开展的一项研究借助 12 个欧洲国家 1820—1938 年的历史检验了上述假说。[36]该研究分析了革命威胁对一个国家选举权扩大的影响。公民权利由立法机构选举中有投票权的人口占比来反映，革命的威胁程度由相邻国家发生的革命事件来测算，因为革命会在各国之间传播。[37]结果发现，平均而言革命威胁对投票权利扩大有显著的正面效应。具体来说，欧洲某地发生的一次革命带来的短期效应是让一个国家拥有投票权的人口比例提升约 2%。

然而，对起义的恐惧并非当权者扩大民主参与的唯一原因。例如，法国前总统萨科齐在2008年倡议的宪法改革就并非来自这种恐惧。那场改革增强了议会反对派的权力，尤其是允许在任何法国公民申请下，把法律提交宪法委员会做追溯审查，即在法律生效后的审查。[38]他推动改革的动机乃是希望更普遍地联合反对派，以开展雄心勃勃的改革计划。

我们今天可以忽略重大动乱的风险吗？类似的进程在如今是否还有意义？法国在2018年11月到2019年3月的“黄马甲”运动证明，我们依然必须严肃看待这种风险，过于自负的执政者仍可能遭遇强烈反对。

忽略民间社会的代价：“黄马甲”运动

马克龙在奥朗德政府中出任经济部长后，于2017年赢得了法国总统大选。[39]一个月后的2017年6月，议会选举的结果进一步巩固了这场胜利。马克龙的“前进”运动发展成一个新的政党“共和国前进”运动，在国民议会中占据了压倒性多数席位，而传统的左翼和右翼政党遭到大幅削弱。这个结果使马克龙可以依靠强势多数地位发起改革，他也确实从2017年夏季就全速开进。新总统瞄准的目标是通过改革资本收入单一税、劳动力市场和职业培训以及教育，促进长期增长，降低失业率。[40]所有这些改革议程都曾出现在他作为候选人的计划里，目的显然是为当选后的施政争取政治上的合法性。

尤其突出的一点是，马克龙政府多次借用一条宪法规定，让行政部门能够绕开议会，强行通过由政府起草的法律，除非议会以不信任投票加以否决。这个程序回避了议会辩论，加快了改革进程。该宪法条款的规定是，议会授权政府制定针对特定领域和适用期有限的法律，但放弃对法律内容讨论的参与。[41]例如，国家铁路系统改革和劳动法改革等都是以这种程序实施的。

看到议会的反对派不成气候，并自信工会已被边缘化之后，马克龙政府此时决定引入竞选纲领中没有提及的不受欢迎的政策措施：取消对退休金的通胀调整，这给退休金较低的家庭带来了沉重打击；下调对学生的住房补贴；把道路限速从每小时 90 公里降低至 80 公里；以及最为重要的环节，大幅提高碳税，这最终点燃了危机。

虽然反抗行动的最初原因可回溯到 2018 年初，但碳税上调才是“黄马甲”运动这一来自民间社会的抗议运动的真正起点。在主张提高碳税的人看来，这样做能达成两个目标：一是增加财政收入，二是彰显政府的环保追求。然而，这一措施的设计者没有考虑到再分配效应，尤其是在上班通勤和接送子女时只能开车的郊区民众受到的强烈负面冲击。运动发端于 2018 年 11 月，到 12 月 1 日，已发展为一场城市游击战。马克龙在阿根廷出席 G20（二十国）峰会时，从电视上看到凯旋门遭到肆意破坏，香榭丽舍大街变成示威者与警察激烈冲突的战场。正是在当天的城市骚乱之后，这位法国总统于 12 月 5 日宣布取消上调汽油税。忽略民间社会的代价不仅是用于扑灭骚乱之火花费的 1 800 万欧元，更关键的是让改革进程就此延宕了近一年时间。

但“黄马甲”运动也产生了积极影响，导致法国的政治体制更加走向分权化与去中心化。尤其是，这推动了“公民气候大会”的成立，由 150 位随机选出的公民组成，为抗击全球变暖给出建议。马克龙总统承诺将无保留地把这些立法和监管建议提交给公民投票或议会表决。可见，对抗议运动风云再起的担忧重新成为法国政府头上的达摩克利斯之剑，不仅触发了制度变革，还保证这些变革将被付诸实施，而非流于形式。

“黄马甲”运动的另一个影响是肯定了社交媒体在权力制衡中的真实作用，特别是通过脸书网站，让国民能够在没有建立正式组织时采取协调行动。社交媒体的兴起值得引起民间社会的传统发言人即新闻媒体的反思。

媒体的角色

在讨论民间社会的作用时，我们难以忽略媒体作为扩音器扮演的关键角色。

对媒体的积极作用的案例研究。媒体的用处之一是向公众发出政府滥用权力的警报。小布什政府时期，美国军队在阿布格拉布监狱虐待囚犯的照片和视频被曝光，就是一个典型案例。

2004 年 4 月，美国 CBS（哥伦比亚广播公司）新闻电视台收到一组照片和视频文件，详细展示了伊拉克阿布格拉布监狱的虐囚行为。作为美军最高指挥官的参谋长联席会议主席当时联系该新闻台的负责人，请求至少暂时不要播放，以保护美国驻伊部队。可是三周后，CBS 新闻台获知《纽约客》杂志可能发表这些照片，为避免坐失独家报道的良机，CBS 将照片公布，丑闻就此被掀开。到 2006 年，监狱管理权被转交给伊拉克政府。该丑闻的揭发，尤其是利用水刑的行径，迫使美国政府下令任何政府机构在审问时禁止采用。

可见，独立媒体的存在是民间社会影响政府的一种手段。此外，媒体之间的自由竞争对它们发挥权力制衡作用提供了助力。身份的独立与竞争的存在这一双重自由让社会合同变成了现实。

媒体与新冠疫情。在一些国家，新冠疫情在不同程度上给审查和胁迫媒体提供了借口。为了给压制新闻自由寻找合法性，许多国家的政府以打击“假新闻”为旗号，号称要确保公众安全和社会秩序，这是它们不时用来窒息独立媒体的伎俩。也就是说，疫情变成了政府打压民间社会、巩固自身权力的托词。

2020 年 4 月中旬，土耳其总统埃尔多安宣称，记者们不对抗击疫情做贡献，反而散布虚假消息和不实言论，简直比病毒还要危险。他指责反对派的媒体“对自己的祖国发起战争”。在印度，最高法院于2020年3月31日指示媒体只能参考和发表官方对疫情发展的说法，宣称这是防止广泛恐慌的必要之举，并呼吁媒体应该有“责任心”。2020年3月30日，匈牙利议会通过法律，授予总理欧尔班·维克托无限期的施政令治理权，并对散布有关病毒或政府措施的“虚假信息”的行为处以最高可达5年的刑罚。由此可见，某些专制主义政权有可能利用公共卫生危机强化其权力。

信息控制总是具有政治意义，但在疫情期间显得尤为突出。控制手段从内容审查到针对个人的直接威胁不等，如肆意收监或者暴力伤害等。例如，摩洛哥、约旦和叙利亚以可能传播病毒为由，禁止出售新闻用纸。审查行动加强伴随着新闻记者遭到攻击、威胁或监禁的数量增加，例如在土耳其、约旦、津巴布韦和乌克兰等国。另外，记者们对数字跟踪软件的使用也感到担忧。这些工具原本是为了帮助抑制新冠病毒扩散，但也被用来监视媒体。在自我审查已成为常态的许多国家，威胁和监视被进一步强化。

6. 结论

限制政府的行政权力对创新经济正常运转至关重要。尤其是，对执政权力的监督可以约束政府官员同试图维护租金的在位企业勾结，也就是说，权力监督有助于支持新的创新企业进入，从而促进创造性破坏进程。

制约行政权力的第一种方式是宪法。在不完备合同的环境下，宪法确立了成体系的习俗和权力分享规则，特别是立法部门与行政部门的权力分立，以及司法部门的独立性。宪法还决定了立法机构成员的选举制度及议会内部的投票规则、参与议案修订的权利、申请最高法院裁决的权利及官员任期限制等事项，这些都对执政者的权力范围和约束具有直接影响。不过，如果离开积极而警惕的民间社会的支持，所有这些宪法保证也只能是空话。

由此可见，以创新和创造性破坏为特征的经济体的良好运转，需要市场、政府和民间社会构成的三角关系的支撑。市场提供创新激励，构筑创新企业彼此开展竞争的框架。政府保护创新形成的财产权利，确保合同执行，并充当投资人和保险人的角色。民间社会，包括媒体、工会、非营利组织等，帮助或呼吁落实制约行政权力的宪法条款，并保证市场运行有更高的效率、道德标准和公平性。

历史证明，充分动员的民间社会可以极大地促进资本主义制度的演化，向规制更完善、包容性更强、给国民更多保护、对环境更为友好的体系发展。当然，这种演化不是直线式的，在不同国家呈现出不同速率。当今的资本主义制度有哪些不同类型？我们应该追求怎样的理想模式？下一章将讨论这些问题，并给我们的创造性破坏探索之旅做最后的总结。

结语　资本主义的未来

在过去15年里，不平等恶化，经济增长停滞，极端天气加剧，如今的新冠疫情又让我们的经济和社会制度的缺陷暴露无遗。对孤立主义者和终结全球化、反对增长、放弃资本主义的倡导者而言，这些真实现象提供了论争的素材。

资本主义正面临空前的认同危机。没有人否认，尤其在缺乏规制时，资本主义会产生若干消极后果：加剧不平等，导致弱肉强食；制造社会分裂，破坏共同体精神；动摇就业稳定性，影响人们的健康状况，增大精神压力；放任在位企业借助游说活动阻碍新的创新企业进入；加速全球变暖和气候危机；诱发金融危机并导致类似1929年或2008年的严重衰退等。

然而，彻底抛弃资本主义并非解决之道。20世纪见证了另一种制度的大规模实验：苏联及中东欧部分国家的中央计划经济体制。那个制度没能给人们提供开展前沿创新所需的自由与经济激励，参与实验的各国也未能超越中等发展水平。[1]1968年法国“五月风暴”中的一位著名人物亨利·韦伯（Henri Weber）曾是20世纪

60—70 年代的托洛茨基主义领军人物，后来成为法国社会党领袖之一与欧洲议会中的社会党议员。他在解释自己皈依自由市场经济与社会民主主义的历程时提到北欧国家的经验：“斯堪的纳维亚的社会党人近距离目睹了苏联的农业和企业集体化的灾难，率先打破了推行生产工具社会化和以中央计划委员会管理经济的教条。在控制和调节经济方面，根本没有必要剥夺管理者，把企业国有化，或者消灭市场……也没有必要让社会失去企业家们的创造力、经验智慧与活力。在适当的条件下，完全可以激发他们的才干为公共利益服务。”[2]市场经济会带来创造性破坏，因此从本质上具有破坏性。但历史证明，市场经济是实现繁荣的强大发动机，把人类社会推高到两个世纪前不可想象的发展水平。那么，我们是否必须接受资本主义的诸多严重缺陷，作为创造繁荣和战胜贫困的必要代价？

在本书中，我们试图深入理解创造性破坏的增长进程与竞争、不平等、环境、金融、失业、健康、幸福和工业化之间如何相互作用，以及贫困国家如何追赶富裕国家。我们分析了在恰当约束执政者的前提下，政府能在何种程度上促进财富创造，同时解决上述的各种问题。

我们已经看到，从市场力量各行其是的放任自流型资本主义转向政府和民间社会充分发挥作用的新型资本主义，可以在不打击创新的同时提高社会流动性，缩小不平等差距。我们还看到，如何能够用恰当的竞争政策制止增长下滑，如何能够把创新方向转向绿色技术，以应对全球变暖。我们认识到，一个国家可以不放弃全球化，而是通过创新投资提升自身竞争力，利用有效的安全网保护失去工作的国民。最后我们发现，在民间社会的必要支持下，可以制约过去的创新者同政府官员勾结，防止他们拆掉身后的梯子，阻碍后来的创新者前进。

某些人或许会批评我们太幼稚，对改革资本主义的可能性过分乐观，他们的理由是许多国家目前的制度极为僵化，并且 20 世纪的资本主义历史充满了灾难、不公、世界大战和殖民压迫。

从不同类型的资本主义的比较中，我们能得到哪些启示？我们是该追随美国更具创新力的模式，还是德国和北欧国家更具保障性的模式？我们是否必然面临非此即彼的选择？还是可以设想一种兼具各自模式的积极元素的“两全其美”型资本主义？

持非此即彼观点的人认为，世界分为“残酷资本主义”与“温和资本主义”。[3]美国是残酷资本主义模式的化身，北欧国家则是温和资本主义模式的代表，还有程度略轻的德国。依这种观点看，只要技术前沿的创新依赖于强大的金钱激励，追求前沿创新的国家就应该放弃保障和平等的目标，或者说，它们需要抛弃温和模式，迎来更残酷的资本主义。而对选择温和资本主义模式的国家来说，它们的经济增长只能靠模仿前沿国家的技术发明。这些国家能给民众提供更大的平等和保障，但增长最终依赖奉行残酷模式的国家的进步。可以认为，奉行残酷模式的国家在为世界其他地方做贡献。

美国同德国及北欧国家之间的比较，能够支持上述看法吗？我们首先来比较这些国家的创新成就。表 C. 1 表明，在 2010—2017 年间，美国每百万居民的年均专利数量远远领先于德国、法国和北欧各国。在引用次数最多的前 5% 的专利中，美国的优势更加惊人。

表 C. 1　2010—2017 年各国专利数量的平均数

	百万居民专利申请数	被引用次数居于前 5% 的专利数	被引用次数居于前 5% 的专利占比（%）
德国	617. 1	170. 5	0. 4
丹麦	87. 4	0. 0	0
美国	1 186. 4	32 678. 0	71. 7
法国	231. 1	5. 9	0
挪威	316. 4	0. 3	0
瑞典	129. 8	0. 3	0

资料来源：Patstat，作者的测算。

表 C.2 展示了这些国家在不平等和贫困方面的表现。我们能看到，在以基尼系数测算的收入不平等和贫困程度上，[4] 与德国、法国和北欧各国相比，美国明显更为严重。

表 C.2　2017 年各国的基尼系数和贫困率

	基尼系数	贫困率
美国	0.390	0.178
德国	0.289	0.104
瑞典	0.282	0.093
挪威	0.262	0.084
法国	0.292	0.081
丹麦	0.261	0.058

注：丹麦为 2016 年的数据。

资料来源：OECD。

对保护人们免受宏观经济冲击做得如何？[5] 图 C.1 显示的是，德国和美国没有医疗保险的人口占比自 2008 年以来的变化。德国的

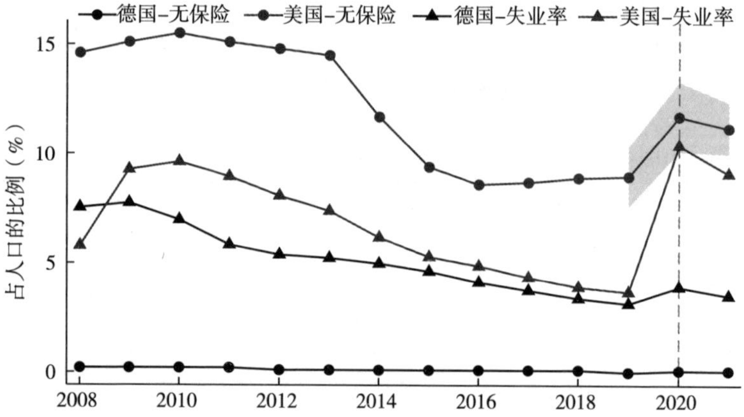

图 C.1　德国和美国没有医疗保险的人口占比与失业人口占比

资料来源：转引自 P. Aghion, H. Maghin and A. Sapir, "Covid and the Nature of Capitalism," *VoxEU*, June 25, 2020, 图 1。

比例为零，因为全体国民都有医疗保险。然而在美国，这个比例很突出。2014 年，得益于奥巴马医改计划而下降（见下文），但在新冠疫情危机期间，因为危机造成的失业率剧增而又大幅上升。原因在于，美国人通常是通过雇主获得医疗保险，在失去工作时会同时丧失雇主购买的医疗保险。与之类似，图 C. 2 展示的是，德国和美国面临滑入贫困处境的人口占比自 2008 年以来的变化。同样，随着新冠疫情袭来，与德国相比，美国人陷入贫困的风险更显著地增加。

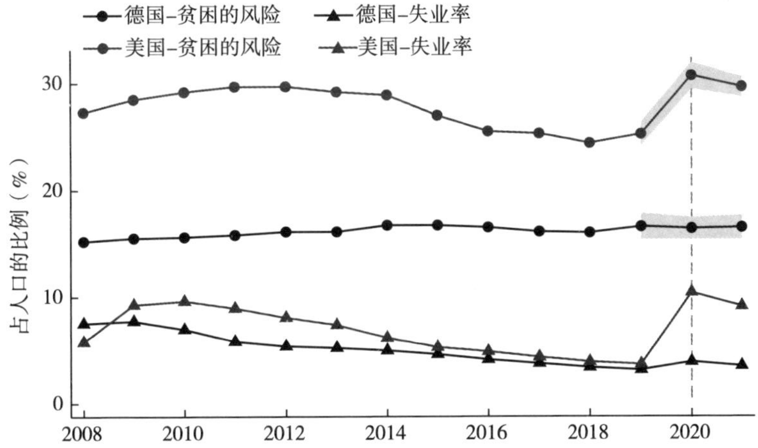

图 C. 2　德国和美国面临贫困风险的人口占比与失业人口占比

资料来源：转引自 P. Aghion, H. Maghin and A. Sapir, "Covid and the Nature of Capitalism," *VoxEU*, June 25, 2020, 图 3。

一方面是创新成就的国别比较，另一方面是不平等、贫困、宏观经济冲击保护的指标比较，初步看，结果似乎证明了非此即彼的推测。但我们想强调，这些国别比较是针对特定时间期限（2010—2017 年）或特定年份（2017 年）的，并未揭示各国的长期变化。另外，北欧国家和美国近期的某些演化趋势让我们有理由期待，两种类型的资本主义可以实现融合。

对于北欧国家，我们曾在第 11 章和第 14 章介绍过丹麦的弹性保障制度。这一政策背后的考虑是，在劳动力市场引入更大灵活性，以鼓励创新和创造性破坏，同时保障被裁员劳动者的收入，并让他们得到再培训，更容易找到新工作。改革推动了丹麦的创新，却并未动摇其社会保障模式，如今的丹麦依然是全球平等程度最高、贫困率最低的国家之一。

瑞典的例子同样有意思。1991 年，以刺激创新为目标，瑞典对税收制度进行重大改革。最高收入组别的所得税边际税率从 88% 下调至 55%，资本所得税按照 30% 的单一税率征收。[6]加上瑞典克朗贬值，这些税收改革推动了该国的创新和生产率增长：改革后的生产率年增速达到原来的 4 倍，创新也从 1990 年起飞。这个过程是否以削弱再分配为代价？虽然从 1990 年以来，以顶层 1% 群体在总收入中的份额测算的不平等显著扩大，可是全球通行的以基尼系数测算的不平等以及贫困率几乎没有增加，瑞典依然位居世界上保障最完善、不平等程度最低的国家行列。[7]

总体而言，丹麦和瑞典在开展促进创新的改革的同时保留了福利国家制度原来的基本要素。它们的成功给了我们希望，有可能把两种资本主义模式的积极方面结合起来，形成两全其美的新类型。美国同样采取了加强资本主义制度的保障性质的改革，尤其是《患者保护与平价医疗法案》（Patient Protection and Affordable Care Act），俗称《奥巴马医改法案》。该法案的目标是让更多美国人能够负担得起医疗服务，其主要条款之一是禁止保险公司拒绝承保身患某种疾病的人，或者向他们收取更高的保费。尽管遭到激烈反对，该法案仍于 2013 年底被通过，到 2016 年使无医疗保险的美国人的数量减半。共和党方面曾多次试图废黜该法律，但到本书写作时无一得逞。当然，奥巴马医改只是美国走向更为人道的资本主义模式的第一步，前方的路还很长。

更一般地说，自200余年前诞生以来，资本主义在历史之初的很长时期里是颇为残酷的制度，即便瑞典在20世纪30年代之前亦不例外。如今的瑞典距离电影《阿达伦31》里描述的情形有万里之遥，正如我们所了解的当前的法国同埃米尔·左拉的《萌芽》的差距。[8]

在发达国家，资本主义已日益变得具有保障性和包容性，这首先要感谢民间社会领导的斗争，包括工会、进步党派与媒体等组织。一些有远见卓识的人物推动了政府的演变，以顺应民间社会的压力，同样发挥了关键作用。比如，利昂·布鲁姆在1936年为法国建立带薪休假制度，富兰克林·罗斯福在1930年推行新政，威廉·贝弗里奇在1942年为英国创建福利国家制度，1945年推行全国抵抗委员会计划的夏尔·戴高乐，20世纪70年代的瑞典社会民主党总理奥洛夫·帕尔梅，2010年推出医疗改革方案的巴拉克·奥巴马等。而在另一个方向上，某些改革家推动了保障模式的资本主义的调整，如20世纪90年代的丹麦弹性保障制度之父波尔·拉斯姆森（Poul Nyrup Rasmussen），1991年瑞典改革的策划者阿萨尔·林德贝克（Assar Lindbeck），让他们的国家变得更具创新力。

虽然有部分进步，美国还远不是一个能提供充分保障的国家，包括应对失业、疾病、2008年金融危机或新冠疫情等宏观经济冲击，以及环境风险等。欧洲国家则受困于另外一种烦恼，未能建立起有效的创新生态系统，包括大学、机构投资者、风险投资人、慈善事业、国家科研支持机构等，以担当未来技术革命的领导者而非跟随者，并且有可能在不久后被中国超越。

但无论如何，我们仍坚信两全其美的新模式，至少出于两个原因。首先，美国开展的加强保障和包容性的改革没有束缚创新与创造性破坏，德国和北欧国家开展的促进创新和创造性破坏的改革也没有从根本上动摇原先的社会保障制度和公共服务。其次，如本书的分析所示，创新与包容、创新与保障并非零和博弈。事实恰恰相反，帮助创新企业进入、鼓励年轻人从事科研事业，既能加速创新与增长，也能让增长变得更具包容性。精心设计的弹性保障制度可以让人们免受失业的负面影响，同时鼓励他们掌握新的技能，为新工作做好准备。这样做既能加强对民众的保障，又不会妨碍创造性破坏进程。

资本主义是一匹活力十足的骏马，随时准备挣脱缰绳，腾空而起。但如果我们能牢牢把控，就能让它按人的意志前进。在本书中，我们考察了引导资本主义发展的若干路径，并探讨了驾驭它在这些路径上疾驰的杠杆措施。

新冠疫情令不同资本主义模式的缺陷与不足充分暴露。在美国，疫情让成千上万缺乏失业和医疗保险或保险不足的人深陷困境。在法国，疫情凸显了价值链过度外包（包括医疗等战略产业）的经济体的脆弱性；还证明了过度集权的官僚主义政府的局限性，没有充分信任民间社会的力量和自下而上的组织方式。在其他一些国家，疫情揭示了缺乏言论自由的资本主义模式的危险性：信息封锁和自我审查使新型病毒的危害性迟迟未受重视，最后导致了世界范围的广泛传播。

这场危机将不可避免引发如何塑造未来的生死攸关的大讨论。虽然我们难以预测讨论的具体走向，但可以确信，其内容必然包含本书述及的许多主题和分析。针对“资本主义的未来将会怎样”的疑问，我们借亨利·柏格森（Henri Bergson）的名言来作答：未来不在于我们将遇到什么，而在于我们要做些什么。

注释

第 1 章　新的范式

1. Joseph A. Schumpeter, *Capitalism, Socialism and Democracy*, 3rd ed.（1950; New York: Harper Collins, 2008）.
2. 这一名言来自《关于费尔巴哈的提纲》（Theses on Feuerbach），由马克思于 1845 年撰写，但直至 1888 年才由恩格斯帮助出版。近期的英文译文来自 Karl Marx, "Theses on Feuerbach," trans. W. Lough, Marxists internet archive, 2002, https://www.marxists.org/archive/marx/works/1845/theses/theses.htm.
3. Daniel Kahneman and Angus Deaton, "High Income Improves Evaluation of Life but Not Emotional Well-Being," *Proceedings of the National Academyof Sciences* 107, no. 38（2010）: 16489 – 16493.
4. 关于发展指标的关键内容，可以参见 Joseph Stiglitz, Amartya Sen, and Jean Fitoussi, "Report by the Commission on the Measurement of Economic Performance and Social Progress," CMEPSP, Paris, 2009, https://www.uio.no/studier/emner/sv/oekonomi/ECON4270/h09/Report%20in%20English.pdf.
5. See Robert Solow, "A Contribution to the Theory of Economic Growth," *Quarterly Journal of Economics* 70, no. 1（1956）: 65 – 94.
6. 罗默发展出了一种不包含创造性破坏的创新引领增长模型。See Paul Romer,

"Endogenous Technological Change," *Journal of Political Economy* 98, no.5 (1990): 71 – 102. 对于从索洛模型到熊彼特模型的增长理论综述，可参考下列文献：Gene M. Grossman and Elhanan Helpman, *Innovation and Growth in the Global Economy* (Cambridge, MA: MIT Press, 1991); Elhanen Helpman, ed., *General Purpose Technologies and Economic Growth* (Cambridge, MA: MIT Press, 1998); Charles I. Jones, *Introduction to Economic Growth* (New York: W. W. Norton, 1998); Robert J. Barro and Xavier Sala-i-Martin, *Economic Growth* (New York: McGraw Hill, 1995); Philippe Aghion and Peter Howitt, *Endogenous Growth Theory* (Cambridge, MA: MIT Press, 1998); Daron Acemoglu, *Introduction to Modern Economic Growth* (Princeton: Princeton University Press, 2009); Philippe Aghion and Peter Howitt, *The Economics of Growth* (Cambridge, MA: MIT Press, 2009); and Philippe Aghion, Ufuk Akcigit, and Peter Howitt, "What Do We Learn from Schumpeterian Growth Theory?" in *Handbook of Economic Growth*, ed. Philippe Aghion and Steven Durlauf, vol. 2, 515 – 563 (Amsterdam: Elsevier, 2014). 最新的熊彼特模型版本纳入了企业的动态作用；最早由 Tor Jakob Klette 与 Samuel Kortum 提出，参见 Tor J. Klette and Samuel Kortum, "Innovating Firms and Aggregate Innovation," *Journal of Political Economy* 112, no. 5 (2004): 986 – 1018; 后续研究做了进一步发展，尤其是 Ufuk Akcigit 及其合作者的成果。

7. 该模型于 1987—1988 学年在麻省理工学院提出，当时阿吉翁刚担任助理教授，彼得·豪伊特（Peter Howitt）从加拿大西大略大学来此做访问学者。Philippe Aghion and Peter Howitt, "A Model of Growth through Creative Destruction," *Econometrica* 60, no. 2 (1992): 323 – 351; Aghion, Akcigit, and Howitt, "What Do We Learn from Schumpeterian Growth Theory?"
8. Raghuram G. Rajan and Luigi Zingales, *Saving Capitalism from the Capitalists: Unleashing the Power of Financial Markets to Create Wealth and Spread Opportunity* (New York: Crown Business, 2003).
9. 这里无法全面介绍用专利来测算创新的大量相关文献，我们想提到该领域的若干先驱人物，例如 Pierre Azoulay、Ian Cockburn、Zvi Griliches、Bronwyn Hall、Dietmar Harhoff、Adam Jaffe、Jacques Mairesse、Ariel Pakes、Mark Schankerman、Otto Toivanen、Manuel Trajtenberg、Reinhilde Veugelers 等，感兴趣的读者可以去他们的网页上深入了解。

10. U. Akcigit, J. Grigsby, and T. Nicholas, "The Rise of American Ingenuity: Innovation and Inventors of the Golden Age" (NBER Working Paper No. 23047, National Bureau of Economic Research, Cambridge, MA, January 2017).
11. 人们或许怀疑这一相关性是偶然形成，但在 Akcigit、Grigsby 和 Nicholas 的文章 "The Rise of American Ingenuity" 中，他们从历史数据发现，创新与增长之间确实具有因果关系。
12. J. Haltiwanger, R. S. Jarmin, and J. Miranda, "Who Creates Jobs? Small versus Large versus Young," *Review of Economics and Statistics* 95, no. 2 (2013): 347 – 361.
13. 读者可以参考 Steve Davis、John Haltiwanger 及其合作者关于企业和就业的创造与破坏的开创性研究文献。See, for example, S. J. Davis and J. Haltiwanger, "Measuring Gross Worker and Job Flows," in *Labor Statistics Measurement Issues*, ed. J. Haltiwanger, M. E. Manser, and R. Topel, 77 – 122 (Chicago: University of Chicago Press, 1998); S. J. Davis and J. Haltiwanger "Gross Job Flows," in *Handbook of Labor Economics*, ed. O. Ashenfelter and D. Card, vol. 3B, 2711 – 2805 (Amsterdam: Elsevier/North-Holland, 1999); Haltiwanger, Jarmin, and Miranda, "Who Creates Jobs?"; R. Decker, J. Haltiwanger, R. Jarmin, and J. Miranda, "The Role of Entrepreneurship in US Job Creation and Economic Dynamism," *Journal of Economic Perspectives* 28, no. 3 (2014): 3 – 24; S. J. Davis and J. Haltiwanger, "Labor Market Fluidity and Economic Performance" (NBER Working Paper No. 20479, National Bureau of Economic Research, Cambridge, MA, September 2014).
14. U. Akcigit and W. R. Kerr, "Growth through Heterogeneous Innovations," *Journal of Political Economy* 126, no. 4 (2018): 1374 – 1443.
15. C. T. Hsieh and P. J. Klenow, "The Life Cycle of Plants in India and Mexico," *Quarterly Journal of Economics* 129, no. 3 (2014): 1035 – 1084.
16. P. Aghion, A. Bergeaud, T. Boppart, and S. Bunel, "Firm Dynamics and Growth Measurement in France," *Journal of the European Economic Association* 16, no. 4 (2018): 933 – 956.
17. A. Maddison, *The World Economy: A Millennial Perspective*, Development Centre Studies (Paris: OECD, 2001).

18. See R. Blundell, R. Griffith, and J. Van Reenen, "Dynamic Count Models of Technological Innovation," *Economic Journal* 105, no. 429 (1995): 333 – 344; R. Blundell, R. Griffith, and J. Van Reenen, "Market Share, Market Value and Innovation in a Panel of British Manufacturing Firms," *Review of Economic Studies* 66, no. 3 (1999): 529 – 554; and S. J. Nickell, "Competition and Corporate Performance," *Journal of Political Economy* 104, no. 4 (1996): 724 –746.
19. A. Hansen, "Economic Progress and Declining Population Growth," presidential address, American Economic Association, December 28, 1938, *American Economic Review* 29, no. 1 (1939): 1 –15.
20. L. Summers, presentation at the IMF Economic Forum: Policy Responses to Crises, 14th Jacques Polak Annual Research Conference, International Monetary Fund, Washington, DC, November 9, 2013.
21. R. Gordon, *The Rise and Fall of American Growth* (Princeton: Princeton University Press, 2016).
22. S. Baslandze, "The Role of the IT Revolution in Knowledge Diffusion, Innovation and Reallocation," 2016 Meeting Papers No. 1509, Society for Economic Dynamics, 2016.
23. A. B. Atkinson, T. Piketty, and E. Saez, "Top Incomes in the Long Run of History," *Journal of Economic Literature* 49, no. 1 (2011): 3 –71; T. Piketty, *Capital in the Twenty-First Century* (Cambridge, MA: The Belknap Press of Harvard University Press, 2014).
24. P. Aghion, U. Akcigit, A. Bergeaud, R. Blundell, and D. Hémous, "Innovation and Top Income Inequality," *Review of Economic Studies* 86, no. 1 (2019): 1 –45.
25. J. Williamson, "What Washington Means by Policy Reform," in *Latin American Adjustment: How Much Has Happened?* ed. J. Williamson, vol. 1, 90 – 120 (Washington, DC: Institution for International Economics, 1990).
26. R. Hausmann, D. Rodrik, and A. Velasco, "Growth Diagnostics," in *The Washington Consensus Reconsidered: Towardsa New Global Governance*, ed. N. Serra and E. Stiglitz, 324 –355 (Oxford: Oxford University Press, 2008).
27. Raghuram G. Rajan and Luigi Zingales, "The Great Reversals: The Politics of Financial Development in the 20th Century," *Journal of Financial Economics*

69，no. 1（2003）：5 –50.

28. 技术前沿是指技术发展的最先进水平，或者说“今天”可用的最高效的生产技术。由于创新的作用，这一前沿显然会随着时间而向前推进。

29. D. Acemoglu，P. Aghion，and F. Zilibotti，“Distance to Frontier，Selection，and Economic Growth，” *Journal of the European Economic Association* 4，no. 1（2006）：37 –74.

第 2 章 起飞之谜

1. 以下分析以安格斯·麦迪森的两项主要研究成果为基础：A. Maddison，*The World Economy: A Millennial Perspective*，Development Centre Studies（Paris：OECD，2001）；and A. Maddison，*The World Economy: Historical Statistics*，Development Centre Studies（Paris：OECD，2003）。2010 年，格罗宁根大学的增长与发展研究中心发起“麦迪森历史统计项目”（Maddison Historical Statistics Project），以延续麦迪森的研究，并继续对不同地区和时期的经济发展指标做严格测算。

2. Paul Bairoch and Gary Goertz，“Factors of Urbanisation in the Nineteenth Century Developed Countries，” *Urban Studies* 23，no. 4（1986）：285 –305.

3. 这些数字根据不同来源略有出入。Bairoch 和 Goertz（1986）的估计是，1800 年的工业化率为 10.9%，联合国的估计则为 7.6%。另外，由于三十年战争的影响，城市化率在 17 世纪略有下降。

4. J. V. Grauman，“Orders of Magnitude of the World's Urban Population in History，” *Population Bulletin of the United Nations* 8（1976）：16 –33.

5. William Petty，“Political Arithmetick”（1676；pub. London，1690），in *The Economic Writings of Sir William Petty*，2 vols.，ed. Charles H. Hull（Cambridge：The University Press，1899），vol. 1，233 – 313；Gregory King，“Natural and Political Observations and Conclusions upon the State and Condition of England”（1696），in *Two Tracts by Gregory King*，ed. George E. Barnett（Baltimore：Johns Hopkins Press，1936）.

6. 读者可以参考魁奈的《经济表》：François Quesnay，*Œuvres économiques complètes et autres textes*，ed. C. Théré，L. Charles，and J. C. Perrot，2 vols.（Paris：Institut national d'études démographiques，2005）. 对国民账户历史由来的深入介绍，可

参阅 Alfred Sauvy, "Historique de la comptabilité nationale," *Economie et statistique* 14, no. 1 (1970): 19 – 32.

7. Simon Kuznets, "National Income, 1929 – 1932" (Bulletin 49, National Bureau of Economic Research, New York, 1934).
8. Wassily Leontief, *The Structure of the American Economy, 1919—1939: An Empirical Application of Equilibrium Analysis*, 2nd enl. ed. (Oxford: Oxford University Press, 1951).
9. J. Meade and R. Stone, *National Income and Expenditure*, 4th ed. (London: Bowes and Bowes, 1957).
10. François Perroux, "Prise de vues sur la croissance de l'économie française, 1780 – 1950," *Review of Income and Wealth* 5, no. 1 (1955): 41 – 78.
11. J. J. Carré, P. Dubois, and E. Malinvaud, *La Croissance française: un essai d'analyse économique causale de l'après-guerre* (Paris: Seuil, 1972).
12. Jean-Claude Toutain, "Le produit intérieur brut de la France de 1789 à 1982," *Économies et Societé*, Cahiers de l'ISMEA, Série Histoire quantitative de l'économie française, 1987, 15.
13. M. Lévy-Leboyer and F. Bourguignon, *L'économie française au XIXe siècle: Analyse macro-économique* (Paris: Economica, 1985).
14. 历史计量学是用计量经济学方法研究经济史问题的学科。
15. Roger Fouquet and Stephen Broadberry, "Seven Centuries of European Economic Growth and Decline," *Journal of Economic Perspectives* 29, no. 4 (2015): 227 – 244.
16. J. M. Keynes, "Economic Possibilities for Our Grandchildren," in *Essays in Persuasion* (New York: Norton, 1930; London: Palgrave Macmillan, 2010).
17. 还有荷兰：在 1570 年之前，该国南部地区（如今的比利时）成为经济活动与繁荣的中心；不过在 1590 年后，北部地区（如今的阿姆斯特丹）占据了领先地位。
18. 关于知识产权的议题，主要可参考 Douglass C. North and Barry R. Weingast, "Constitutions and Commitment: The Evolution of Institutions Governing Public Choice in Seventeenth-Century England," *Journal of Economic History* 49, no. 4 (1989): 803 – 832.
19. Fouquet and Broadberry, "Seven Centuries of European Economic Growth and

Decline."

20. T. R. Malthus, *An Essay on the Principle of Population* (London: J. Johnson, 1798; Harmondsworth: Penguin, 1970).

21. See, for example, K. M. Murphy, A. Shleifer, and R. W. Vishny, "Industrialization and the Big Push," *Journal of Political Economy* 97, no. 5 (1989): 1003 – 1026.

22. Michael Kremer, "Population Growth and Technological Change: One Million B. C. to 1990," *Quarterly Journal of Economics* 108, no. 3 (1993): 681 – 716. Oded Galor and David N. Weil, "Population, Technology, and Growth: From Malthusian Stagnation to the Demographic Transition and Beyond," *American Economic Review* 90, no. 4 (2000): 806 – 828.

23. 这一"市场规模"效应是创新驱动增长模型（包括熊彼特模型）的内在特征。读者可以从如下文献中看到部门数据和企业数据所证实的这一规模效应：Daron Acemoglu and Joshua Linn, "Market Size in Innovation: Theory and Evidence from the Pharmaceutical Industry," *Quarterly Journal of Economics* 119, no. 3 (2004): 1049 – 1090; and Philippe Aghion, Antonin Bergeaud, Matthieu Lequien, and Marc J. Melitz, "The Heterogeneous Impact of Market Size on Innovation: Evidence from French Firm-Level Exports" (NBER Working Paper No. 24600, National Bureau of Economic Research, Cambridge, MA, May 2018, rev. October 2019).

24. See Charles I. Jones and Paul M. Romer, "The New Kaldor Facts: Ideas, Institutions, Population, and Human Capital," *American Economic Journal: Macroeconomics* 2, no. 1 (2010): 224 – 245；以及本书第 10 章。

25. 背后的理念是，技术进步会导致教育回报增加。

26. Richard R. Nelson and Edmund S. Phelps, "Investment in Humans, Technological Diffusion and Economic Growth," *American Economic Review* 56, no. 1 – 2 (1966): 69 – 75.

27. Nelson and Phelps, "Investment in Humans."

28. Joel Mokyr and Hans-Joachim Voth, "Understanding Growth in Europe, 1700 – 1870: Theory and Evidence," in *The Cambridge Economic History of Modern Europe, vol. 1: 1700—1870*, ed. Stephen Broadberry and Kevin H. O'Rourke (Cambridge: Cambridge University Press, 2009).

29. 本节是对莫克尔的分析的拓展，参见 Joel Mokyr，*The Gifts of Athena：Historical Origins of the Knowledge Economy*（Princeton：Princeton University Press，2002）. 对他这部著作的更多介绍，参见 Hal R. Varian，"Review of Mokyr's Gifts of Athena，" *Journal of Economic Literature* 42，no. 3（2004）：805 – 810.

30. 引自 David Encaoua，"Interactions science-technologie：quelles politiques publiques，" *Revue Française d'Économie* 25，no. 4（2011）：75 – 119.

31. Diego Puga and Daniel Trefler，"International Trade and Institutional Change：Medieval Venice's Response to Globalization，" *Quarterly Journal of Economics* 129，no. 2（2014）：753 – 821. R. R. John，*Spreading the News：The American Postal Systemrom Franklin to Morse*（Cambridge，MA：Harvard University Press，1995）.

32. 例如，Alembert 负责数学部分，Daubenton 负责自然史部分，Bordeu 与 Tronchin 负责医药部分。在该《百科全书》收入的 72 000 条主题中，我们能看到某些技术的内容，例如玻璃制造（44 页）、磨粉工艺（25 页）等。

33. Puga and Trefler，"International Trade and Institutional Change."

34. D. C. North and B. R. Weingast，"Constitutions and Commitment：The Evolution of Institutions Governing Public Choice in Seventeenth-Century England，" *Journal of Economic History* 49，no. 4（1989）：803 – 832.

35. Georges Renard，*Guilds in the Middle Ages*（London：J. B. Bell and Sons，1918）.

36. Varian，"Review of Mokyr's Gifts of Athena."

37. 作为专利问题的学术文献的切入点，我们推荐读者参阅如下作者的成果：Pierre Azoulay，Bronwyn Hall，Adam Jaffe，Jacques Mairesse，Mark Schankerman，and Reinhilde Veugelers.

38. Raghuram Rajan and Luigi Zingales，*Saving Capitalism from the Capitalists*（New York：Crown Business，2003）.

39. 我们要补充一点，惠特尼这项发明带来的一个间接影响，是加速了美国南部各州对奴隶劳动的使用。

第 3 章 我们该惧怕技术革命吗?

1. "One big wave," see Robert Gordon, "US Economic Growth since 1870: One Big Wave?" *American Economic Review* 89, no. 2 (1999): 123 – 128. Antonin Bergeaud, Gilbert Cette, and Rémy Lecat, "Productivity Trends in Advanced Countries between 1890 and 2012," *Review of Income and Wealth* 62, no. 3 (2016): 420 – 444.
2. Antonin Bergeaud, Gilbert Cette, and Rémy Lecat, *Le Bel Avenir de la croissance. Leçons du XXe siècle pour le futur* (Paris: Odile Jacob, 2018).
3. 我们将在第 6 章对此现象展开探讨。
4. See John M. Keynes, "Economic Possibilities for Our Grandchildren" (1930), in *Essays in Persuasion* (New York: W. W. Norton, 1963; repr. London: Palgrave Macmillan, 2010).
5. Robert M. Solow, "We'd Better Watch Out," *New York Times*, July 12, 1987.
6. See Timothy F. Bresnahan and Manuel Trajtenberg, "General Purpose Technologies 'Engines of Growth?'" *Journal of Econometrics* 65, no. 1 (1995): 83 – 108. 我们建议读者参考如下著作中收录的各位作者的成果: E. Helpman, ed., *General Purpose Technologies and Economic Growth* (Cambridge, MA: MITPress, 1998).
7. Boyan Jovanovic and Peter L. Rousseau, "General Purpose Technologies," in *Handbook of Economic Growth*, ed. Philippe Aghion and Steven Durlauf, vol. 1, 1181 – 1224 (Amsterdam: Elsevier, 2005).
8. Elhanan Helpman and Manuel Trajtenberg, "Diffusion of General Purpose Technologies," in *General Purpose Technologies and Economic Growth*, ed. E. Helpman, 85 – 119 (Cambridge, MA: MIT Press, 1998).
9. 本节内容是以 Paul David 的主要观点为基础, 参见 Paul David, "The Dynamo and the Computer: An Historical Perspective on the Modern Productivity Paradox," *American Economic Review* 80, no. 2 (1990): 355 – 361.
10. Paul David, "The Dynamo and the Computer: An Historical Perspective on the Modern Productivity Paradox," *American Economic Review* 80, no. 2 (1990): 355 – 361.
11. Bergeaud, Cette, and Lecat, *Le Bel Avenir de la croissance.*

12. Salome Baslandze, "The Role of the IT Revolution in Knowledge Diffusion, Innovation and Reallocation," 2016 Meeting Papers No. 1509, Society for Economic Dynamics, 2016.

13. Eric Brynjolfsson and Shinkyu Yang, "Information Technology and Productivity: A Review of the Literature," in *Advances in Computers*, ed. Marvin Zelkowitz, vol. 43 (1996): 179 – 214.

14. See Joseph Zeira, "Workers, Machines, and Economic Growth," *Quarterly Journal of Economics* 113, no. 4 (1998): 1091 – 1117; Daron Acemoglu and Pascual Restrepo, "Robots and Jobs: Evidence from US Labor Markets," *Journal of Political Economy* 128, no. 6 (2020): 2188 – 2244; Philippe Aghion, Benjamin F. Jones, and Charles I. Jones, "Artificial Intelligence and Economic Growth" (NBER Working Paper No. 23928, National Bureau of Economic Research, Cambridge, MA, October 2017).

15. Aghion, Jones, and Jones, "Artificial Intelligence and Economic Growth."

16. Gravenor Henson, *The Civil, Political, and Mechanical History of the Framework-Knittersin Europeand America* (Nottingham: Richard Sutton, 1831), 45.

17. 但直至 1832 年的《改革法案》(Reform Bill),英国议会才不再受贵族大地主阶层的主导。

18. Keynes, "Economic Possibilities for Our Grandchildren."

19. Wassily Leontief, "Machines and Man," *Scientific American* 187, no. 3 (1952): 150 – 164.

20. 对这些文献的更完整综述,可参见 Philippe Aghion, Céline Antonin, and Simon Bunel, "Artificial Intelligence, Growth and Employment: The Role of Policy," *Economics and Statistics*, 510 – 511 – 5 (2019): 149 – 164.

21. 服务业也有这一数据,但高度综合,更难以做具体分析。

22. Acemoglu and Restrepo, "Robots and Jobs."

23. Philippe Aghion, Celine Antonin, Simon Bunel, and Xavier Jaravel, "What Arethe Labor and Product Market Effects of Automation? New Evidence from France," Working Papers, Observatoire Français des Conjonctures Economiques (OFCE), January 2020.

24. 定义来自 *Encyclopaedia Britannica* (2015), "Automation."

第4章 竞争的得失

1. See, for example, Richard Blundell, Rachel Griffith, and John Van Reenen, "Dynamic Count Data Models of Technological Innovation," *Economic Journal* 105, no. 429 (1995): 333 – 344; Richard Blundell, Rachel Griffith, and John Van Reenen, "Market Share, Market Value and Innovation in a Panel of British Manufacturing Firms," *Review of Economic Studies* 66, no. 3 (1999): 529 – 554; Steve Nickell, "Competition and Corporate Performance," *Journal of Political Economy* 104, no. 4 (1996): 724 – 746.
2. David Autor, David Dorn, Lawrence F. Katz, Christina Patterson, John Van Reenen, "The Fall of the Labor Share and the Rise of Superstar Firms," *Quarterly Journal of Economics* 135, no. 2 (2020): 645 – 709.
3. See William J. Baumol, *Microtheory: Applications and Origins* (Cambridge, MA: MIT Press, 1986), ch. 3, "Contestable Markets: An Uprising in the Theory of Industry Structure," 40 – 54.
4. 关于"可竞争市场"的概念，参见 William J. Baumol, John C. Panzar, and Robert D. Willig, *Contestable Markets and the Theory of Industry Structure* (New York: Harcourt Brace Jovanovich, 1982).
5. Philippe Aghion and Peter Howitt, "A Model of Growth through Creative Destruction," *Econometrica* 60, no. 2 (1992): 323 – 351.
6. Blundell, Griffith, and Van Reenen, "Market Share, Market Value and Innovation"; Stephen Nickell and John Van Reenen, "The United Kingdom," in *Technological Innovation and Economic Performance*, ed. Benn Steil, David G. Victor, and Richard R. Nelson (Princeton: Princeton University Press, 2002).
7. See Philippe Aghion, Nick Bloom, Richard Blundell, Rachel Griffith, and Peter Howitt, "Competition and Innovation: An Inverted-U Relationship," *Quarterly Journal of Economics* 120, no. 2 (2005): 701 – 728; Philippe Aghion, Rachel Griffith, and Peter Howitt, "Vertical Integration and Competition," *American Economic Review* 96, no. 2 (2006): 97 – 102; Philippe Aghion, Richard Blundell, Rachel Griffith, Peter Howitt, and Susanne Prantl, "The Effects of Entry on Incumbent Innovation and Productivity," *Review of Economics and Statistics* 91, no. 1

(2009): 20 – 32. See also Xavier Vives, "Innovation and Competitive Pressure," *Journal of Industrial Economics* 56, no. 3 (2008): 419 –469.

8. 这里用劳均产出或全要素生产率来测算生产率。

9. Richard R. Nelson and Edmund S. Phelps, "Investment in Humans, Technological Diffusion and Economic Growth," *American Economics Review* 56, no. 1 (1966): 69 –75.

10. Aghion, Blundell, Griffith, Howitt, and Prantl, "The Effects of Entry on Incumbent Innovation and Productivity."

11. Philippe Aghion, Antonin Bergeaud, Timothee Gigout, Matthieu Lequien, and Marc Melitz, "Spreading Knowledge across the World: Innovation Spillover through Trade Expansion," unpublished manuscript, March 2019, https://scholar.harvard.edu/files/aghion/files/spreading_knowledge_across_the_world.pdf.

12. Aghion, Bloom, Blundell, Griffith, and Howitt, "Competition and Innovation."

13. 这意味着在增长模型里，创新会增加产品的类型。See, for example, Paul M. Romer, "Endogenous Technological Change," *Journal of Political Economy* 98, no. 5, pt. 2 (1990): 71 –102.

14. See, for example, Michele Boldrin and David K. Levine, *Against Intellectual Monopoly* (Cambridge: Cambridge University Press, 2008); Michele Boldrin and David K. Levine, "Perfectly Competitive Innovation," *Journal of Monetary Economics* 55, no. 3 (2008): 435 – 453; Michele Boldrin and David K. Levine, "The Caseagainst Patents," *Journal of Economic Perspectives* 27, no. 1 (2013): 3 –22.

15. Philippe Aghion, Peter Howitt, and Susanne Prantl, "Patent Rights, Product Market Reforms, and Innovation," *Journal of Economic Growth* 20, no. 3 (2015): 223 –262.

16. Thomas Philippon, *The Great Reversal: How America Gave Up on Free Markets* (Cambridge, MA: Harvard University Press, 2019).

17. Matilde Bombardini, "Firm Heterogeneity and Lobby Participation," *Journal of International Economics* 75, no. 2 (2008): 329 –348; Matilde Bombardini and Francesco Trebbi, "Empirical Models of Lobbying," *Annual Review of Economics* 12, no. 1 (2020): 391 –413; Marianne Bertrand, Matilde Bombardini, and Francesco Trebbi, "Is It Whom You Know or What You Know? An Empirical

Assessment of the Lobbying Process," *American Economic Review* 104, no. 12 (2014): 3885 – 3920.

18. David Autor, David Dorn, Lawrence F. Katz, Christina Patterson, and John Van Reenen, "The Fall of the Labor Share and the Rise of Superstar Firms," *Quarterly Journal of Economics* 135, no. 2 (2020): 645 – 709.

19. Philippe Aghion, Antonin Bergeaud, Timo Boppart, Peter J. Klenow, and Huiyu Li, "A Theory of Falling Growth and Rising Rents" (NBER Working Paper No. 26448, National Bureau of Economic Research, Cambridge, MA, November 2019).

20. See, for instance, Friedrich List, *Das nationale System der politischen Ökonomie* (Stuttgart: J. G. Cotta, 1841).

21. Anne O. Krueger, *Political Economy of Policy Reform in Developing Countries* (Cambridge, MA: MIT Press, 1993); Anne O. Krueger, "Policy Lessons from Development Experience since the Second World War," in *Handbook of Development Economics*, ed. Jere Behrman and T. N. Srinivasan, vol. 3B, 2497 – 2550 (Amsterdam: Elsevier, 1995).

22. See, for example, Daron Acemoglu, Philippe Aghion, and Fabrizio Zilibotti, "Distanceto Frontier, Selection, and Economic Growth," *Journal of the European Economic Association* 4, no. 1 (2006); Philippe Aghion and Peter Howitt, "Appropriate Growth Policy: A Unifying Framework" (Joseph Schumpeter Lecture), *Journal of the European Economic Association* 4, no. 2 – 3 (2006): 269 – 314.

23. Jean-Jacques Laffont and Jean Tirole, *A Theory of Incentives in Procurement and Regulation* (Cambridge, MA: MIT Press, 1993).

24. Philippe Aghion, Antoine Dechezleprêtre, David Hemous, Ralf Martin, and John Van Reenen, "Carbon Taxes, Path Dependency, and Directed Technical Change: Evidence from the Auto Industry," *Journal of Political Economy* 124, no. 1 (2016): 1 – 51.

25. Patrick Bolton and Joseph Farrell, "Decentralization, Duplication, and Delay," *Journal of Political Economy* 98, no. 4 (1990): 803 – 826; Rafael Rob, "Learning and Capacity Expansion under Demand Uncertainty," *Review of Economic Studies* 58, no. 4 (1991): 655 – 675.

26. See Pierre Azoulay, Erica Fuchs, Anna Goldstein, and Michael Kearney, "Funding Breakthrough Research: Promises and Challenges of the 'ARPA Model,'" *Innovation Policy and the Economy* 19 (2019): 69–96.

27. Nathan Nunn and Daniel Trefler, "The Structure of Tariffs and Long-Term Growth," *American Economic Journal: Macroeconomics* 2, no. 4 (2010): 158–194.

28. Philippe Aghion, Jing Cai, Mathias Dewatripont, Luosha Du, Ann Harrison, and Patrick Legros, "Industrial Policy and Competition," *American Economic Journal: Macroeconomics* 7, no. 4 (2015): 1–32.

29. Philippe Aghion, Antonin Bergeaud, Timo Boppart, and Simon Bunel, "Firm Dynamics and Growth Measurement in France," *Journal of the European Economic Association* 16, no. 4 (2018): 933–956.

30. See Philippe Aghion, Thibault Fally, and Stefano Scarpetta, "Credit Constraints as a Barrier to the Entry and Post-Entry Growth of Firms," *Economic Policy* 22, no. 52 (2007): 732–779; Philippe Aghion, John Van Reenen, and Luigi Zingales, "Innovation and Institutional Ownership," *American Economic Review* 103, no. 1 (2013): 277–304.

31. Philippe Aghion, Antonin Bergeaud, and John Van Reenen, "The Impact of Regulation on Innovation," unpublished manuscript, December 2019, https://www.college-de-france.fr/media/en-philippe-aghion/UPL9083408753564555677_The_Impact_of_Regulation_on_Innovation.pdf.

32. Daron Acemoglu, Ufuk Akcigit, Harun Alp, Nicholas Bloom, and William Kerr, "Innovation, Reallocation, and Growth," *American Economic Review* 108, no. 11 (2018): 3450–3491.

33. Philippe Aghion, Antonin Bergeaud, Gilbert Cette, Remy Lecat, and Hélène Maghin, "The Inverted-U Relationship between Credit Access and Productivity Growth" (Coase Lecture), *Economica* 86 (2019): 1–31.

34. 关于竞争政策与产业政策、乃至其他与竞争政策有关内容的相互关系，建议参考 Emmanuel Combe, *Economie et Politique de la Concurrence* (Paris: Dalloz, 2005). 另外可参考近期有关竞争政策的另一本著作 Richard J. Gilbert, *Innovation Matters: Competition Policy for the High-Technology Economy* (Cambridge, MA: MIT Press, 2020).

第 5 章 创新、不平等与税收

1. A. B. Atkinson, *Inequality: What Can Be Done?* (Cambridge, MA: Harvard University Press, 2015); A. B. Atkinson, T. Piketty, and E. Saez, "Top Incomes in the Long Run of History," *Journal of Economic Literature* 49, no. 1 (2011): 3 – 71; Thomas Piketty, "Income Inequality in France, 1901 – 1998," *Journal of Political Economy* 111, no. 5 (2003): 1004 – 1042; Thomas Piketty, *Capital in the Twenty-First Century* (Cambridge, MA: The Belknap Press of Harvard University Press, 2014); Thomas Piketty, *Capital and Ideology* (Cambridge, MA: The Belknap Press of Harvard University Press, 2020); T. Piketty and E. Saez, "Income Inequality in the United States, 1913 – 1998," *Quarterly Journal of Economics* 118, no. 1 (2003): 1 – 41; E. Saez and G. Zucman, "Wealth Inequality in the United States since 1913: Evidence from Capitalized Income Tax Data," *Quarterly Journal of Economics* 131, no. 2 (2016): 519 – 578.
2. Piketty, *Capital in the Twenty-First Century.*
3. Miles Corak, "Income Inequality, Equality of Opportunity, and Intergenerational Mobility," *Journal of Economic Perspectives* 27, no. 3 (2013): 79 – 102.
4. Raj Chetty, Nathaniel Hendren, Patrick Kline, and Emmanuel Saez, "Where Is the Land of Opportunity? The Geography of Intergenerational Mobility in the United States," *Quarterly Journal of Economics* 129, no. 4 (2014): 1553 – 1623.
5. Abraham Lincoln, "Discoveries and Inventions," speech in Jacksonville, Illinois, February 11, 1859, quoted in Joel Mokyr, "Long-Term Economic Growth and the History of Technology," in *Handbook of Economic Growth*, ed. Philippe Aghion and Steven Durlauf, vol. 1B, 1113 – 1180 (Amsterdam: Elsevier, 2005). Also see B. Zorina Khan and Kenneth L. Sokoloff, "The Early Development of Intellectual Property Institutions in the United States," *Journal of Economic Perspectives* 15, no. 3 (2001): 233 – 246.
6. 这一推测通过美国与芬兰的数据做了检测（参见第 10 章）。
7. Philippe Aghion, Ufuk Akcigit, Antonin Bergeaud, Richard Blundell, and David Hémous, "Innovation and Top Income Inequality," *Review of Economic Studies* 86, no. 1 (2019): 1 – 45.

8. Charles Jones 和 Jihee Kim 利用创造性破坏范式来解释顶层收入群体的动态不平等。他们认为增长既来自在位企业获得的经验积累，也来自新企业进入带来的创造性破坏。前者会加剧不平等，而后者会减少不平等。参见 Charles I. Jones and Jihee Kim，"A Schumpeterian Model of Top Income Inequality，" *Journal of Political Economy* 126，no. 5（2018）：1785 – 1826.

9. Philippe Aghion，Antonin Bergeaud，Richard Blundell，and Rachel Griffith，"The Innovation Premium to Soft Skills in Low-Skilled Occupations，" unpublished manuscript，2019.

10. Gallup annual survey of Honesty and Ethics in the Professions，2017，https：//news. gallup. com/poll/1654/honesty-ethics-professions. aspx.

11. Konstantinos Dellis and David Sondermann，"Lobbying in Europe：New Firm-Level Evidence，" Working Paper 2071，European Central Bank，June 2017.

12. Ufuk Akcigit，Salomé Baslandze，and Francesca Lotti，"Connecting to Power：Political Connections，Innovation，and Firm Dynamics"（NBER Working Paper No. 25136，National Bureau of Economic Research，Cambridge，MA，October 2018）.

13. Marianne Bertrand，Matilde Bombardini，and Francesco Trebbi，"Is It Whom You Know or What You Know? An Empirical Assessment of the Lobbying Process，" *American Economic Review* 104，no. 12（2014）：3885 – 3920.

14. Brian Kelleher Richter，Krislert Samphantharak，and Jeffrey F. Timmons，"Lobbying and Taxes，" *American Journal of Political Science* 53，no. 4（2009）：893 – 909.

15. 一个州越靠近 x 轴的左侧，该州的游说活动越密集。由于不同年份的游说密度不同，同一个州可能在 x 轴方向上左右移动。

16. 关于这次不仅影响瑞典而且波及其他三个北欧国家（挪威、芬兰和丹麦）的税制改革的理论基础，可参阅 Céline Antonin and Vincent Touzé，"Loi des finances 2018 et fiscalité du capital. Fondements et impact sur les taux marginaux supérieurs，" *Revue de l'OFCE* 161，no. 1（2019）：77 – 112.

17. Philippe Aghion and Alexandra Roulet，*Repenser l'Etat. Pour une social-démocratie de l'innovation*（Paris：Seuil，in collaboration with La République desidées，2011）.

18. Thomas Blanchet, Lucas Chancel, and Amory Gethin, "Why Is Europe Less Unequal Than the United States?" unpublished manuscript, 2020, https://wid.world/wp-content/uploads/2020/10/WorldInequalityLab_WP2020_19_Europe-2.pdf.
19. 尽管如此，近期有批评认为，瑞典在 1991 年改革之后的某些后续改革中取消了财产税与遗产税，这走得太远了。
20. Ufuk Akcigit, Salomé Baslandze, and Stefanie Stantcheva, "Taxation and the International Mobility of Inventors," *American Economic Review* 106, no. 10 (2016): 2930–2981.
21. 这些面板数据让我们能精确追踪法国的个人收入变化轨迹，是公共财政总局（Directorate General of Public Finance）通过安全数据接入中心（Secure Data Access Center, CASD）提供给研究人员的关于所得税的匿名信息。
22. Ufuk Akcigit, Salomé Baslandze, and Stefanie Stantcheva, "Taxation and the International Mobility of Inventors," *American Economic Review* 106, no. 10 (2016): 2930–2981.
23. Ufuk Akcigit, John Grigsby, Tom Nicholas, and Stefanie Stantcheva, "Taxation and Innovation in the 20th Century" (NBER Working Paper No. 24982, National Bureau of Economic Research, Cambridge, MA, September 2018).
24. Philippe Aghion, Ufuk Akcigit, Julia Cagé, and William R. Kerr, "Taxation, Corruption, and Growth," *European Economic Review* 86 (2016): 24–51.
25. 对于增长、腐败和税收收入等变量，该研究均采用 5 个子时期的平均值，对 47 个州与 4 个子时期做了回归。
26. 参见本书第 10 章、第 11 章和第 14 章。
27. Philippe Aghion, Vlad Ciornohuz, Maxime Gravoueille, and Stefanie Stantcheva, "Reforms and Dynamics of Income: Evidence Using New Panel Data," unpublished manuscript, July 1, 2019, https://www.college-de-france.fr/media/philippe-aghion/UPL8158439681301526632_Tax_Reforms.pdf.

第 6 章 长期停滞之争

1. Abhijit Banerjee and Esther Duflo, *Good Economics for Hard Times: Better Answers to Our Biggest Problems* (New York: Public Affairs, 2019).
2. Robert Gordon and Joel Mokyr, "Boom vs. Doom: Debating the Future of the US

Economy Debate," presentation at the Chicago Council of Global Affairs, October 31, 2016. 关于他们观点更完整的陈述，可参见 Robert Gordon, *The Rise and Fall of American Growth* (Princeton: Princeton University Press, 2016); and Joel Mokyr, "Secular Stagnation? Not in Your Life," in *Secular Stagnation: Facts, Causes and Cures*, ed. C. Teulings and R. Baldwin, 83 – 89 (London: CEPR Press, 2014).

3. Alvin Hansen, "Economic Progress and Declining Population Growth" (presidential address), *American Economic Review* 29, no. 1 (1939): 1 – 15.
4. Lawrence H. Summers, "Reflections on the New Secular Stagnation Hypothesis," in *Secular Stagnation: Facts, Causes and Cures*, ed. C. Teulings and R. Baldwin, 27 – 38 (London: CEPR Press, 2014).
5. 1969 年投入市场的超音速协和客机可以大幅缩短航空旅行时间，但只能服务于极少数乘客，并最终于 2003 年退出运营。
6. Salomé Baslandze, "The Role of the IT Revolution in Knowledge Diffusion, Innovation and Reallocation," 2016 Meeting Papers, No. 1509, Society for Economic Dynamics, 2016.
7. 这一现象被称为"中等收入陷阱"，将在本书第 7 章详细探讨。
8. Ryan Banerjee and Boris Hofmann, "The Rise of Zombie Firms: Causes and Consequences," *BIS Quarterly Review* (September 2018): 67 – 78, https://www.bis.org/publ/qtrpdf/r_qt1809g.pdf.
9. Ricardo J. Caballero, Emmanuel Farhi, and Pierre-Olivier Gourinchas, "Rents, Technical Change, and Risk Premia Accounting for Secular Trends in Interest Rates, Returns on Capital, Earning Yields, and Factor Shares," *American Economic Review* 107, no. 5 (2017): 614 – 620.
10. Nicholas Bloom, Charles I. Jones, John Van Reenen, and Michael Webb, "AreIdeas Getting Harder to Find?" *American Economic Review* 110, no. 4 (2020): 1104 – 1144.
11. Charles I. Jones, "R&D-Based Models of Economic Growth," *Journal of Political Economy* 103, no. 4 (1995): 759 – 784.
12. Ufuk Akcigit and William R. Kerr, "Growth through Heterogeneous Innovations," *Journal of Political Economy* 126, no. 4 (2018): 1374 – 1443.

13. David Byrne, Stephen Oliner, and Daniel Sichel, "How Fast Are Semiconductor Prices Falling?" *Review of Income and Wealth* 64, no. 3 (2018): 679 – 702.

14. John Sutton, *Sunk Costs and Market Structure: Price Competition, Advertising, and the Evolution of Concentration* (Cambridge, MA: MIT Press, 1991).

15. Hal R. Varian, "Intelligent Technology," in special issue "Smart Technology Takes Flight," *Finance & Development* (IMF quarterly report) 53, no. 3 (2016): 6 – 9, https://www.imf.org/external/pubs/ft/fandd/2016/09/pdf/fd0916.pdf.

16. David M. Byrne, John G. Fernald, and Marshall B. Reinsdorf, "Does the United States Have a Productivity Slowdown or a Measurement Problem?" *Brookings Paperson Economic Activity* 1 (2016): 109 – 182.

17. Chad Syverson, "Challenges to Mismeasurement Explanations for the US Productivity Slowdown," *Journal of Economic Perspectives* 31, no. 2 (2017): 165 – 186.

18. Philippe Aghion, Antonin Bergeaud, Timo Boppart, Peter J. Klenow, and HuiyuLi, "Missing Growth from Creative Destruction," *American Economic Review* 109, no. 8 (2019): 2795 – 2822.

19. 美国等许多国家采用这一方法，但法国等国却较少采用。

20. 这个例子来自如下论文：Philippe Aghion, Antonin Bergeaud, Timo Boppart, Peter J. Klenow, and Huiyu Li, "Missing Growth from Creative Destruction," *American Economic Review* 109, no. 8 (2019): 2795 – 2822.

21. Philippe Aghion, Antonin Bergeaud, Timo Boppart, and Simon Bunel, "Firm Dynamics and Growth Measurement in France," *Journal of the European Economic Association* 16, no. 4 (2018): 933 – 956.

22. 对此问题的另一看法，可参阅 Stephen Redding 的论文，尤其是 Stephen J. Redding and David E. Weinstein, "Measuring Aggregate Price Indexes with Taste Shocks: Theory and Evidence for CES Preferences" (NBER Working Paper No. 22479, National Bureau of Economic Research, Cambridge, MA, 2016).

23. Thomas Philippon, *The Great Reversal: How America Gave Up on Free Markets* (Cambridge, MA: Harvard University Press, 2019).

24. 还有两种同样采用创造性破坏范式的思路值得关注。第一种来自 Ernest

Liu、Atif Mian 和 Amir Sufi。他们强调，过去 20 年利率持续走低提高了成为领先企业的现值，因而提高了企业扩大对其他企业的技术优势的现有收益。于是，利率下跌促使各个产业的领先企业为巩固其地位而更多开展创新，给普通企业的创新造成打击。产业集中度随之提高，总创新和总增长率却可能下降。可参见 Ernest Liu，Atif Mian，and Amir Sufi，"Low Interest Rates，Market Power，and Productivity Growth"（NBER Working Paper No. 25505，National Bureau of Economic Research，Cambridge，MA，June 2019）. 第二种思路来自：Laurent Cavenaile、Murat Alp Celik 和 Xu Tian。他们强调，生产与创新集中度提高有利于超级明星企业，却伴随着整体研发效率降低。可参见 Laurent Cavenaile，Murat Alp Celik，and Xu Tian，"Are Markups Too High? Competition，Strategic Innovation，and Industry Dynamics，" unpublished manuscript，rev. September 8，2020，https：//papers. ssrn. com/sol3/papers. cfm? abstract_id = 3459775.

25. Ufuk Akcigit and Sina T. Ates，"Ten Facts on Declining Business Dynamism and Lessons from Endogenous Growth Theory"（NBER Working Paper No. 25755，National Bureau of Economic Research，Cambridge，MA，April 2019）.

26. Philippe Aghion，Antonin Bergeaud，Timo Boppart，Peter J. Klenow，and Huiyu Li，"A Theory of Falling Growth and Rising Rents"（NBER Working Paper，No. 26448，National Bureau of Economic Research，Cambridge，MA，November 2019）.

27. 这一观察来自 David Rezza Bagaee and Emmanuel Farhi，"Productivity and Misallocation in General Equilibrium，" *Quarterly Journal of Economics* 135，no. 1（2019）：105 – 163；and by Jan De Loecker，Jan Eeckhout，and Gabriel Unger，"The Rise of Market Power and the Macroeconomic Implications，" *Quarterly Journal of Economics* 135，no. 2（2020）：561 – 644.

28. 近期的一篇论文（Tania Babina、Anastassia Fedyk、Alex He and James Hodson）提及人工智能的影响，与本章介绍的信息技术革命的作用类似。这些学者指出：(1) 促进某个产业的人工智能投资的因素也会提升其产业集中度；(2) 集中度的提高不是来自企业层面或给定产品线的利润增加；(3) 人工智能导致企业经营的市场、产品和产业的数量增加。总体上，该研究证实人工智能对产业集中度的增进效应主要源于：超级明星企业是人工智能的最大投资者，因此业务范围的扩大也最为突出。或者说，人工智能对产业集中度和利润的增进效应是来自产业构成的变化。参见 Tania Babina，Anastassia Fedyk，Alex He，and James Hodson，"Artificial Intelligence，Firm Growth，and Industry Concentration，" unpublished manuscript，rev. September 22，2020，https：//papers. ssrn. com/sol3/papers. cfm？abstract_id = 3651052.

29. Richard Gilbert，*Innovation Matters：Competition Policy for the High-Technology Economy*（Cambridge，MA：MIT Press，2020）.

30. 同上。

第 7 章　趋同、分化与中等收入陷阱

1. Philippe Aghion，*Repenser la croissance économique*（Paris：Fayard，2016）.

2. Antonin Bergeaud，Gilbert Cette，and Remy Lecat，*Le Bel Avenir de la croissance-Leçons du XXème siècle pour le futur*（Paris：Editions Odile Jacob，2018）.

3. Lant Pritchett，"Divergence，Big Time，" *Journal of Economic Perspectives* 11，no. 3（1997）：3 – 17.

4. Xavier Sala-i-Martin，"The World Distribution of Income：Falling Poverty and... Convergence，Period，" *Quarterly Journal of Economics* 121，no. 2（2006）：351 – 397.

5. 本书第 5 章解释过这一指标如何构建。

6. Robert M. Solow，"A Contribution to the Theory of Economic Growth，" *Quarterly Journal of Economics* 70，no. 1（1956）：65 – 94.

7. Robert J. Barro and Xavier Sala-i-Martin，*Economic Growth*（New York：Mc GrawHill，1995）.

8. Robert Lucas，"Why Doesn't Capital Flow from Rich to Poor Countries？" *American Economic Review* 80，no. 2（1990）：92 – 96.

9. 保罗 · 罗默研究了 1870 年以来有数据可查的 11 个经合组织国家的情况。See Paul M. Romer，"Increasing Returns and Long-Run Growth，" *Journal of Political Economy* 94，no. 5（1986）：1002 – 1037.

10. David Coe and Elhanan Helpman，"International R&D Spillovers，" *European Economic Review* 39，no. 5（1995）：859 – 887.

11. Philippe Aghion，Antonin Bergeaud，Timothee Gigout，Matthieu Lequien，and

Marc Melitz, "Spreading Knowledge Across the World: Innovation Spillover through Trade Expansion," unpublished manuscript, March 2019, https://scholar.harvard.edu/files/aghion/files/spreading_knowledge_across_the_world.pdf.

12. Daron Acemoglu, Philippe Aghion, and Fabrizio Zilibotti, "Distance to Frontier, Selection, and Economic Growth," *Journal of the European Economic Association* 4, no. 1 (2006): 37-74.

13. Jerome Vandenbussche, Philippe Aghion, and Costas Meghir, "Growth, Distance to Frontier and Composition of Human Capital," *Journal of Economic Growth* 11, no. 2 (2006): 97-127.

14. Philippe Aghion, Matthias Dewatripont, Caroline Hoxby, Andreu Mas-Colell, and André Sapir, "The Governance and Performance of Universities: Evidence from Europe and the US," *Economic Policy* 25, no. 61 (2010): 7-59.

15. 前沿企业是靠近技术前沿的企业，其生产率接近所在产业的领先水平。

16. Fabrizio Zilibotti, "Growing and Slowing Down Like China," *Journal of the European Economic Association* 15, no. 5 (2017): 943-988.

17. See Zilibotti, "Growing and Slowing Down Like China."

18. Boubacar Diallo and Wilfried Koch, "Bank Concentration and Schumpeterian Growth: Theory and International Evidence," *Review of Economics and Statistics* 100, no. 3 (2018): 489-501.

19. Verluise, Cyril and Antonin Bergeaud (2019), "The International Diffusion of Technology: a New Approach and Some Facts," mimeo, College de France, 2019。自动专利图景方法可参阅：Abood, Aron and Dave Feltenberger (2018), "Automated patent landscaping," *Artificial Intelligence and Law*, 26 (2), pp. 103-125。

20. Chang T. Hsieh and Pete Klenow, "Misallocation and Manufacturing TFP in China and India," *Quarterly Journal of Economics* 124, no. 4 (2009): 1403-1448.

21. Chang T. Hsieh and Pete Klenow, "The Life Cycle of Plants in India and Mexico," *Quarterly Journal of Economics* 129, no. 3 (2014): 1035-1084.

22. Ufuk Akcigit, Harun Alp, and Michael Peters, "Lack of Selection and Limits to Delegation: Firm Dynamics in Developing Countries" (NBER Working Paper No. 21905, National Bureau of Economic Research, Cambridge, MA, January

2016）.
23. 本节内容基于以下研究：Philippe Aghion，Sergei Guriev，and Kangchul Jo，"Chaebols and Firm Dynamics in Korea，" CEPR Discussion Paper No. DP13825，Center for Economic Policy Research，London，June 2019.
24. Aghion，Guriev，and Jo，"Chaebols and Firm Dynamics in Korea"，该研究截至2003年，因为有数据可查的期间为1992—2003年。韩国的全要素生产率增速在2003年后放缓，这与其他发达国家的趋势（见第6章）基本同步。另外，或许是因为财阀企业后来重新掌握了权力。

第8章　能否绕开工业化?

1. Simon Kuznets，"Modern Economic Growth：Findings and Reflections"（Nobel Lecture，December 11，1971），*American Economic Review* 63，no. 3（1973）：247 – 258.
2. Simon Alder，Timo Boppart，and Andreas Müller，"A Theory of Structural Change That Can Fit the Data，" CEPR Discussion Paper No. 13469，Center for Economic Policy Research，London，January 2019.
3. Berthold Herrendorf，Richard Rogerson，and Akos Valentinyi，"Growth and Structural Transformation，" in *Handbook of Economic Growth*，ed. Philippe Aghion and Steven Durlauf，vol. 2，855 – 941（Amsterdam：Elsevier，2014）.
4. Nicholas Kaldor，"Capital Accumulation and Economic Growth，" in *The Theory of Capital*，ed. F. A. Lutz and D. C. Hague（New York：St. Martin's Press，1961）.
5. Nicholas Kaldor，"Alternative Theories of Distribution，" *Review of Economic Studies* 23，no. 2（1955）：83 – 100.
6. Thomas Piketty，*Capital in the Twenty-First Century*（Cambridge，MA：The Belknap Press of Harvard University Press，2014）.
7. 不过在第6章中，我们曾指出美国的劳动收入份额自21世纪初以后下降，表明卡尔多事实在过去20年的美国不那么严格成立。
8. Timo Boppart，"Structural Change and the Kaldor Facts in a Growth Model with Relative Price Effects and Non-Gorman Preferences，" *Econometrica* 82，no. 6（2014）：2167 – 2196.
9. 波帕特采用了美国的两个数据来源：the Bureau of Economic Analysis and the

Consumer Expenditure Survey.

10. 这一定律最早由述 William J. Baumol and William G. Bowen 提出规范描述，参见 William J. Baumol and William G. Bowen，"On the Performing Arts：The Anatomy of Their Economic Problems，" *American Economic Review* 55，no. 1/2 (1965)：495 – 502. 也可参见 William J. Baumol，"Macroeconomics of Unbalanced Growth：The Anatomy of the Urban Crisis，" *America Economic Review* 57，no. 3 (1967)：419 – 420.

11. Baumol and Bowen，"On the Performing Arts."

12. Ernst Engel，"Die Productions und Consumtionsverhältnisse des Königreichs Sachsen，" *Zeitschrift des Statistischen Büreaus des Königlich-Sächsischen Ministeriums des Innern* 8 (1857)：1 – 54.

13. 需求侧在分析结构变革中的重要性，参见 Diego A. Comin，Danial Lashkari，and Martí Mestieri，"Structural Change with Long-Run Income and Price Effects" (NBER Working Paper No. 21595，National Bureau of Economic Research，Cambridge，MA，September 2015，rev. April 2020).

14. 关于市场规模对创新的影响，参见 Daron Acemoglu and Joshua Linn，"Market Size in Innovation：Theory and Evidence from the Pharmaceutical Industry，" *Quarterly Journal of Economics* 119，no. 3 (2004)：1049 – 1090；and Philippe Aghion，Antonin Bergeaud，Matthieu Lequien，and Marc J. Melitz，"The Heterogeneous Impact of Market Size on Innovation：Evidence from French Firm-Level Exports" (NBER Working Paper No. 24600，National Bureau of Economic Research，Cambridge，MA，May 2018，rev. October 2019). 创新和技术革新可以定向的概念最早参见如下研究：Philippe Aghion and Peter Howitt，"Research and Development in the Growth Process，" *Journal of Economic Growth* 1，no. 1 (1996)：49 – 93. 之后又得到若干发展：Daron Acemoglu 及其合作者，尤其是 Daron Acemoglu，"Why Do New Technologies Complement Skills? Directed Technical Change and Wage Inequality，" *Quarterly Journal of Economics* 113，no. 4 (1998)：1055 – 1089；Daron Acemoglu，"Directed Technical Change，" *Review of Economic Studies* 69，no. 4 (2002)：781 – 809；Daron Acemoglu，"Equilibrium Bias of Technology，" *Econometrica* 75，no. 5 (2007)：1371 – 1409. 还可参见 Daron Acemoglu and Pascual Restrepo，"The Race between

Man and Machine: Implications of Technology for Growth, Factor Shares, and Employment," *American Economic Review* 108, no. 6 (2018): 1488 – 1542.

15. Philippe Aghion and Peter Howitt, *The Economics of Growth* (Cambridge, MA: MIT Press, 2008).

16. Acemoglu, "Why Do New Technologies Complement Skills?"

17. See, for example, David Popp, "Induced Innovation and Energy Prices," *American Economic Review* 92, no. 1 (2002): 160 – 180; Philippe Aghion, Antoine Dechezleprêtre, David Hémous, Ralf Martin, and John Van Reenen, "Carbon Taxes, Path Dependency, and Directed Technical Change: Evidence from the Auto Industry," *Journal of Political Economy* 124, no. 1 (2016): 1 – 51.

18. 本节内容基于如下研究：Timo Boppart and Franziska J. Weiss, "Non-Homothetic Preferences and Industry Directed Technical Change," unpublished manuscript, June 2013; Acemoglu and Restrepo, "The Race between Man and Machine."

19. Philippe Aghion, Benjamin F. Jones, and Charles I. Jones, "Artificial Intelligence and Economic Growth," in *The Economics of Artificial Intelligence: An Agenda*, ed. Ajay Agrawal, Joshua Gans, and Avi Goldfarb (Chicago: University of ChicagoPress, 2019).

20. Joseph Stiglitz, "From Resource Curse to Blessing," *Project Syndicate*, August 6, 2012.

21. 2010 年美元价值。

22. 我们这里采用阿西莫格鲁和罗宾逊的术语，参见 Daron Acemoglu and James A. Robinson, *Why Nations Fail: The Origins of Power, Prosperity and Poverty* (New York: Crown, 2012), 529. 他们指出，包容性制度（inclusive institutions）鼓励创业和创新，而攫取性制度（extractive institutions）打击创新和私人企业，对产权保护不力，教育体系缺乏效率。

23. Friedrich List, *Das nationale System der politischen Ökonomie* (Stuttgart: Cotta, 1841).

24. 需要注意，李斯特主张的是暂时而非永久性的保护主义。一旦本国企业成熟到足以面对外国竞争，就应该对自由贸易开放。李斯特认为，自由贸易只有在经济成熟度相似的国家之间才是可接受的。

25. Tianyu Fan, Michael Peters, and Fabrizio Zilibotti, "Service-Led or Service-

Biased Growth? Equilibrium Development Accounting across Indian Districts," unpublished manuscript, August 2020.
26. Dani Rodrik,"Normalizing Industrial Policy," Working Paper no. 3, Commissionon Growth and Development, 2008.

第 9 章　绿色创新与可持续增长

1. Donella H. Meadows, Denis L. Meadows, Jøgen Randers, and William W. Behrens, III, *The Limits to Growth* (New York: Universe Books, 1972).
2. Christian Gollier, *Le climat après la fin du mois* (Paris: Presses universitaires de France, 2019). ppm 是反映空气污染程度的浓度指标，意指 100 万个空气分子中包含的污染物（此处为二氧化碳）分子数的数量。
3. 即本书第 1 章介绍的索洛增长模型的同类模型，唯一区别是，此处的最终产品的生产还需要自然资源投入。
4. Philippe Aghion, Antoine Dechezleprêtre, David Hémous, Ralf Martin, and John Van Reenen,"Carbon Taxes, Path Dependency, and Directed Technical Change: Evidence from the Auto Industry," *Journal of Political Economy* 124, no. 1 (2016): 1 – 51.
5. 电动车是否应该划入"清洁"类型仍存在争议。电动车制造中采用的许多部件的生产未必是生态友好型的，例如电池（ADEME, April 2016, https://www.ademe.fr/sites/default/files/assets/documents/potential-electric-vehicles.pdf）.
6. 当"黄马甲"运动于 2018 年秋季在法国兴起时，由于进口石油提价，汽油价格已经非常高，而不是因为于每年 1 月 1 日设定的碳税提高。但该运动的激烈程度促使法国政府在 2018 年预算法案中下调了碳税的年度上调计划。
7. 以新古典范式为基础的若干开创性环境经济学论文包括：Martin L. Weitzman,"On Modeling and Interpreting the Economics of Catastrophic Climate Change," *Review of Economics and Statistics* 91, no. 1 (2009): 1 – 19; Mikhail Golosov, John Hassler, Per Krusell, and Aleh Tsyvinski,"Optimal Taxes on Fossil Fuel in General Equilibrium," *Econometrica* 82, no. 1 (2014): 41 – 88; John Hassler, Per Krusell, and A. A. Smith,"Environmental Macroeconomics," in *Handbook of Macroeconomics*, ed. John B. Taylor and Harald Uhlig, vol. 2, 1893 –

2008 (Amsterdam: Elsevier, 2016); Michael Greenstone and B. Kelsey Jack, "Envirodevonomics: A Research Agenda for an Emerging Field," *Journal of Economic Literature* 53, no. 1 (2015): 5-42.

8. William D. Nordhaus, "The 'DICE' Model: Background and Structure of a Dynamic Integrated Climate-Economy Model of the Economics of Global Warming," Cowles Foundation Discussion Paper 1009, Cowles Foundation for Research in Economics, Yale University, February 1992.

9. Nicholas Stern, *The Economics of Climate Change: The Stern Review* (Cambridge: Cambridge University Press, 2006).

10. William D. Nordhaus, "A Review of the Stern *Review on the Economics of Climate Change*," *Journal of Economic Literature* 45, no. 3 (2007): 686-702.

11. 本节内容，另可参见 Daron Acemoglu, Philippe Aghion, Leonardo Bursztyn, and David Hémous, "The Environment and Directed Technical Change," *American Economic Review* 102, no. 1 (2012): 131-166.

12. 参见本章注释 5 中关于电动车是否属于绿色技术的疑问的介绍。

13. 我们这里讨论发达国家与发展中国家的差异，同一论证也适用于不同技术发展水平的国家之间的关系。

14. Milton Friedman, "The Social Responsibility of Business Is to Increase Its Profits," *New York Times Magazine*, September 13, 1970, 32-33, 122-124; Arthur C. Pigou, *The Economics of Welfare* (London: Macmillan, 1920).

15. Jean Tirole and Roland Bénabou, "Individual and Corporate Social Responsibility," *Economica* 77, no. 305 (2010): 1-19.

16. Philippe Aghion, Roland Bénabou, Ralf Martin, and Alexandra Roulet, "Environmental Preferences and Technological Choices: Is Market Competition Clean or Dirty?" (NBER Working Paper No. 26921, National Bureau of Economic Research, Cambridge, MA, April 2020).

17. "Americans' Preference for Environmental Protection vs. Economic Growth, 1984-2019," Gallup Poll, https://news.gallup.com/poll/248243/preference-environment-economy-largest-2000.aspx.

18. 页岩气是包含于沉积岩中的天然气。与埋藏于渗透岩中、易于开采的传统天然气不同，页岩气所处的岩层渗透性很低，孔隙少。因此其开采更为复杂，需要水力压裂等专门技术，把水和化合物以高压注入，以碎裂岩层。

19. 页岩气的环境影响仍存在激烈争议。Robert Howarth 及其合作者指出，与传统天然气开采相比，水利压力排放的甲烷至少多出 30%，另外我们知道，甲烷造成的温室效应比二氧化碳更为严重。还有，水力压裂技术也存在争议，因为可能导致地下水污染。参见：Robert W. Howarth，Renee Santoro，and Anthony Ingraffea，"Methane and the Greenhouse-Gas Footprint of Natural Gas from Shale Formations，" *Climatic Change* 106，no. 4（2011）：679 – 690.

20. Daron Acemoglu，Philippe Aghion，Lint Barrage，and David Hémous，"Climate Change，Directed Innovation，and Energy Transition：The Long-Run Consequences of the Shale Gas Revolution，" 2019 Meeting Papers，No. 1302，Society for Economic Dynamics. https：//scholar. harvard. edu/aghion/publications /climate-change-directed-innovation-and-energy-transition-long-run-consequences.

第 10 章　创新的背后

1. 需要注意到，从更为广泛的创新视角看，这一定义或许过于严格。
2. Alex Bell，Raj Chetty，Xavier Jaravel，Neviana Petkova，and John Van Reenen，"Who Becomes an Inventor in America? The Importance of Exposure to Innovation，" *Quarterly Journal of Economics* 134，no. 2（2019）：647 – 713.
3. U. Akcigit，J. Grigsby，and T. Nicholas，"The Rise of American Ingenuity：Innovation and Inventors of the Golden Age"（NBER Working Paper No. 23047，National Bureau of Economic Research，Cambridge，MA，January 2017）.
4. Philippe Aghion，Ufuk Akcigit，Ari Hyytinen，and Otto Toivanen，"The Social Origins of Inventors"（NBER Working Paper No. 24110，National Bureau of Economic Research，Cambridge，MA，December 2017）. 该研究对于发明的定义是，向欧洲专利局提出专利申请。
5. 如果看数学和科学的测试成绩，则芬兰在 77 个国家里排名第 10 位，美国和法国分别居于第 25 位和第 26 位。
6. Bell，Chetty，Jaravel，Petkova，and Van Reenen，"Who Becomes an Inventor in America?"
7. Aghion，Akcigit，Hyytinen，and Toivanen，"The Social Origins of Inventors."

8. 我们把父母的社会经济地位分为四类：蓝领、低层白领、高层白领、其他。

9. 关于这一主题一本特别有启发的书是 Steven Pinker 的 *The Blank Slate*：*The Modern Denial of Human Nature*（New York：Viking，2002）.

10. Ufuk Akcigit，Jeremy G. Pearce，and Marta Prato，"Tapping into Talent：Coupling Education and Innovation Policies for Economic Growth"（NBER Working Paper No. 27862，National Bureau of Economic Research，Cambridge，MA，September 2020）.

11. 与芬兰的案例分析一样，这项研究在估计中利用智商测试成绩（但这次是丹麦的数据）来测算个人的初始能力。而 Bell et al.（2019）对美国的研究则是采用三年级的数学测试成绩。参见 Bell et al.，"Who Becomes an Inventor in America?"

12. Philippe Aghion，Ufuk Akcigit，Ari Hyytinen and Otto Toivanen，"On the Returnsto Invention within Firms：Evidence from Finland，" *AEA Papers and Proceedings* 108（2018）：208 – 212.

13. 企业主的含义是占企业资本份额不低于 50% 的股东。

14. Patrick Kline，Neviana Petkova，Heidi Williams and Owen Zidar，"Who Profits from Patents? Rent-Sharing at Innovative Firms，" *Quarterly Journal of Economics* 134（2019）：1343 – 1404.

15. 专利的潜在价值由专利申请中的某些客观特征来判断。

16. 与前一小节不同，我们在本节中对企业主与创新者的身份不做区分。

17. Scott Stern 考察了同时收到大学与企业的职位邀请的研究人员的情况，并证明选择在大学工作会有财务损失，参见 Scott Stern，"Do Scientists Pay to Be Scientists?" *Management Science* 50，no. 6（2004）：835 – 853. See also Jeffrey L. Furman and Scott Stern，"Climbing atop the Shoulders of Giants：The Impact of Institutions on Cumulative Research，" *American Economic Review* 101，no. 5（2011）：1933 – 1963.

18. 对研究进程的这一线性描述本身也是高度简化的。在现实中，经常有基础研究的新思想来自靠近市场化的应用研究。

19. Philippe Aghion，Mathias Dewatripont，and Jeremy C. Stein，"Academic Freedom，Private-Sector Focus，and the Process of Innovation，" *RAND Journal of Economics* 39，no. 3（2008）：617 – 635.

20. 我们对大学作用的分析集中在研究上，而没有涉及教学。对这两种活动的互补性的社会学分析，可参见 Pierre-Michel Menger, "Academic Work: A Tale of Essential Tension between Research and Teaching," *Sociologisk Forsking* 53, no. 2 (2016): 175 - 192.

21. 私有化可能是避免公共品滥用的好办法。因为利益所系，私人所有者会关心资源的保护。然而，私有化可能导致产权的过分碎片化。如果众多私人利益方共享同一资源的所有权，每一方都可能妨碍其他人对其的利用，正如专利的情形所示。参见 Michael A. Heller, "The Tragedy of the Anticommons: Property in the Transition from Marx to Markets," *Harvard Law Review* 111, no. 3 (1998): 621 - 688.

22. Fiona Murray, Philippe Aghion, Mathias Dewatripont, Julian Kolev, and Scott Stern, "Of Mice and Academics: Examining the Effect of Openness on Innovation," *American Economic Journal: Economic Policy* 8, no. 1 (2016): 212 - 252.

23. 生物学家 Mario R. Capecchi、Sir Martin J. Evans 和 Oliver Smithies 获得了 2017 年诺贝尔医学奖，以表彰"他们发现的利用胚胎干细胞对老鼠做特定基因改造的原理"。

24. 致癌基因（oncogene）指可以使普通细胞转化为癌细胞的基因。

25. 论文内容的新奇度由其包含的新的关键字的比例测算。

26. Heidi L. Williams, "Intellectual Property Rights and Innovation: Evidence from the Human Genome," *Journal of Political Economy* 121, no. 1 (2013): 1 - 27.

27. 事实上，同一基因可能是多个基因型 - 表型连接的组成部分，某个基因型 - 表型连接也可能涉及多个基因。

28. Ufuk Akcigit, Douglas Hanley, and Nicolas Serrano-Velarde, "Back to Basics: Basic Research Spillovers, Innovation Policy and Growth," *Review of Economic Studies* (2020), https://doi.org/10.1093/restud/rdaa061.

29. 不过，我们仍可以考虑帮助提高阶段 0 的创新者的报酬的政策。有关研究可参考 Jerry Green and Suzanne Scotchmer, "On the Division of Profit in Sequential Innovation," *RAND Journal of Economics* 26, no. 1 (1995): 20 - 33. 这两位学者认为，连续创新（进程中的每个阶段由不同企业完成）产生的利润应该更公平地在各个阶段之间予以分配。因此，延长阶段 0 的专利的有效期，可以让承担基础研究成本的企业分得更大比例的利润，最终使基础研究投资提升到更合理的水平。另可参见 Suzanne Scotchmer,“Standing on the Shoulders of Giants：Cumulative Research and the Patent Law,” *Journal of Economic Perspectives* 5, no. 1 (1991)：29 – 41；Suzanne Scotchmer,“Protecting Early Innovators：Should Second-Generation Products Be Patentable?” *RAND Journal of Economics* 27, no. 2 (1996)：322 – 331.

30. 这方面的一些初步回答可参见：Philippe Aghion, Mathias Dewatripont, Caroline Hoxby, Andreu Mas-Colell, and André Sapir,“Why Reform Europe's Universities?” Breugel Policy Brief 4/ 2007, Brussels, 2007.

第 11 章　创造性破坏、健康与幸福

1. Anne Case and Angus Deaton, *Deaths of Despair and the Future of Capitalism* (Princeton：Princeton University Press, 2020).
2. 本节和第 3 节介绍的实证结来自：Philippe Aghion, Ufuk Akcigit, Angus Deaton, and Alexandra Roulet,“Creative Destruction and Subjective Wellbeing,” *American Economic Review* 106, no. 12 (2016)：3869 – 3897.
3. 对此问题的不同分析视角，可参阅 Philippe Aghion and Peter Howitt,“Growth and Unemployment,” *Review of Economic Studies* 61, no. 3 (1994)：477 – 494；Dale T. Mortensen and Christopher A. Pissarides,“Job Creation and Job Destruction in the Theory of Unemployment,” *Review of Economic Studies* 61, no. 3 (1994)：397 – 415；Andreas Hornstein, Per Krusell, and Giovanni L. Violante,“The Replacement Problem in Frictional Economies：A Near-Equivalence Result,” *Journal of the European Economic Association* 3, no. 5 (2005)：1007 – 1057.
4. Aghion and Howitt,“Growth and Unemployment.”
5. 参见本书第 1 章有关参考文献，比如 Steven Davis and John Haltiwanger,“Labor Market Fluidity and Economic Performance” (NBER Working Paper No. 20479, National Bureau of Economic Research, Cambridge, MA, December 2014).
6. Aghion, Akcigit, Deaton, and Roulet,“Creative Destruction and Subjective Well-Being.”

7. 日期 $t-1$ 到日期 t 的工作创造率是指现有机构扩张或新机构创立带来的全部新工作的总数，除以该就业区在日期 $t-1$ 到日期 t 的工作岗位平均数。与之类似，工作摧毁率指机构收缩或关闭导致的工作损失的总数，除以该就业区在该时段的工作岗位平均数。
8. Philippe Aghion, Ufuk Akcigit, Ari Hyytinen, and Otto Toivanen, "On the Returns to Invention within Firms: Evidence from Finland," *AEA Papers and Proceedings* 108 (2018): 208 – 212.
9. 表 11.1 来自如下研究的启发：Philippe Aghion, Peter Howitt, and Fabrice Murtin, "The Relationship between Health and Growth: When Lucas Meets Nelson-Phelps" (NBER Working Paper No. 15813, National Bureau of Economic Research, Cambridge, MA, March 2010)，并更新了 1961—2017 年的数据。
10. A. Deaton, *The Great Escape: Health, Wealth, and the Origins of Inequality* (Princeton: Princeton University Press, 2013).
11. Anne Case and Angus Deaton, "Mortality and Morbidity in the 21st Century," *Brookings Papers on Economic Activity* 1 (2017): 397 – 476.
12. Daniel Sullivan and Till von Wachter, "Job Displacement and Mortality: An Analysis Using Administrative Data," *Quarterly Journal of Economics* 124, no. 3 (2009): 1265 – 1306.
13. Alexandra Roulet, "The Causal Effect of Job Loss on Health: The Danish Miracle," in "Essays in Labor Economics" (Ph. D. diss., Harvard University, 2017).
14. 对任职时间不足 12 年的管理层员工，不存在离职金。对任职时间为 12 ~ 17 年的，离职金等于 1 个月的工资。对任职时间超出 17 年的员工，离职金最多为 3 个月的工资。
15. Andrew E. Clark and Claudia Senik-Leygonie, eds., *Happiness and Economic Growth: Lessons from Developing Countries* (Oxford: Oxford University Press, 2014). See also Cecile Daumas, "La croissance harmonise le bonheur de tous," interview with Claudia Senik, *Libération*, October 24, 2014.
16. See Richard A. Easterlin, "Does Economic Growth Improve the Human Lot? Some Empirical Evidence," in *Nations and Householdsin Economic Growth*, ed. Paul David and Melvin Reder, 89 – 125 (New York: Academic Press, 1974).

Claudia Senik 对这一悖论的解释是，繁荣与标准化的幸福度指数其实密切相关：福利国家的发展让有形公共品（教育和医疗）与无形公共品（公民权利、政治多元化）变得更为广泛可及。

17. See Joseph Stiglitz, Amartya Sen, and Jean Fitoussi, "Report by the Commissionon the Measurement of Economic Performance and Social Progress," CMEPSP, Paris, 2009.

18. Hadley Cantril, *Pattern of Human Concerns* (New Brunswick, NJ: Rutgers University Press, 1965).

19. Aghion, Akcigit, Deaton, and Roulet, "Creative Destruction and Subjective Well-Being."

20. 关于法国的弹性保障，参见 Olivier Blanchard and Jean Tirole, *Protection de l'emploi et procédures de licenciement*（Paris: La Documentation française, 2003）.

21. See "Towards Common Principles of Flexicurity: More and Better Jobs through Flexibility and Security," Communication to the European Parliament, the Council, the European Economic and Social Committee and the Committee of the Regions, COM (2007) 359, Brussels, June 27, 2007, https://eur-lex.europa.eu/legal-content/EN/TXT/?uri=celex%3A52007DC0359.

22. See, for example, Ove K. Pedersen, "Flexicurity, mobication og europæisk beskæftigelsespolitik," in *Dansk flexicurity: Fleksibilitet og sikkerhed på arbejdsmarkedet*, ed. Thomas Bredgaard and P. Kongshøj Madsen, 265 – 287 (Copenhagen: Hans Reitzels Forlag, 2015).

第 12 章　为创造性破坏融资

1. 当代的大卫·赛夏还可以把发明专利出售，其条件会远远好于库安泰兄弟的报价。参见 Ufuk Akcigit, Murat Alp Celik, and Jeremy Greenwood, "Buy, Keep, or Sell: Economic Growth and the Market for Ideas," *Econometrica* 84, no. 3 (2016): 943 – 984.

2. 这一现象被称为阿罗替代效应（Arrow replacement effect），可以解释为什么重要创新通常来自新企业，而非在位企业。

3. 关于"构造创新"的开创性论文中，Rebecca Henderson 与 Kim Clark 介绍了 20 世纪 50 年代的案例，商用喷气式飞机由新入行的波音公司推出，而非当时的支配性制造商麦道公司。参见 Rebecca M. Henderson and Kim B. Clark, "Architectural Innovation：The Reconfiguration of Existing Product Technologies and the Failure of Established Firms," *Administrative Science Quarterly* 35, no. 1 (1990)：9 – 30.

4. 关于金融与创新引领型增长的综合分析，参见 Philippe Aghion, Peter Howitt, and Ross Levine, "Financial Development and Innovation-Led Growth," in *Handbook of Finance and Development*, ed. Thorson Beck and Ross Levine (Cheltenham, UK：Edward Elgar, 2018).

5. Philippe Aghion, Mathias Dewatripont, Caroline Hoxby, Andreu Mas-Colell, and André Sapir, "Why Reform Europe's Universities?" Policy Brief 34, Bruegel, Brussels, September 2007.

6. Philippe Aghion, Mathias Dewatripont, Caroline Hoxby, Andreu Mas-Colell, and André Sapir, "The Governance and Performance of Universities：Evidence from Europeand the US," *Economic Policy* 25, no. 61 (2010)：7 – 59.

7. Gustavo Manso, "Motivating Innovation," *Journal of Finance* 66 (2011)：1823 – 1860；Bengt Holmström and Paul Milgrom, "Multitask Principal-Agent Analyses：Incentive Contracts, Asset Ownership, and Job Design," *Journal of Law, Economics, and Organization* 7 (1991)：24 – 52.

8. 委托代理的表述是指如下的经济关系：委托人的行动取决于代理人的行动或特征，但委托人并不掌握代理人的完全信息。例如，委托人可以是一家企业，不掌握其雇员如何工作的完全信息。或者委托人是一家银行，并不掌握其顾客的完全信息。Bengt Holmström 与 Paul Milgrom 的"多任务委托代理分析"(Multitask Principal-Agent Analyses) 发现，当代理人同时承担几项任务时，这一关系中会出现新的利益冲突根源。

9. 根据美国的《破产法》，企业申请第 11 章规定的保护，将暂停债权人的权利要求以及偿还债务的法律诉讼。在此程序下，企业将继续经营，从而能给债权人之间达成重组协议提供时间。

10. Pierre Azoulay, Joshua S. Graff Zivin, and Gustavo Manso, "Incentives and Creativity：Evidence from the Academic Life Sciences," *RAND Journal of Economics* 42, no. 3 (2011)：527 – 554.

11. 如果企业利润低于对贷款人承诺的固定回报，则全部利润归贷款人。

12. Philippe Aghion and Patrick Bolton, "An Incomplete Contracts Approach to Financial Contracting," *Review of Economic Studies* 59, no. 3 (1992): 473 – 494.

13. Aghion and Bolton, "An Incomplete Contracts Approach to Financial Contracting"; Steven N. Kaplan and Per Strömberg, "Financial Contracting Theory Meets the Real World: An Empirical Analysis of Venture Capital Contracts," *Review of Economic Studies* 70, no. 2 (2003): 281 – 315.

14. 若干研究强调了风险资本对创新融资的作用，最早见于 Samuel S. Kortum and Josh Lerner, "Assessing the Contribution of Venture Capital to Innovation," *RAND Journal of Economics* 31, no. 4 (2000): 674 – 692. See also publications by Josh Lerner and Paul Gompers: Paul Gompers and Josh Lerner, *The Venture Capital Cycle* (Cambridge, MA: MITPress, 2004); Paul Gompers and Josh Lerner, "The Venture Capital Revolution," *Journal of Economic Perspectives* 15, no. 2 (2001): 145 – 168.

15. Ufuk Akcigit, Emin Dinlersoz, Jeremy Greenwood, and Veronika Penciakova, "Synergizing Ventures" (NBER Working Paper No. 26196, National Bureau of Economic Research, Cambridge, MA, August 2019).

16. 创新的测量指标是企业获得第一项专利之后的 3 年内，其专利被引用的总次数。

17. 创新活动的测算指标是专利的数量结合质量（以专利被引用的次数计算）。

18. Ghizlane Kettani, "Capital-risque, innovation et croissance" (Ph. D. diss., Université Paris-Dauphine, 2011).

19. 机构投资者是指筹集储蓄资金，并代表自身或客户把资金投资于市场的组织。机构投资者包含 3 种类型：养老基金，在养老金由资本化资金支持的国家（如美国和英国）负责管理退休储蓄；投资基金；保险公司。

20. Philippe Aghion, John Van Reenen, and Luigi Zingales, "Innovation and Institutional Ownership," *American Economic Review* 103, no. 1 (2013): 277 – 304.

21. 研发密度的测算办法是考虑专利质量权重后的专利数量。

22. 这一"职业发展"理论来自：Bengt Holmström, "Managerial Incentive Problems: A Dynamic Perspective," *Review of Economic Studies* 66, no. 1 (1999): 169 – 182.

23. 我们的隐含假设是，市场知道项目的创新程度如何，创新项目成功给经理人带来的声誉提升幅度比传统项目成功更大。

24. Aghion, Van Reenen, and Zingales, "Innovation and Institutional Ownership."

25. 竞争力度以垄断租金的相对值来测算。

26. 世界银行数据。

27. 法国的数据来自 France Invest；美国的数据来自 Prequin。

28. 与税收抵扣不同，免税额度影响的不是应税收入，而是实际纳税额。它直接从纳税额中扣除，如果免税额度超出应缴税额，甚至可能导致退款。

29. Antoine Dechezleprêtre, Elias Einiö, Ralf Martin, Kieu-Trang Nguyen, and John Van Reenen, "Do Tax Incentives for Research Increase Firm Innovation? An RD Design for R&D" (NBER Working Paper No. 22405, National Bureau of Economic Research, Cambridge, MA, July 2016).

30. Ufuk Akcigit and William R. Kerr, "Growth through Heterogeneous Innovations," *Journal of Political Economy* 126, no. 4 (2018): 1374–1443.

31. 关于研发活动的隐含税收补贴率，来自 OECD 的测算。

32. 企业规模可以由雇员人数、资产金额或销售额来测算。

33. Thomas Philippon, "Has the US Finance Industry Become Less Efficient? On the Theory and Measurement of Financial Intermediation," *American Economic Review* 105, no. 4 (2015): 1408–1438.

34. Philippe Aghion and Jeremy C. Stein, "Growth vs. Margins: Destabilizing Consequences of Giving the Stock Market What It Wants," *Journal of Finance* 63, no. 3 (2008): 1025–1058.

第 13 章　应对全球化

1. 关于美国贸易战对价格和福利的影响的出色综述，可参见 M. Amiti, S. J. Redding, and D. Weinstein, "The Impact of the 2018 Trade War on U. S. Prices and Welfare," *Journal of Economic Perspectives* 33, no. 4 (2019): 187–210.

2. International Monetary Fund, *World Economic Outlook: The Great Lockdown*, April 2020.

3. N. Bloom, M. Draca, and J. Van Reenen, "Trade Induced Technical Change? The Impact of Chinese Imports on Innovation, IT and Productivity," *Review of Economic Studies* 83, no. 1 (2016): 87–117.

4. 例如 2018 年，美国从中国的进口额约为美国向中国的出口额的 3 倍。

5. See A. B. Bernard, J. B. Jensen, and P. K. Schott, "Survival of the Best Fit: Exposureto Low-Wage Countries and the (Uneven) Growth of US Manufacturing Plants," *Journal of International Economics* 68, no. 1 (2006): 219 – 237; J. R. Pierce and P. K. Schott, "The Surprisingly Swift Decline of US Manufacturing Employment," *American Economic Review* 106, no. 7 (2016): 1632 – 1662; D. Acemoglu, D. Autor, D. Dorn, G. H. Hanson, and B. Price, "Import Competition and the Great US Employment Sag of the 2000s," *Journal of Labor Economics* 34, no. S1 (2016): 141 – 198; D. H. Autor, D. Dorn, G. H. Hanson and J. Song, "Trade Adjustment: Worker-Level Evidence," *Quarterly Journal of Economics* 129, no. 4 (2014): 1799 – 1860.

6. See D. H. Autor, D. Dorn, and G. H. Hanson, "The China Syndrome: Local Labor Market Effects of Import Competition in the United States," *American Economic Review* 103, no. 6 (2013): 2121 – 2168. 中国进口产品在美国市场的渗透率等于中国进口产品价值占美国国内市场总销售额的比率。

7. 在这一研究中，美国被划分为 722 个地方性劳动力市场。

8. 该方法非常类似于有关中国进口对地方层面的就业与工资的影响的研究方法，唯一区别在于，这里是针对具体的企业。参见 D. Autor, D. Dorn, G. H. Hanson, G. Pisano, and P. Shu, "Foreign Competition and Domestic Innovation: Evidence from US Patents," *American Economic Review: Insights* 2, no. 3 (2020): 357 – 374.

9. David Autor 及其合作者只考虑了 Compustat 数据库中包含的大企业。

10. P. Aghion, A. Bergeaud, M. Lequien, M. Melitz, and T. Zuber, "Imports and Innovation: Evidence from French Firm-Level Data," unpublished manuscript, 2020.

11. 更普遍地说，相比美国，欧洲遭遇的中国进口冲击更多发生在上游产业。

12. Aghion, Bergeaud, Lequien, Melitz, and Zuber, "Imports and Innovation."

13. 上游产业冲击具有正面效应，加上中国进口冲击在欧洲比在美国更多发生在上游产业，或许可以解释为什么有关研究（Bloom, Draca, and Van Reenen, "Trade Induced Technical Change?"）发现，从欧洲的数据看，中国进口冲击对创新总体上具有正面效应。

14. A. Lileeva and D. Trefler, "Improved Access to Foreign Markets Raises Plant-

Level Productivity... for Some Plants," *Quarterly Journal of Economics* 125, no. 3 (2010): 1051 – 1099.

15. P. Aghion, A. Bergeaud, M. Lequien, and M. J. Melitz, "The Heterogeneous Impact of Market Size on Innovation: Evidence from French Firm-Level Exports" (NBER Working Paper No. 24600, National Bureau of Economic Research, Cambridge, MA, May 2018).
16. A. Flaaen, A. Hortaçsu, and F. Tintelnot, "The Production Relocation and Price Effects of U. S. Trade Policy: The Case of Washing Machines," *American Economic Review* 110, no. 7 (2020): 2103 – 2127.
17. U. Akcigit, S. T. Ates, and G. Impullitti, "Innovation and Trade Policy in a Globalized World" (NBER Working Paper No. 24543, National Bureau of Economic Research, Cambridge, MA, April 2018).
18. M. J. Melitz, "The Impact of Trade on Intra-Industry Reallocations and Aggregate Industry Productivity," *Econometrica* 71, no. 6 (2003): 1695 – 1725.
19. 见本书第 9 章有关跨境征收碳税的讨论。
20. 关于价值链的讨论，建议参考如下文献：P. Antràs, "Conceptual Aspects of Global Value Chains," *World Bank Economic Review* 34, no. 3 (2020): 551 – 574; P. Antràs and D. Chor, "Organizing the Global Value Chain," *Econometrica* 81, no. 6 (2013): 2127 – 2204; and P. Antràs, D. Chor, T. Fally, and R. Hillberry, "Measuringthe Upstreamness of Production and Trade Flows," *American Economic Review* 102, no. 3 (2012): 412 – 416.
21. 关于移民与创新的关系，一本不可或缺的参考著作是：William Kerr, *The Gift of Global Talent: How Migration Shapes Business, Economy and Society* (Stanford: Stanford University Press, 2018).
22. Costas Arkolakis, Michael Peters, and Sun Kyoung Lee, "European Immigrants and the United States' Rise to the Technological Frontier," 2019 Meeting Paper No. 1420, Society for Economic Dynamics, 2019.
23. S. Bernstein, R. Diamond, T. McQuade, and B. Pousada, "The Contribution of High-Skilled Immigrants to Innovation in the United States," Working Paper no. 3748, Stanford Graduate School of Business, November 6, 2018.
24. 这一思想启发的研究成果包括 P. Azoulay, J. S. Graff Zivin, and J. Wang,

"Superstar Extinction," *Quarterly Journal of Economics* 125, no. 2 (2010): 549 – 589; and X. Jaravel, N. Petkova, and A. Bell, "Team-Specific Capital and Innovation," *American Economic Review* 108, no. 4 – 5 (2018): 1034 – 1073.

25. D. Bahar, P. Choudhury, and H. Rapoport, " Migrant Inventors and the Technological Advantage of Nations," *Research Policy* 49, no. 9 (2020). 另外建议读者查阅该论文附录的参考文献。
26. 类似的研究［如 George Borjas and Kirk Doran, "The Collapse of the Soviet Unionand the Productivity of American Mathematicians," *Quarterly Journal of Economics* 127, no. 3 (2012): 1143 – 1203］表明：苏联解体后的俄罗斯数学家移民对美国的新知识生产带来了积极效应。
27. A. Alesina, J. Harnoss, and H. Rapoport, " Birthplace Diversity and Economic Prosperity," *Journal of Economic Growth* 21, no. 2 (2016): 101 – 138. 请注意，作者没有直接研究多样性对东道国专利数量和质量的影响。
28. Kerr, *The Gift of Global Talent.*
29. See P. E. Stephan and S. G. Levin, "Exceptional Contributions to US Science by the Foreign-Born and Foreign-Educated," *Population Research and Policy Review* 20, no. 1 – 2 (2001): 59 – 79.
30. See P. Aghion and A. Roulet, *Repenser l'État* (Paris: Seuil, in collaboration with La République des idées, 2011).
31. X. Jaravel and E. Sager, "What Are the Price Effects of Trade? Evidence from the U. S. and Implications for Quantitative Trade Models," Finance and Economics Discussion Series, no. 2019 – 068, Board of Governors of the Federal Reserve System, August 2019.

第 14 章　投资型政府与保障型政府

1. Max Weber, "Politics as a Vocation" (1918 – 1919), in *The Vocation Lectures*, ed. David Owen and Tracy B. Strong, trans. Rodney Livingstone (Indianapolis: Hackett, 2004), 33.
2. 本书第 2 章对此进程做了详细阐述。
3. Montesquieu, *De l'esprit des lois* (Geneva: Barrillot & fils, 1748); Montesquieu, *The Spirit of the Laws*, ed. and trans. Anne M. Cohler, Basia Carolyn Miller, and

Harold Samuel Stone (Cambridge: Cambridge University Press, 1989).

4. Timothy Besley and Torsten Persson, "Fragile States and Development Policy," *Journal of the European Economic Association* 9, no. 3 (2011): 371-398.
5. Timothy Besley, "State Capacity and Economic Development," Sir Arthur Lewis Distinguished Lecture, University of the West Indies, January 25, 2019.
6. Arthur Lewis, "The Slowing Down of the Engine of Growth," Nobel Prize Lecture, December 8, 1979.
7. J. A. Schumpeter, *Die Krise des Steuerstaats* (Austria: Leuschner and Lubensky, 1918). Translated as J. A. Schumpeter, "The Crisis of the Tax State," in Schumpeter, *The Economics and Sociology of Capitalism*, ed. Richard Swedberg, 99-140 (Princeton: Princeton University Press, 1991).
8. Tim Besley and Torsten Persson, "Taxation and Development," in *Handbook of Public Economics*, ed. A. J. Auerbach, R. Chetty, M. Feldstein, and E. Saez, vol. 5, 51-110 (Amsterdam: Elsevier, 2013). 样本中的国家包括：阿根廷、澳大利亚、巴西、加拿大、智利、哥伦比亚、丹麦、芬兰、爱尔兰、日本、墨西哥、荷兰、新西兰、挪威、瑞典、瑞士、英国和美国。数据来自 Brian Mitchell, *International Historical Statistics*, 3 vols. (London: Palgrave Macmillan, 2007).
9. 本节的内容基于如下研究：Philippe Aghion, Xavier Jaravel, Torsten Persson, and Dorothée Rouzet, "Education and Military Rivalry," *Journal of the European Economic Association* 17, no. 2 (2019): 376-412.
10. Charles Tilly, *The Formation of National States in Western Europe* (Princeton: Princeton University Press, 1975); Besley and Persson, "Fragile States and Development Policy."
11. 拿破仑一世在耶拿战役击败普鲁士，促使普鲁士国王大规模投资学校、大学和基础设施建设，特别是重用了洪堡兄弟。
12. Eugen Weber, *Peasants into Frenchmen: The Modernization of Rural France, 1870-1914* (Stanford: Stanford University Press, 1976).
13. Aghion, Jaravel, Persson, and Rouzet, "Education and Military Rivalry."
14. Lyndon B. Johnson, *The Vantage Point: Perspectives of the Presidency, 1963-1969* (New York: Holt, Rinehart and Winston, 1971).

15. Pierre Azoulay, Erica Fuchs, Anna P. Goldstein, and Michael Kearney, "Funding Breakthrough Research: Promises and Challenges of the 'ARPA Model,'" *Innovation Policy and the Economy* 19, no. 1 (2019): 69–96.

16. 自上而下方式代表的程序是，政府作为决策者，把决策指示给分散的行为人。相反，自下而上的方式是指，政府确立大致的政策方向，让地方行为人决定如何实施。

17. 1878—1890 年间通过了几项反社会主义的法律。

18. Sir William Henry Beveridge, *Social Insurance and Allied Services* (New York: Macmillan, 1942).

19. National Council of the Resistance, "Programme du Conseil national de la Résistance," March 15, 1944.

20. 工会在全国抵抗委员会中有相当多代表，法国总工会（General Confederation of Labour, CGT）在 1945 年有 400 万会员。

21. See Pierre Rosanvallon, *La Crise de l'Etat-providence* (Paris: Seuil, in collaboration with Points Politique, 1981).

22. 电影《阿达伦 31》讲述过这一悲剧，参见 Bo Widerberg, dir., *Adalen* 31, Svensk Filmindustri, 1969.

23. Yuval Noah Harari, *21 Lessons for the 21st Century* (New York: Spiegel & Grau, 2018).

24. Monique Canto-Sperber, *La Fin des libertés: Ou comment refonder le libéralisme* (Paris: Robert Laffont, 2019).

25. Canto-Sperber, *La Fin des libertés.*

26. Milton Friedman, *Capitalism and Freedom* (Chicago: University of Chicago Press, 1962).

27. John M. Keynes and Hubert D. Henderson, *Can Lloyd George Do It? An Examination of the Liberal Pledge* (London: The Nation and Athenaeum, 1929), reprinted in John M. Keynes, "Can Lloyd George Do It?" in *Essays in Persuasion*, 86–125 (London: Palgrave Macmillan, 2010).

28. John M. Keynes, *The General Theory of Employment, Interest, and Money* (New York: Harcourt, Brace and World, 1936).

29. Willie O'Dea, "Why Our Response to Crisis Isn't Wrong," *Irish Independent*,

January 4，2009.

30. Philippe Aghion，George-Mario Angeletos，Abhijit Banerjee，and Kalina Manova，"Volatility and Growth：Credit Constraints and the Composition of Investment，" *Journal of Monetary Economics* 57，no. 3（2010）：246 – 265.

31. 量化宽松是一种财政政策，中央银行从金融机构那里购买数额庞大的债务，特别是政府债券和企业债券。

32. Philippe Aghion，David Hémous，and Enisse Kharroubi，"Cyclical Fiscal Policy，Credit Constraints，and Industry Growth，" *Journal of Monetary Economics* 62（2014）：41 – 58；Philippe Aghion，Emmanuel Farhi，and Enisse Kharroubi，"Monetary Policy，Product Market Competition and Growth，" *Economica* 86，no. 343（2019）：431 – 470.

33. 自动稳定器是指税收和政府支出针对经济条件的变化而调整，不需要经过任何立法行动。例如在经济扩张期，由于消费和就业增加，政府的所得税和工薪税收入也会增加，失业金等转移支付项目的支出则会减少。相反在经济衰退期，政府的税收减少与福利支出增加将有助于维持经济活动。

34. Céline Antonin，"La fatalité grecque：un scénario prévisible?" *Lettre de l'OFCE* 323，September 21，2010，1 – 4，https：//halshs. archives-ouvertes. fr/hal-01023902/.

35. Département analyse et prévision de l'OFCE，"Évaluation de l'impact économique de la pandémie de COVID-19 et des mesures de confinement sur l'économie mondiale en avril 2020，" *OFCE Policy Brief*，no. 69，June 2020.

36. 危机之后出现的一个共识是，监管机构应该把宏观审慎的内容纳入考虑。《巴塞尔协议Ⅲ》不仅强化了对资本金的要求，还加入了反周期缓冲，占资产总额的0 ~ 2. 5%。《巴塞尔协议Ⅲ》允许在借款加速时期提高资本金要求，在经济下滑期放松要求。

第15章　创造性破坏与黄金三角

1. Jean-Jacques Laffont，"Étapes vers un État moderne：une analyse économique，" in Report of the Conference of December 16，1999，on State and Public Sector Management CAE，*Etat et gestion publique. Actes du Colloque du* 16 *décembre* 1999，117 – 150，La Documentation française，2000.

2. 世界经济史上随处可见在位企业同政府勾结，以阻止新企业进入市场的例子。这样的勾结在全国层面和地方层面比比皆是。德国的鲁尔－萨尔地区是地方层面勾结的典型案例，12 世纪末，当地的在位企业借助地方政府来阻碍新企业进入，理由是扰乱本地劳动力市场。
3. Diego Puga and Daniel Trefler，"International Trade and Institutional Change：Medieval Venice's Response to Globalization，" *Quarterly Journal of Economics* 129，no. 2（2014）：753－821.
4. 在欧洲其他地方，此类合同被称为康曼达（commenda）。
5. Daron Acemoglu and James Robinson，*Why Nations Fail：The Origins of Power，Prosperity，and Poverty*（New York：Crown，2012）.
6. Philippe Aghion and Alexandra Roulet，*Repenser l'État*（Paris：Seuil in collaboration with La République des idées，2011）.
7. 腐败感知指数是由非政府组织透明国际（Transparency International）每年发布，根据专家和企业高管对一个国家公共部门的腐败程度的感知来排名。得分接近 0 代表腐败非常严重，接近 100 代表腐败程度较低。产品市场规制指数（Product Market Regulation index）由经合组织编制，是测算公共政策对产品市场竞争的促进或限制程度的综合指标。
8. János Kornai，"Innovation and Dynamism：Interaction between Systems and Technical Progress，" *Economics of Transition* 18，no. 4（2010）：629－670.
9. 不完备合同理论受到瑞典皇家科学院的重视，为此将 2016 年的诺贝尔经济学奖授予 Oliver Hart 与 Bengt Holmström。我们推荐相关参考书目：Oliver Hart，*Firms，Contracts，and Financial Structure*（Oxford：Clarendon Press，1995）. 最早两篇利用该理论来分析宪法的本质和作用的论文为：Philippe Aghion and Patrick Bolton，"Incomplete Social Contracts，" *Journal of the European Economic Association* 1，no. 1（2003）：38－67；and Philippe Aghion，Alberto Alesina，and Francesco Trebbi，"Endogenous Political Institutions，" *Quarterly Journal of Economics* 119，no. 2（2004）：565－611.
10. Montesquieu，*De l'esprit des lois*（Geneva：Barrillot & fils，1748）；Montesquieu，*The Spirit of the Laws*，ed. and trans. Anne M. Cohler，Basia Carolyn Miller，and Harold Samuel Stone（Cambridge：Cambridge University Press，1989）；Friedrich A. Hayek，*The Constitution of Liberty*（Abingdon，UK：Routledge，

1960); James M. Buchanan, *Fiscal Theory and Political Economy* (Chapel Hill: University of North Carolina Press, 1960); James M. Buchanan and Gordon Tullock, *The Calculus of Consent: Logical Foundations of Constitutional Democracy* (Ann Arbor: University of Michigan Press, 1962).

11. Alexis de Tocqueville, *Democracy in America*, ed. and trans. Harvey C. Mansfield and Delba Winthrop (1835; Chicago: University of Chicago Press, 2000).

12. Alexander Hamilton, James Madison, and John Jay, Federalist No. 70 (1788), in *The Federalist Papers*, ed. Clinton Rossiter (New York: New American Library, 1961).

13. 每个国家都有宪法，即便没有以之作为名称的文件。例如，英国从正式文件的角度看可以说没有宪法，但从实质来看，却有规范政治制度运转的成文和不成文规则。英国还有作为宪法基础的若干文件，包括古代的（如 Magna Carta of 1215, Bill of Rights of 1688）和现代的（如 Parliament Acts of 1911, 1949）。

14. Aghion and Bolton, "Incomplete Social Contracts."

15. See Aghion, Alesina, and Trebbi, "Endogenous Political Institutions"; 之前关于既得利益集团的政治经济学文章，可参见：Per Krusel and Jose Victor Rios-Rull, "On the Size of U.S. Government: Political Economy in the Neoclassical Growth Model," *American Economic Review* 89, no. 5 (1999): 1156–1181.

16. Hayek, *The Constitution of Liberty*.

17. Rafael La Porta, Florencio López-de-Silanes, Christian Pop-Eleches, and Andrei Shleifer, "Judicial Checks and Balances," *Journal of Political Economy* 112, no. 2 (2004): 445–470.

18. La Porta et al., "Judicial Checks and Balances."

19. Daniel R. Pinello, "Linking Party to Judicial Ideology in American Courts: A Meta-Analysis," *Justice System Journal* 20, no. 3 (1999): 219–254.

20. Arnaud Philippe and Aurélie Ouss, "'No Hatred or Malice, Fear or Affection': Media and Sentencing," *Journal of Political Economy* 126, no. 5 (2018): 2134–2178.

21. Ioana Marinescu, "Are Judges Sensitive to Economic Conditions? Evidence from

UK Employment Tribunals," *Industrial and Labour Relations Review* 64, no. 4 (2011): 673–698.

22. Daniel L. Chen, Tobias J. Moskowitz, and Kelly Shue, "Decision Making under the Gambler's Fallacy: Evidence from Asylum Judges, Loan Officers, and Baseball Umpires," *Quarterly Journal of Economics* 131, no. 3 (2016): 1181–1242.

23. Daniel L. Chen and Jess Eagel, "Can Machine Learning Help Predict the Outcome of Asylum Adjudications?" *Proceedings of the Sixteenth International Conferenceon Artificial Intelligence and Law* (2017): 237 – 240; Daniel L. Chen, "AI and Rule of Law: Machine Learning, Causal Inference, and Judicial Analytics," course at the Toulouse School of Economics, 2019.

24. Ozkan Eren and Naci Mocan, "Emotional Judges and Unlucky Juveniles," *American Economic Journal: Applied Economics* 10, no. 3 (2018): 171–205; Daniel L. Chen and Arnaud Philippe, "Clash of Norms: Judicial Leniency on Defendant Birthdays," unpublished manuscript, February 2020, https://papers.ssrn.com/sol3/papers.cfm?abstract_id=3203624.

25. Jon Kleinberg, Himabindu Lakkaraju, Jure Leskovec, Jens Ludwig, and Sendhil Mullainathan, "Human Decisions and Machine Predictions," *Quarterly Journal of Economics* 133, no. 1 (2018): 237–293.

26. 计算机或者说算法也可能有偏向性，这方面的研究文献日益增多。依靠机器学习的算法包含了人类法官的偏向性，他们的决策是机器学习行为的基础。可参见 Cathy O'Neil, *Weapons of Math Destruction* (New York: Broadway Books, 2016)。

27. Samuel Bowles and Wendy Carlin, "Shrinking Capitalism," *AEA Papers and Proceedings* 110 (2020): 372–377.

28. 阿西莫格鲁与罗宾逊在近期关于政府和民间社会之间的"狭窄通道"的研究中，把不受限制的政府称为"残暴的利维坦"。这一观点借鉴于霍布斯的《利维坦》：把政府描述为能制止"所有人对所有人"的战争、以自己的至高权力来保证社会和平状态的实体。参见 Daron Acemoglu and James A. Robinson, *The Narrow Corridor: States, Societies, and the Fate of Liberty* (London: Penguin, 2019).

29. 关于政府与民间社会的必要的互补性，参见 Monique Canto-Sperber, *La Fin*

des libertés. Ou comment refonder le libéralisme (Paris: Robert Laffont, 2019).

30. 阿西莫格鲁与罗宾逊的 *The Narrow Corridor* 用“缺位利维坦”来描述无政府社会。他们以尼日利亚的 Tiv 社群为例，描述民间社会取消政府的情形。该社群建立了一套社会习俗和惩罚体系，以防止任何人将其意指强加于他人。
31. Aghion 和 Bolton 利用不完备合同的概念，发展出了基于借款人和贷款人的控制权及其分配的公司债务融资理论。参见 Philippe Aghion and Patrick Bolton, "An Incomplete Contracts Approach to Financial Contracting," *Review of Economic Studies* 59, no. 3 (1992): 473–494.
32. Samuel Bowles and Wendy Carlin, "The Coming Battle for the COVID-19 Narrative," *VOXeu*, April 10, 2020.
33. 政府可以用竞争政策来改变竞争力度，用教育和宣传政策来影响社会价值观，从而鼓励这种机制的作用。
34. Daron Acemoglu and James A. Robinson, "Why Did the West Extend the Franchise? Democracy, Inequality, and Growth in Historical Perspective," *Quarterly Journal of Economics* 115, no. 4 (2000): 1167–1199.
35. 组织理论中已经采用过把转移控制权作为承诺信号工具的思想，可参见 Philippe Aghion and Jean Tirole, "Formal and Real Authority in Organizations," *Journal of Political Economy* 105, no. 1 (1997): 1–29.
36. Toke S. Aidt and Peter S. Jensen, "Workers of the World, Unite! Franchise Extensions and the Threat of Revolution in Europe, 1820–1938," *European Economic Review* 72 (2014): 52–75.
37. 例如，1830 年法国革命（光荣三日）；1848 年的法国、奥地利、匈牙利和意大利革命（民族之春）；俄国十月革命也是当时的若干重大革命事件之一。
38. 在此之前，宪法规定只能在法律通过前做合宪审查。
39. 这场运动的名称强调要超越传统政党，创立新的党派，无疑为选举胜利发挥了决定性推动作用。马克龙的当选还得益于当时的有利条件，特别是左右两翼提名的初选候选人的定位都比较极端化，同时右翼初选获胜者 François Fillon 诉讼缠身。
40. 这些名为“马克龙法律”的法规于 2017 年 9 月 22 日签署生效，限制了滥用解雇的损失赔偿金额，确立了企业内部劳资谈判的优先地位。

41. 以这种程序制定的法规被称为法令（ordonnances）。当然，这一过程中议会并没有完全缺位，而是有两次表决。第一次是通过法律，授权政府在特定领域颁布法令。第二次是修订这些法令。不过议会的作用受到了严重限制，不仅是因为议员们难以修订已经生效的法令，也由于拒绝批准法令会引发不信任投票，导致他们自己的辞职和重新举行选举。

结语 资本主义的未来

1. See János Kornai, "Innovation and Dynamism: Interaction between Systems and Technical Progress," *Economics of Transition* 18, no. 4 (2010): 629 – 670.
2. Henri Weber, *Rebelle jeunesse* (Paris: Robert Laffont, 2018).
3. Daron Acemoglu, James A. Robinson, and Thierry Verdier, "Asymmetric Growth and Institutions in an Interdependent World," *Journal of Political Economy* 125, no. 5 (2017): 1245 – 1305.
4. 参见本书第 5 章。
5. P. Aghion, H. Maghin, and A. Sapir, "Covid and the Nature of Capitalism," *Vox EU*, 25 June 2020, https://voxeu.org/article/covid-and-nature-capitalism.
6. 改革前，资本所得税实行累进制征收，最高边际税率达 72%，平均税率为 54%。
7. 部分经济学家（包括 Per Molander）认为瑞典在市场导向改革上走得太远，例如，分几个阶段开展的教育改革引入了学校之间的竞争，给吸引到更多学生的学校提供大笔补贴。这一改革的广泛后果是让成绩普遍膨胀，而非改进教育质量。在税收方面，为了给投资者发出更强的信号，佩尔松总理（Goran Persson）在 2002 年决定取消遗产税，保守派的财政部长努德（Per Nuder）在 2006 年取消了房产税。参见：Per Molander, "Dags för omprövning" (2017), https://eso.expertgrupp.se/rapporter/politiken-forvaltningen/.
8. 政治题材电影《阿达伦 31》讲述了 1931 年瑞典军队对专业从事锯木产业的阿达伦地区工人示威活动的血腥镇压。参见：Bo Widerberg, dir., *Adalen 31*, Svensk Filmindustri, 1969。左拉的名著《萌芽》描写了 19 世纪末法国警察和军队镇压矿工罢工活动时爆发的暴力事件。参见 Emile Zola, *Germinal*, trans. Roger Pearson (London: Penguin, 1885).

致谢

伊恩·马尔科姆（Ian Malcolm）鼓励我们创作本书，并帮助收集了主要论据。在过去数年同伊恩的交流真是极大的荣幸。

本书要特别感谢 Jodie Cohen-Tanugi 把法文翻译为英文。Jodie 以极大的耐心对待作者，并在各个阶段表现出非同寻常的追求完美的精神，直至书稿付印。他堪称本书事实上的合著者之一。

Martin Hellwig 与另一位匿名审稿人对书稿改进提供了极有帮助的建议。Kate Brick 完成了文字编辑的杰出工作。我们还要感谢 Arthur Goldhammer 在通读书稿后提供的宝贵建议，以及 Louise Paul-Delvaux 帮助完善了注释的内容。

若干学术交流对本书内容产生了直接影响，对于众多学者的详细评论以及为本书各章内容的贡献，我们深表感谢，其中包括：Daron Acemoglu、Ufuk Akcigit、Nadia Antonin、Antonin Bergeaud、Benedicte Berner、Tim Besley、Olivier Blanchard、Nicholas Bloom、Richard Blundell、Patrick Bolton、Matilde Bombardini、Timo Boppart、Leonardo Bursztyn、Monique Canto-Sperber、Emmanuel Combe、Beatrice

Couairon、Angus Deaton、Mathias Dewatripont、Timothée Gigout-Magiorani、Maxime Gravoueille、Jerry Green、Rachel Griffith、Oliver Hart、Martin Hellwig、David Hémous、Peter Howitt、Xavier Jaravel、Chad Jones、Enisse Kharroubi、Pete Klenow、Matthieu Lequien、Huiyu Li、Yinan Li、Eric Maskin、Marc Melitz、Pierre-Michel Menger、Joel Mokyr、Torsten Persson、Michael Peters、Edmund Phelps、Chris Pissarides、Anasuya Raj、Stephen Redding、Alexandra Roulet、Juliette Sagot、Michael Sohlman、Stefanie Stantcheva、Nicholas Stern、Jean Tirole、Otto Toivanen、Francesco Trebbi、Daniel Trefler、John Van Reenen、Cyril Verluise、Fabrizio Zilibotti以及Thomas Zuber等。

本书写作这一年深受新冠疫情及后续封锁行动的影响。我们要特别感谢各自的家人在此期间的不懈支持与鼓励。

最后，我们希望将本书献给于2020年7月去世的伊曼纽尔·法利（Emmanuel Farhi），一个美丽的心灵，一位天才的学者。被视为同辈人中最出色的宏观经济学家之一的伊曼纽尔，同时也是位杰出的友人，始终愿意倾听我们的观点，并报以建议和支持。我们怀念他的聪颖智慧、开阔心胸、无尽的好奇心与不凡的慷慨豁达。